Bibliografische Information der Deutschen Nationalbibliothek:
Die Deutsche Nationalbibliothek verzeichnet diese Publikation
in der Deutschen Nationalbibliografie; detaillierte bibliografische
Daten sind im Internet über www.dnb.de abrufbar.

© 2021 oekom verlag, München
oekom – Gesellschaft für ökologische Kommunikation mbH
Waltherstraße 29, 80337 München

Layout und Satz: Markus Miller
Korrektur: Sylvia Stammen
Umschlaggestaltung: Mirjam Höschl, oekom verlag
Umschlagabbildung: © jattumongkhon/Adobe Stock
Druck: CPI books GmbH, Leck

ISBN 978-3-96238-314-5

Reinhard Klopfleisch

Saubere Wärme für alle

Plädoyer für eine sozial gerechte Klimapolitik

Inhaltsverzeichnis

Vorwort

Die verheerenden Flut- und Waldbrandkatastrophen des Sommers 2021 haben erneut deutlich gemacht, dass die globale Klimakrise zunehmend zu einer konkreten Bedrohung der Lebensverhältnisse aller Menschen, nicht nur weit weg, sondern auch bei uns wird. Mehr als 40 Jahre lang hat die Wissenschaft mit immer präziseren Analysen Klarheit geschaffen: Wenn es uns nicht endlich gelingt, hier und jetzt umzusteuern und schon in naher Zukunft Klimaneutralität zu erreichen, werden wir zukünftigen Generationen eine Welt mit kaum zu ertragenden ökologischen Schäden und damit ökonomischen und sozialen Konflikten hinterlassen. Nicht zuletzt in der jungen Generation wächst die Erkenntnis, dass nur sofortiges Handeln derartige desaströse Folgen vermeiden kann, und die Demonstrationen der Bewegung *Fridays for future* und anderer Organisationen haben gezeigt, dass die Jugend bereit und in der Lage ist, sich aktiv für eine lebenswerte Zukunft einzusetzen.

Unmittelbares Handeln ist gefragt, und: Klimaschutz geht alle an. Alle sind gefordert! Aus dieser Erkenntnis heraus arbeitet auch die *Klima-Allianz Deutschland*. Mehr als 140 Organisationen der Zivilgesellschaft, von Umweltverbänden bis hin zu Entwicklungsorganisationen, von Kirchen über Sozialverbände bis hin zu Gewerkschaften haben sich zu einem breiten Bündnis zusammengeschlossen, um den Handlungsdruck auf politische Entscheidungsträger*innen zu verstärken. Dabei ist allen klar: Ohne deutliche Prioritätensetzung der Politik werden die ambitionierten Zielsetzungen des Pariser Klimaabkommens, die globale Erwärmung auf möglichst 1,5 Grad zu beschränken, nicht erreicht werden. Die *Klima-Allianz Deutschland* wird nicht lockerlassen, in allen betroffenen Bereichen unseres Wirtschaftssystems entsprechende Maßnahmen einzufordern.

Klimaschutz geht alle an! Alle sind gefordert, weit über das bereits Erreichte hinaus. Das gilt für Industrie und Landwirtschaft, für Verkehr und Stromproduktion. Das gilt aber gerade auch für einen Bereich, der bislang oft im Schatten der Diskussion verblieben ist: die Gebäudewärme. Dieses Buch rückt sie in den Mittelpunkt. Zu Recht. Denn mehr als ein Viertel der Klimagasemissionen in Zentraleuropa entstammen den Heizungen und der Warmwasserbereitung, in Büros und Verwaltungen, aber vor allem auch in den Wohngebäuden. Anders als im Strombereich hat der Einzug der erneuerbaren Energien hier nur sehr verhalten stattgefunden, mehr als drei Viertel aller Gebäude wird noch mit fossilen Energien beheizt, mit Erdgas und Heizöl. Viel zu langsam sind die Fortschritte bei der Gebäudesanierung, und auch klimafreundliche Heizsysteme sind merkbar allenfalls bei Neubauten auf dem Vormarsch. Eine ökologisch grundlegende Sanierung vor allem des dominierenden Altbaubestandes hin zur Klimaneutralität steht noch aus – und dies, obwohl beispielsweise mit grüner Fernwärme und Wärmepumpen technisch ausgereifte Alternativen bereitstehen.

Reinhard Klopfleisch geht den Ursachen der Versäumnisse in den politischen und ökonomischen Richtungsentscheidungen der Vergangenheit nach und sucht nach Lösungen, wie das bisherige Schneckentempo der Wärmewende auf die notwendige Geschwindigkeit beschleunigt werden kann. Dabei zeigt sich schnell, dass vorrangig nicht technische Restriktionen überwunden, sondern vor allem politische und soziale Faktoren berücksichtigt werden müssen. Denn so richtig es gerade im Wärmebereich ist, dass Klimaschutz alle unmittelbar in ihrem Lebensumfeld angeht, so richtig ist auch, dass es gerade hier erfolgskritisch ist, die Lasten sozial gerecht zu verteilen. Ausreichend beheizte Wohnungen und Warmwasser gehören zu den elementaren Bedürfnissen, müssen mithin jedem und jeder unabhängig von gesellschaftlicher Position und Einkommen zur Verfügung stehen. Das aber impliziert zwingend, dass Wärmeversorgung jenseits ökonomischer Partialinteressen wieder als Aufgabe politischer Daseinsvorsorge begriffen wird. Natürlich in Zukunft klimaneutral. Und das heißt auch, dass ausreichend öffentliche Gelder zur Verfügung gestellt werden müssen und insbesondere die kommunalen Institutionen in die Lage versetzt werden müssen, ihren Aufgaben bei der Wärmewende in den Städten und Gemeinden nachkommen zu können.

Reinhard Klopfleisch geht davon aus, dass erfolgreiche Klimapolitik immer auch die Sozialverträglichkeit mitdenken muss, vor allem im Wärmebereich. Klimapolitik muss als gesellschaftspolitische Aufgabe begriffen werden. Dieser Ansatz stimmt mit den Grundsätzen der *Klima-Allianz Deutschland* und ihrer Mitgliedsorganisationen überein. Von dieser grundlegenden Erkenntnis aus leitet Klopfleisch eine Vielzahl von politischen Handlungsempfehlungen ab, die richtungsweisend für eine erfolgreiche Wärmewende in der nächsten Legislaturperiode werden könnten.

Ich wünsche diesem Buch viel Erfolg. Es geht darum, eine Diskussion anzustoßen und letztlich die gesamte Gesellschaft für das Projekt Klimaneutralität zu gewinnen – auch diejenigen, die bislang aufgrund ihrer sozialen Situation wenig Spielraum für einen aktiven Beitrag gesehen haben.

Dr. Christiane Averbeck,
Geschäftsführerin der Klima-Allianz Deutschland

Einführung

Bereits im Jahr 2030 könnte die globale Temperatur um 1,5 Grad höher liegen als im vorindustriellen Zeitalter. Das ist das Resultat immer genauerer Klimamodelle des Weltklimarats IPCC. Damit schrumpft der Zeitraum, den wir noch haben, um die Folgen des Klimawandels in Grenzen zu halten, dramatisch; es wäre zehn Jahre früher, als noch 2018 prognostiziert wurde. Ohne schnelle und massive Gegenmaßnahmen wird die Erderwärmung in den nächsten Jahrzehnten die kritische Zwei-Grad-Marke überschreiten, mit verheerenden Auswirkungen auf die globalen Wetterverhältnisse, die die bereits steigende Häufigkeit von Waldbränden, Tsunamis, Flut- und anderen Katastrophen weit in den Schatten stellen werden. Zur Erinnerung: Auf der Pariser Weltklimakonferenz 2015 hatten sich die Nationen verpflichtet, konkrete Maßnahmen einzuleiten, um den Anstieg auf zwei, besser noch auf 1,5 Grad zu begrenzen. Deutschland hat sich aktuell zur Klimaneutralität 2045 verpflichtet, mit einem Zwischenziel, die Treibhausgasemissionen, im wesentlichen Kohlendioxid, bis 2030 gegenüber 1990 um 65 Prozent zu reduzieren.

Die Zeit drängt. Damit wird die Frage immer dringlicher, wie die klimaneutrale und auf der Nutzung erneuerbarer Energien beruhende Gesellschaft der Zukunft gestaltet werden kann. Geht der Kampf gegen den Klimawandel einher mit Verzicht, verschärft er die soziale Spaltung gar? Oder können durch kluge Politik soziale Verwerfungen vermieden werden, ist eine sozial gerechte Ausgestaltung einer klimaneutralen Wirtschafts- und Gesellschaftsordnung möglich? Diesen zentralen Fragen geht das Buch vor allem am Beispiel der Wärmewende nach. Es sind dies auch zentrale Fragen auf dem Weg zur Klimaneutralität.

Der Wärmebereich ist mit mehr als der Hälfte des Energieverbrauchs keine zu vernachlässigende Größe, doch hat er an der Energiewende im

Vergleich etwa zum Stromsektor bislang nur im Kriechgang teilgenommen. Noch sind 40 Jahre, nachdem die Energiewende ausgerufen wurde, mehr als zwei Drittel aller Gebäude gar nicht oder unzureichend saniert, und drei Viertel der Menschen heizen mit klimaschädlichem Öl und Gas. Das Buch fragt nach den Ursachen, und es will Lösungsmöglichkeiten aufzeigen. Dabei zeigt sich schnell, dass der Sozialverträglichkeit hier erfolgskritische Bedeutung zukommt. Betroffen sind elementare Fragen der sozialen Gerechtigkeit, denn es werden Grundbedürfnisse tangiert. Das ist der Hintergrund, vor dem das Buch eine Bestandsaufnahme macht – was ist in der Energiepolitik erreicht, was bleibt zu tun? Was sind sozialverträgliche Lösungsmöglichkeiten, und wie lassen sie sich auch gegen widerstreitende Interessen politisch durchsetzen? Gelänge dies nicht, so die Arbeitshypothese, wäre auch das Erreichen der Klimaneutralität in Gefahr.

Zunächst soll in Kapitel 1 eine angemessene Definition der Sozialverträglichkeit als energiepolitisches Ziel versucht werden. Der Begriff ist mitunter in Widerspruch zur Klimapolitik verstanden worden, diskreditiert durch mancherlei ideologische Vereinnahmungen durch Verhinderer und Verzögerer. In diesem Buch wird Sozialverträglichkeit hingegen im Sinne der sozialen Gerechtigkeit verstanden: dass Lasten und Chancen des Wegs zur Klimaneutralität gerecht in der Gesellschaft geteilt werden und »niemand zurückgelassen« wird, wie es die internationale Gewerkschaftsbewegung formuliert.

Es ist unbestritten viel geschehen in den letzten 40 Jahren. Und nirgends wurden gegen Ende des 20. Jahrhunderts »die Grenzen des Wachstums« so deutlich wie im Stromsektor. In Kapitel 2 nimmt das Buch die Leserin, den Leser mit auf einen Spaziergang durch die Geschichte der Energiewende, zu einigen Eckpunkten der gesellschafts- und energiepolitischen Entscheidungen. Dabei wird deutlich, dass bereits die Abkehr von der nuklearen Stromerzeugung eng verwoben war mit Fragen des Wirtschaftswachstums und der sozialen Gerechtigkeit. Was noch vor 40 Jahren als unverzichtbar galt, um »niemanden zurückzulassen« und steigenden »Wohlstand für alle« zu begründen, hat sich diskreditiert, konnte die Versprechen nicht erfüllen. Erst Kern-, jetzt auch Kohlekraftwerke haben sich als mit Umwelt und Klima unvereinbare Monster entpuppt – es war ein langer Weg, aber jetzt werden sie ausgeknipst. Doch nicht der Strom. Erneuerbare Energien, allen voran Wind- und Solarenergie, sind bekanntlich an ihre Stelle getreten und könnten sie – intelligente politische Rahmensetzung vorausgesetzt – in absehbarer Zeit gänzlich ersetzen.

Das dritte Kapitel zeichnet die Beschleunigung der Energiewende nach der Fukushima-Katastrophe nach – die Transformation wurde unumkehrbar. Die Frage spitzte sich aber zu: Wer profitierte, zu wessen Lasten ging die Stromrevolution? In den letzten Jahrzehnten des vergangenen Jahrhunderts hatte die Wirtschaftspolitik eine sozialpolitische Wende hingelegt, und das hatte auch Auswirkungen auf die Energiepolitik. Liberalisierung und Privatisierung galten inzwischen als Paradigma kapitalistischer Entwicklung, und sie wurden auch das Nonplusultra der Energiepolitik. Das hieß: Ansätze einer gleichermaßen ökologisch und sozialpolitisch orientierten Energiewirtschaft, die sich bis dahin im Zuge der Auseinandersetzung um die Atomenergie im Keim in den Kommunen entwickelt hatten, wurden zurückgefahren. Öffentliche Aufgaben wurden auf dem Altar des freien Marktes geopfert, nur mit Mühe konnte beispielsweise die Durchleitung von Wasser in die Trinkwassernetze verhindert werden. Die Strom- und Gasmärkte aber wurden »frei« – doch profitieren von dem gesunkenen Strompreis konnten vor allem industrielle Großnutzer. In der Folge wurden zwar die »freien« Energiemärkte zunehmend durch ökologische Rahmensetzung flankiert, die dadurch entstehenden Belastungen allerdings einseitig zulasten der kleinen und mittleren Endverbraucher verteilt. Profitiert hat vor allem die große Industrie – gleichzeitig die großen Strom- und Gasverbraucher.

Klar wird, dass unter diesen Voraussetzungen auch die sozialpolitisch gerechte Ausgestaltung der Regulierung der Energiewende in den meisten Fällen hinter ökonomischen Kapitalinteressen zurückstehen musste. Weitgehend durchgesetzt wurde so der umwelt- und klimafreundliche Umstieg der Stromerzeugung vor allem als Auseinandersetzung mit ökonomischen Beharrungskräften, mächtigen Konzernen, und das hat eine überwiegende Mehrzahl der Menschen unterstützt. So konnten – viel zu langsam – Erfolge erzielt werden.

Nur durch großzügige Ausnahmeregelungen konnte die Politik die Akzeptanz ökologischer Belange in der Wirtschaft durchsetzen. Viele Stromkonzerne und industrielle Großverbraucher konnten sogar erhebliche finanzielle Vorteile generieren. Das Buch wirft ein Licht auf die vielfältigen Interessenkonflikte und politischen Kontroversen. Soziale Fragen wie die Belastung der Haushalte durch Mehrkosten oder mögliche Arbeitsplatzverluste wurden in den Diskussionen oftmals gestellt, aber auch von interessierter Seite instrumentalisiert. Gleichzeitig wird herausgestellt, dass eine ähnliche soziale Schieflage im Wärmebereich, wenn sie denn nicht politisch korrigiert wird, zum Verfehlen der Klimaziele führen könnte.

Im vierten Kapitel wird eine kurze Bestandsaufnahme gemacht, wie stark sich die Schere zwischen Klimaschutz und Sozialverträglichkeit bis heute geöffnet hat. Befürchtungen, als Preis für den Klimaschutz am Ende allenfalls zwischen höherer Kostenbelastung und Verzicht »wählen« zu können, lassen viele Menschen eher abseitsstehen. Insbesondere sozial Benachteiligte verweisen zudem auf einen beschränkten Handlungsspielraum. Müssen sie die finanziellen Risiken tragen, während andere profitieren? Spätestens an dieser Stelle gerät die Frage der sozialverträglichen Ausgestaltung insbesondere der Wärmewende in ungleich stärkerem Maße in den Vordergrund, als dies bei der Umstellung der Stromversorgung war und ist.

An technischen Lösungen mangelt es nicht, um auch im Wärmebereich Klimaneutralität zu erreichen. In Kapitel 5 gehen wir aber systematisch der Frage nach, ob und mit welcher politischen Rahmensetzung die zahlreichen technischen Lösungen eingesetzt werden können, damit vor allem für sozial Benachteiligte keine zusätzlichen und zunehmenden Belastungen und Einschränkungen verbunden wären. Gerade die Sektorenkopplung zwischen – zunehmend mit erneuerbaren Energien und damit klimaneutral hergestelltem – Strom und der Wärmeversorgung ermöglicht sehr heterogene Technologien, um Klimaneutralität zu erreichen. Welche Auswirkungen haben – Klimaneutralität als unverrückbares Ziel vorausgesetzt – unterschiedliche technologische und ökonomische Strategien? Und welche politische Flankierung durch Förderung und Rahmensetzung ist erforderlich? Nur ein Beispiel: Ausreichende Wärmedämmung vorausgesetzt, ist der Ausbau »grüner«, also mit erneuerbaren Energien erzeugter Fernwärme in Ballungsgebieten zwar teuer, doch für das Budget der Mieterinnen und Mieter vielfach günstiger als etwa die – mit hohen individuellen Investitionen verbundene – Umstellung auf Wärmepumpen, verbunden mit gleichzeitiger hoher Wärmedämmung. Und statt Konzepten, die individuelle Einzelhäuser in den Blick nehmen und fördern, erweisen sich Quartierslösungen als effizienter. Voraussetzung hierfür ist wiederum eine verbindliche kommunale Wärmeplanung.

Stadtwerke sind die geborenen Träger der Sektorenkopplung. Sie sind in den Kommunen gleichermaßen zuständig für Strom-, Gas- und Fernwärmesysteme und vielfach auch für den öffentlichen Verkehr. Deshalb gilt es, die Rolle öffentlicher Wirtschaft in Form von Stadtwerken wie Genossenschaften als Mittler zwischen Erzeuger und Verbraucher zu stärken beziehungsweise neu zu definieren. Damit fällt ihnen auch die Aufgabe zu, allen Verbrauchern angemessene und bezahlbare Angebote zu machen. Dies ist die Voraussetzung dafür, dass jeder unabhängig vom Einkommen die Chance zu klimabewusstem Verhalten erhält. Hinzu kann die Verpflichtung zur Einhaltung von individuellen Emissionsbudgets kommen, beispielsweise durch progressive Tarife oder Steuern auf überhöhten Verbrauch. So gesehen bietet die umwelt- und klimapolitisch unabdingbare Energiewende ein großes Potenzial für Demokratisierung politischer und ökonomischer Strukturen.

Viel ist erreicht, die Halbzeit der Energiewende hin zu umwelt- und klimaverträglicher Versorgung mit Strom, Wärme und Verkehrsdienstleistungen ist mit dem Atom- und dem beginnenden Kohleausstieg geschafft. Technische Lösungen haben sich herauskristallisiert, um auch im Wärmebereich möglichst kostengünstig und effizient den Klimaschutz voranzubringen. Sicherlich wird die Klima- und Energiewende nicht die soziale Ungleichheit vermindern können – es muss aber Sorge getragen werden, dass diese nicht noch zunimmt.

So viel wissen wir heute: Wohlstand für alle, die alte Formel einer sozial verantwortlichen Wirtschaftsordnung in den fünfziger und sechziger Jahren des letzten Jahrhunderts, hängt nicht am zunehmenden Ressourcen- und Energieverbrauch, und noch viel weniger daran, Umwelt und Klima zu zerstören – wir haben es in der Hand, sozialen Fortschritt und Schutz der Umwelt miteinander zu verzahnen. Wohlstand für alle ist umgekehrt nur möglich, wenn Umwelt und Klima »nachhaltig« geschützt werden. Hierzu macht das Buch zahlreiche Vorschläge.

Kapitel 1
Sozialverträglichkeit der Energiewende – Annäherung an einen facettenreichen Begriff

Die Kosten für Wärme und Strom belaufen sich bei Geringverdienern mit einem monatlichen Einkommen von weniger als 1.300 Euro auf weniger als die Hälfte der Kosten von Haushalten mit mehr als 5.000 Euro. Das sagen die aktuellen Daten des Statistischen Bundesamtes und es klingt zunächst banal, hängen doch diese Kosten mit den Wohnverhältnissen unmittelbar zusammen, beispielsweise der Quadratmeterzahl der Wohnfläche und der Ausstattung mit Haushaltsgeräten. Wo liegt das Problem? Generell müssen Menschen mit geringem Einkommen doch sparsamer mit ihrem Geld umgehen, auch bei Kleidung oder Nahrungsmitteln. Und für Benzin oder Diesel beispielsweise geben Gutverdienende sogar mehr als das Fünffache aus, denn viele Geringverdiener haben gar kein Auto, und mit dem Einkommenszuwachs wächst auch der Benzinverbrauch der Motoren – ein Luxusproblem, aber auch eines, was auf wachsende soziale Ungleichheit hinweist.

Die Brisanz der Kostenverteilung erschließt sich erst bei genauerem Hinsehen. Denn entscheidend für die finanzielle Belastung eines Haushaltes ist nicht so sehr die absolute Höhe der Ausgaben, sondern der Anteil am verfügbaren Gesamteinkommen – in der Marketingsprache als *Share of Wallet* bezeichnet. Und dieser Anteil ist bei Geringverdienern – trotz weniger Verbrauch und damit Komfort – fast 50 Prozent höher als bei Gutbetuchten. Der *Share of Wallet* für Strom und Wärme liegt bei einem Nettohaushaltseinkommen von weniger als 1.300 Euro monatlich schon heute hart an der Schmerzgrenze im Durchschnitt bei knapp neun Prozent. Er sinkt dann mit wachsendem Einkommen kontinuierlich ab, auf weniger als fünf Prozent bei Haushalten mit mehr als 5.000 Euro Einkommen. Da bleibt in den unteren Einkommensgruppen kaum noch

Spielraum für zusätzliche Belastungen. Das ist seit Langem bekannt (vgl. z.B. Kopatz u. a. 2013). Die Daten des Statistischen Bundesamtes bestätigen ältere spezielle Erhebungen aus den Jahren 2015 und 2018. Dies gilt sowohl für Strom als auch für Wärme. Anders jedoch beim Verkehr, wo sich angesichts der derzeit einseitig auf Individualverkehr ausgerichteten Verkehrsregulierung die soziale Ungleichheit unmittelbar in privilegierten Lebenschancen, aber zugleich einem unerträglich hohen ökologischen Fußabdruck der Besserverdienenden niederschlägt. Es sei hier nur erwähnt: Bei Geringverdienern ist häufig Mobilitätsarmut zu diagnostizieren, auch weil die Prioritäten der Verkehrspolitik einseitig auf teuren und klimaschädlichen Individualverkehr ausgerichtet sind (vgl. hierzu Hennicke u. a. 2021, S. 91ff).

Tabelle 1: Anteil der Konsumausgaben in Haushalten mit unterschiedlichem Nettoeinkommen

Monats-einkommen in Euro	<1.300	1.300–1.600	1.700–2.600	2.600–3.600	3.600–5.000	>5.000	Durch-schnitt
Wohnen	38,93	34,44	31,75	29,37	28,00	23,49	28,00
Strom und Wärme	8,97	7,84	6,60	6,31	5,82	4,67	5,83
Verkehr	6,30	10,50	12,44	13,21	12,72	16,19	13,60
Benzin	1,77	2,80	3,08	3,41	4,01	3,60	3,38
ÖPNV/Bahn	2,83	2,16	2,16	1,79	1,77	1,79	1,90

Angaben in Prozent der durchschnittlichen privaten Konsumausgaben der jeweiligen Einkommensgruppe   Eigene Berechnungen auf Basis Destatis 2020 S. 46/7

Andererseits: Können Geringverdiener mithin weniger gut mit Energie umgehen? Heizen sie zum Fenster hinaus und lassen die Birnen bis zum Platzen leuchten? Natürlich nicht. Strom für Beleuchtung und Antrieb der Haushaltsmaschinen gehört seit mehr als hundert Jahren zur Grundausstattung für alle Menschen, und eine warme Wohnung im Winter ist von Luxus weit entfernt. Und Strom bleibt Strom, Wärme bleibt Wärme. Will sagen: Während bei Verkehrsdienstleistungen durchaus die Wahl besteht zwischen Busfahren oder dem Kauf und Unterhalt eines teuren Autos, bei Lebensmitteln durchaus die Wahl zwischen Tiefkühlpizza und Essengehen beim Italiener, ist der Spielraum für ein Ausweichen auf billigere Produkte bei Strom und Wärme eher gering. Geringverdiener haben hier, allen Marktöffnungsideologien und vermeintlichen Schnäppchen beim Stromkauf zum Trotz, wenig Möglichkeiten, flexibel zu reagieren und auf billigere Waren oder gar Verzicht auszuweichen. Es ist halt Grundversorgung mit starren Gütern. Bleibt nur, an anderer Stelle zu verzichten. Nichts anderes sagen die Zahlen aus: Je geringer das Gesamteinkommen, desto höher die Belastung durch Strom- und Wärmekosten, und desto weniger Geld steht eben für Essengehen beim Italiener oder teure Boutiqueneinkäufe zur Verfügung – und das schon für mittlere Einkommen.

Energiearmut – also existenzielle Armut – droht, wenn der *Share of Wallet* für Energie eines Haushaltes auf mehr als zehn Prozent ansteigt. So die gängige, aus der britischen Diskussion übernommene Definition (vgl. dazu Kopatz u. a. 2013, S. 62 ff.). Und mit den hierzulande ermittelten Durchschnittszahlen überschreiten viele Geringverdiener schon heute diese Grenze. Armut also, verursacht durch Energieverbrauch? Das nun gerade nicht. Energiearmut ist ursächlich kein Problem der Energieversorgung – sondern der sozialen Spaltung in Arm und Reich. Bekämpfung der Energiearmut fällt letztendlich mit der Bekämpfung der Armut insgesamt zusammen – doch aufgrund der Tatsache, dass die Kosten für Wärme und Strom eben nicht flexibel gesenkt werden können, keine Ausweichmöglichkeiten bestehen, zeigt sich das Problem der sozialen Armut beim Energiekonsum wie in einem Brennpunkt.

Im Umkehrschluss hat das Konsequenzen für die Energiepolitik – oder sollte es haben. Kommt es im Rahmen der Energiewende zu einer Steigerung der Strom- und Wärmepreise, werden Geringverdiener doppelt so stark getroffen wie Haushalte mit höherem Einkommen. Denn jeder Euro, der zusätzlich für Strom oder Wärme anfällt, fällt im Budget eines Geringverdieners doppelt so stark ins Gewicht. Mithin steigt die Zahl derjenigen, die von Energiearmut betroffen sind – und zwar schneller als die Energiekosten in Summe.

Somit könnte die Energiewende unversehens in den sozialen Konflikt hineingezogen werden. Denn aller Voraussicht nach werden die gesellschaftlichen Kosten für Strom und Wärme aufgrund der Energiewende weiter steigen. Dann würden mithin ohne politische Gegenmaßnahmen ärmere Bevölkerungsschichten überproportional hoch belastet. Es droht sozialpolitischer Sprengstoff. Spätestens seit der französischen Revolution wissen wir: Wer die Befriedigung von Grundbedürfnissen gefährdet, gefährdet den sozialen Frieden. Nicht zuletzt der jüngste Protest der sogenannten »Gelbwesten« im Nachbarland, der sich auch gegen die CO_2-Steuer richtete, zeigt, dass dies noch heute gilt.

Der Leser, die Leserin mögen sich verdutzt fragen: Ist dies ein – freilich subtiles – Plädoyer gegen die Energiewende? Ganz im Gegenteil. Es ist ein Plädoyer dafür, frühzeitig mit politischen Maßnahmen gegenzusteuern. So hatte der französische Präsident ganz einfach »vergessen«, für eine entsprechende Entlastung zu sorgen. Doch auf diese Weise könnte auch hierzulande die Energiewende unverdientermaßen zum Austragungsort sozialer Konflikte werden. Sozial- gegen Klimapolitik?

Es ist doch doppelt ungerecht: Wer mehr Energie verbraucht, also der Besserverdienende, trägt auch mehr bei zur Klimabelastung – jedenfalls so lange, wie fossile Energien vorherrschend bleiben. In der Sprache der Ökologen: Der CO_2-Fußabdruck der Besserverdienenden ist per Saldo größer als der der Geringverdiener. Ist es aber dann gerecht, dass Geringverdiener in der Wirkung auf ihr zur Verfügung stehendes Einkommen stärker belastet werden? Sodass sie sich am bitteren Ende dann selbst die Grundausstattung einer warmen und ausreichend beleuchteten Wohnung nicht mehr leisten könnten. Ein Blick auf die EU zeigt, was auch auf Deutschland zukommen könnte: Fast 40 Millionen Menschen waren schon 2018 von Energiearmut betroffen (davon allerdings überproportional viele im reichen Brexit-Land Großbritannien, wo seit Langem die sozialen Unterschiede besonders krass zutage treten).

Und damit wird für den Erfolg der Energiewende eine Frage immer bedeutsamer: Wie kann die Energiewende konsequent weitergeführt werden bis zur Klimaneutralität, ohne dass es zu sozialen Verwerfungen kommt und die Belastung der ärmeren Bevölkerungsschichten steigt? Oder anders gefragt: Wie muss die Energiewende ausgestaltet werden, dass nicht neuer sozialer Sprengstoff angehäuft wird, wenn nämlich die

Kosten für Wärme und Strom für immer mehr Menschen zur immer stärkeren Belastung werden und damit Klimaneutralität ausgespielt werden kann gegen soziale Belange. Oder kann es gelingen, die Kosten der Energiewende sozial gerecht auf die Bevölkerungsschichten – und die Verbraucher aus Industrie und Gewerbe – zu verteilen? Davon, dass und wie das möglich ist, handelt dieses Buch.

Sozialverträglichkeit – ein eigenständiges Ziel der Energiepolitik?

Das Verhältnis von Energiepolitik und Sozialverträglichkeit steht nicht erst seit heute im Fokus – es stand, wenn nicht explizit, so doch implizit immer schon im Zentrum energiepolitischer Entscheidungen. Es stimmt schon: Analysiert man die Energieszenarien und energiepolitischen Zielsetzungen der letzten Jahrzehnte, findet man nur selten den Hinweis auf Sozialverträglichkeit. Da standen seit Beginn der westdeutschen Republik die Ziele einer preiswerten und sicheren Versorgung von Wirtschaft und Gesellschaft im Mittelpunkt. Dazu kam, spätestens seit Willy Brandt den blauen Himmel über der Ruhr zum politischen Ziel erhoben hatte, in immer stärkerem Maße Umwelt- und Klimaverträglichkeit – als wesentliche Begründung für die Energiewende. Versorgungssicherheit, Preiswürdigkeit, Umwelt- und Klimaverträglichkeit – das gilt in Literatur wie – manchmal auch – Praxis seitdem als Zieldreieck einer verantwortungsvollen Energiepolitik.

Und die Sozialverträglichkeit? Ist sie nicht in diesen drei Zielen explizit enthalten? Überflüssig, so schien es lange vielen, sie als eigenes Ziel aufzunehmen – denn schließlich haben Geringverdiener ebenso wie Gutbetuchte und auch die Industrie in gleichem Maße ein Interesse daran, dass die Versorgung mit Wärme, Strom und auch Kraftstoffen jederzeit sicher, preisgünstig und umweltfreundlich auszugestalten ist. Oder? Wir haben schon gesehen, dass es in der individuellen Betroffenheit beim *Share of Wallet* durchaus Unterschiede gibt. Auch in der Energiepolitik gilt: Zwar sitzen alle in einem Boot, aber …

»Preiswürdigkeit«, verstanden als »Bezahlbarkeit«, ist als Ziel von Energiepolitik indessen zweischneidig. Bei gegebener sozialpolitischer Ungleichheit könnte sich ein Zielkonflikt auftun: Fördert, wer die Kosten einer Kilowattstunde Strom oder Gas reduziert, nicht die soziale Gleichheit, weil die Börsen der Geringverdiener anteilig stärker entlastet werden? Und das selbst, wenn es zulasten der Umwelt- und Klimaverträglichkeit geht. Das Argument ist doch nicht neu. Es wurde in der Vergangenheit oft ins Feld geführt, um die Energiewende zu diskreditieren, denn billige Energie wurde gleichgesetzt mit Kohle und Atom. Und es wird mitunter auch heute noch aus der Mottenkiste der Argumente zurückgeholt:»Energiewende macht den Strom und die Wärme teurer und belastet damit die Geringverdiener.«

Kein Zweifel im Zeitalter der Klimaneutralität: So geht es nicht. Wie also Sozialverträglichkeit und am Klimaschutz orientierte Energiewirtschaft miteinander in Einklang bringen? Schon früh wurde die Überlegung eingebracht, dass der Schlüssel in der Steigerung der Energieeffizienz liegt, denn wer die Rohstoffe effizienter einsetzt, um daraus mehr Nutzenergie (oder Endenergie) herzustellen, reduziert damit nicht nur den Ausstoß an Schadstoffen, sondern auch die finanzielle Belastung. Entscheidend ist ja die Gesamtrechnung in einem bestimmten Zeitraum, nicht isoliert der Preis einer Kilowattstunde. Doch bleibt ein Problem: Auch Effizienzsteigerung braucht Investitionen, beispielsweise in Wärmedämmung oder bessere Umwandlungstechniken, und wer kommt hierfür auf?

Also bleibt unbestritten, dass Wärme und Strom bezahlbar für alle bleiben müssen. Was nützt es, wenn die Energieversorgung sicher und umwelt- und klimafreundlich ist, sie sich aber immer mehr Menschen nicht mehr leisten können. Es ist eine Frage der sozialen Gerechtigkeit. Da galt bislang auch in kapitalistischen Wirtschaftsordnungen – beispielsweise bei der Steuererhebung – doch der Grundsatz, dass starke Schultern mehr tragen können und sollen als schwache. Liegt es nicht nahe: Was für den allgemeinen Staatshaushalt gilt, sollte doch auch für Klimaschutz als gesamtgesellschaftliche Aufgabe gelten. Doch noch wird die Frage allzu oft einfach ausgeblendet, welchen Beitrag Menschen mit geringem Einkommen zu den Kosten der Energiewende leisten können und wollen. Erst wenn hierüber Klarheit herrschte, wäre Sozialverträglichkeit als eigenständiges Ziel der Energiepolitik verzichtbar.»Bezahlbarkeit« müsste dann aber präziser heißen: Bezahlbar auch für Menschen mit geringem Einkommen, ohne dass deren Lebensumstände sich verschlechtern. Bis es so weit ist, spricht vieles dafür, die Sozialverträglichkeit als eigenständiges Ziel energiepolitischer Entscheidungen aufzunehmen – mithin das alte Zieldreieck durch eine vierte, eigenständige Komponente zu ergänzen.

Es ergibt sich eine Arbeitshypothese: Gerecht – und damit sozialverträglich – wäre es doch, wenn diejenigen, die am meisten zur Umwelt- und Klimabelastung beitragen, also den größten CO_2-Fußabdruck haben, auch den größten Beitrag leisten würden, um die Zusatzkosten der Wende zur Klimaneutralität zu bezahlen.

Sozialverträglichkeit der Energiepolitik – eine Utopie der Wohlstandsgesellschaft?

Ein Blick zurück: »Wohlstand für alle« lautete der Slogan des damaligen Bundeskanzlers Ludwig Erhard in längst vergangenen Tagen. Es war die Zeit der anbrechenden »nivellierten Mittelstandsgesellschaft«, auf die nach Analyse des Münsteraner Soziologen Erwin Scheuch die soziale Entwicklung der westdeutschen Republik hinauslief. Damit einher ging genau das, was uns heute die Probleme macht: die Sicherung billiger fossiler und atomarer Energierohstoffe für Industrie und für Haushalte als Schmiermittel einer angeblich anbrechenden allgemeinen Wohlstandsgesellschaft. Wäre diese Idee Realität geworden, hätte sich historisch das Problem der Energiearmut in Luft aufgelöst – trotz zukünftig steigender Energiepreise. So wären dann die unteren Einkommensgruppen ganz einfach aus der Statistik verschwunden – mangels Masse. Wer diesen Grundsatz infrage stellte, stellte mithin auch das Wohlstandsmodell infrage. Nicht von ungefähr lautete der Vorwurf an die Anti-Kernenergiebewegung früh, dass ohne neue Energiequellen der wachsende Bedarf an billiger und sicherer Energie nicht mehr gedeckt werden könnte. Für die Wirtschaft, den Garanten für Wohlstand per se.

Die Ideologie hielt sich lange – bis sie durch den Neoliberalismus der neunziger Jahre abgelöst wurde. Auch die Kernenergieskeptiker, soweit sie der sozialen Dimension Beachtung schenkten, stellten die wirtschaftlichen Anforderungen an ein Energieversorgungssystem in den Mittelpunkt ihrer Analysen. So der Deutsche Gewerkschaftsbund (DGB), der nach dem Tschernobyl-Desaster 1986 den Atomausstieg beschlossen hatte. Der »Energiepolitische Wertbaum des DGB«, den die beiden Energiepolitik-Experten des DGB, Alfred Geißler und Botho Riegert, im Jahr 1988 veröffentlichten, ging allerdings davon aus, dass das bisherige »quantitative« Wirtschaftswachstum abgelöst werde von einem »qualitativen« Wachstum, das die Lebensbedingungen aller Menschen verbessern könnte. Er verdient nähere Beachtung. Er setzte auf die übergeordneten gesellschaftlichen Ziele Frieden, Vollbeschäftigung und Wohlstandsmehrung. Sozialverträglichkeit war damit implizit gesetzt als Unterziel der Wohlstandsmehrung, im Dreiklang als »Befriedigende Sozialproduktentwicklung«, »Verteilungsgerechtigkeit« und »Soziale Sicherheit«. Auch Umweltverträglichkeit tauchte im Wertbaum auf, allerdings als »Unverzichtbare Randbedingung«, gezielt auf die gesellschaftspolitisch unverträgliche Kernenergie. Daraus ergaben sich dann explizit die konkreten Anforderungen an Energieversorgungssysteme: Versorgungssicherheit, Anpassungsfähigkeit, ausreichende Ergiebigkeit, Erfüllung von Akzeptanzkriterien – und Preisgünstigkeit, verstanden als »erträgliche Belastung der Einkommen bzw. Produktionskosten der Energieverwender.« (Geißler/Riegert 1988, S. 41).

Zwei wichtige Aufgaben entfielen in diesem Zusammenhang, so die DGB-Experten, auf die Gewerkschaften: die Bekämpfung der Arbeitslosigkeit durch »Schaffung neuer, gesellschaftlich sinnvoller Arbeitsplätze« und die Verbesserung der ökonomischen und sozialen Situation der Beschäftigten. »Diese beiden Ziele, Schaffung neuer Arbeitsplätze und befriedigende Sozialproduktentwicklung ganz allgemein, können zwar nicht vorrangig durch Energiepolitik, geschweige denn allein durch sie erreicht werden, aber eine vernünftige Energiepolitik ist eine notwendige Voraussetzung für die Erhaltung und Verbesserung der wirtschaftlichen Lage.« (Geißler/Riegert 1988, S. 42). Festzuhalten ist: Es ging – in der Tradition der Arbeiterbewegung – hier um Schaffung neuer Arbeitsplätze, nicht um störrisches Festhalten an den alten, antiquierten.

Sozial- und Umweltverträglichkeit gemeinsam, um Frieden, »Vollbeschäftigung« und Wohlstandsmehrung zu sichern – das könnte noch heute im Kern eine gute Zielwahl für die zukünftige Energiepolitik sein. Setzt man, wie offenbar damals auch der DGB, voraus, dass sich im Rahmen der wirtschaftlichen Entwicklung nicht zuletzt durch erfolgreiche Gewerkschaftsarbeit die soziale Spaltung verringern würde, heißt das natürlich auch, dass auch Geringverdienern nur eine »erträgliche Belastung« zugemutet werden kann. Denn »Vollbeschäftigung« hieß nach damaligem Verständnis jedenfalls des DGB auch, dass diese Beschäftigung für alle arbeitenden Menschen auskömmliche Löhne und Tarife bereithalte – und sich die Frage der Geringverdiener damit weitgehend marginalisierte. Doch genau das war eine schöne Utopie der westdeutschen Vorwendezeit – die spätestens seit der Dominanz des Neoliberalismus mit der zunehmenden Anzahl prekärer Arbeitsplätze zerschlagen war.

Sozialverträglichkeit – zeitweise gekapert und diskreditiert

Mit der zunehmenden Auseinandersetzung um die Energiewende als Atomausstieg und Klimaschutz einerseits, mit dem Aufkommen des Neoliberalismus andererseits wurde der Begriff der Sozialverträglichkeit dann explizit in die Debatte um energiepolitische Entscheidungen eingeführt, doch gleichzeitig im politischen Meinungskampf instrumentalisiert und damit tendenziell gleich wieder diskreditiert. Denn zunehmend geriet in Gefahr, was bereits sozialpolitisch erreicht war. Und damit verloren diejenigen, die die soziale und ökologische Utopie im Auge hatten, die intellektuelle Hegemonie zugunsten der Verteidiger, der Bewahrer des in Gefahr geratenen Erreichten. Im Ergebnis zeigte sich eine problematische Entwicklung. Befürworter und Profiteure der traditionellen Energiewirtschaft konnten so leicht den Begriff der Sozialverträglichkeit kapern und ihn instrumentalisieren gegen Atomausstieg, Ausbau der Erneuerbaren und Klimaschutz. Behauptung: Das seien doch die Ursachen für die Erhöhung insbesondere der Stromkosten und damit führe die Energiewende zu Mehrkosten gerade bei sozial Schwachen. »Klimaschutz können sich nur die Hausbesitzer an der Elbchaussee leisten«. Mit Verweis auf die annähernde Verdoppelung der Kosten für Strom, aber auch für Wärmebrennstoffe zwischen 1990 und 2010 hatten sie dabei sogar vermeintlich die Empire auf ihrer Seite. Doch war es halt ein bisschen Handeln nach dem

Motto »Haltet den Dieb«. Befürworter der Energiewende wiesen dagegen zunehmend auf die zahlreichen Möglichkeiten zur Eigenverantwortung etwa bei der Steigerung der Energieeffizienz und damit der Reduktion der Gesamtkosten selbst bei steigendem Kilowattstundenpreis hin.

Schlimmer noch und direkter wurde es mit der Behauptung, die Energiewende vernichte Arbeitsplätze. Allerdings war nicht zu übersehen, dass mit der im Zuge des Neoliberalismus in den neunziger Jahren durchgesetzten Liberalisierung der Energiewirtschaft nicht etwa die »Schaffung neuer, gesellschaftlich sinnvoller Arbeitsplätze im Rahmen qualitativen Wachstums« gemeint war, sondern im Gegenteil die Vernichtung zahlreicher gut bezahlter und hoch qualifizierter Arbeitsplätze vor allem auch in der Energiewirtschaft. So sank zwischen 1995 und 2005 die Zahl der in der deutschen Energiewirtschaft Beschäftigten um fast die Hälfte *(siehe Seite 116)*. Womit der Wertbaum des DGB natürlich vollends einstürzte. – In der Folge konzentrierte sich die jetzt explizit erhobene Forderung nach einer sozialverträglichen Energiepolitik seitens der betroffenen Gewerkschaften auf den Erhalt möglichst vieler traditioneller Arbeitsplätze in den brutalen Umstrukturierungsprozessen der Energieunternehmen im Rahmen des »Fitmachens« für den Wettbewerb.

Es war eine Zeit, als der Begriff »Sozialverträglichkeit« instrumentalisiert wurde als Argument für den Erhalt von Arbeitsplätzen in der Energiewirtschaft, aber auch in den energieintensiven Betrieben der Metall- und Chemieindustrie wurde er zunehmend gegen politische Maßnahmen der Energiewende in Anschlag gebracht. Industrieverbände versuchten, die Beschäftigten und ihre Organisationen in die Lobbyarbeit gegen fast alle Energiewende-Gesetze einzubeziehen. Damit geriet der Ruf nach einer gerechten, sozialverträglichen Ausgestaltung der Energiewende selbst zwischenzeitlich in Politik wie Öffentlichkeit in Misskredit – als verkappte Forderung, die alten Strukturen erhalten zu wollen. Gewerkschaften wurden oftmals wahrgenommen als Verhinderer des Umstiegs. Maßgebliche Initiativen wie beispielsweise die vom DGB initiierte Gewerkschaftskampagne »Bündnis für Arbeit und Umwelt«, die auf die zahlreichen zu schaffenden Zukunftsarbeitsplätze bei den erneuerbaren Energien, aber vor allem auch in der Gebäude- und Heizungssanierung aufmerksam machten, erhielten selbst bei zeitweiligen Erfolgen am Ende nicht die gebührende gesellschaftliche Anerkennung (z. B. Putzhammer 2000). Und auch die Zusammenarbeit zwischen Umweltverbänden und Gewerkschaften blieb auf sporadische Ereignisse beschränkt.

Der Druck lastete schwer. Negative soziale Folgen, die explizit der Liberalisierung zuzuschreiben wären, betrafen damit existenziell vorwiegend die Beschäftigten in der Energiewirtschaft. Eng verwoben mit den Rationalisierungsexzessen der Unternehmen begann allerdings auch langsam die politische Ausrichtung auf die Energiewende – den Kernenergieausstieg zunächst. Da war es möglich, die Energiewendeauflagen für die empirisch nachweisbaren Arbeitsplatzverluste jener Jahre gleichsam in Geiselhaft zu nehmen, obwohl sie zum allergrößten Teil auf Umstrukturierungen aufgrund der Liberalisierung der Branche zurückzuführen waren.

Am lautesten protestierten die Arbeiterinnen und Arbeiter in den Kernkraftwerken – weniger als zehn Prozent der 200.000 Beschäftigten. Sie waren vom Atomausstieg natürlich betroffen – doch bis zum zweiten Ausstieg 2011 nur virtuell. Für sie konnten die Gewerkschaften umfangreiche Angebote für Ruhestand und Umschulung aushandeln. In Wirklichkeit werden sie auch nach der Schließung der Anlagen noch lange gebraucht – für Rückbau und Lagerung des Atommülls. So ist es bis heute zu keinen betriebsbedingten Entlassungen von Kernenergiebeschäftigten gekommen.

Es sei vorweggenommen: Auch der Kohleausstieg ist bislang ohne betriebsbedingte Kündigungen vonstatten gegangen – und die Vereinbarungen im Kohleausstiegsgesetz sehen auch vor, dass über Vorruhestandsregelungen und Umschulungen die betroffenen Beschäftigten in den Braunkohle-Unternehmen keinerlei Nachteile erleiden. Beschäftigte in den Steinkohlekraftwerken werden über tarifliche Vereinbarungen abgesichert. Das alles ist möglich, weil nach dem Aderlass der Liberalisierung jetzt wieder mehr Beschäftigte in den Energieunternehmen benötigt werden, um die wachsenden Aufgaben der Energiewende bewältigen zu können.

Auch entstanden viele neue Arbeitsplätze – zunächst bei den Herstellern der Wind- und Solaranlagen. In den Hochzeiten der deutschen

Solarindustrie wurden insgesamt mehr als 400.000 Beschäftigte gezählt – deren Zahl allerdings aufgrund des schnellen Niedergangs der deutschen Solarindustrie, die selbst auf dem deutschen Markt schnell von der ostasiatischen Konkurrenz abgelöst wurde, bis heute wieder auf rund 300.000 zurückgegangen ist *(siehe Seite 98)*. Es war in weiten Teilen – und ist es bis heute teilweise – alles andere als qualifizierte, mit guten Löhnen und Tarifen abgesicherte Arbeit, wie sie Geißler und Riegert vorgeschwebt hatte. Selbst der Versuch einer Bildung eines Betriebsrats wurde beispielsweise vom Vorstand des zeitweiligen Weltmarktführers für Windenergie-Anlagen lange Zeit mit harten Pönalen sanktioniert. Erst in den letzten Jahren hat sich der Wind gedreht: Durch die zunehmenden Aufgaben im Rahmen der Energiewende hat sich die Zahl der Beschäftigten in den Energieunternehmen wieder deutlich erhöht *(siehe Seite 116)*. Damit hat sich auch das Verhältnis von Umwelt- und Klimabewegung und den Gewerkschaften entspannt: ver.di, die Gewerkschaft der Energiebeschäftigten, ist 2018 in die Klimaallianz eingetreten und ruft zu den Demos von »Fridays for Future« auf.

Sozialverträglich in die Klimaneutralität – eine zentrale Aufgabe

Hohe Zeit mithin, eine aktuelle, zeitgemäße Definition der Sozialverträglichkeit der Energiewende zu versuchen – als Richtschnur für die Beurteilung der in diesem Buch zu behandelnden politischen Entscheidungen hin zur Klimaneutralität.

Dazu gehört ohne Frage die Schaffung von qualitativ hochstehenden und gut bezahlten Arbeitsplätzen, nur sie im Übrigen geeignet, die Herausforderungen der Energiewende zu bewältigen. Denn nicht zuletzt die Ereignisse um die schlecht bezahlten, teilweise prekären Arbeitsverhältnisse in der deutschen Solarindustrie, die so schnell sie kamen wieder verschwanden, zeigen, dass so keine Energiewende zu machen ist. »Gute Arbeit« im Sinne der aktuellen DGB-Definition ist sicherlich eine Voraussetzung dafür, dass die Energiewende auch erfolgreich zu Ende geführt werden kann. So gesehen kann die moderne Definition der Sozialverträglichkeit der Energiewende hier nahtlos an den Wertbaum von 1988 anknüpfen. Die Anforderung, die Energiewende sozialverträglich zu gestalten, heißt unverzichtbar: die Arbeitsplätze in der Energiewirtschaft als »gute Arbeit« auszugestalten. Das war auch in der Umwelt- und Klimabewegung nicht immer Gemeingut: In den letzten Jahren hat allerdings die Klimabewegung das Thema aufgegriffen, dass nur eine sozialverträgliche Energiewende eine gute Energiewende sein kann.

Mit dem Ruf nach »Just Transition«, also einem gerechten Übergang in eine klimaneutrale Energiezukunft des Planeten, hat sich inzwischen auch die Internationale Gewerkschaftsbewegung zukunftsorientiert Gehör verschafft – bis hin zu den Diskussionen auf der Pariser Klimakonferenz 2015, die dann in Marrakesch auf der Folgekonferenz 2016 dazu führten, dass das Bekenntnis zu einem »gerechten Übergang« in die Präambel der Schlusserklärung aufgenommen wurde. Richtungsweisend auch für die Ausgestaltung der Energiewende in Schwellen- und Entwicklungsländern, wo die Forderung, bei der Umstrukturierung niemanden als Verlierer zurückzulassen (»leave nobody behind«) noch weit mehr Brisanz hat als in Industrieländern wie Deutschland oder Österreich (vgl. hierzu ILO 2015, ETUC 2018).

Allen Beschäftigten in der neuen, klimaneutralen Wirtschaft eine Zukunft zu eröffnen, das ist der eine Aspekt, der rechtfertigt, Sozialverträglichkeit als eigenständiges Ziel der politischen Ausgestaltung der Energiewende zu definieren – gleichberechtigt neben Versorgungssicherheit, allgemeiner Preiswürdigkeit und Klimaneutralität. Das ist – nach den Erfahrungen der Vergangenheit – keineswegs selbstverständlich. Den anderen haben wir eingangs schon kennengelernt: Das Aufkommen schlecht bezahlter, prekärer Arbeit in Zeiten des Neoliberalismus war doch nicht auf den Bereich der Solar- und Windindustrie beschränkt. Dies war nur ein Ausschnitt des eigentlich zugrunde liegenden Problems zunehmender sozialer Spaltung, die im Übrigen dafür sorgt, dass Energiearmut selbst in den Industriestaaten zunimmt.

Viel spricht dafür, diesen zweiten Strang in die Definition eines sozialverträglichen, »gerechten« Übergangs zur Klimaneutralität gleichberechtigt aufzunehmen: Nicht nur am Arbeitsplatz, sondern auch in den häuslichen Lebensumständen der Menschen bedarf es politischer Initiativen, damit die Kostenbelastungen nicht zu Beeinträchtigungen führen.

Leitende Fragestellung in diesem Buch soll deshalb sein: Ist die Transformation zu Klimaneutralität so gestaltbar, dass soziale Verwerfungen vermieden werden?

Nach dem Vorherigen ist klar: Klimaschutz ist ein gesamtgesellschaftliches Problem – und er ist damit auch gesamtgesellschaftlich zu finanzieren. Damit gilt auch hier das Sozialstaatsprinzip, das Richtschnur der allgemeinen Steuerbelastung mit ihrer Steuerprogression ist: Starke Schultern müssen mehr leisten als schwache. Viel spricht dafür, das Prinzip der »Just Transition« auch in diesen Bereich privater Lebenshaltung und Konsums zu übernehmen. Als gerechte Gestaltung des Übergangs zur Klimaneutralität. Damit, um es überspitzt zu formulieren, niemand in dunkler und ungeheizter Wohnung zurückgelassen wird.

Fragen wir die Philosophen. Unter Berufung auf die Gerechtigkeitsphilosophie des US-amerikanischen Gesellschaftswissenschaftlers John Rawls (Rawls 1971) und ihre Rezeption in Deutschland wenden der Volkswirtschaftler Peter Heindl von der ZEW Mannheim und die Sozialphilosophen Philipp Kanschick und Rudolf Schüssler von der Universität Bayreuth das Prinzip der Verteilungsgerechtigkeit direkt auf die Energiewende an: »So fordern die dominierenden Theorieschulen der Verteilungsgerechtigkeit auf unterschiedliche Weise, aber übereinstimmend eine prioritäre Behandlung der Schlechtestgestellten in der Gesellschaft. Im Falle der Energiewende bedeutet dies, dass Schlechtgestellte unterproportionale Lasten tragen sollten, oder gar von politischen Maßnahmen profitieren sollten.« (Heindl u. a. 2017, S. 246). Das bedeute allerdings keineswegs, dass der Staat mittels Energiepolitik die Aufgabe habe, die soziale Ungleichheit zu überwinden, indem er beispielsweise Sozialtarife als Mittel gegen die allgemeine Energiearmut einführt. Das würde Energiepolitik überfrachten, dazu braucht es sozialpolitische Grundsatzentscheidungen. Anders aber, wenn zusätzliche Belastungen politisch erforderlich und gewollt sind und zusätzliche soziale Ungleichheit droht: »Wirklich relevant werden Fragen der sozialen Gerechtigkeit jedoch, wenn man das Wesen der Energiewende bedenkt. Sie beruht auf einer *freiwilligen politischen Entscheidung* in ihrer konkreten Form (Umfang und resultierende Kosten), die als *gemeinsame gesellschaftliche Aufgabe* der Bürger verstanden wird und *für den einzelnen Bürger nicht optional* ist. Diese Eigenschaft der Energiewende als gesellschaftliche Aufgabe bringt so auch gegenseitige gesellschaftliche Verantwortung mit sich. Genau dieser Idee folgt die Energiewende: Die Schaffung einer besseren Zukunft, oder zumindest die Erhaltung einer lebenswerten Welt. In diesem Sinne kann argumentiert werden, dass die Energiewende auch nicht an anderer Stelle Ungerechtigkeit schaffen sollte.« (Heindl u. a. 2017 S. 247, kursiv von den Autoren).

Ähnliche Definitionen finden sich in der Literatur. Andreas Schneller und Walter Kahlenborn von der Berliner Denkfabrik adelphi und der Hallenser Sozialrechtler Reimund Schmidt-DeCaluwe beispielsweise definieren sozialverträglichen Klimaschutz »als die Vermeidung oder Minderung unbilliger sozialer Härten bzw. energiebedingter Deprivation bei gleichzeitiger Teilhabe am Nutzen des Klimaschutzes.« (Schneller u. a. 2018).

In diesem Buch wird der Begriff der Sozialverträglichkeit von Energiewende und Klimaschutz in diesem umfassenden Sinne verstanden: Sozialverträglich – oder sozial gerecht – ist die Transformation, wenn es durch politische und ökonomische Rahmensetzung gelingt, notwendige gesamtgesellschaftliche Belastungen entsprechend ihrer Möglichkeiten gerecht auf alle gesellschaftlichen Gruppen zu verteilen – als da wären Haushalte, Beschäftigte, Industrie. Und das heißt, die wenig Verdienenden oder die von Schlechterstellung Bedrohten nicht zusätzlich zu belasten. Sondern im Gegenteil ihnen auch neue, überzeugende und zufriedenstellende Gestaltungschancen zu geben.

Das ist keine Randnotiz. Sozialverträglichkeit muss vielmehr als Handlungsmaxime für die politische Ausgestaltung der Energiewende dienen – und das erweist sich nicht zuletzt als erfolgskritisch für die nächste Etappe: die Transformation der Wärmeerzeugung.

Kapitel 2

Abschied vom Wachstumsmodell – die Entwicklung der Energiewende bis Fukushima als widersprüchliche soziale Transformation

2.1 Die Grenzen des Wachstums – Energieeffizienz als Gegenpol zur Kernenergie

»Energiesparen« hätte 1980 Kandidat für das »Unwort des Jahres« werden können. Beruhte doch das »Wirtschaftswunder« auf dem wachsenden Verbrauch von Kohle, Erdöl – und auch Atomenergie. Da war der Energiespar-Teufel schnell an die Wand gemalt: Sparkommissare gängeln, und die Energiepreise steigen. Weg der Italien-Urlaub, weg sogar der Kühlschrank vielleicht. Und deshalb – könne man auf die Kernenergie trotz aller Gefahren nicht verzichten.

Werden wir seriös. Die Frage, wie Energieverbrauch und Wohlstand zusammenhängen, ist so alt wie die Diskussion um die Energiewende. Als Auseinandersetzung um die Kernenergie erreichte die spätestens 1979 die amtliche Regierungspolitik, als der Bundestag die Enquete-Kommission »Zukünftige Kernenergiepolitik« einsetzte und deren Leitung dem SPD-Abgeordneten Reinhard Ueberhorst übertrug, Kernkraft-Skeptiker mit Wahlkreis rund um das erbittert umkämpfte Atomkraftwerk Brokdorf in Schleswig-Holstein. Mit in der Kommission als Antipode war auch der Atommanager Wolf Häfele. Dessen Position: Gewiss, bei den üblichen Leichtwasserreaktoren war der »Größte Anzunehmende Unfall«, der GAU, nicht auszuschließen – doch war er mit einer so geringen Wahrscheinlichkeit anzunehmen, dass das Risiko erträglich erschien.

Gab es jenseits ideologischer Verhärtungen einen Grundkonsens? Der war doch gerade: Wachstum sei als »notwendig und möglich« vorauszusetzen. Doch verblüffte viele die Erkenntnis im Zwischenbericht der Kommission vom Juni 1980: Wohlstandsmehrung gehe mit, aber auch ohne Kernkraft. Konkret hatte sich die Kommission auf vier alternative Wachstumspfade mit jeweils unterschiedlichen Prämissen und Energievarianten geeinigt, und davon waren zwei mit, aber auch zwei ohne Atomstrom. Und komplementär zwei mit und zwei ohne »Energiesparen« (Enquete 1980). »Wohlstand für alle« ist möglich, auch ohne die Risiken der Kernenergie in Kauf zu nehmen.

Was heute banal erscheint, war damals, 1980, tatsächlich eine gedankliche Revolution. Es war zudem der Startschuss einer rationalen Diskussion über eine sozialverträgliche, sichere und preiswerte Energieversorgung der Zukunft. Um praktisch zu werden, brauchte es freilich noch zwei reale Katastrophen. Erst 2011, nach Fukushima, war – in Deutschland – die Frage endgültig entschieden. Da war der »unwahrscheinliche« GAU nach Tschernobyl bereits zum zweiten Mal über die Welt hereingebrochen.

Zurück ins Jahr der Kommission. Die Konsequenzen des sogenannten Pfades 1, der den ungehemmten Ausbau der Kernkraftindustrie vorsah, waren in Wirklichkeit monströs. Auch ohne Katastrophe. 2030 würden danach in der alten Bundesrepublik jährlich etwa 23.000 Tonnen Natururan gebraucht; 1978 waren es 2.900 Tonnen. Und selbst im »moderaten« Ausbaupfad 2 taxierten die Experten den »bescheidenen« Bedarf auf 100 Kernkraftwerke. Bis zum Jahr 2000 hätte man selbst bei diesem abgeschwächten Wachstum jährlich bis zu vier Atomriesen bauen müssen.

Wer aber den beiden Pfaden 3 und 4 zuneigte, die Nutzung der Kernenergie bis 2000, also in den von 1980 an nächsten 20 Jahren, auslaufen zu lassen, der müsse sich nicht vom erreichten Lebensstandard verabschieden. Der Energieverbrauch dürfe freilich nicht mehr in gleichem Maße wachsen wie das Wirtschaftswachstum. Eine Utopie?

»Bis 1973«, analysierte rückblickend der Berliner Energiewissenschaftler Hans-Joachim Ziesing, »bestand tatsächlich ein ausgesprochen enger linearer Zusammenhang zwischen Primärenergieverbrauch und Bruttoinlandsprodukt.« (Ziesing 2009, S. 6). Eisen- und Stahlindustrie, die

Träger des Wachstums, schluckten immer mehr Energie – ebenso die Chemie. Dennoch war der Wandel bereits in vollem Gange. Der Verbrauch an Kohle und Uran, Gas und Öl, also der Primärenergien, »entkoppelte« sich immer schneller vom Wirtschaftswachstum, das heißt, mit der gleichen Energiemenge konnten immer mehr Produkte erzeugt und Dienstleistungen erbracht werden.

Maßstab für Wohlstand damals wie heute ist jedenfalls nicht der absolute Energieverbrauch, sondern die Energieproduktivität, also das Verhältnis von Wirtschaftswachstum zu Wachstum des Primärenergieverbrauchs. Je größer die Energieproduktivität, desto effizienter wird die Energie genutzt. Das war eigentlich keine neue Entwicklung. Ziesing unterscheidet in den ersten Jahren der westdeutschen Republik zwei Phasen: In den zehn Jahren seit 1950 war es bereits zu einer deutlichen Steigerung der Energieproduktivität gekommen – sie stieg im Durchschnitt immerhin um 3,2 Prozent jährlich. Anschließend aber, zwischen 1960 und 1973 nahm sie überproportional ab. Der Grund: Billiges Erdöl überschwemmte den Markt, und Investitionen in Effizienz-Technologien waren unwirtschaftlich. Da passte unbegrenzter Atomstrom ins Bild.

In der Zwischenzeit hatte sich das Blatt allerdings abermals gewendet. Das Wirtschaftswachstum verlagerte sich auf weniger energieintensive Branchen. Und die Wirtschaft reagierte auf den erhöhten Ölpreis. In der Phase nach der Ölpreiskrise, von 1973 bis 1990, zündete die erste Stufe einer Effizienzwende, die bis heute anhält: Der Primärenergieverbrauch stieg über alle Nutzungen nur noch geringfügig an, während Wirtschaftswachstum und Energieproduktivität in dieser Zeit jeweils um rund 140 Prozent zulegten.

Stetes Wachstum des Energieverbrauchs war mithin kein »Naturgesetz« – vielmehr hatte billige Energie nur falsche ökonomische Signale gesendet. Energieverschwendung pur. Und mit dieser Erkenntnis hätte »Energiesparen« eigentlich vom Unwort zum Wort des Jahres 1980 mutieren können.

Die »Entkoppelung« war zu Zeiten der Kommission, 1980, also bereits in vollem Gange – mit einer Einschränkung: Der Stromverbrauch stieg zwischen 1973 und 1990 immerhin noch um 2,2 Prozent pro Jahr und blieb damit nur geringfügig unter der jährlichen Steigerungsrate des Bruttoinlandsproduktes von 2,4 Prozent (Ziesing 2009, S. 8). Und die erneuerbaren Energien waren – außer der kaum mehr ausbaufähigen Wasserkraft – im Jahr 1980 noch Zukunftsmusik.

Kann auch beim Strom die »Entkoppelung« klappen? Das war in der Zeit um 1980 noch lange nicht entschieden. Und die große Unsicherheit, mit der auch die Kernkraftgegner umgehen mussten. Wer Kernenergie nicht wolle, müsse also »Energie sparen«, sehr stark (Pfad 3) oder sogar extrem (Pfad 4).

Selbst der atomkritische »Spiegel« raunte: »Immerhin zeigen die Parlamentarier klare Alternativen auf, die das übliche Drumherumreden nun etwas schwerer machen: Wer für die noch immer regierungsamtliche Wachstumspolitik optiert, muss sich auch mit der Plutoniumwirtschaft mit allgegenwärtigen Kernkraftwerken abfinden. Wer hingegen gänzlich auf den Strom aus dem Atom verzichten will, muss hinnehmen, dass mit staatlichem Zwang ein harter Sparkurs durchgesetzt wird.« (Spiegel 21/1980).

Bei Lichte besehen war aber gerade die Stromproduktion äußerst ineffizient. In Kernkraftwerken liegt der Wirkungsgrad, das heißt die Ausbeute des Energiegehalts bei der Umwandlung in Strom, bei lausigen 30 Prozent. Der große »Rest« wird als »Abwärme« an die Luft oder in Flüsse abgegeben. Dazu wurde bei der Stromverwendung in Haushalten und Industrie noch einmal viel Energie verschwendet, weil Heizungen, Geräte und Motoren gleichermaßen ineffizient waren.

In Wirklichkeit war es mithin eine Frage des ungeschickten »Wordings«, der die Spiegel-Redakteure und mit ihnen die Wohlstandsbürger erschaudern ließ. Denn in Wirklichkeit hieß es: Verschwendung oder rationeller Einsatz der Energieressourcen.

Warum so lange bei dem 40 Jahre alten Bericht verweilen? Er ist noch heute aktuell. Sein Katalog von 62 Handlungsempfehlungen »zur Förderung der Energieeinsparungen und zur verstärkten Nutzung erneuerbarer Energiequellen« liest sich in weiten Teilen noch heute als Who's who der Energieeffizienz. Konkret wurde es – mangels entwickelter erneuerbarer Techniken – vor allem bei den »Einspar«-Empfehlungen: Vom Ausbau der Kraft-Wärme-Kopplung (also der gemeinsamen Produktion von

Strom und nutzbarer Fernwärme) bis zur Gebäudesanierung, vom Einsatz effizienter Pumpen und Maschinen bis zur Umstellung von industriellen Prozessen reichten die Maßnahmen, und selbst das »rote Tuch« par excellence, die Geschwindigkeitsbegrenzung auf Autobahnen gehörte dazu, verbunden mit dem Ausbau von Bussen und Bahnen (Enquete 1980, S. 104 ff.).

Bis heute ist viel passiert – längst wachsen Energie- und Stromverbrauch nicht mehr, obwohl sich das Bruttosozialprodukt vervielfacht hat. Kernenergie wurde verzichtbar. Doch viel blieb ungetan. Lange hieß »Energiesparen« fast ausschließlich »Trendsparen« – Reaktion auf steigende Brennstoffpreise. Doch wäre längst auch sinkender Primärenergieverbrauch bei steigendem Wirtschaftswachstum möglich. Das geht, frühe und heute brandaktuelle Erkenntnis der Kommission von 1980, freilich nur mittels konsequenter Politik.

2.2 Klimaschutz – instrumentalisiert im Schatten des Atomkonflikts

Wie ein Mahnmal ragen die Türme des Doms zu Köln einsam aus einer trüben Brühe – auf einem »Spiegel«-Cover aus dem Jahr 1986. Titel: »Ozonloch, Pol-Schmelze, Treibhauseffekt. Forscher warnen: Die Klimakatastrophe« (Der Spiegel 33/1986).

Da mag man sich heute, vertraut mit täglichen Meldungen zu Klimawandel und klimabedingten Wetterkatastrophen, verwundert die Augen reiben: Tatsächlich herrscht seit mindestens 40 Jahren Klarheit. Jedenfalls die Grundfakten waren schon damals wissenschaftliches Allgemeingut: Wie in einem Treibhaus erhöhen Klimagase, allen voran das Kohlendioxid (CO_2) aus der Verbrennung von Kohle, Erdöl und -gas, die mittleren Temperaturen.[1] Denn sie stören das Gleichgewicht zwischen Ein- und

---

1 Neben dem dominierenden CO_2 gehören auch Methan, Lachgas und Chlorkohlenwasserstoffe zu den Treibhausgasen. Deshalb wird wissenschaftlich exakt nicht von CO_2-Konzentration gesprochen, sondern von CO_2-Äquivalenten, die die Wirkung der einzelnen Gase auf CO_2-Niveau berechnen und zur Bilanz hinzufügen. Wenn wir im Folgenden meist vereinfacht von CO_2-Konzentration reden, ist eigentlich die gemeinsame Wirkung aller Treibhaus- oder Klimagase gemeint.

Abstrahlung der Sonnenenergie, umso stärker, je höher ihre Konzentration in den tiefen Schichten der Atmosphäre ansteigt. Die war messbar. 300 ppm (parts per million) CO_2 waren es in vorindustriellen Zeiten, 315 ppm im Jahr 1960 und 345 ppm schon 1985.

Gestützt auf erste, noch rudimentäre Klimamodelle, schlugen Klimaforscher Alarm: Steigen die globalen Durchschnittstemperaturen an, seien dramatische Klimaveränderungen zu erwarten, bis hin zur Schmelze der Polkappen mit der Folge eines eklatanten Anstiegs des Meeresspiegels (Schönwiese/Dieckmann 1989; Graßl/Klingholz 1990).

Ähnlich wie die Bedrohung durch radioaktive Stoffe war auch die Erderwärmung nicht unmittelbar wahrnehmbar. Und das Klimaproblem überschritt alle nationalen Grenzen. Dementsprechend musste das Verhältnis von nationalen und internationalen, weltweiten Gegenmaßnahmen ganz neu justiert werden.

Von der Weltklimakonferenz 1979 in Genf bis zur Gründung des Intergovernmental Panel on Climate Change (IPCC, Zwischenstaatlicher Ausschuss für Klimaänderungen) als globaler Vereinigung der führenden Klimatologen unter dem Dach der UN im Jahr 1988 war es ein weiter Weg. Inzwischen gehören die jährlichen Sachstandsberichte des IPCC zu den wichtigsten Grundlagen für internationale Vereinbarungen zum Klimaschutz.

An der Klimakonferenz in Toronto nahmen 1988 schon mehr als 300 Delegierte aus 40 Ländern und 24 Organisationen teil. Die Ziele, die dort beschlossen wurden, mögen heute bescheiden wirken – sie waren damals ein Durchbruch. Danach sollten die Treibhausgasemissionen weltweit bis 2005 um 20 und bis 2050 um 50 Prozent reduziert werden.

Der Bundestag setzte 1987 eine Enquete-Kommission »zum Schutz der Erdatmosphäre« ein (Enquete 1988). Das dort entwickelte Szenario war etwas weniger spektakulär als das Spiegel-Titelbild. Am Ende drohe »nur« ein Anstieg des Meeresspiegels um bis zu 1,5 Meter, der sich bis zu fünf Meter erhöhen könnte, wenn der westantarktische Eisschelf abschmelzen würde.

Um dies zu verhindern, sei eine »Begrenzung des derzeit beschleunigt steigenden Temperaturniveaus zwischen ein und zwei Grad Celsius, bezogen auf das vorindustrielle Niveau« notwendig, hieß es 1988 – auch das klingt nach der Pariser Klimaschutzkonferenz von 2015 wieder merkwürdig vertraut. »Jede Überschreitung dieser Obergrenze würde die bereits heute absehbaren Auswirkungen des Treibhauseffektes zumindest in einigen Regionen dramatisch verschärfen.« (Enquete 1988, S. 425).

Doch wo ansetzen? Kohlekraftwerke, Öl- und Gasheizungen, Benziner und Diesel sind die Hauptverursacher der Klimagase. Und gleichzeitig die Grundlagen des »Wirtschaftswunders.« Und damit reihte sich die Klimadiskussion nahtlos ein in die spätestens seit der Atomdebatte erbittert geführte Kontroverse nicht nur um die zukünftige Ausrichtung der Energie-, sondern auch der Wirtschaftspolitik. Wachstum des Energieverbrauchs versus Effizienzsteigerung – so hieß wie bei der Kernenergiedebatte auch hier die grundsätzliche Alternative.

Klimaschutz war in der Kernenergie-Enquete von 1980 noch ein blinder Fleck geblieben. Kernenergiegegner wie -befürworter waren sich einig: Auf längere Sicht sollte in Deutschland der Löwenanteil des Stromes mit effizienten Kohle- und Gaskraftwerken erzeugt werden, und die Grundlage der Wärmeversorgung blieben Öl- und Gasheizungen. Das war neu: Auch fossile Energieträger mussten zurückgedrängt werden.

Reichte die Steigerung der Energieeffizienz, auf die die Kernenergiegegner ihr Hauptaugenmerk gerichtet hatten, aus, neben dem Kernenergieausstieg auch noch den Ausstieg aus den fossilen Brennstoffen zu garantieren? Wer konnte einspringen? Die erneuerbaren Energien? Das sah selbst beim Strom mau aus. Die Potenziale der traditionellen Wasserkraft waren ausgereizt, Biomasse, Holz schienen anachronistisch. Und Wind und Photovoltaik? Windstrom war kostspielig und nicht technisch ausgereift. Die Photovoltaik gar war unter den klimatischen Bedingungen Mitteleuropas noch um das Zehnfache zu teuer.

Es war der Beginn einer langen, 20 Jahre lähmenden Debatte. War die ungeliebte Kernenergie die Rettung vor der Klimakatastrophe? Doch in Wirklichkeit war es bereits ein zähes Rückzugsgefecht. Und der in den achtziger Jahren angedachte »inhärente« Reaktor, der eine Kernschmelze inhärent, also durch eine geeignete technische Konstruktion ausschließen sollte, ließ weiter auf sich warten (vgl. Rosenkranz u. a., 1993, S. 224 ff.).

Doch neue Hoffnungen keimten auf. Jochen Holzer, damaliger Chef des Atomstromkonzerns Bayernwerk, brachte das Thema auf der Wintertagung des Deutschen Atomforums 1992 auf den Punkt: »Die entscheidende Dynamik für einen verstärkten Versorgungsbeitrag der Kernenergie in West- und Osteuropa wird nach meiner Überzeugung die globale Klimagefahr entfalten.« (zit. nach Rosenkranz u. a., 1993, S. 48). Da war die Katastrophe von Tschernobyl 1986 allenfalls ein Kollateralschaden. Das Thema, um aus dem Rückzugsgefecht eine Offensive zu starten, war gesetzt.

Andererseits blieben die fossilen Energieträger weiter auf dem Vormarsch. »Weiter so«, trotz Klimawandel und Reaktorkatastrophe, war angesagt in der Energiewirtschaft, »Kohle und Kernenergie« blieb die Zauberformel.

Getan wurde wenig, obwohl die Bundesregierung sich 1988 verpflichtet hatte, die CO_2-Emissionen in Deutschland bis 2005 um mehr als ein Viertel zu reduzieren. Da kam die Wiedervereinigung, und sie legte der Kohl-Regierung eine Gabe einfach in den Schoß. Allein in den fünf Jahren zwischen 1988 und 1993 sanken die CO_2-Emissionen Gesamtdeutschlands von 1.072 auf 928 Millionen Tonnen. Mehr als 100 Millionen entfielen dabei auf die Braunkohle – erzielt durch Drosselung und Modernisierung der maroden ostdeutschen Braunkohlekraftwerke (Enquete 1994, S. 73). Auch die Wärmeversorgung wurde nach geöffnetem »Eisernen Vorhang« modernisiert. Das war auch notwendig: Denn anders als im Westen dominierte in der DDR nicht Erdöl, sondern ebenfalls Braunkohle. Es stank und giftete. Erdgas-Heizungen hielten Einzug – mit der Folge, dass sich die CO_2-Emissionen im Wärmebereich im Osten in nur wenigen Jahren halbierten. Geschenke der Geschichte halt.

Das war's. »Die ›tiefgreifenden Veränderungen‹, die von der Klima-Enquete-Kommission des Bundestages in ihrem 1.000 Seiten dicken ›schockierenden Report‹ (Die Zeit) gefordert wurden, stehen bislang nur auf dem Papier«, hieß es 1993. »Die Energiepolitik ist durch die Atomdebatte paralysiert. Im verbissenen Streit um die nuklearen Meiler bleiben die notwendigen Abwehrmaßnahmen gegen die Klimagefahren auf der Strecke.« (Rosenkranz u. a. 1993, S. 70).

Auch international rangierte Klimaschutz unter »Ferner liefen«. Immerhin: die Klimarahmenkonvention, 1992 beschlossen auf der Umweltkonferenz in Rio, trat 1994 in Kraft, als erster internationaler Vertrag, der den Klimawandel als eine ernsthafte Bedrohung einstufte und das Ziel der Staatengemeinschaft formulierte, eine gefährliche Störung des Klimas zu vermeiden. Noch einmal fünf Jahre zogen ins Land, bis 1997 auf der Dritten Vertragsstaatenkonferenz (COP 3) in Kyoto völkerrechtlich verbindliche Ziele für Emissionshöchstmengen – nicht vereinbart, sondern den Staaten zur Ratifizierung vorgeschlagen wurden.

Das Wunder war, dass es überhaupt zu einer Übereinkunft kam. Die Industriestaaten erklärten, ihre Treibhausgasemissionen gegenüber den Emissionen des Jahres 1990 insgesamt um mindestens fünf Prozent reduzieren zu wollen. Ein Versprechen auf das nächste Jahrhundert, denn die Zielperiode war auf die Jahre 2008 bis 2012 festgelegt. So bescheiden das Ziel, so fragil die Konstruktion. Es brauchte nicht weniger als acht weitere Konferenzen in acht weiteren Jahren, bis das Abkommen 2005 endlich zur Ratifizierung anstand. Da waren die USA, regiert vom Klimaleugner Bush, schon längst wieder ausgestiegen. Für boomende Schwellenländer wie China, Brasilien oder Indien gab es ohnehin keine Verpflichtungen.

Fazit: Das Politikversagen in Deutschland hatte seine Entsprechung in einem noch viel größeren international. Da konnte Deutschland glänzen. Alles in allem hatte es am Ende sein Ziel übererfüllt. Im Durchschnitt der Jahre 2008 bis 2012 betrug die Reduktion gegenüber 1990 DDR-bedingt sogar 23,6 Prozent. Genug getan? Zwischen 2010 und 2018 stagnierte dann der deutsche CO_2-Ausstoß – obwohl die Ziele im Rahmen internationaler Verpflichtungen ganz andere Dimensionen annahmen als noch im Kyoto-Protokoll.

Immerhin stieg auch die Energieeffizienz in Deutschland im Mittel jener Jahre um rund ein Prozent jährlich an – wer mehr wollte, hätte systematisch in Programme zur rationellen Energienutzung vor allem in den Bereichen Wärme und Verkehr investieren müssen. Das forderte denn auch die letzte der Enquete-Kommissionen aus den Jahren 2000 bis 2002. Sie hatte schon einen deutlich ehrgeizigeren Auftrag: Wege zu finden, wie die Klimagasemissionen Deutschlands bis 2050 um mindestens 80 Prozent zu reduzieren wären. Die Szenarien, die diese Kommission errechnen ließ, zeigten: Das ehrgeizige Ziel war erreichbar – ganz unabhängig vom inzwischen beschlossenen Kernenergieausstieg. Es erforderte allerdings hohe zusätzliche Investitionen – in Maßnahmen der rationellen Energienutzung und der – inzwischen technisch weiterentwickelten – erneuerbaren Energien. Handeln war angesagt. Am Ende stand wie schon 1980 ein detaillierter Maßnahmenkatalog, von ordnungsrechtlichen Vorgaben über eine Ökosteuer bis hin zur Förderung der erneuerbaren Energien bis zur Marktreife (Enquete 2002).

2.3 Der lange Weg zum Atomausstieg

Am 23. November 1992 schrieben die Vorstandsvorsitzenden Klaus Piltz vom Mutterkonzern des größten Atomkraftbetreibers PreussenElektra, der Vereinigten Energie- und Bergbau AG (VEBA), und Friedhelm Gieske von RWE einen Brief an Bundeskanzler Helmut Kohl. Darin deuteten sie an, wie ihrer Ansicht nach ein überparteilicher »Energiekonsens« aussehen könnte, sprich eine Einigung über die zukünftige Ausrichtung der Energiepolitik nach Tschernobyl (Radkau/Hahn 2013, S. 350). Die beiden trieb eine tiefe Sorge. In der Zwischenzeit waren die Grünen entstanden und auch in der oppositionellen SPD und den Gewerkschaften war es zu Beschlüssen zum Atomausstieg gekommen. Und das gefährdete die langfristige Sicherheit ihrer Investitionen.

Gieske und Piltz boten an, sich auf einen Abschaltplan der bestehenden Kernkraftwerke zu verständigen, der ihnen jenseits politischer Mehrheiten eine sichere Laufzeit sicherte. Auch enthielt der Brief einen Passus, der Entscheidungen über den Bau neuer Kernkraftwerke von der Entwicklung eines »inhärent« sicheren Reaktortyps abhängig machte.

Verhandlungen wurden 1993 tatsächlich aufgenommen und dauerten übers Jahr – ohne Ergebnis. Die Fachzeitschrift »Energiewirtschaftliche Tagesfragen« kommentierte: »Die Sozialdemokraten waren nicht bereit, über die bislang einzige Brücke zu gehen, auf der sich Kernenergiebefürworter und -gegner überhaupt hätten treffen können. Sich darauf zu verständigen, dass nur ein einziges neues Kernkraftwerk entwickelt, gebaut und erprobt werden darf, nämlich ein inhärent sicheres. Selbst diese Option, die zumindest das nuklear-technologische Wissen in Deutschland sichern könnte, ging den Sozialdemokraten zu weit.« (et 12/1993, S. 802).

Schon kurz vor der Bundestagswahl 1994 hatte die Atomwirtschaft die Reihen wieder geschlossen und als wichtigste Bedingung für einen Energiekonsens die Sicherung einer »politisch ungestörten« Laufzeit von 40 Jahren für die bestehenden Kernkraftwerke vorgegeben. So Baden-werk-Vorstand Karl Stäbler (AP, 18.5.1994, FR, 18.5.1994).

Sie seien schon »mit allem Nachdruck für einen Energiekonsens«, hieß es gar in einem Brief der Atombetriebsräte an die Teilnehmer neu anberaumter Konsensgespräche am 6. Februar 1995 nach der Bundestagswahl, »der den politisch störungsfreien Betrieb der vorhandenen Kernkraftwerke ohne Festschreibung von Restlaufzeiten zulässt und eine echte Option zum Bau neuer Kernkraftwerke unter noch weiter verbesserten sicherheits- und anlagentechnischen Voraussetzungen für die Zukunft offenhält.« (Organisationskreis Betriebsräte, 6.2.1995).

Am Ende scheint es so, dass für die meisten Kernenergieanhänger die Forderung nach dem Energiekonsens als geeignete Doppelstrategie angesehen wurde. Einerseits die Bereitschaft, sich dem politischen Votum zu beugen, »Politik, sage uns, wie wir Strom herstellen sollen«, andererseits Druck ausüben, namentlich auf SPD und Gewerkschaften, um zu bestimmen, was diese zu wollen hätten.

Im September 1998 dann war ein GAU ganz anderer Art eingetreten. Wie von Piltz und Gieske befürchtet, hatten die Wählerinnen und Wähler einer Koalition aus SPD und Grünen die Mehrheit im Bundestag verschafft. Da hieß es dann: »Wegen ihrer großen Sicherheitsrisiken mit der Gefahr unübersehbarer Schäden ist die Atomkraft nicht zu verantworten. Deshalb wird die neue Bundesregierung alles unternehmen, die Nutzung der Atomkraft so schnell wie möglich zu beenden.« Energieeinsparung, erneuerbare Energien und Kraft-Wärme-Kopplung sollten durch eine »Neugestaltung des Energierechts« entsprechend gefördert werden (Koalitionsvertrag 1998, S. 15).

Den Koalitionären war klar, dass dies nicht von heute auf morgen zu bewerkstelligen war. Ein sofortiges Abschalten hätte zwangsläufig Entschädigungsforderungen in Milliardenhöhe nach sich gezogen. Und wie war die »Stromlücke« in der Versorgung zu schließen? Immerhin ging es um den Ersatz von damals rund 30 Prozent der Stromerzeugung. Das Vorhaben konnte nur Erfolg haben, wenn die Konzerne einlenkten. Und das bedeutete Verhandlungen. Verhandelt werden sollte ein »entschädigungsfreier Kernenergieausstieg« durch eine zeitliche Befristung der Betriebsgenehmigung der einzelnen Kernkraftwerke.

Es dauerte am Ende mehr als anderthalb Jahre, begleitet von schriller Begleitmusik. Auf einer Großdemonstration versuchte Klaus Südhofer, stellvertretender Vorsitzender der Chemiegewerkschaft IGBCE, das tote Pferd im März 1999 noch einmal zu reiten, und forderte das Bekenntnis der Bundesregierung zur Entwicklung »inhärent sicherer Reaktoren«, um einen »Fadenriss bei der Forschung« zu verhindern (Südhofer 1999). Doch am 14. Juni 2000 stand die Vereinbarung zwischen der Bundesregierung und den Stromkonzernen.

Es war ein Kompromiss: Für jede Anlage wurde eine Reststrommenge definiert, nach deren Erzeugung abgeschaltet werden muss. Die Menge entsprach einer Gesamtlaufzeit von etwa 32 Volllastjahren. Das schob – man lese und staune – das Ende des letzten Kraftwerks exakt auf 2022 hinaus. Insbesondere die ältere Kraftwerksgeneration musste um das Jahr 2010 abgeschaltet werden.

Viel spricht dafür, dass Joachim Radkau und Lothar Hahn Recht haben mit ihrer Einschätzung, dass es den Konzernen doch nicht ganz so ernst war mit dem Konsens und sie insgeheim hofften, »eine spätere Bundesregierung könnte den Ausstieg rückgängig machen, zumal die damaligen Oppositionsparteien CDU/CSU und FDP nicht an den Koalitionsvereinbarungen beteiligt waren.« (Radkau/Hahn 2013, S. 354).

Die Hoffnung trog, Rot-Grün gewann auch die Wahlen 2002. Und die Vereinbarung zeigte erste Wirkungen: 2003 ging das Kernkraftwerk Stade vom Netz, 2005 folgte Obrigheim am Neckar, beides freilich veraltete und kleine Anlagen, deren Wirtschaftlichkeit ohnehin hart an der Grenze lag. Doch auch als die rot-grüne Koalition bei der Bundestagswahl 2005 der großen Koalition Platz machen musste, blieb die Wende aus. Für die CDU/CSU war das Bekenntnis zur Kernenergie kein Kernthema mehr.

Die Stromkonzerne ihrerseits hatten ausreichend Zeit gewonnen, sich ohne politische Störungen fit zu machen für die nachnukleare Zeit. Da wäre es Zeit gewesen, sich auf neue Geschäftsmodelle einzulassen. Und die waren »im Nukleus« bereits vorhanden.

2.4 Energieeffizienz in Gebäuden als sozialverträgliche Alternative – hochgelobt und vernachlässigt

»Eines ist klar. Energie-Einsparung ist unsere größte Energiequelle.« So hieß es 1980 in Saarbrücken – nicht zufällig in der Nachbarschaft der französischen Atommeiler in Cattenom. Das »Örtliche Versorgungskonzept Saarbrücken 1980–1995« der Stadtwerke, dem das Zitat entstammt, stand »auf vier Beinen«: Einspar-Energie, Abfall-Energie, Umwelt-Energie – und schließlich »natürlich« die im Saarland heimische Kohle, allerdings in effizienter Kraft-Wärme-Kopplung (KWK). Die Wärmeversorgung sollte weg vom Öl und wesentlich auf Fernwärme und Erdgas umgestellt werden. Teure Doppelleitungen seien zu vermeiden: Vorrang für Fernwärme in der Innenstadt, für Gas in den Außenbezirken (Saarbrücker Stadtwerke 1980).

Das Konzept ist – trotz heute unschwer erkennbarer Unzulänglichkeiten – in zweierlei Hinsicht bemerkenswert: Nicht mehr steigender Energiebedarf wird vorausgesetzt, sondern sinkender – und neben der nichtnuklearen Strom- gerät auch die effiziente Wärmeversorgung in den Fokus der Debatte (Leonhardt u. a. (Hrsg.) 1989).

Stadtwerkechef Willy Leonhardt war damit ganz einig mit der deutschen Umweltpolitik. »Bisher basierten Investitionsentscheidungen häufig auf einfachen Trendverlängerungen der Nachfrage«, hieß es aus dem zuständigen Ministerium (BMBauRS 1980, S. 27). Man plädiere stattdessen dafür, dass »die leitungsgebundenen Energien Gas und Fernwärme als langfristig konkurrenzfähige Alternativen auf dem Wärmemarkt anzusehen« seien. Allein die Leitungsgebundenheit impliziere, dass »im Gegensatz zur bisherigen punktuellen räumlichen Verteilung der Abnehmer eine flächendeckende Versorgungsplanung notwendig« werde.

Heute würde niemand mehr auf die Saarkohle als Ersatz für Öl und Kernenergie setzen. Doch Wärmeplanung, die sicherstellt, dass Effizienz greift und Ölheizungen ersetzt werden – das ist auch in Zeiten der eintretenden Klimakatastrophe aktuell (siehe Kapitel 5.10). Es ist zudem ein Ansatz »von unten«. KWK, Energieeffizienz und dazu erneuerbare Energien sind dezentrale Formen – nutzbar nur unter Einbeziehung der Bürger.

Die achtziger Jahre waren die goldene Zeit der »Örtlichen und regionalen Energieversorgungssysteme« – nicht nur an der Saar. »Es liegen inzwischen Forschungsergebnisse vor, die eindeutig belegen, dass die stärkere räumliche Anpassung einzelner Wärmeversorgungssysteme den eigentlichen Durchbruch bei der Energieeinsparung bringen. Untersuchungen des Bundesbauministeriums zeigen, dass räumlich angepasste Wärmeversorgungssysteme im Zeitraum von etwa 20 bis 30 Jahren zu einer Verminderung des Nutzwärmebedarfs von mehr als 15 Prozent und zu einer Verminderung des Primärenergieeinsatzes von mehr als 50 Prozent führen können«, konkretisierte Bundesbauminister Dieter Haack 1982. Die Konzepte wurden – damals – mit Bundesmitteln gefördert (Haack 1982, S. II).

Erste Abschätzungen ergaben immense Potenziale. Weil Haushaltsgeräte, aber auch Antriebe, Pumpen oder Maschinen in der Industrie auf billig und ineffizient getrimmt waren, konnten bis zu 50 Prozent der Energie eingespart werden – wenn in den Kommunen eine »neue Energiepolitik« beschritten würde, die geeignet wäre, die zahlreichen Widersprüche und Hemmnisse der traditionellen Energiewirtschaft zu überwinden (Hennicke u. a. 1985).

Die Geschäftsmodelle der Stadtwerke wandelten sich – und damit traten sie aus dem Schatten der bislang dominierenden Stromkonzerne heraus. Es entstand das Konzept der Energiedienstleistungen (EDL), gleichsam die Umsetzung des Effizienzgedankens: Menschen brauchen nicht Erdöl, Kohle oder Strom, sondern Nutzenergie, warme Wohnung oder Licht. Weniger Verbrauch an Kilowattstunden Strom oder Litern Heizöl, um gleichbleibende Nutzenergie zu erzeugen – das erfordert einerseits Investitionen in Dämmung und effizientere Heiz- und Beleuchtungssysteme, spart andererseits auf lange Sicht auch im Geldbeutel der Verbraucher.

Im Grunde genommen wurde damit der ökonomische Konflikt vorgezeichnet, der bis heute die Ausschöpfung der Effizienzpotenziale einschränkt: Hohen Anfangsinvestitionen stehen erst langfristig sich summierende Einsparungen an Energiekosten gegenüber. Stadtwerke, organisiert als öffentliche Unternehmen, meist im Besitz der Kommunen, oder Energiegenossenschaften im gemeinsamen Besitz der Nutzer, so die Idee, könnten einspringen. Sie mussten nur im Zweifel bereit sein, auch einmal auf kurzfristige Gewinne zu verzichten. »Daseinsvorsorge« halt.

Insgesamt 41 vorbildliche kommunale Energieprojekte zählte 1992 eine Broschüre des BUND auf (BUND 1992): Energiesparkonzepte und ein dezentrales Deponiegas-Heizkraftwerk in Freiburg im Breisgau, Abwärmenutzung aus einer Gelatinefabrik für die Fernwärmeversorgung, das Kreiskrankenhaus in Neustadt a. R. »auf Sparflamme«. Ab 1990 schwappte der Trend auch auf die neuen Bundesländer über. So wird auf die erfolgreiche Rekommunalisierung in Jena, Ilmenau und Leipzig verwiesen, die innovative Erdwärmenutzung im mecklenburgischen Neustadt/Glewe erwähnt.

Die Liste der KWK-Betreiber in Westdeutschland, die der Verband der deutschen Elektrizitätswirtschaft 1996 veröffentlichte, liest sich denn auch wie ein Who is who der Stadtwerkelandschaft. Unterstützt von Programmen der Bundesregierung modernisierten und erweiterten München und Mannheim, Köln und Nürnberg, Duisburg und Düsseldorf, Frankfurt, Stuttgart, Wuppertal und Hannover ihre Fernwärmeerzeugung (VDEW 1986, zit. nach ÖTV3plus, November 1999, S. 10). Hinzu kam die BEWAG in Berlin, der größte westdeutsche Fernwärmeerzeuger. Aufgrund der Insellage der Stadt vor der Wende war hier der Antrieb, Kohle zu sparen und effizient einzusetzen, besonders stark.

Die Erfolgsstory bis zur Jahrhundertwende kann sich sehen lassen: Die Fernwärme-Ausbauziele im Westen von 1980 (Verdoppelung auf rund 14 Prozent Wärmeverbrauch) wurden erreicht, Fernwärme war in vielen größeren Städten mit einem Anteil zwischen zehn und 30 Prozent gut am Wärmemarkt positioniert.

Das Einspar-Kraftwerk – nie gebaut
In den neunziger Jahren sollte ein neuer Planungsansatz Fernwärmeausbau und Effizienzsteigerung ganz systematisch in den Mittelpunkt rücken. Das *Least Cost Planning* (LCP, Integrierte Ressourcen Planung

IRP). »Unter LCP«, so Peter Hennicke, damals Chef der Energieabtei-lung des Wuppertal Instituts, der das Konzept aus den USA weiter entwi-ckelte, »wird ein regulatorisches und unternehmensplanerisches Konzept für die leitungsgebundene Energiewirtschaft – insbesondere die Strom-versorger – verstanden, das die Unternehmen verpflichtet, vor einer Aus-weitung ihrer Strom-, Gas- oder Wärmeproduktion beim Energiekunden alle Maßnahmen der Energieeinsparung zu realisieren, die billiger als die Bereitstellung der zusätzlichen Energie sind.« Am Ende steht ein »Ein-sparkraftwerk« (Hennicke 1993). So werden die Kosten, die die Verbrau-cher am Ende zahlen, minimiert.

In Bonn hatten inzwischen Neoliberale, angeführt vom FDP-geführ-ten Wirtschaftsministerium, die Oberhand gewonnen. Ihnen schien LCP, wiewohl im Mutterland freier Marktwirtschaft geboren, nichts ande-res als verkappter staatssozialistischer Dirigismus. Trotz des politischen Gegenwindes kam es noch zum Hannoveraner LCP-Modellprojekt. Neun Stromsparprogramme (Negawatt-Programme), »das erste ›Einsparkraft-werk‹ in Deutschland, das konsequent und systematisch nach der LCP-bzw. IRP-Methode entwickelt wurde« (Stadtwerke Hannover 1995, S. 2).

Damit könne »der Anstieg des Strombedarfs in Hannover in den nächs-ten zehn Jahren mehr als halbiert und auf ca. fünf Prozent beschränkt werden, ein Beitrag auch zum Erreichen des örtlichen Klimaschutzziels.« Doch inzwischen waren die Strompreise weiter gesunken. Am Ende bleibt das ernüchternde Fazit: »Der derzeitige rechtliche Ordnungsrahmen macht Energieversorgern die umfassende Erschließung größerer volks-wirtschaftlich vorteilhafter Stromsparpotenziale wirtschaftlich (nahezu) unmöglich (Stadtwerke Hannover 1995, S. 2).«

Das Zeitfenster, in dem die kommunale Wirtschaft die Bewährungs-probe zu neuen Ufern bestehen hätte können, war 1995 geschlossen. Der Wind hatte sich gedreht: In Zeiten der Liberalisierung und Deregulie-rung setzte für die kommunale Wirtschaft ein Überlebenskampf ein, der für aufwendige systematische Effizienz- und Erneuerbaren-Programme kaum mehr Platz ließ. Für längere Zeit war die Chance, dass sich kommu-nale Wirtschaft fundamental den neuen Herausforderungen des Umwelt- und zunehmend auch Klimaschutzes stellen konnte, verpasst.

Potenziale

Doch lohnte der Aufwand überhaupt? War nicht bereits das meiste erreicht? Und führte nicht auch »Trendsparen«, also die laufende Modernisierung aller Wirtschaftsbereiche ebenso wie der Haushaltsgüter zwangsläufig dazu, dass Effizienzfortschritte sich langsam flächendeckend durchsetzen würden? Zugespitzt gefragt: War nicht LCP trotz fehlender staatlicher Planung längst zum Trend auch der liberalisierten Energiemärkte geworden?

Große Hoffnungen bestanden bei der Entwicklung der Energieeffizienz in den Haushalten, »weil sich hier das in Umfragen immer wieder herauskristallisierende starke Umweltbewusstsein in entsprechendes Handeln beim Einzelnen niederschlagen kann«, so eine umfassende Analyse aus dem Jahr 1996 (Geiger u. a. 1996, S. 484). Die Analysen, bezogen auf die Jahre 1988 bis 1994, zeigten indessen: Der Endenergieverbrauch der Haushalte war praktisch gleichgeblieben. »Abgesehen von Ausnahmen werden nur dort energiesparende Maßnahmen ergriffen oder vollzogen, wo Vorgaben staatlicher Verordnungen zu erfüllen sind (wie im Falle Wärmeschutz- oder Heizungsanlagenverordnung) oder wo die Vorgaben zur Verbrauchsminderung durch Dritte bereits wahrgenommen werden (z. B. die freiwillige Selbstverpflichtung der Haushaltsgerätehersteller zu energiesparenden Geräten).« Es fehle vor allem an einer konsistenten Regulierung insbesondere bei der Wärmesanierung von Altbauten. Fazit, 16 Jahre nach den Analysen der Enquete-Kommission von 1980: »Die Frage lautet also nicht: ›Müssen wir Energie sparen?‹, sondern: ›Wann fangen wir endlich mit dem Energiesparen an?‹« (S. 489).

2.5 Der kalte Wind der Liberalisierung

»Ich glaube, Strom ist gelb«, verkündete im August 1999 die »Yello Strom GmbH«. 90 Prozent aller Befragten hätten dies bei einer Umfrage so gesehen. Was steckte hinter der abstrusen Behauptung? Die Yello Strom GmbH hatte eine mächtige Mutter: die soeben aus Badenwerk und Energie Baden-Württemberg fusionierte Energie Baden-Württemberg (EnBW). Und die wollte expandieren. »Bei rund 43 Millionen Stromkunden bundesweit und einem Marktvolumen von circa 43 Milliarden DM rechnen wir mit einer Wechselquote von maximal 10 Prozent.« (www.yello.de vom 9.8.1999). Das Angebot: Für 19 Pfennige pro Kilowattstunde und einen Grundpreis von 19 Mark sei ein Stromtarif für jeden und jede in der Republik erschwinglich. Und gelb stehe eben nicht nur für »Yello«, sondern auch für billigen Atomstrom, den die EnBW jetzt bundesweit vermarkten wollte.

Bis dato war sie auf ein »demarkiertes« Gebiet im Südwesten beschränkt. Es galt: Strom- und Gasversorgung, weil leitungsgebunden, seien ein »natürliches Monopol«, und jeder Versorger war auf seine zugewiesene Region beschränkt. 1998 kam die Marktöffnung. Jeder Netzbetreiber muss seitdem allen Anbietern gegen ein »Netzentgelt« den Zugang zu Verbrauchern im Netzgebiet gewähren. Strom war gleichsam über Nacht zu einer Ware geworden, Autos und Brötchen gleich, und zum Einkauf brauchte man – zukunftsweisend ins Amazon-Zeitalter – noch nicht einmal die Wohnung verlassen.

Freilich blieb Strom nicht lange »yello«, schillerte bald in allen Farben. RWE, damals ein typischer Mischkonzern, hatte schon vor dem Yello-Ausfall beschlossen, ins Hoheitsgebiet von EnBW einzudringen – und machte seiner Konzerntochter Heidelberger Druckmaschinen ein günstiges Angebot. Wildwest in Deutsch-Südwest – und blieb nicht auf Südwest beschränkt (vgl. Becker 2010, S. 140).

Lange hatte sich die Energiewirtschaft erfolgreich gegen die Liberalisierung gewehrt. Am Ende aber reichte der Hinweis nicht mehr, Versorgung mit Strom und Gas sei »Daseinsvorsorge«. Versorgungssicherheit, so die Antwort der Neoliberalen, erfordere vor allem gute Netze – und das Netzmonopol wurde ja weiterhin anerkannt und mit dem Netzentgelt entlohnt. Erzeugung und Vertrieb andererseits müssten dem freien Wettbewerb geöffnet werden. Die Verheißung: Endlich könnten Haushaltskunden vor Monopolpreisen geschützt werden – mit Sonderangeboten à la Yello. Sozialverträglichkeit pur, so schien es, durchgesetzt im Kampf gegen Monopolisten. »Geiz ist geil« – und schien sich zu lohnen, auch für die Menschen mit geringem Einkommen.

Tatsächlich sanken kurzzeitig die Durchschnittspreise für die Haushaltskunden. Vor allem aber profitierte ein neues Berufsbild: die Strombroker. Für Stromhandel brauchte es wenig mehr als einen funktionstüchtigen

Computer. Es war reine Spekulation auf zukünftige Preise – doch derartige Spekulation auf die Zukunft ist in Zeiten des Finanzkapitals en vogue (Soros 2001; Vogl 2008; vgl. für Strom z. B. EnergieSpektrum 4/99, S. 36/37). Bei Pleiten mussten halt die traditionellen Versorger wieder in die Bresche springen. Dumping ohne Netz und doppelten Boden. Am Ende scheiterte auch das Yello-Experiment – ein Millionengrab für EnBW.

Hinter dem Klamauk steckte ein ernstes Problem: Strom ist schwer speicherbar, er muss anders als Brötchen oder Autos sofort verbraucht werden. An der parallel zur Marktöffnung eingerichteten Strombörse entscheiden Angebot und Nachfrage zum jeweiligen Zeitpunkt über den aktuellen Preis. Die Lösung: Der Ausgleich wird zu jedem Zeitpunkt hergestellt, indem alle Kraftwerksbetreiber ihre aktuellen Preisvorstellungen abgeben und in einer Reihenfolge gelistet werden – dem steht eine bestimmte aktuelle Nachfrage gegenüber. Zum Zuge kommen die Günstigsten, bis Gesamtangebot und Gesamtnachfrage ausgeglichen sind. Der Grenzpreis entscheidet. Teurere Kraftwerke bleiben »kalt«, wer unter dem Grenzpreis liefern kann, streicht den Gewinn ein. *Merit Order* heißt das Verfahren und ist es nicht gerecht? Schließlich haben die teuren Kraftwerke zu den Zeiten, wenn die Nachfrage ansteigt, zu sogenannten Spitzenlastzeiten, ebenfalls eine Chance.

Doch Billigstrom zaubern konnte keiner. So stieg der Strompreis für die Haushaltskunden nach einer kurzen Delle wieder an – und ist bis heute einer der teuersten in der EU geblieben. Exit Yello und Konsorten.

Der eigentliche Haken des Verfahrens blieb zudem lange im Dunkeln – er sorgt bis heute für Turbulenzen. Ein derartiger Markt verzerrt nämlich systematisch die Kostenstruktur der Stromerzeugung. Denn die setzt sich aus variablen Kosten zusammen, aktuell für Brennstoff, Wartung oder Personal, doch gleichzeitig auch aus den Fixkosten für den Bau, die über die Abschreibung meist über 20 Jahre wieder eingespielt werden müssen. In die *Merit Order* gehen aber als Grenzkosten nur die variablen Kosten ein. Das System funktioniert nur »sauber«, solange abgeschriebene Kraftwerke, die keine fixen Kosten mehr verursachen, gegeneinander konkurrieren – und das war damals aktuell bei den meisten Großkraftwerken der Fall. Ein Eldorado für Strom-Hasardeure.

Markt statt Monopol

Wie konnte es – neoliberale Zeit hin oder her – dazu kommen, dass das Monopol der Stromversorger innerhalb eines Jahrzehnts zu Fall gebracht werden konnte? Das traditionelle System war einseitig zugunsten der großen Erzeuger ausgerichtet. Zu einseitig, um nicht Widerstand zu generieren. Betreiber zentraler Atom- und Kohlekraftwerke bestimmten die Regeln, lieferten exklusiv den Strom in eigene Übertragungsnetze, von dort ging es direkt an die große Industrie und die »Weiterverteiler«, also Stadtwerke und Regionalversorger. Eine klare Hierarchie. In den achtziger Jahren verschärfte die energieintensive Industrie den Druck. Eisen-, Stahl- oder Chemieproduktion brauchen viel Strom – und der war trotz Sonderkonditionen zu teuer.

Die langfristigen Stromlieferverträge, an die neben der Industrie auch die Stadtwerke als »Weiterverteiler« gebunden waren, waren zum Wohl der großen Versorger gestrickt. Das war für Stadtwerke eigentlich kein Problem, konnten die vielfach überhöhten Monopolpreise doch an die Kunden weitergegeben werden.

Entscheidend wurde der Wechsel des Spielfeldes. Denn war die Frage der Marktöffnung für Strom und auch Gas doch gar keine Frage der nationalen Energie-, sondern der EU-weiten Wettbewerbspolitik? 2005 kam es zu einer EU-Richtlinie. Nationale Demarkationen und Gebietsmonopole sollten nicht länger den einheitlichen EU-Markt behindern. Das war am Ende auch interessant für die deutschen Stromkonzerne: sich zu entwickeln vom nationalen Player wenn nicht zum globalen so doch zum EU-weiten. Sie gaben ihren Widerstand auf, fusionierten vielmehr zum Beginn des neuen Jahrhunderts, um sich fit zu machen für das neue Abenteuer. Die NRW-Konzerne RWE und VEW verschmolzen so zur RWE AG, und VEAG und VIAG bündelten die jeweiligen Töchter PreussenElektra und Bayernwerk zur E.ON AG. Im Südwesten entstand die EnBW. Monopolkapitalismus ungehemmt.

Ende der Gebietsmonopole – Ende der »geschützten« Stadtwerke?

Und was geschah mit den Stadtwerken, während der doppelte Tsunami von neoliberaler Marktöffnung und Oligopolbildung der Konzerne über sie hinwegfegte? Überflüssige Zwischenhändler. »Das neue Energierecht darf kein Denkmalschutz für Stadtwerke werden«, donnerte denn auch atomstromblitzend Bayernwerk-Chef Otto Majewski schon im August 1997. In der zukünftigen marktwirtschaftlichen Ordnung hätten »politische Vorgaben in der bisherigen Form« keinen Raum mehr. Wenn das die kommunalen Eigner genauso sähen, stünde man gern als Käufer zur Verfügung, hieß es aus den Konzernzentralen.

Doch das »Yello«-Experiment hatte gezeigt, der Aufwand für die Konzerne war zu groß. Man expandierte besser EU-weit. Und überließ das Klein-Klein der Haushaltskunden den Stadtwerken. Einige waren zudem längst im (Teil-)Besitz der Konzerne, so beispielsweise im RWE-Stammsitz Essen. Und Veba und Viag, später E.ON, hielten über ihre Töchter Thüga und Contigas Anteile an mehr als hundert deutschen Stadtwerken, die so unter dem Schutz des »großen Bruders« standen.

Gefährdet waren die unabhängigen Stadtwerke, im Besitz der jeweiligen Kommune. Die Welle der Rekommunalisierung der achtziger Jahre war im Westen längst abgelöst durch eine Privatisierungsflut. »Verkauft sie, solange sie noch etwas wert sind«, das war das Mantra der Unternehmensberater in den Stuben verunsicherter Bürgermeister und überforderter Ratsmitglieder. Und viele folgten der Verlockung, nicht zuletzt weil ein örtlicher Konzern Unterstützung brauchte wie in Bremen die marode Klöckner-Hütte oder der Bau einer neuen Kunsthalle anstand. So in Stuttgart.

Hatten die Stadtwerke wirklich keine Chance mehr?

Doch wie war es in Wirklichkeit? Stadtwerke waren überwiegend Kunden der großen Strom- und Gasversorger. Als Zwischenhändler blieben sie indessen interessante Großkunden und konnten am Ende ebenso vom Wettbewerb profitieren wie die industriellen Großverbraucher. Hinzu kam: Auch der Gasmarkt war jetzt geöffnet, Erdgas wurde billiger. Damit war der Stadtwerke-Expansion auf dem Wärmemarkt Tür und Tor geöffnet – zulasten des Erdöls, dessen Marktanteil zurückgedrängt wurde.

»So kam es zu der Groteske, dass RWE baden-württembergische Stadtwerke mit Billigstangeboten verwöhnte, während die EnBW-Vertreter in Nordrhein-Westfalen umherfuhren: ein Eldorado für Stadtwerke, soweit ihre Geschäftsführer die Nase in den Wind hielten. Besonders grotesk war, dass dieselben Stadtwerke, die gerade noch das Totenglöcklein des Wettbewerbs hatten bimmeln hören, die ›besten Jahre der Firmengeschichte‹ verzeichnen konnten: Die Bezugspreise gingen nämlich nach unten, während die Abgabepreise an die Haushalts- und Industriekunden zunächst oben blieben (Becker 2010, S. 140/1).«

Es war eine eigentümliche Dialektik. Was Ausgangspunkt für die Verdrängung der Stadtwerke hätte sein können, wurde im Gegenteil zu deren ökonomischer Chance. Auch für sie war ein hinderliches Monopol gefallen – sie konnten ausbrechen aus der babylonischen Gefangenschaft, mit der sie bislang mit ungünstigen Langfristverträgen an den sogenannten »Vorlieferanten« von Strom und Gas gekettet waren. Becker hat die mittleren Strom-Bezugspreise der Stadtwerke ermittelt: Vor der Liberalisierung kostete für Energie und Netz (Mittelspannungsebene) die Kilowattstunde für Stadtwerke zwischen sieben und acht Cent, danach waren es nur noch knapp vier – also fast eine Halbierung.

Kein Wunder, dass die Stadtwerke am Ende selbst vom Bazillus der Liberalisierung angesteckt wurden. Der Potsdamer Soziologe Thomas Edeling beschrieb im Jahr 2002 den Wandel. »Mit dem Wettbewerb ›tritt die technische Perfektion der Versorgungswirtschaft hinter Kosten und Preise, Lieferbedingungen oder die Aushandlung von Sonderkonditionen zurück.‹« Kurz: »Es dominiert die ›Kohle‹, nicht die Technik.« (Edeling 2002, S. 133; vgl. dazu auch Vielhaber 2005).

Auf der anderen Seite schwand der kommunalpolitische Einfluss. »Das Management kommunaler Unternehmen gleicht sich unter dem Druck von Markt und Wettbewerb zunehmend an das Management der Privatwirtschaft an und gewinnt im Prozess seiner Behauptung im Wettbewerb an Autonomie gegenüber dem städtischen Eigentümer, die politische Steuerungsversuche von Seiten der Stadt weder opportun noch machbar erscheinen lassen.« (Edeling 2002, S. 139). Das schloss nicht aus, dass weiterhin Energiedienste und Energieeffizienz angeboten wurden. Doch das K. o.-Kriterium war definiert: »Rechnet es sich, machen wir es; rechnet es sich nicht, machen wir es nicht.« (Edeling 2002, S. 135). Und damit waren auch Preissenkungen an Tarifkunden Tabu.

Wo ließ sich am schnellsten sparen? Die Rationalisierungspotenziale bei den Beschäftigten erwiesen sich als dankbarer Tummelplatz für die Scharen der Unternehmensberater – in den Konzernen, aber auch in den Stadtwerken. In dem Maße, wie die Zahl der Berater im Unternehmen zunahm, nahm die Zahl der Beschäftigten ab *(siehe Seite 116)*. Es brodelte.

2.6 Der Kampf um die öffentliche Kraft-Wärme-Kopplung – und die Rolle öffentlicher Wirtschaft in Zeiten des Neoliberalismus

»KWK-Arbeitsplätze sichern!« Das war das Motto einer Großdemonstration der Stadtwerkebeschäftigten am 27. September 1999 in Berlin. 20.000 Arbeitsplätze seien bedroht, umwelt- und klimapolitisch wichtige Arbeitsplätze. »Die Stadtwerke«, so der ÖTV–Vorstand Erhard Ott, »haben – politisch gewollt – hohe Beträge in die Fernwärme investiert. Deshalb können sie jetzt bei dem brutalen Preiskampf auf dem Strommarkt nicht mithalten. Dadurch ist die Versorgungssicherheit gefährdet.« (ÖTV3plus November 1999, S. 6).

Stadtwerke als potenzielle Gewinner der Liberalisierung – in Wirklichkeit nur die Stadtwerke ohne Eigenerzeugung in KWK. »Alles, was sich rechnet, wird gemacht«, das galt zu Zeiten der Liberalisierung natürlich auch für KWK und Fernwärmesysteme. Doch KWK, eingebunden in örtliche Energieversorgungskonzepte, rechnete sich immer weniger.

Das Energiewirtschaftsgesetz enthielt zwar allgemeine Vorrangregeln für KWK-Strom im Netz, dagegen keinerlei Förderung, der die ökologischen Vorteile honoriert hätte. Folglich war der Bau von KWK-Anlagen und der Ausbau der Fernwärmenetze schon seit 1995 zum Erliegen gekommen.

Dabei waren die umwelt- und klimapolitischen Vorteile gekoppelter gegenüber getrennter Strom- und Wärmeerzeugung unbestritten. Ein Gutachten der Bremer Energiewissenschaftler Klaus Traube und Wolfgang Schulz hatte eindeutige Ergebnisse gebracht: »Primärenergieverbrauch und CO_2-Emissionen einer Kombination von Stromerzeugung in Gas-Großkraftwerken und getrennter Wärmeerzeugung in

Erdgas-Heizwerken liegen um 14 bis 23 Prozent, im Schnitt um 20 Prozent höher als bei den betrachteten KWK-Beispielen.« (Traube/Schulz 2000, S. 5).

Traube und Schulz mussten indessen feststellen, dass bei der KWK der Widerspruch zwischen Klimaschutz/Ökologie und betriebswirtschaftlicher Rentabilität schon ohne Marktöffnung existierte. Stromerzeugung, angepasst an den jahreszeitlich und sogar täglich schwankenden Wärmebedarf, folgt anderen ökonomischen Gesetzen als die reine Stromproduktion in Großkraftwerken. »Bei betriebswirtschaftlicher Betrachtung erweisen sich alle KWK-Anlagen mit Ausnahme der kleinsten gegenüber der Wärmeerzeugung in Heizwerken (und Zukauf von Strom auf dem liberalisierten Markt) als unwirtschaftlich.« (Traube/Schulz S. 5).

Im Klartext: Ohne politische Regulierung drohten Umwelt- und Klimaschutz in liberalisierten Märkten auf der Strecke zu bleiben. Es galt umgekehrt, »Leitplanken« für den Wettbewerb einzuziehen, damit er mit den Umwelt- und Klimazielen in Einklang gebracht werden kann (vgl. Enquete-Kommission 2002). In Deutschland, dem EU-Musterland der Liberalisierung, brauchte es freilich lange, um diese Erkenntnis umzusetzen. Auch nachdem die rot-grüne Bundesregierung 1998 konkrete Maßnahmen angekündigt hatte, um die schon von der Kohl-Regierung im Kyoto-Abkommen vereinbarten Klimaschutzziele (25 Prozent-Reduktion von 1990 bis 2005) auch tatsächlich zu erreichen.

Doch erstmal ging es um den Erhalt des Bestehenden. Engagierte Stadtwerkechefs schlugen Alarm. Die kommunalen Energiekonzepte gerieten in Gefahr. Die Betriebsräte organisierten sich und forderten von ihrer Gewerkschaft ÖTV Engagement für den Erhalt der KWK. Es war Zeit für eine Koalition der neuen Art, von VKU, Deutschem Städtetag und der ÖTV (später ver.di), die zunehmend Rückhalt fand auch bei den Energiepolitikern der Regierungsfraktionen. Auch die Arbeitsgemeinschaft Fernwärme (AGFW) im VDEW forderte KWK-Schutz.

Nach der Demo ging es plötzlich ganz schnell. Schon am 8. November 1999 einigte man sich grundsätzlich auf eine »Soforthilfe«, das »KWK-Vorschaltgesetz.« Gesichert waren damit nicht weniger als 60 Anlagen. KWK-Betreiber erhielten konkret einen Bonus von drei Pfennigen pro Kilowattstunde ins Netz eingespeisten KWK-Strom. Insgesamt kamen so im Anfangsjahr mehr als eine Milliarde Mark zusammen.

Die Soforthilfe war befristet. Nachfolgen musste eine Regelung, wie zukünftig mit der KWK verfahren werden sollte. In den nächsten Jahren stand der Ersatz von alten (oftmals noch kohlebefeuerten und damit CO_2-lastigen) durch moderne Erdgas-Anlagen bevor. Die Bundesregierung legte im November 2000 ein Klimaschutzprogramm vor, das die Energiewirtschaft verpflichten sollte, gegenüber dem Stand von 1998 bis 2010 zusätzlich insgesamt 45 Millionen Tonnen CO_2 einzusparen. Dabei erhielt KWK eine Schlüsselrolle.»Durch Erhalt, Ersatz- und Zubau der KWK soll eine CO_2-Einsparung von 23 Millionen Tonnen pro Jahr, jedenfalls nicht unter 20 Millionen Tonnen pro Jahr in 2010 erreicht werden«, hieß es dort. (Klimaschutzprogramm 2000).

Doch wie? Die Initiative kam von der bewährten KWK-Koalition.»Mit einem milliardenschweren Bonus-Modell wollen die Gewerkschaft ÖTV, die Stadtwerke, der Deutsche Städtetag und die Lobby der Anlagenbauer den Ausbau der KWK hierzulande voranbringen«, wusste die Frankfurter Rundschau am 13. März 2001 zu berichten.»Allerdings soll die Subvention – im Unterschied zu bestehenden Regelungen – an ökologische Effizienzkriterien geknüpft werden, die im Laufe der Zeit immer strenger werden. Die Vierer-Allianz regt einen je nach Größe der Anlage von drei bis zehn Pfennigen gestaffelten Zuschuss je Kilowattstunde KWK-Strom an, der von allen Stromkunden zu tragen wäre.« (FR vom 13.3.2001, S. 9).

Der Gesetzesentwurf der Bundesregierung nahm den Vorschlag auf – allerdings mit der wesentlichen Einschränkung, nur die Modernisierung, nicht aber den Zubau größerer Anlagen zu fördern. Dies entsprach der Vereinbarung, die die Regierung mit der deutschen Wirtschaft am 25. Juni 2001 getroffen hatte. (Vereinbarung 2001). Das war ein Kompromiss im Streit mit den Stromkonzernen, die um Konkurrenz fürchteten. Umstritten war auch die Frage, in welchem Zeitraum überhaupt modernisierte Anlagen gefördert werden sollten. Man einigte sich schließlich auf eine Aufnahme des Dauerbetriebs bis Ende 2005 – ein knapper Zeitraum.

Es war ein Kompromiss auf kleiner Flamme. Und dennoch war es ein Kraftakt, der die KWK zumindest über die kritische Zeit hinwegrettete –

und damit kommunale Optionen für Klimaschutz. Am Ende litt aber die Klimaschutzbilanz im Wärmebereich, weil der fehlende Zubau von Fernwärmesystemen (als Ersatz für Öl- und Gasheizungen) nicht durch erneuerbare Wärme kompensiert werden konnte. Doch dazu im Kapitel 5 mehr.

Immerhin: Der Kompromiss sicherte die KWK auch in neoliberalen Zeiten. Die bestehende KWK-Flotte konnte erhalten und die dringendsten Modernisierungen konnten vorgenommen werden – so der Ersatz alter Kohle- durch moderne Gasanlagen.

In den folgenden Jahren trug die KWK-Modernisierung auch ohne wesentlichen Zubau dennoch deutlich zum Klimaschutz bei. Der Grund: Die veraltete, jetzt zu ersetzende Kohle-KWK war an maximaler Wärmeauskopplung ausgerichtet und hatte deshalb nur eine geringe Stromausbeute (das Verhältnis von Strom zu Wärme, die sogenannte Stromkennzahl, lag bei rund 2/3). Ersetzte man diese durch moderne Gas-KWK, ergab sich eine höhere Stromausbeute (Stromkennzahl 1). Umgekehrt wirkte sich die – wirtschaftlich und technisch bedingte – Fokussierung auf Strom natürlich negativ auf den Wärmesektor aus – denn hier kam es zur Stagnation. Und CO_2-intensive Einzelheizungen auf Öl- und Gasbasis beherrschen bis heute das Feld.

Nachzutragen noch: 2007 schließlich kam es zu einer Neuauflage des Gesetzes, das die Modernisierung verstetigte und auch Zubau erlaubte. Doch bis dahin war wertvolle Zeit verstrichen.

2.7 Von der Hoffnung zur Realität – Der Durchbruch der erneuerbaren Energien im Strom

Kaum waren die Silvesterraketen abgefeuert, wurde in Deutschland die Stromwelt des 21. Jahrhunderts eingeläutet. Am 1. April 2000 trat das Erneuerbare-Energien-Gesetz (EEG) in Kraft, und es schien, als hätten die Investoren nur auf diesen Tag gewartet. Das Gesetz sah eine feste, jeweils den Kosten entsprechende Förderung für Windstrom und Photovoltaik, Biomasse, Geothermie und Wasserkraft vor. Garantiert über 20 Jahre.

Es war auskömmlich. Eine Windenergieanlage beispielsweise, an besonders günstigen Standorten an der Küste bereits sehr nahe an der

Wirtschaftlichkeit, erhielt, wenn sie 2000 in Betrieb ging, je nach Größe zwischen sechs und neun Cent pro Kilowattstunde, Biomasse kam auf Vergütungen zwischen acht und elf Cent.

Eine Dauersubvention, zu rechtfertigen aus Umwelt- und Klimaschutzgründen? Das Gesetz war anders angelegt – als unverzichtbarer Impuls für die Energiewende nicht nur in Deutschland. Denn Ziel war nicht Dauersubvention, sondern Markteinführung. Und das war alles andere als geschicktes »Wording«. Das heißt, in die Konstruktion des Gesetzes war die Verbilligung der Herstellungskosten eingeplant – große Stückzahlen und weiterer technischer Fortschritt sollten zu schneller Kostendegression führen. Dementsprechend wurde festgelegt, dass der Fördersatz kontinuierlich mit dem Jahr der Inbetriebnahme sank. Am 1. Januar 2002 gab es bereits für Strom aus Windkraft 1,5 und aus Biomasse ein Prozent weniger Fördergeld.

Kein Zweifel: Das EEG war das zweite Herzstück der Energiewende der rot-grünen Bundesregierung neben dem Atomausstieg. Denn es war doch klar: Wer aus der Kernenergie aussteigen wollte, musste in Bezug auf Strom eine Alternative haben, langfristig und überzeugend auch im Hinblick auf die Klimawirkung.

Blick zurück

In den siebziger und achtziger Jahren noch waren Erneuerbare mehr Hoffnung als konkrete Alternative – auch bei den Gegnern der Kernenergie. Ausgerechnet diejenigen Szenarien der Enquete-Kommission von 1980, die auf Kernenergie und Wachstum setzten, maßen auch den erneuerbaren Energien schon einen bedeutenden Anteil an der zukünftigen Stromerzeugung bei. Alles wurde halt benötigt. Das Paradox: Gerade für viele Befürworter des Ausstiegs aus der Kernenergie blieben die Erneuerbaren dagegen lange Zeit marginal. Sie setzten primär auf Effizienz, um das Wachstum einzudämmen. Und als Ersatz für die Kernenergie blieben vielfach weiterhin fossile Energieträger dominierend. Namentlich Erhard Eppler, Vordenker der Energiewende in der SPD, schloss noch 1979 eine Verdoppelung der Stromerzeugung aus Kohle nicht aus, um die Kernenergie zu ersetzen und gleichzeitig die Ölabhängigkeit der Republik zu reduzieren. (Eppler 1979).

Die Initiative zum ersten Stromeinspeisungsgesetz (StrEG), das 1991 in Kraft trat, ging denn auch von einzelnen engagierten Abgeordneten des Bundestages aus. Es war ein bescheidener Anfang. Dabei ging es wesentlich darum, überhaupt die Einspeisung ins öffentliche Netz durchzusetzen. Denn damals scheiterten örtliche Initiativen oftmals daran, dass Strom aus erneuerbaren Energien – mit Ausnahme von Strom aus Wasserkraft – zwar von kleinen Unternehmen oder Privatpersonen erzeugt wurde, doch denen verweigerten viele Stromerzeuger – zu ihrer ewigen Schande sei es erwähnt – oft schlicht und einfach den Zugang zu ihrem Verteilernetz. Zumindest machten sie die Einspeisung aber durch marginale Vergütungen unattraktiv (Brüggemeier 2017, S. 11). Das neue Gesetz verpflichtete die Netzbetreiber jetzt verbindlich zur Abnahme und sicherte eine Mindestvergütung zu. Kaum mehr als ein »Bonbon für ökologisch Bewegte«, wie das Wochenblatt »Die Zeit« 2006 rückblickend urteilte. Man rechnete mit jährlichen Kosten von rund 50 Millionen Mark (Die Zeit vom 25.9.2006).

Wer zahlt?

Klar war: Wer wirklich die Erneuerbaren voranbringen wollte, musste tiefer in die Tasche greifen. Wie tief? Umstritten war die Photovoltaik. Sie war damals schließlich sehr weit von der Wirtschaftlichkeit entfernt. Könnte sie – unter den Wetterbedingungen zumal in Deutschland – überhaupt den Durchbruch schaffen? Erfahrungswerte besagten, dass die Kosten bei rund einer Mark (entsprechend 50,6 Cent) pro Kilowattstunde lagen. Ein Subventionsgrab?

Kurzum, die PV-Förderung wurde zu einer Zerreißprobe für die Koalition. Wirtschaftsminister Werner Müller schlug im ersten Bericht zum »Stand der Vorarbeiten zur Novellierung des Stromeinspeisungsgesetzes« vom 6.10.1999 einen Fördersatz von 25 Pfennigen pro Kilowattstunde vor, entsprechend rund 13 Cent, kaum mehr, als bisher schon gezahlt wurde und weit vom Prinzip der Kostendeckung entfernt (BMWi 1999). Umweltminister Jürgen Trittin dagegen setzte sich durch. Der endgültige Gesetzesentwurf sah auch für Solarstrom einen realistischen Fördersatz vor. Der Kompromiss bestand dann darin, dass die Degression hier weitaus stärker griff als bei Wind oder Biomasse – jahrein, jahraus um fünf Prozent. (Zur Diskussion vgl. im Einzelnen: Bechberger 2000, Wiegmann 2008).

Es war ein ordnungspolitisches Meisterstück – zugunsten des Bundeshaushalts. Denn in Wirklichkeit fiel dem Gesetzgeber die Zusicherung der opulenten Konditionen gar nicht so schwer. Denn aus dem Staatshaushalt floss kein müder Euro. Zahlen sollten vielmehr vordergründig die Netzbetreiber, in deren Netz der Ökostrom eingespeist wurde. Die Summen wurden anschließend gleichmäßig auf alle Netzbetreiber umgelegt. Maßgebend für die Höhe der Gesamtumlage waren dabei die Differenzkosten zwischen dem jeweiligen durchschnittlichen allgemeinen Strompreis – der ohnehin zu entrichten war – und der fest zugesagten Vergütung. Doch wer bezahlt den Netzbetrieb? Natürlich die Stromkunden. Begründet wurde die Regelung damit, die Alternative, direkt Staatsgelder zu zahlen, hätte mit den Wettbewerbsvorschriften des EU-Binnenmarktes kollidieren können.

Lange schon aufgewacht waren allerdings die großen Stromverbraucher in der Industrie. Der »Verband der Industriellen Energie- und Kraftwirtschaft« (VIK) intervenierte massiv. Tenor: »Den in Deutschland mit der Öffnung des Strommarktes erzielten Erfolgen drohen mit dem vorgeschlagenen Subventionsprogramm (!) empfindliche Rückschläge.« (zitiert nach Strommagazin vom 14.2.2000).

Damals entstand die Blaupause für das Argument, das uns bei allen mit Energiewende und Klimaschutz zu treffenden Belastungen auch in Zukunft immer wieder begegnen wird, vom Emissionshandel bis hin zur aktuellen CO_2-Steuer auf Wärme und Verkehr, so gebetsmühlenartig wie erfolgreich im politischen Lobbying eingesetzt: Viele große Konzerne befänden sich, anders als Haushalte und kleine und mittlere Industrie, im internationalen Wettbewerb, und da gebe es keinen Spielraum. Müsste die Industrie die Umlage in voller Höhe zahlen, drohe, so die spätere Formulierung beim Emissionshandel, ein *Carbon Leakage*, man müsse abwandern in Länder mit niedrigerem Strompreis. Und damit sei jedenfalls dem globalen Klimaschutz nicht gedient – und zahllose Arbeitsplätze in Deutschland vernichtet.

Motto: Wenn schon EEG, dann ohne uns. Es war die Geburtsstunde der »Besonderen Ausgleichsregelung«: Energieintensive Industrien blieben weitgehend von der Umlage ausgenommen. Es war ein attraktiver Schutz-schirm – immer mehr schlüpften darunter. Damit aber wurde natürlich die Last für die Haushalte und kleinen Industrie- und Gewerbeunter-nehmen, die nach Regeltarifen abrechnen müssen, umso größer. Kaum merkbar zunächst, mit Beträgen von anfangs weniger als einem Cent pro Kilowattstunde, schien das soziale Problem eingrenzbar: Das war selbst Geringverdienern zumutbar. Auf den Preis einer Kugel Eis bezifferte Jür-gen Trittin die monatliche Zusatzbelastung für eine Familie. Kein Wunder, dass die Forderung nach einem sozialen Ausgleich für Geringverdiener weder Sozialverbände noch Gewerkschaften auf der Agenda hatten.

Ein Versäumnis. Anfangs vernachlässigbar gering, musste die Umlage mit steigender Einspeisung Jahr für Jahr steigen, trotz Kostendegression. Damit war einer sozialpolitischen Schieflage Tür und Tor geöffnet – einer Schieflage, die schließlich dazu führte, dass die EEG-Umlage zu einer veritablen zweiten Strommiete wurde – vor allem für die Haushaltskun-den. Deutsche Strompreise für kleine Verbraucher gehören derzeit zu den höchsten in Europa – seit nämlich nach der Katastrophe von Fukushima 2011 neben Wind- auch die Solarstrommengen nach oben schnellten. Doch davon später.

2.8 Energieeffizienz – die vergessene Säule der Energiepolitik

»Schwaben-Contracting bringt Geld in die Kasse«, titelte die Zeitschrift »Demokratische Gemeinde« im Juni 1997 und bezog sich auf einen Ver-trag, mit dem die Stadt Stuttgart ganz ohne Risiko die Strom- und Wärme-kosten der städtischen Gebäude jährlich um mehr als 23 Millionen Mark reduzieren wollte. Wie das Kunststück der sparsamen Schwaben funktio-nierte? Aus einem eigens eingerichteten Topf, ausgestattet mit 4,5 Milli-onen Mark, konnte das Amt für Umweltschutz Energiesparmaßnahmen aller Ressorts vorfinanzieren. Die Investitionen unterblieben bis dahin, weil in den Einzeletats keine Mittel zur Verfügung standen. Der Förder-topf finanzierte die Maßnahme vor, die Rückzahlung erfolgte über die ein-gesparten Energiekosten – solange, bis der »Vorschuss« zurückgezahlt war.

Derartige Contracting genannte Verfahren zur Finanzierung wirtschaftlicher Einsparmaßnahmen boomen noch heute – als Fremdfinanzierung eigentlich wirtschaftlicher Maßnahmen, die sich über eingesparte Energiekosten über die Jahre amortisieren. Das Prinzip: Ein spezialisierter Anbieter plant und finanziert rentable Effizienzmaßnahmen bei Kunden, führt sie selbst durch und lässt sich das Paket vom Kunden refinanzieren. Die über mehrere Jahre berechnete Contracting-Rate deckt dann alle Kosten plus einem angemessenen Gewinn.

Das Schwaben-Contracting war dennoch etwas Besonderes. Das städtische Umweltamt finanzierte die Maßnahmen selbst – durch diese »*Inhouse*-Lösung« blieben die eingesparten Energiekosten vollständig im städtischen Haushalt, anstatt dass man sie mit einem Dritten teilen musste. Sparsames »Schwaben-Contracting« halt.

Eine neue Chance für Energieeffizienz? Das hatte sie bitter nötig. Die Stürme der Liberalisierung und Deregulierung in den neunziger Jahren hatten in vielen Bereichen der Energiewende Verwüstung hinterlassen – doch waren sie in keinem Bereich so verheerend wie bei der Energieeffizienz. Allenfalls das vergleichsweise sterile *Demand Side Management* wurde noch propagiert, als privates Mittel der Industrie, auch jenseits billiger Kilowattstundenpreise noch weiter Geld einzusparen. Nur große Unternehmen oder Verwaltungen legten sich ein Energiemanagement zu.

Contracting für Energiesparen – wie geschaffen für Wettbewerbsmärkte. Doch hat das Konzept einen Haken: Welche Effizienzmaßnahmen sich am Ende rechnen, hängt wesentlich ab von gesetzlichen und wirtschaftlichen Rahmenbedingungen. Sinkt etwa der Kohle- oder Erdölpreis, reduziert sich automatisch das Potenzial, umgekehrt erhöht es sich, wenn Energiesteuern oder -abgaben steigen. Viele aus ökologischen Gründen sinnvollen Maßnahmen sind allerdings ohnehin weit von der Wirtschaftlichkeit entfernt. Contracting wird also immer nur einen Teil des ökologisch sinnvolle Einsparpotenzials erschließen können. Trendsparen eben, und nicht Ausschöpfung des technisch und ökologisch Optimalen.

»Alles, was sich rechnet, wird gemacht.« Und alles, was zwar aus umwelt- und klimapolitischen Gründen notwendig ist, aber sich nicht unmittelbar gegen Energiepreise oder Steuern rechnet, unterbleibt im

Umkehrschluss. Zusätzlich entstehen hohe Transaktionskosten, die anfallen, bevor Anbieter und Nachfrager zusammenkommen.

Das geht – wiederum zulasten der Haushaltskunden. Denn die können die schönen Contracting-Angebote kaum wahrnehmen – sie werden ihnen auch nur selten angeboten. Zu teuer. Hier kam es allenfalls zu Angeboten »von der Stange«. »Wärme-Direkt-Service« hieß ein mitunter erprobtes Rundum-Angebot, bei dem der Dienstleister neben der Gas- oder Fernwärmelieferung auch Heizungswartung- und betrieb übernahm, um im Gesamtpaket für die möglichst effiziente Versorgung bezahlt zu werden.

Vor allem war mit derartigen Angeboten keine systematische Sanierung aller Gebäude und Werkstätten möglich. »Die vergessene Säule der Energiepolitik« lautete denn auch der ernüchternde Titel einer Broschüre des Wuppertal Instituts aus dem Jahr 2002 – und meinte die »Energieeffizienz im liberalisierten Strom- und Gasmarkt«. Es mangelte ganz konkret am politischen Willen, die politischen Rahmenbedingungen zu schaffen, damit Energieeffizienz in liberalisierten Energiemärkten wieder systematisch erschlossen werden konnte – jedenfalls im Wärmemarkt für die Haushaltskunden. Ein »freier Wettbewerb auf der Energieangebotsseite« könne die Potenziale nicht heben. Vielmehr müssten »auch auf der Energienachfrageseite die richtigen ökonomischen und ökologischen Anreize geschaffen werden, um den energie- und umweltpolitisch notwendigen Umbau der Energiewirtschaft zu erreichen.« (Thomas (Hrsg.) 2002, S. 6). Dabei könnten, so die Gutachter des Jahres 2002, bis 2010 rund zehn Prozent des Strom- und Gasbedarfs eingespart werden, allein durch für die Kunden wirtschaftliche »Energieeffizienzprogramme und -dienstleistungen von Energieunternehmen und anderen Akteuren«.

Es war die Zeit der rot-grünen Bundesregierung, an der Macht zwischen 1998 und 2005. Doch beschäftigt mit Atomausstieg und dem Durchbruch der Erneuerbaren, geriet auch bei Rot-Grün die Effizienz ins Hintertreffen. Energiesparen blieb die graue Maus, behaftet mit Verzicht und Mühen – und wer wirklich investieren wollte, tat dies lieber in ein prestigeträchtiges Solardach als in die langweilige energetische Sanierung seiner Wohnung, auch wenn letztere weit mehr Energie und Kosten sparen könnte.

2006, das Jahr der beginnenden Großen Koalition, war durchaus ein Jahr des Aufbruchs. Energieeffizienz sei ein wesentlicher Schlüssel, um die ehrgeizigen Klimaschutzziele, die sich Deutschland gesetzt hat, zu erreichen – das hatte die Koalition in der Regierungserklärung festgeschrieben und das Ziel genannt, nämlich die jährliche Steigerungsrate der Energieeffizienz zu verdoppeln. Auch durchdachte Anreize gab es, für Häuslebauer wie für Industrie und Gewerbe. Konkret stellte die Koalition inzwischen Milliarden für zinsgünstige Kredite und auch Zuschüsse zur Gebäudesanierung zur Verfügung. Damit konnten eine Vielzahl von Gebäuden gedämmt und ein Heizungstausch vorgenommen werden. Doch die Sanierungsraten blieben weit hinter den selbst gesetzten Zielen zurück.

Ein Schmusekurs nach dem Motto:»Energiesparen und damit Gutes tun für Umwelt und Klima« werde niemals zum Erfolg führen, stellte 2007 der Saarbrücker Energieökonom Uwe Leprich ernüchtert fest. Er konstatierte wie fünf Jahre zuvor die Wuppertaler ein »verlorenes Jahrzehnt für Energieeffizienz« und forderte politischen Mut, um konkrete Maßnahmen auch gegen Widerstände durchzusetzen. »Sieht man einmal von den ›Ohnehin-Maßnahmen‹ – Informationsbereitstellung, Aus- und Weiterbildung, bewusstseinsbildende Kampagnen etc. – ab, so muss man feststellen«, so Leprich, »dass Deutschland als vermeintlicher Effizienz-Kaiser keine unsichtbaren Kleider trägt, sondern nackt dasteht. Dabei sind sich Fachleute über eine Reihe von Effizienzmaßnahmen weitgehend einig, die einen erheblichen Beitrag zum Klimaschutz leisten können. Diese sind aber meist konfliktträchtig, nicht zum Nulltarif zu haben und mitunter von einflussreichen Interessengruppen im Zusammenspiel mit willfährigen Medien bereits in Grund und Boden diskreditiert. Dabei wirken viele Beschwichtiger, Problemverschlepper und Taktierer mit, die nicht müde werden, Energieeffizienz rhetorisch zu goutieren und gleichzeitig alles dafür zu tun, ihre wirksame Umsetzung zu verhindern.« (Leprich 2007, S. 1).

Leprich forderte eine an den ökologischen Zielen orientierte Regulierung – auch wenn sie bei Anbieter und Verbraucher zu höheren Kosten führen musste. Er schlug ein Zehn-Punkte-Programm vor, um auch teure, aber ökologisch wirksame Maßnahmen zu ermöglichen. Darunter die Einführung eines Top-Runner-Ansatzes für stromintensive Geräte, das heißt eine jährlich schärfer werdende Festsetzung dynamischer Energiestandards für die Hersteller neuer Geräte, weiter eine rasche Novellierung der Energieeinsparverordnung mit der verbindlichen Einführung eines freilich teuren Passivhausstandards für Neubauten, einen ehrgeizigen Ausbau der Nah- und Fernwärmenetze mit KWK und die Einrichtung eines unabhängigen öffentlichen Effizienzfonds, aus dem auch nicht rentable, aber ökologisch wirksame Maßnahmen finanziert werden könnten. Besonders mutig und bis heute nicht umgesetzt waren die Forderungen zum Verkehr: eine Kerosinsteuer auf Flugbenzin, die Begrenzung von steuerlichen Privilegien für Dienstwagen und – mal wieder – ein generelles Tempolimit auf Autobahnen und Landstraßen.

Auch aus Brüssel kam nur verhalten Unterstützung. Die Kommission hatte sich in ihrer Richtlinie von 2006 über Endenergieeffizienz und Energiedienstleistungen darauf beschränkt, die Mitgliedsstaaten zu verpflichten, in sogenannten Energieeffizienzaktionsplänen ihre bislang eingeleiteten und zukünftig geplanten Einsparmaßnahmen zu melden, doch konkrete Vorgaben unterblieben (E&M, 15. Mai 2006, S. 4). Immerhin wurde auch in dieser Richtlinie ein – unverbindliches – Ziel genannt, gleichsam der kleinste gemeinsame Nenner, dem auch beim Thema wenig aktiv gewordene Mitgliedsstaaten wie Rumänien oder Polen zustimmen konnten. Es sei, so hieß es europäisch weichgespült, der Energieverbrauch in allen Mitgliedsstaaten um jährlich durchschnittlich ein Prozent zu senken.

Die »Beschwichtiger, Problemverschlepper und Taktierer« blieben erfolgreich am Werk. Selbst bei der Minimalumsetzung der Richtlinie ließ man sich in Deutschland Zeit. Erst nach fast vier Jahren wurde im März 2010 ein entsprechend lascher Gesetzesentwurf vorgelegt – ansonsten hätten Vertragsstrafen der EU gedroht. Dieses »Gesetz über Energiedienstleistungen und andere Energieeffizienzmaßnahmen« vom 4. November 2010 (BGBl. I S. 1483) zeigt, in welche Widersprüche sich die neoliberalen Ideologen im Bundeswirtschaftsministerium begeben hatten. Das Gesetz wollte »Energiesparrichtwerte durch wirtschaftliche und angemessene Maßnahmen« erreichen. Und präzisierte: »Maßnahmen gelten als wirtschaftlich, wenn generell die erforderlichen Aufwendungen innerhalb der üblichen Nutzungsdauer durch die eintretenden Einsparungen erwirtschaftet werden können.«

Und was sollte geschehen, um wenigstens das aktuell Wirtschaftliche endlich zu realisieren? Die Richtlinie sah schließlich verbindlich vor, dass alle Energielieferanten – neben den Stadtwerken und Regionalversorgern vor allem auch die Ölhändler – dafür zu sorgen hätten, ihren Absatz zu verringern. Wäre es nicht naheliegend gewesen, die Lieferanten selbst in die Pflicht zu nehmen, mit entsprechender staatlicher Kontrolle? Weit gefehlt. Sie mussten vielmehr zukünftig lediglich »ihre Endkunden mindestens jährlich in geeigneter Form über die Wirksamkeit von Energieeffizienzmaßnahmen unterrichten« und ihnen eine aktuelle Liste der in der Stadt oder im Landkreis tätigen Anbieter zusenden, die »mit wettbewerblicher Preisgestaltung« Energiedienstleistungen und sogenannte Energieaudits durchführen.

Aufbruch sieht anders aus. Und wenn etwa – was schon vielfach der Fall war – Stadtwerke selbst auf diese ominöse Liste wollten? Ein Angebot von »hochwertigen Energieaudits, mit denen mögliche Energieeffizienzmaßnahmen ermittelt werden sollen«, müsse ausdrücklich »unabhängig von den Energieunternehmen durchgeführt werden«, hieß es. Und weiter: Dies bedeute, so erläutert die Gesetzesbegründung, »dass insbesondere keine personellen Verflechtungen zwischen Anbieter und Energieunternehmen bestehen dürfen.«

Am Ende blieb es den Endkunden selbst überlassen, ob sie sich aus der Liste der »freien« Anbieter bedienen und Angebote einholen wollten. Das war ein Freibrief fürs Nichtstun der Industrie- und Gewerbekunden – das war aber vor allem eine Überforderung der vielen privaten Strom- und Wärmekunden, die mit dem Wunsch, Strom und Wärme einzusparen, an einen schillernden Markt privater Anbieter verwiesen wurden, ohne dass sie die Qualität der Beratung einzuschätzen in der Lage waren. Flickerlteppich statt Konzentration, für Laien undurchschaubar, und so glich die Suche nach qualifizierter Beratung einem Glücksspiel.

2.9 Zwischen 2000 bis 2011 – Das große Patt

Walter Hohlefelders Worte schienen alternativlos. »Der deutsche Sonderweg in der Kernenergiefrage führt geradewegs in die Sackgasse, ja aufs Abstellgleis. Das Ergebnis ist absehbar: Die ehrgeizigen deutschen CO_2-Ziele werden nicht erreicht, die Wettbewerbsfähigkeit des Industrie- und Produktionsstandortes wird aufs Spiel gesetzt. Und eben eine Stromlücke, die uns droht, wenn jetzt nicht gegengesteuert wird«, verkündete der Präsident des Deutschen Atomforums und langjährige Abteilungsleiter im Bundeswirtschaftsministerium bei einer Tagung seines Vereins. Und endete unter Beifall: »Ich bin überzeugt: Wir werden angesichts veränderter Rahmenbedingungen um eine Neubewertung der Kernenergie nicht herumkommen.« (Hohlefelder 2008, S. 16).

Wir sind im Jahr 2008. Und jährlich grüßt das Murmeltier. Das war nicht irgendwer. Dahinter stand die Creme der deutschen Industrie: Siemens als Kraftwerksbauer, die vier Atomstromkonzerne, inzwischen auch Big4 genannt, dazu die Großen der Chemie- und Metallbranche als Großkunden, angewiesen auf billigen Strom. Es war die »Heilige Allianz der Kernkraft.«

Das Projekt schien freilich ein bisschen aus der Zeit gefallen. Zum einen waren alle Hoffnungen geplatzt, dass das Gefährdungspotenzial langfristig auf ein akzeptables Maß zurückgeführt werden könnte (Stichwort »inhärenter Reaktor«), auch wusste keiner, wohin mit dem hochradioaktiven Müll, zum anderen war Kernenergie im Strombereich längst nicht mehr die erfolgversprechendste Alternative für den Klimaschutz.

Doch was konnte Windkraft in Wirklichkeit? Anders als traditionelle fossile oder atomare Brennstoffe ist ihre Stromproduktion nicht planbar, hängt ab von den Launen des Wetters. Und Photovoltaik? Sie war 2008 noch ein teures Nischenprodukt und darüber hinaus gleichfalls wetterabhängig. Wie damit die gewohnte und notwendige Versorgungssicherheit garantieren, rund um die Uhr? Basis einer Wohlstandsmehrung für alle.

Versorgungssicherheit war mithin zum neuen wirtschaftspolitischen Paradigma der Kernenergiebefürworter geworden. Unbestreitbar, dass erneuerbare Energien Strom liefern können. Doch wie kann ohne verlässliche, flexibel einsetzbare Kraftwerke Versorgungssicherheit gewährleistet bleiben, wenn der Wind flächendeckend nicht weht und – perspektivisch noch – auch Sonnenenergie nicht einspringen kann? Der Hintergrund der Offensive: Die Betreiber verdienten auch fast zehn Jahre nach dem Ausstiegsbeschluss opulent an den bereits abgeschriebenen Kernkraftwerken. Doch jetzt drohten die schönen Zeiten zu Ende zu gehen. Zwischen 2010 und 2012 sollten laut Vereinbarung nicht weniger als sieben der moderneren Reaktoren dauerhaft vom Netz genommen werden, rund ein Drittel der gesamten Flotte. Billig war der Atomstrom freilich – für die Industrie, den Dritten im Bunde. Der Strompreis in den Sonderkontrakten für die Industrie war – anders als bei den Tarifkunden – seit Einführung der Liberalisierung um mehr als 40 Prozent gefallen.

Von der Idee zur Praxis: Die Laufzeitverlängerung

Und so wurde sie geboren, die Laufzeitverlängerung, reifte langsam heran und übernahm am Ende die Deutungshoheit in der energiepolitischen Auseinandersetzung um das Jahr 2010. Es war kurz gesagt die Idee, bei Beibehaltung des Kernenergieausstieges einfach die Zeit zu verlängern, in der die bestehenden Kernkraftwerke noch liefern konnten. Erst leise, doch gegen Ende immer lauter vorgetragen, feierte das Thema schließlich einen kurzen Triumpf – bis zum plötzlichen bitteren Ende in der Folge der Katastrophe von Fukushima.

Die Tinte unter dem Atomkonsens war noch nicht richtig trocken, als der IGBCE-Vorsitzende Hubertus Schmoldt vorpreschte. Am 22. August 2003 meldete die Presse, er habe den Ausstieg pauschal infrage gestellt. »Wir werden uns damit befassen müssen, ob der Ausstieg aus der Kernenergie so unverrückbar ist, wie einige es glauben«, sagte er. »Man muss in der Technologie verbleiben und, wenn es Not tut, ab 2010 entscheiden, ob man auf der Grundlage neuer Technologien die Kernkraft im Energiemix behält.« (FTD, 22.8.2003). Schmoldt hatte die Breitseite gewählt – doch ging es auch ihm, so vermutete bereits der Kommentator der Financial Times Deutschland (FTD), weniger um den »teuren und politisch brisanten Neubau von Atomkraftwerken«, sondern eben um die Laufzeitverlängerung der ab 2010 zur Stilllegung vorgesehenen Reaktoren. Sprecher von IG Metall und ver.di wiesen den Vorstoß unmittelbar danach zurück (SZ, 23.8.2003).

Nach dem Regierungswechsel 2005 aber ließ der Bundesverband der Deutschen Industrie (BDI) »die Katze aus dem Sack«: Nicht 32 Jahre wie im Prinzip im Atomkonsens vereinbart, sollten die Atommeiler laufen, sondern doppelt so lange. Es sei »ökonomisch und ökologisch sinnvoll, die bestehenden Kernkraftwerke mit moderaten Nachrüstungen 60 Jahre zu betreiben«, hieß es in der von ihm vorgestellten Studie (E&M, 15.11.2005). Das liefe auf ein Ende für die meisten Kernkraftwerke in den vierziger Jahren des 21. Jahrhunderts hinaus.

Als 2009 dann die große Koalition durch ein christliberales Bündnis aus denjenigen Parteien abgelöst wurde, die beide den Atomkonsens von 2000 nicht mitgetragen hatten, und sich andererseits die Abschalttermine bedrohlich näherten, wurden in den Häusern von RWE, E.ON, Vattenfall und EnBW die Trommeln auf volle Lautstärke gestellt.

Sie trafen freilich auch bei Schwarz-Gelb auf eine Energiewelt, die sich drastisch verändert hatte. Nicht nur in Deutschland. Die Klimakatastrophe wurde konkreter. Und ganz gleich, wie man zur Kernenergie stand, waren wesentliche Fortschritte im Klimaschutz nur durch den Dreiklang erneuerbare Energien, Effizienzsteigerung und Reduktion der Treibhausgase zu erzielen. So hatten es die »Meseberger Beschlüsse« der Bundesregierung im Jahr 2007 festgelegt (Bundesregierung 2007). 2008 hatte die EU die Ziele im Klimapaket quantifiziert. 20/20/20 bis 2020 lautete die eingängige EU-Formel. In Worten: Bis 2020 sollten 20 Prozent der Stromproduktion aus erneuerbaren Energien stammen, gegenüber 1990 20 Prozent Effizienzsteigerung erreicht sein und 20 Prozent weniger klimaschädliche Emissionen ausgestoßen werden (EU 2008). Da spielte Kernenergie plötzlich nur noch eine zweitrangige Rolle. Ob ein Mitgliedsstaat zusätzlich zu den Erneuerbaren noch Kernenergie einsetzte, blieb ihm überlassen.

Betriebswirtschaftlich war es allerdings eine andere Sache. Im Jahr 2010 errechnete das Institut für Energiewirtschaft und Rationelle Energieanwendung IER der Uni Stuttgart im Auftrag der EnBW zwei Szenarien. Demnach lagen bei einer Laufzeitverlängerung auf 60 Jahre die Zusatzgewinne der Konzerne zwischen 96 und 218 Milliarden Euro – vor Steuern allerdings, wie die Gutachter heraushoben. Dann hätte, so der Wink an die Politik, auch der Fiskus mit Mehreinnahmen zwischen 21 und 55 Milliarden zu rechnen (IER 2010, S. 52).

Die »Stromlücke« – das Hilfsargument

So konnte man allerdings der Öffentlichkeit nicht kommen. Blieb die Versorgungssicherheit. Verzicht auf Kernenergie hieß dann wieder und immer noch Mangel, Notstand gar, wie schon 30 Jahre zuvor ins Feld geführt.

Mangel drohte freilich in Wirklichkeit nicht durch die inzwischen arrivierten Erneuerbaren, sondern auf ganz andere Art. Festzustellen war tatsächlich ein zunehmender »Investitionsattentismus« in der ersten Hälfte des Jahrzehnts (Bontrup/Marquardt 2010, S. 125 ff.). Verursacht durch die Konzerne selbst – in Tateinheit mit den Unsicherheiten der liberalisierten Strommärkte. Investitionen in die Erneuerung des fossilen Kraftwerksparks wurden auf ein Mindestmaß zurückgefahren. Wer im Jahre 2005 oder 2006 investierte, musste hoffen, auf den sich wandelnden Wettbewerbsmärkten vier bis zehn Jahre später, wenn das Kraftwerk ans Netz ging, bestehen zu können, mit variablen Kosten in der *Merit Order*, aber zusätzlich noch belastet mit den Investitionskosten. Das Risiko, nach Fertigstellung der Anlage auf diesen Investitionskosten, den fixen Kosten, sitzen zu bleiben, wuchs.

In den neunziger Jahren zwischen 1992 bis 1997 hatten die Energieversorger im Schnitt noch 9,9 Milliarden Euro jährlich investiert, in der längeren Periode zwischen 1998 und 2007, als die Folgen der Liberalisierung offen zutage lagen, war die Summe um rund ein Drittel gesunken. Bevorzugt investiert wurde in relativ günstig zu errichtende mittelgroße Erdgaskraftwerke, darunter zahlreiche kommunale Anlagen in KWK (Bontrup/Marquardt 2010, S. 126/7).

Aus Angst vor dem Risiko riskierten die Konzerne sogar ihre Vormachtstellung. Satte 80 Prozent hielten sie zusammen am bestehenden Kraftwerkspark, ein Oligopol. Doch entfiel auf sie nur die Hälfte des Zuwachses zwischen 1998 und 2007, weniger als 4.000 Megawatt, die wiedererstarkten Stadtwerke und ganz neue Player füllten die Lücke.

Anfang 2008 schlug die halbstaatliche Deutsche Energieagentur (Dena) Alarm. Kernbotschaft: Es drohe die auch von Hohlefelder ins Feld geführte »Stromlücke«. Dann würden bereits die ersten Abschaltungen von Kernkraftwerken dazu führen, dass »ab 2012 nicht mehr genügend gesicherte Kraftwerksleistung zur Verfügung stehen, um die Jahreshöchstlast zu decken.« (Dena 2008, S. 1; Q47 bei Bontrup/Marquardt 2010). Es müsse sofort begonnen werden, die Lücke zu schließen, durch den Bau neuer fossiler Kraftwerke – die Zeit zwischen Planungsbeginn und Beginn des Dauerbetriebs selbst eines größeren Gaskraftwerks betrug schon damals mindestens vier Jahre. »Wir sagen deutlich«, so das Fazit des Dena-Chefs Stephan Kohler, »bis zum Jahr 2020 bekommen wir in Deutschland ein großes Problem, wenn nicht neue, hocheffiziente Kraftwerke auf Kohle- und Erdgasbasis gebaut werden. Sonst besteht ein großer Druck auf die Verlängerung der Laufzeit von alten Kraftwerken, auch von Atomkraftwerken.« (Berliner Zeitung, 14.4.2008).

Letztlich erwies sich die »Stromlücke« als Momentaufnahme. Schon 2008 wendete sich das Blatt. Fast genüsslich verwies Greenpeace auf den Regierungsbericht zur Versorgungssicherheit vom August 2008. Danach würden nämlich inzwischen wieder ausreichend neue Kohle- und Gaskraftwerke geplant. Fazit der Gutachter: »Die Stromerzeugung in Deutschland ist bis 2020 zu jeder Zeit sicher.« (Greenpeace 2008a/b; vgl. dazu auch Matthes/Ziesing 2008).

Was aber in der Debatte um die Stromlücke auf der Strecke blieb, war ausgerechnet der Klimaschutz. Denn genau bei den Steinkohlekraftwerken entstand ein regelrechter Boom: Kam es hier in der Zeit von 2001 bis 2007 nur zu zwei kleinen Projekten mit insgesamt 300 MW, so waren für den Zeitraum zwischen 2008 und 2014 sage und schreibe 22 Großprojekte in Aussicht gestellt, mit einer Gesamtleistung von 20.760 MW. Hinzu kamen zahlreiche Erdgas- und Braunkohlekraftwerke, sodass 31.214 MW neue konventionelle Kraftwerke zu erwarten waren – deutlich mehr als die 20.000 MW Kernkraftwerke (Bontrup/Marquardt 2010, S. 127). Drohte damit nicht im Gegenteil ein weiteres Anwachsen klimaschädlicher Überkapazitäten zulasten der Erneuerbaren? Noch war das alles freilich nicht gebaut, 2008, als die Finanzkrise ihren Höhepunkt erreichte. Die bestehenden Kernkraftwerke weiterlaufen zu lassen, war doch allemal die billigere Alternative zum Neubau. So sah es der BDI. Er brauchte nur das vier Jahre vorher bereits veröffentlichte Gutachten wieder hervorzuholen – und ein wenig die Zahlen zu aktualisieren. Laufzeitverlängerung auf 60 Jahre – das war in Zeiten der Finanzkrise doch unausweichlich.

Vom Wort zur Tat. Vier alte Reaktoren, die im Jahr 2010 eigentlich ihr vereinbartes Kontingent an Reststrommengen ausgeschöpft hätten und abgeschaltet werden müssten, wurden 2009 kurz vor Toresschluss gleichsam zum Dornröschen erklärt – sie standen still, in Erwartung, in Bälde von der Laufzeitverlängerung wieder wachgeküsst zu werden. Das ermöglichte ein Webfehler des Atomkompromisses von 2000. Jeder Tag, an dem sie nicht liefen und also keinen Anteil der ihnen zugebilligten Reststrommenge produzierten, verlängerte automatisch die Betriebszeit. Doch auch dieses Spiel konnte man schließlich nicht endlos weitertreiben.

Der Durchbruch kam in der Nacht. Dunkel war es draußen noch, als um 4.30 Uhr in der Früh des 6. September 2010 die Vertreter der Bundesregierung und der Big 4 ein Papier paraphierten, dem man die Brisanz erst auf den zweiten Blick ansah. Es war buchstäblich eine Nacht-Aktion, bei der der »Förderfondsvertrag: Term sheet aus Besprechung Bund-EVU« geschlossen wurde (Bundesregierung 2010a). Und auch eine Nebel-Aktion. Am Anfang des verquasten Textes ging es unverfänglich tatsächlich um einen Beitrag der Kernenergiebetreiber »zur Förderung der nachhaltigen Energieversorgung, insbesondere erneuerbarer Energien, der Speichertechnologie und Energieeffizienz sowie von Kraft-Wärme-Kopplung«. Dieser Beitrag war freilich an eine klitzekleine Bedingung geknüpft: »Die Bundesregierung plant als Teil ihres Energiekonzeptes eine Gesetzesinitiative, die Laufzeiten der Kernkraftwerke durch Änderung der Anlage 3a des AtG (Atomgesetzes) zu verlängern.« Erst ein Blick in den beigefügten Entwurf der Neufassung der Anlage 3a zeigte die Brisanz: Nicht weniger als exakt 1.804,278 TWh Strom sollten die Kernkraftwerke der Republik zusätzlich zu den bereits zugestandenen Mengen liefern dürfen.

Der Rest war Wording. »Kernenergie als Brückentechnologie« hieß das in der geglätteten, im September veröffentlichten Version des Übereinkommens, dem Energiekonzept 2010, das Kernenergie als Brücke zum

»erneuerbaren Zeitalter mit der Perspektive 2050« definierte (Bundesregierung 2010b, S. 16). Wer fürchtete, dass die Brücke in Wirklichkeit den längst eingeschlagenen Weg der Energiewende in die Sackgasse leiten könnte, wurde belehrt: »Die Bundesregierung geht davon aus«, so das Energiekonzept, »dass die Laufzeitverlängerung keine nachteiligen Wirkungen auf den Wettbewerb im Energiesektor zur Folge haben wird.« (Bundesregierung 2010b, S. 17).

Am 28. Oktober 2010 stimmte der Bundestag mit schwarz-gelber Mehrheit der elften Novelle des Atomgesetzes zu. Geändert wurde, wie im »Termsheet« festgelegt, minimalinvasiv »nur« der Anhang.

... und der Katzenjammer

Die Börse setzte unerwartet verhaltene Signale. Sprich: Der Aktienkurs von E.ON, RWE und EnBW blieb von der erhofften Heimsuchung der Bullen ziemlich verschont – bereits vor Fukushima. Das zeigt eine Analyse der langfristigen Aktienentwicklung. Das Hoch der Jahre 2007 und 2008 wurde krisenbedingt 2009 natürlich für alle im DAX geschrumpft – doch sanken die Kurse der Stromkonzerne noch deutlicher als der allgemeine DAX. Zwar legten sie nach der Krise im Laufe des Jahres 2010 noch einmal zu, doch schon Ende 2010 war Schluss mit der Euphorie (Bontrup/Marquardt 2015, S. 204).

Das hatte die »Wirtschaftswoche« kommen sehen. Schon Tage nach dem Gesetzesbeschluss kommentierte sie: »Ausschließlich ein Grund zum Feiern ist die Verlängerung um im Schnitt zwölf Jahre aber trotzdem nicht. Denn das vorangegangene Gerangel hatte allen voran Anlegern und Investoren endgültig klargemacht: Die Branche ist fast vollständig von der Politik abhängig, fast schon geknebelt. Das Mantra ›Energiekonsens‹, wie immer er aussieht, ist keine Garantie für sichere Extragewinne. Eine mögliche rot-grüne Bundesregierung nach 2013 dürfte die Laufzeitverlängerungen zurückdrehen.« (Wiwo Nr. 47 vom 22.11.2010, S. 56).

So lange brauchte keiner zu warten. Nur wenige Wochen nach Fukushima wurde der zweite Ausstieg aus der Kernenergie beschlossen – diesmal von allen Parteien getragen. Da war die Laufzeitverlängerung das Papier nicht mehr wert, auf dem sie gedruckt wurde. Umsonst auch die ganzen Ränkespiele um die Rettung der ältesten Reaktoren. Eben noch reanimiert bis etwa 2020, wurde ihnen der Netzanschluss für immer gekappt. Und das Schicksal der weiteren moderneren Kernkraftwerke ähnelte demjenigen, das ihnen auch im ersten Ausstieg von 2001 beschieden war. Finis 2022. Doch für die Energiekonzerne waren zehn Jahre verloren.

Und auch für den Umwelt- und Klimaschutz: Wieder waren zehn Jahre vergangen, in denen sich die Diskussion um die Energiewende auf den verbissenen Streit um die Stromversorgung konzentrierte – und die gleichfalls wesentlichen Fragen, wie denn in den anderen CO_2-emittierenden Sektoren – Verkehr und vor allem Wärmeversorgung – die Klimaschutzkonzepte sozialverträglich vorangebracht werden könnten, in die zweite Reihe verbannt wurden.

Kapitel 3

Sozialverträgliche Vollendung der Stromwende – Voraussetzung für Klimaneutralität auch im Wärmesektor

3.1 Die Kapriolen des Emissionshandels – ein Erfolg für den Klimaschutz?

Am 1. Juli 2019 erreichte der Börsenpreis für eine Tonne Kohlendioxid im europäischen Emissionshandel (ETS – Emission Trade System) erstmals die Marke von 30 Euro. Danach gab es kein Halten mehr. Im Juni 2021 knackte er erstmals die Marke von 50 Euro.

Es wurde langsam Zeit. Nach der Einführung im Jahr 2005 ging es lange Zeit nur in eine Richtung: steil bergab, bis zum bitteren Tiefpunkt Ende 2013. Die Preise für die bald den Handel dominierenden Futures, Optionen auf zukünftig benötigte CO_2-Zertifikate, pendelten sich bis 2017 auf marginale fünf bis zehn Euro pro Tonne ein – viel zu wenig, um Wirkung zu zeigen. Claude Turmes, Luxemburger Grünen-EU-Parlamentarier und Berichterstatter vieler Energierichtlinien, diagnostizierte 2017 schon den »klinischen Tod« des ETS-Systems (Turmes 2017, S. 93 ff.). Und rückblickend kommentierte auch das Bundesumweltministerium: »Der EU-ETS hat aufgrund niedriger Zertifikatspreise und somit zu geringer Anreize für Emissionsverringerungen lange nicht die gewünschte ökonomische Wirkung erzielt.« (BMU 2019).

Wie kam es zu dem späten Erfolg eines totgesagten politischen Instruments – gepriesen als »marktwirtschaftliches Mittel«, über Preissetzung an einem sich bildenden Markt die erforderlichen »Anreize für Emissionsverringerungen« möglichst volkswirtschaftlich günstig zu setzen? Gleichzeitig in der gesamten EU, als Beispiel für ein globales System.

Ordnungsrecht wäre die Alternative gewesen. Andererseits sprachen – außer dem neoliberalen Zeitgeist – auch sachliche Gründe für ein »sanfteres« Vorgehen. Die Reduktion von Kohlendioxid erfordert tiefgreifendere Eingriffe in die Energie- oder Industrieproduktion als das Nachschalten von Filtern – im Prinzip muss das gesamte Kraftwerk, muss die gesamte Industrieproduktion grundlegend umgestaltet werden. Da lassen sich schlecht verbindliche Fristen für die Alternative »Nachrüstung oder Stilllegung« setzen, wie dies etwa früher bei der Entschwefelung und -entstickung der Kohlekraftwerke erfolgreich war.

Abbildung 1: Entwicklung des Zertifikatspreises für CO$_2$ 2017 bis 2021

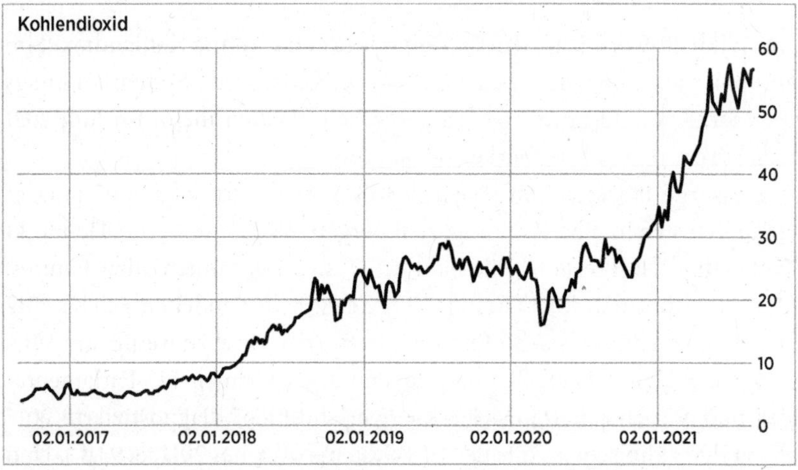

Quelle: www.smartbroker.de, Stand 26.8.2021

Warum dennoch das mehr als ein Jahrzehnt andauernde Versagen? Es war ein gewohntes Bild. Schneller noch als die Arbeit an der Richtlinie ging die »Arbeit« voran, die Richtlinie zu verwässern. Voran die Chemieindustrie: In einer gemeinsamen Presseerklärung vom 14. Oktober 2002 forderten Hubertus Schmoldt, Chef der Chemiegewerkschaft IGBCE, und BASF-Vorstandsmitglied Eggert Voscherau die Bundesregierung auf, den Spuk in Brüssel zu beenden. Die Richtlinie sei schlicht überflüssig. Schmoldt, so wusste dpa zu vermelden, verglich das Prinzip des EU-Plans, wonach Industrieanlagen für emittierte Treibhausgase zahlen sollten, gar mit dem Wirtschaftsmodell des »Ostblocks«. Folge wäre die »Abwanderung energieintensiver Branchen und ein beachtlicher Arbeitsplatzabbau.« (dpa, 2. Oktober 2002).

Am Ende boxte die Kommission die Richtlinie 2003/87/EG (Emissionshandelsrichtlinie) durch. Sie trat am 25. Oktober 2003 in Kraft und musste bis 2005 in nationales Recht der Mitgliedsstaaten umgesetzt werden. In Deutschland geschah dies mit dem Treibhausgas-Emissionshandelsgesetz (TEHG) vom 15. Juli 2004. Danach müssen ab 2005 Großindustrien und Kraftwerke für ihre Emissionen Zertifikate zu einem Marktpreis erwerben. Im Prinzip.

Gewollte Unwirksamkeit

Klar war von Anfang an: Der Emissionshandel kann nur funktionieren, wenn der Markt richtig dimensioniert wird und Ausnahmen die Ausnahme bleiben. Sodass einerseits die Caps, also die Menge der Zuteilungsrechte, tatsächlich nur der vorhandenen Menge in den betroffenen Industrien entsprechen, mit einer entsprechend ehrgeizigen jährlichen Minderungsrate. Auch muss die Kontrolle lückenlos sein, mit ausreichend hohen Pönalen für Missetäter.

Doch von all dem war man weit entfernt. Verabschiedet wurde ein Torso. Bis 2012 sollte ein großer Teil der Zertifikate gar nicht durch den so viel gepriesenen Markt verteilt werden, etwa über Auktionen, sondern er wurde unentgeltlich zugewiesen, aufgrund alter verbriefter Rechte. *Grandfathering* hieß das vertrauenserheischend. Und für deren Zuteilung blieben die Mitgliedsstaaten zuständig. Zum Gefallen von RWE und Vattenfall – mit ihren diversen Braunkohlekraftwerken den bei Weitem größten CO_2-Schleudern der Republik – verstiegen sich deutsche Professoren gar zur Behauptung, eine »entgeltliche Zuteilung« der Zertifikate verstoße in großen Teilen gegen die Verfassung (Burgi/Selmer 2007, vgl. auch Martini/Gebauer 2007).

Diese »Argumentation« schien wohl auch den Chefetagen als etwas zu verschroben. So oder so, der Coup gelang – und führte schnell zum dauerhaften Verfall der Zertifikatspreise. In der ersten und zweiten Zuteilungsperiode (2005 bis 2007, 2008 bis 2012) erhielt fast die gesamte Wirtschaft die meisten Zuteilungsrechte umsonst. Damit nicht genug: Es wurde abkassiert. Auch was man geschenkt bekommt, ist ja etwas wert. Und ist damit umgekehrt Kostenbestandteil, den man an die Kunden weitergeben konnte. Diese rabulistische Erkenntnis führte zu der schamlos-grotesken Situation, dass die deutschen Stromkonzerne »Kosten« für die kostenlos erworbenen Zertifikate an ihre Kunden weitergaben. Erst mit dem allmählichen Übergang zur Auktionierung traten dann tatsächlich Kosten auf – doch zu dieser Zeit war der Zertifikatspreis längst in den Keller gegangen. Bislang fehlen Untersuchungen über die Höhe der Schnäppchen in den »goldenen« Anfangsjahren – es dürften Milliardengewinne sein.

Apropos Gold: Vergolden ließen sich die Kraftwerksbetreiber auch den Austausch von alten Anlagen durch neue. Der Streit ging nur darum, ob sie die Zertifikate für zehn oder 14 Jahre ab Betriebsbeginn umsonst bekommen sollten. Die Emissionen der meisten anderen Industriezweige seien andererseits ohnehin technisch bedingt. Das Grundmuster ist bereits in einer gemeinsamen Erklärung von Wirtschaftsvereinigung Stahl und der IG Metall vom 8. November 2002 zu erkennen. Sie bekannten sich beide zum Emissionshandel, gewiss, um jedoch fortzufahren: »Die Kommission will metallurgisch genutzte Kohlenstoffträger in den Emissionshandel einbeziehen. Im Gegensatz zur Energieumwandlung sind diese aber als Rohstoff für die Erzreduktion bei der Eisen- und Stahlerzeugung unverzichtbar und nicht substituierbar.« (IG Metall/Wirtschaftsvereinigung Stahl 2002). Und wenn denn die Stahlindustrie aus optischen Gründen einbezogen werden müsse, dann eben – natürlich dauerhaft – mit kostenlosen Zertifikaten. Verschon mein Haus, … Erst heute geht die Stahlindustrie von CO_2-intensiven auf alternative Produktionsprozesse, am Ende auf CO_2-freien Wasserstoff. Doch dazu braucht es – natürlich – weiter Subventionen in Milliardenhöhe (siehe Kapitel 5.9).

Verzögerung war das eine, Verwässerung das andere. Deutschlands – und EU-Europas – Industrie ist im Gegensatz zur Kohlewirtschaft exportorientiert. Und solange der Emissionshandel nicht global wirke, komme es zu Verzerrungen auf dem Weltmarkt – Deutschlands Industrie, mit der zusätzlichen Belastung, könne im globalen Wettlauf nicht mehr mithalten. Das Argument hatte bereits bei der EEG-Befreiung gute Dienste geleistet und erhielt jetzt einen Namen: *Carbon Leakage* drohte, also der Verlust von deutscher Exportfähigkeit durch unfaire Belastung durch Klimaschutz. Was dann hier nicht mehr produziert werden könne, werde in – nicht dem Emissionshandel unterliegende – Kontinente verlagert, die Arbeitsplätze gingen verloren.

»Bislang gibt es wenig empirische Hinweise auf *Carbon Leakage* – aber die Klimapolitik war auch wenig ambitioniert, und viele Industriebetriebe erhielten Gratis-Emissionszertifikate«, stellt das Potsdamer Mercator Institute rückwirkend fest. »Mit steigenden CO_2-Preisen wird das Problem virulent. Studien auf Basis Allgemeiner Gleichgewichtsmodelle legen nahe: Ohne Gegenmaßnahmen tauchen 5 bis 19 Prozent der in der EU vermiedenen Emissionen woanders wieder auf.« (MCC 2021).

Was noch hinzu kam, um das Instrument zu »neutralisieren«, war politisch gewollt. Man schuf ein Überangebot an Zertifikaten für denjenigen Teil, der dann tatsächlich in Auktionen ersteigert werden muss. Das jährliche Cap, also die Gesamtmenge an CO_2, die die im Emissionshandel erfassten Unternehmen jährlich ausstoßen dürfen, lag, soviel wusste man, im Basisjahr 2004 für Deutschland bei weniger als 500 Millionen Tonnen. Und so kam es zu einem absurden Shoot-down zwischen dem Umwelt- und dem Wirtschaftsminister um die Frage, sollten im Jahr 2005 weniger oder mehr als 500 Millionen Tonnen zugestanden werden. Trittin verlor – knapp. Es wurden exakt 501.

Schließlich der letzte Schritt: Die Reduktion der Verschmutzungsrechte hinkte hinter der tatsächlichen Entwicklung zurück. Jahr für Jahr sollte die Anzahl um 1,74 Prozent sinken, und das konnten Energiewirtschaft wie beteiligte Industrie gleichsam im Selbstlauf erreichen.

»Das System war von Anfang an fehlerhaft bemessen; jetzt sollte es entgleisen«, so Claude Turmes. »Die Diskrepanz zwischen Emissionsobergrenzen und tatsächlichen Emissionen wurde immer größer: Der anerkanntermaßen schon bestehende Überschuss an CO_2-Zuteilungen auf dem Markt würde sich nicht verringern, im Gegenteil.« (Turmes 2017, S. 93).

Der »real existierende« Emissionshandel entspreche nur »bedingt den theoretischen Idealvorstellungen«, hieß es bereits 2006 auch in einem Papier des Bundesumweltministeriums. Regelrecht »kastriert« worden sei das Instrument, monierten weniger vornehm Umweltschützer (zitiert nach Vorholz 2006, S. 29). Und auch die Deutsche Bank musste feststellen, dass die Einführungsphase 2005–2007 »misslungen« war und nur wenig mit der eleganten Lehrbuchidee gemein hatte (Deutsche Bank 2007, S. 1). Doch »trotz einiger Kinderkrankheiten ist der Start des Emissionshandels – auch wegen seines Symbolcharakters – positiv zu bewerten«.

Die Wissenschaft war sich einig. Überallokation desavouiere die ökologische Lenkungswirkung, die Energieversorger realisierten beträchtliche Mitnahmegewinne ohne Gegenleistung, ein intransparentes Regelwerk führe zu unkalkulierbaren Wettbewerbswirkungen und bestehende Industrie- und Energiestrukturen würden konserviert (Donner/Stratmann 2006; Matthes 2005; SRU 2006).

Konsequenzen? Sie blieben aus. Es dauerte acht Jahre bis zur dritten Handelsperiode, bis 2013 wenigstens die Energiewirtschaft ihre Emissionsrechte fast vollständig ersteigern musste. Viele Industriebereiche aber erhalten noch heute einen Großteil ihrer Emissionsrechte umsonst. Und: Auch in der dritten Handelsperiode (2013 bis 2020) wurde das Grundübel nicht beseitigt: die viel zu geringen Reduktionsraten.

Und die wundersame Wiederauferstehung?

Vielleicht war der Abgesang ja zu früh, und der beinah Dahingeschiedene erlebt in Zukunft eine wundersame Renaissance. Denn mit dem Sterben, so das BMU schon 2018 begeistert, sei jetzt Schluss, der Patient sei kurz nach der Pubertät von seinen »Kinderkrankheiten« genesen: »Nach Beschluss einer Reform des Emissionshandels im April 2018 hat sich der Preis für Emissionszertifikate von durchschnittlich 5 Euro je Tonne CO_2 im Jahr 2017 auf 15 Euro im Jahr 2018 verdreifacht. Aufgrund der höheren CO_2-Preise sind moderne und emissionsarme Gas- und Dampfkraftwerke in vielen Fällen seit 2017 wieder wettbewerbsfähiger als alte Steinkohlekraftwerke.« (BMU 2019). Nebenbei bemerkt: Claude Turmes, inzwischen Mitglied der Luxemburger Regierung, hatte in seiner neuen Rolle über den Ministerrat kräftig an der Reform mitgewirkt. Am Ende stand die Erklärung des Internationalen Verbandes der Energieversorger, zukünftig keine neuen Kohlekraftwerke mehr zu planen.

Endlich wurden auch die Reduktionsvorgaben angepasst: Ab 2020 sinkt das Cap jährlich statt um 1,74 Prozent um 2,2 Prozent. Überfällig, denn inzwischen hat sich die EU zu weitgehenden CO_2-Einsparungen verpflichtet. Die EU plant im Zuge des »Green Deals«, bis 2030 den Treibhausgasausstoß um mindestens 55 Prozent gegenüber 1990 zu drücken. Und da kann auch die jetzt angepeilte Marke von 2,7 Prozent nur eine Zwischenlösung sein.

Und jetzt mehr als 50 Euro – was kann da noch passieren? Nachdenklich allerdings stimmt, dass immer mehr Finanzinvestoren in den CO_2-Markt drängen. Hedgefonds wetten bereits auf einen CO_2-Preis von bis zu 100 Euro. Und was, wenn die Spekulanten wieder bessere Anlagemöglichkeiten finden? Es ist und bleibt halt ein »marktwirtschaftliches« Instrument.

3.2 Die Aufgabe: klimaneutral bis 2045

Die gute Nachricht: Die Treibhausgasemissionen in Deutschland sind 2020 tatsächlich um mehr als 40 Prozent unter das Niveau von 1990 gesunken. Damit hat Deutschland sein Klimaschutzziel für 2020 gleichsam im Endspurt noch erreicht, wider Erwarten.

Es war aber reines Glück. Der milde Winter 2019/2020 mit vielen Stürmen hatte die Stromproduktion aus erneuerbaren Energien stark ansteigen lassen und den Wärmeverbrauch reduziert. Hinzu kamen seit Mitte März die Folgen der Corona-Krise. Alles in allem kein Grund, sich zurückzulehnen. Da gilt es zunächst, das 2020 erreichte Niveau auch in den darauffolgenden Jahren zu halten – und dauerhaft weiter auszubauen, sodass die Messlatte von aktuell 65 Prozent Einsparung im Jahr 2030 und am Ende 100 Prozent in 2045 nicht verfehlt wird.

Zwischen Wunsch und Wille – Klimaschutz im Dauerstreit

Blicken wir zurück. Wie hatte sich die deutsche Diskussion ab 2000 entwickelt – in einer Zeit in der von IPCC-Bericht zu IPCC-Bericht, von Weltklimaschutzkonferenz zu Weltklimaschutzkonferenz die Dringlichkeit von Maßnahmen, die weit über das Kyoto-Protokoll hinausgingen, immer klarer wurde?

Franz-Josef Schafhausen, bis 2016 lange Jahre Abteilungsleiter für Klimaschutzpolitik im Bundesumweltministerium, zieht eine bittere Bilanz. Er konstatiert einen dauerhaften »Niedergang der nationalen Klimaschutzpolitik«. »Das nationale Klimaschutzprogramm 2000 war bereits defizitär: Das Umweltministerium konnte sich gegen das damalige Wirtschaftsministerium, das vom Bundeskanzleramt unterstützt wurde, nicht mehr auf die notwendigen zusätzlichen Politiken und Maßnahmen verständigen. Notwendig gewesen wäre eine Minderung der CO_2-Emissionen um 50 bis 70 Millionen Tonnen bis Ende 2005 – geleistet wurden dagegen lediglich 30 Millionen Tonnen.«

»Der eigentliche Sündenfall«, so Schafhausen, »fand im Sommer 2007 statt: Das ›Integrierte Energie- und Klimaprogramm – IEKP‹ beendete die übergeordnete Rolle des Bundesumweltministeriums und verschob das Gewicht in das Wirtschaftsministerium. Konsequenz: Bis Ende 2014 verabschiedete das Bundeskabinett kein eigenständiges Klimaschutzprogramm mehr. Von den verabschiedeten zehn Maßnahmen wurde nur eine Minderheit in vollem Umfang umgesetzt. Und deshalb reduzierte sich zwischen 2006 und 2016 die nationale Treibhausgasbilanz gerade einmal noch um 73 Millionen Tonnen CO_2-Äquivalente (6,6 Millionen pro Jahr), wobei sich die Emissionen in den letzten Jahren stabilisierten beziehungsweise sogar leicht anstiegen.« (Schafhausen 2018).

Allenfalls die Programmatik blieb auf dem neuesten Stand. So hieß es auch 2009 im Regierungsprogramm von CDU/CSU und FDP: »Unser Ziel ist es, die Erderwärmung auf maximal zwei Grad Celsius zu begrenzen und Deutschlands Vorreiterrolle beim Klimaschutz beizubehalten. International ist vereinbart, dass die Industriestaaten ihre Treibhausgas-Emissionen bis 2050 um mindestens 80 Prozent reduzieren. Wir werden für Deutschland einen konkreten Entwicklungspfad festlegen und bekräftigen unser Ziel, die Treibhausgas-Emissionen bis 2020 um 40 Prozent gegenüber 1990 zu senken. Wir werden die Maßnahmen im Integrierten Energie- und Klimaprogramm 2010 auf ihre Wirksamkeit überprüfen und gegebenenfalls nachsteuern.« (Koalitionsvertrag 2009, S. 25/26).

Da war es bekräftigt, das Ziel für 2020. Allerdings: Nationale Alleingänge waren nicht das Thema. Es war eine bekannte Argumentationsfigur der Verhinderer: Deutschland allein könne sich nicht allzu weit vorwagen, ohne im internationalen Wettbewerb zu verlieren. Man verwies auf internationale Lastenteilung. Und die Zeichen standen doch gar nicht schlecht. Die Vorbereitungen für die Klimakonferenz 2009 in Kopenhagen (COP 15) liefen auf vollen Touren, um ein faires Nachfolgeabkommen zur Kyoto-Vereinbarung zu verhandeln. Daraus wurde bekanntlich nichts, die Hauptemittenten China und die USA schoben sich wechselseitig – und auch ein bisschen augenzwinkernd – die Verantwortung für das Scheitern zu. Auf den Trümmern von Kopenhagen musste die neue Bundesregierung agieren.

Das Energiekonzept der Bundesregierung von 2010

Es ist Zeit, sich noch einmal das Energiekonzept der Bundesregierung vom 28. September 2010 vor Augen zu führen. Es war genau besehen ein energiepolitischer Januskopf. Weiter so mit den Atommeilern war die eine, dunkle Seite (die sich nach Fukushima freilich bald erledigt hatte), doch auf der anderen Seite standen wiederum leuchtende Ziele.

Tabelle 2: Ziele des Energiekonzepts der Bundesregierung 2010

	Bis 2020	Bis 2030	Bis 2040	Bis 2050
Minderung der THG-Emissionen ggü. 1990	–40 %	–55 %	–70 %	–80 bis 95 %
Anteil der EE am Bruttostromverbrauch	35 %	50 %	65 %	80 %
Anteil der EE am Bruttoendenergieverbrauch	18 %	30 %	45 %	60 %
Minderung des Primärenergieverbrauchs ggü. 2008	–20 %			–50 %
Jährliche Gebäudesanierungsrate	2 %	2 %	2 %	2 %
Steigerung der Energieproduktivität bezogen auf den Endenergieverbrauch	2,1 %	2,1 %	2,1 %	2,1 %
Minderung des Stromverbrauchs ggü. 2008	–10 %			–25 %

Quelle: Bundesregierung 2010

Nationale Verantwortung war gefragt. Haushalte mit ihrem Löwenanteil Raumwärme und Warmwasser sowie Verkehr und große Teile der Industrie (der sogenannte Non-ETS-Bereich) waren weiterhin in der Verantwortung Deutschlands – rund die Hälfte der Emissionen. »*Mit neuer Energie*« betitelte 2012 vollmundig der CDU-Umweltminister Peter Altmaier sein Zehn-Punkte-Programm, in dem er festhielt, was er bis zur nächsten Bundestagswahl noch schaffen wollte. Doch das Programm fiel durch. Es sei »ein typischer Altmaier«, urteilte »Die Zeit« im August 2012. »Es betont vor allem geplante Dialoge, Bürgerbeteiligungen und Konsensfindung. Altmaier will moderieren und gesellschaftlichen Konsens herstellen. Altmaiers Arbeitsprogramm umfasst allerdings nur wenig konkrete Maßnahmen mit definitiven Zeitplänen.« (Uken 2012).

Der Klimaschutzbericht der folgenden Koalition aus CDU/CSU und SPD 2015 redete nicht lange um den heißen Brei herum. »Die Emissionen im Jahr 2013 sind gegenüber dem Vorjahr 2012 um 2,4 Prozent gestiegen. Vor allem die kalte Winterwitterung führte zu mehr Kohlendioxid-Emissionen aus Haushalten sowie Gewerbe, Handel und Dienstleistungen.« (BMU 2015).

Weil 2014 das Wetter besser mitspielte, werde allerdings wieder mit einem Absinken gerechnet. Klimaschutz also je nachdem, ob das Wetter mitspielt. Und nur noch fünf Jahre Zeit. Das Klima-Gap wurde immer größer. Nur etwas mehr als 30 Prozent Reduktion waren bis 2020 im »normalen Lauf« mit den eingeleiteten Programmen zur Effizienzsteigerung zu erreichen.

Da wurden dann die Ärmel hochgekrempelt. »Am 3. Dezember 2014 hat die Bundesregierung das Aktionsprogramm Klimaschutz 2020 sowie den Nationalen Aktionsplan Energieeffizienz (NAPE) verabschiedet. Das Aktionsprogramm enthält insgesamt mehr als 100 Einzelmaßnahmen, mit denen sichergestellt werden soll, dass das Ziel erreicht wird, die Treibhausgasemissionen in Deutschland bis zum Jahr 2020 um mindestens 40 Prozent gegenüber 1990 zu mindern«, rühmte denn auch das Bundesumweltministerium (BMU 2016).

Nicht mehr zehn, sondern 100 Maßnahmen. Doch genau besehen, blieben die noch hinter dem zurück, was das Umweltbundesamt bereits 2007 vorgeschlagen hatte. Insbesondere die Emissionen aus den Kohlekraftwerken, die aufgrund der Unwirksamkeit des Emissionshandels kaum reduziert waren, und der Verkehr blieben außen vor. Schon der nächste Klimaschutzbericht von Ende 2016 kam zu dem Schluss: Statt den geplanten 62 bis 78 Millionen Tonnen jährlicher CO_2-Ersparnis werde man nur bei einer Ersparnis von 47 bis 58 Millionen Tonnen landen. Dies entspräche eher 37 Prozent als 40 Prozent Reduktion – Ziel weiter verfehlt.

Und das drohte teuer zu werden. Nach dem Pariser Abkommen 2015 hatten sich die Mitgliedsstaaten im Rahmen der EU-Klimaschutzverordnung auf verbindliche Jahresbudgets geeinigt. Deutschland hat sich dabei verpflichtet, seine Emissionen bis 2030 um 38 Prozent zu mindern – nicht gegenüber dem bequemen Wendejahr 1990, sondern gegenüber 2005, als die Sanierungen im Osten längst vonstattengegangen waren. Und es wurde Ernst. Erreicht ein Mitgliedsstaat die Ziele nicht, wird es teuer. Er muss dann für entsprechende CO_2-Emissionszuweisungen durch Zukauf von anderen Mitgliedsstaaten sorgen.

2045 klimaneutral?

Jetzt hat Deutschland das Ziel einer 40-prozentigen Reduktion für 2020 trotz aller Widernisse noch erreicht. Um es zu wiederholen: Es war viel Glück dabei. Und der Erfolg in den einzelnen Sektoren sah sehr unterschiedlich aus: Während die Energiewirtschaft ihr Ziel deutlich übererfüllte und auch die Industrie kräftig beisteuerte, hat die Wärmeerzeugung in den Gebäuden ihr Ziel sogar knapp verfehlt. Und Verkehr und Landwirtschaft hatten sich ohnehin nur marginale Reduktionen gesetzt, sodass es leicht war, diese zu erfüllen. Um hier auch ökonomische Signale zu setzen, gilt seit Anfang 2021 eine CO_2-Bepreisung für den Non-ETS-Bereich, also vor allem Wärme und Verkehr, im Vorgriff auf eine mögliche Einbeziehung dieser Bereiche in den EU-Emissionshandel.

Inzwischen gelten konkrete Sektorenziele. Sie waren im Klimaschutzgesetz von 2019 so festgelegt worden, dass bei gleichbleibender Fortschreibung im Jahr 2050 Klimaneutralität erreicht sein würde – und wurden im Mai 2021 noch einmal verschärft, nachdem das Bundesverfassungsgericht im März geurteilt hatte, das reiche nicht, um zukünftigen Generationen gute Lebensqualität zu sichern. Die Bundesregierung machte Nägel mit Köpfen: In nur wenigen Tagen zog das Umweltministerium eine Novellierung aus der Schublade, die es in sich hat: Klimaneutralität soll jetzt in Deutschland schon 2045, also fünf Jahre früher erreicht werden, und auch für die Zeit nach 2030 wurden jährlich verbindliche Reduktionsziele festgelegt. Am vorletzten Sitzungstag der Legislaturperiode hat der 19. Deutsche Bundestag im Juni 2021 diesem Gesetz zugestimmt.

Abbildung 2:
Klimaschutzgesetz 2021: Jahresemissionsmengen nach Bereichen bis 2030

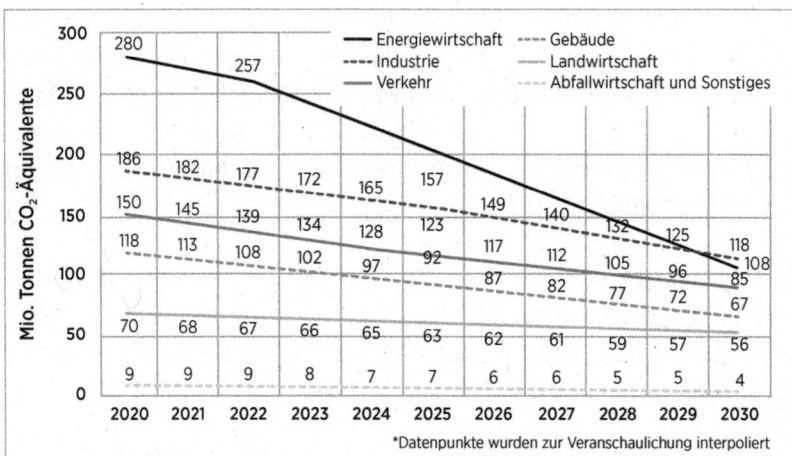

*Datenpunkte wurden zur Veranschaulichung interpoliert

• Für **2031 bis 2040** legt das Klimaschutzgesetz jährliche **Gesamtminderungsziele** fest. • **Bis 2040** müssen mindestens **88 % weniger Treibhausgasemissionen** ausgestoßen werden. • **Ab 2045** schreibt das Klimaschutzgesetz **Treibhausgasneutralität** vor, nach **2050 negative Emissionen** (wir entnehmen der Atmosphäre netto Treibhausgase).

Quelle: BMU

Das Klimaschutzgesetz führt das System der jahresscharfen zulässigen Emissionsmengen für die einzelnen Sektoren für die zwanziger Jahre fort – und senkt sie deutlich ab. Den Löwenanteil der zusätzlichen Minderung bis 2030 werden die Energiewirtschaft und die Industrie übernehmen. Begründung Bundesregierung: »Dies folgt einerseits dem ökonomischen Gedanken, dort zu mindern, wo die Vermeidungskosten am geringsten sind, andererseits sind der Industrie- und Energiesektor weiterhin die

Sektoren mit den höchsten Emissionen. Hinzu kommt, dass eine erneuerbare Energieversorgung der Schlüssel für Emissionsminderungen in allen anderen Sektoren ist, in denen erneuerbar erzeugter Strom fossile Brenn- und Kraftstoffe ersetzen kann.« (Bundesregierung 2019).

Das war Neuland schon 2019: Erstmals zeigte das Klimaschutzgesetz auf, wie viel CO_2 jeder einzelne Sektor noch ausstoßen darf. Und es benannte Verantwortliche. So sind die jeweils zuständigen Bundesministerien verpflichtet, für die Einhaltung der jährlichen Emissionsziele in ihren Sektoren zu sorgen. Und bei Nichterreichung zeitnah gegenzusteuern. Das zuständige Ministerium muss innerhalb von drei Monaten ein Sofortprogramm vorlegen. Vor einem Beschluss der Bundesregierung über Maßnahmen zur Nachsteuerung prüft ein Expertenrat die zugrunde liegenden Annahmen. Auf dieser Grundlage entscheidet die Bundesregierung, welche Maßnahmen sie ergreifen wird, um die Emissionsminderung in den Sektoren und damit das Klimaziel weiter zu erreichen.

So soll die Energiewirtschaft im Jahr 2030 ihren Ausstoß von 280 auf 108 Millionen Tonnen CO_2-Äquivalente reduzieren – kaum möglich ohne Stopp der Kohleverbrennung – und einen entsprechend beschleunigten Zubau der erneuerbaren Energien.

Und die Gebäude: Hier soll jetzt der Ausstoß von 120 auf 65 Millionen Tonnen reduziert werden – mithin innerhalb von zehn Jahren fast halbiert werden. Ein ehrgeiziges Ziel auch das, obwohl kaum nachgebessert. Schon im ursprünglichen Gesetz waren 72 Millionen vorgesehen. Die Erkenntnis: Hier wird es besonders schwierig, weil die Vermeidungskosten hoch und die Hemmnisse nach wie vor besonders groß sind.

Um dennoch schneller voranzukommen, hat die Bundesregierung im Mai ein Sofortprogramm vorgelegt. Schwerpunkte der Maßnahmen sind vor allem im Gebäudebereich vorgesehen. Dafür ist ein zusätzliches Fördervolumen im Umfang von bis zu acht Milliarden Euro vorgesehen – vier Milliarden davon für die Gebäudesanierung. Damit sollen beispielsweise die Energiestandards für Neubauten gestärkt werden. Und, so die Verlautbarung der Bundesregierung bei der Vorstellung des neuen Gesetzes: »Die Kosten des CO_2-Preises sollen künftig nicht mehr allein von den Mieterinnen und Mietern, sondern zur Hälfte von den Vermieterinnen und Vermietern getragen werden. Damit soll die Wirkung des CO_2-Preises verbessert werden, da Vermieter über energetische Sanierungen und die Art der Heizung entscheiden.« (Bundesregierung 2021). Doch hier zeigte sich bereits, wie schwierig es wird, die Programme durchzusetzen: Der Bundestag kassierte diese in der Bundesregierung von CDU/CSU und SPD einvernehmlich beschlossene Regelung wieder – die Verbände der Wohnungswirtschaft hatten alle Lobbyregister gezogen und die Fraktion der CDU/CSU dazu gebracht, die eigene Regierung zu desavouieren. Verteilungskampf ungeschminkt und bis zum Äußersten, statt effizienter Klimaschutz. Zeigt sich so das Menetekel bereits an der Wand? In Kapitel 5 werden wir dieser Frage nachgehen.

3.3 Der (un-)aufhaltsame Aufstieg des Wind- und Solarstroms nach 2011 – sozialverträglich?

»Bis zum Jahr 2050 kann der deutsche und europäische Strombedarf vollständig aus regenerativen Energiequellen gedeckt werden.« Im Jahr 2010, als der Sachverständigenrat für Umweltfragen (SRU) beim Bundesumweltminister diese Wahrheit erstmals aussprach, erregte sie großes Aufsehen (SRU, 2010). Das war neu: Die erneuerbaren Energien waren von einer vagen Vision zu unbestrittenen Stars der Energieszene mutiert. Seit dem Jahr 2000 hatten sie – außer Wind- und Sonne auch Biomasse – bewiesen, was sie können. Dagegen war der damals real erreichte Anstieg von rund fünf auf 15 Prozent an der Bruttostromerzeugung eher wenig befriedigend. An der gesamten Energieerzeugung waren es sogar nur weniger als zehn Prozent.

Regenerativer Strom sollte den Durchbruch schaffen. Wie anders sollte denn auch Klimaneutralität erreicht werden? Mit dem Ersatz von alten Kohle- durch neue, effizientere Erdgaskraftwerke ist die anvisierte Klimaneutralität nicht möglich. Die tatsächliche Entwicklung ist bekannt. Schon 2020 wurde erstmals kurzzeitig die 50-Prozent-Schwelle überschritten – allerdings wesentlich bedingt durch den Rückgang der gesamten Stromerzeugung im Corona-Jahr. Ginge es linear weiter voran, könnte das 100-Prozent-Ziel bereits, wie 2021 beschlossen, auch schon 2045 erreicht werden. Wie konnte es dazu kommen – und was muss geschehen, damit der positive Trend erhalten bleibt?

Die Vision wird Wirklichkeit

The winner is: Windenergie an Land (onshore). Das galt jedenfalls 2009. Mit mehr als 40 Terawattstunden (TWh) im Jahr 2008 (von insgesamt 93 TWh für die EE insgesamt) lag ihre jährliche Wachstumsrate bei 11,5 Prozent. Weitere Kostendegression war vorprogrammiert. Inzwischen lagen auch technische Konzepte für Offshore-Anlagen vor der Nord- und Ostseeküste vor. Ihr Vorteil: Eine weitaus gleichmäßigere Windausbeute bis zu 4.000 Volllaststunden im Jahr. Insgesamt, so das damalige Leitszenario des Bundesumweltministeriums (BMU, Leitszenario 2009, S. 10/1), könnte Wind on- und offshore im Jahr 2050 228,2 TWh beitragen, fast die Hälfte des benötigten Strombedarfs. Wirtschaftlich, ohne Förderung.

Auch Stromerzeugung aus Biomasse, Biogas und festen Brennstoffen konnte zwischen 2000 und 2008 kräftig zulegen – doch war das Potenzial an nachhaltiger Biomasse eher beschränkt. Doch auch ihr Anteil könnte sich, so das Leitszenario, noch einmal verdoppeln, auf 56,6 TWh im Jahr 2050.

Sorgen machte indessen noch die Solarenergie. Mit ganzen vier TWh im Jahr 2008 trug sie nur marginal zum deutschen Erneuerbaren-Boom bei – weit von der Wirtschaftlichkeit entfernt. Das BMU-Leitszenario errechnete deshalb für 2050 lediglich 32,5 TWh heimischen PV-Strom. Importe aus Ländern mit höherer Sonneneinstrahlung sollten immerhin beachtliche 123,3 TWh beisteuern.

Es kam bekanntlich anders. Wie im Fieber schnellte schon im Jahr 2010 der Zubau auf eine exponentielle Entwicklung zu. Damals entfiel auf die PV bis zu 80 Prozent der insgesamt zugebauten Kapazität an erneuerbaren Energien (siehe Abbildung 3). Der Grund war schnell ermittelt: Jetzt wurden billige Anlagen aus Ostasien importiert, und damit wirkte die Kostendegression endlich – und zwar so drastisch, dass die jährliche Anpassung der Fördersätze aus dem EEG nicht mehr nachkommen konnte. Fixe Investoren nutzten die Gunst der Stunde.

Abbildung 3: Entwicklung des Netto-Zubaus an installierter Leistung zur Stromerzeugung aus erneuerbaren Energien in Deutschland

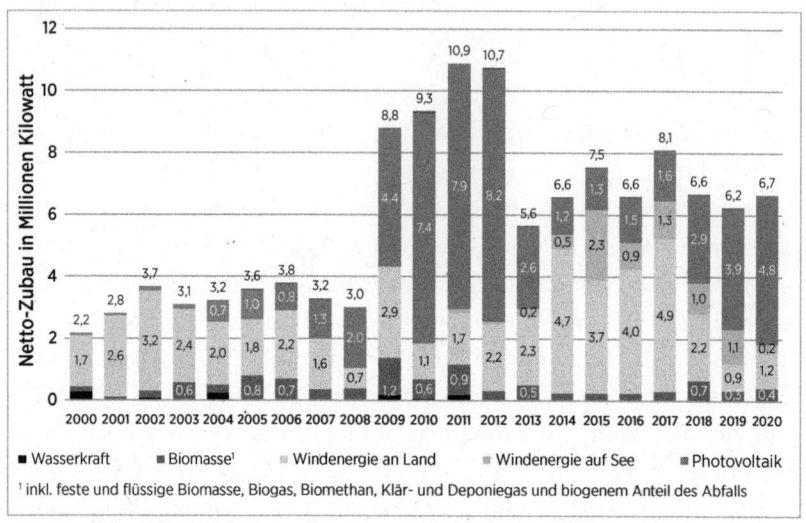

Quelle: BMWi

Damit stand die erste Gewinnergruppe fest: die Investoren. Umgekehrt gilt natürlich die alte Börsenregel: Wenn einer gewinnt, verliert ein anderer. Und das sind im System des EEG natürlich die Haushalte und kleine und mittlere Industrie- und Gewerbekunden, die die Umlage zum größten Teil bezahlen.

Bis 2008 dümpelte die Umlage, wie schon beschrieben, kaum merkbar (siehe Abbildung 4). Das änderte sich mit dem Photovoltaik-Boom. 2013 war sie auf mehr als 5,28 Cent hochgeschnellt. Eine veritable »Stromsteuer durch die Hintertür«.

Die Frage, die der »Spiegel« im Jahr 2013 stellte, war doch berechtigt: »Wie lange werden das die Verbraucher noch mitmachen?« Sei es nicht endlich Zeit, den »planlosen Ausbau von Solaranlagen und Windrädern« zu stoppen? (Der Spiegel 36/2013, S. 19–24).

Was der Spiegel ausblendete: Mit der Explosion der Umlage zeigt sich dessen von Anfang an angelegte soziale Schieflage in voller Konsequenz. Denn immer mehr Konzerne waren unter den Schutzschirm der »Besonderen Ausgleichsregelung« geschlüpft, von der Bayer AG bis zu Wiesenhof-Hähnchen. Und was die Konzerne nicht beisteuerten, mussten natürlich die Kleinverbraucher zusätzlich berappen.

2015 hatten exakt 2.137 Unternehmen Anträge auf Entlastung gestellt – und die summierte sich auf 4,8 Milliarden Euro jährlich. Das war die Antwort der Bundesregierung auf eine kleine Anfrage der Grünen-Politikerin Bärbel Höhn (zitiert nach Managermagazin, 15. Juli 2015). Ohne Ausnahmeregelung wäre auf jede Kilowattstunde lediglich ein Zuschlag von etwa vier Cent fällig gewesen – statt mehr als sechs Cent. Korrektur? Fehlanzeige. Nach Angaben des zuständigen Bundesamtes für Ausfuhrkontrolle (BAFA) konnten sie in den letzten Jahren sogar zwischen 4,9 und 5,4 Milliarden Euro Entlastung verbuchen. Die so privilegierte Strommenge liegt bei knapp 115 TWh, rund ein Fünftel des insgesamt verbrauchten Stroms (bafa 2020, S. 12).

Selbst der Staat streicht kräftig ein: 19 Prozent Mehrwertsteuer sind bis heute auf die EEG-Umlage zu zahlen. In Summe zahlen die kleinen und mittleren Endverbraucher, Haushalte und Gewerbetreibende, jährlich weit mehr als 20 Milliarden Euro für die ökologische Modernisierung der Wirtschaft.

Was verblüfft: Der Aufschrei blieb aus. Die Akzeptanz der erneuerbaren Energien in der Bevölkerung ist nach wie vor ungebrochen – die Menschen sind offenbar bereit, für Klimaschutz in die Tasche zu greifen. Oder wirkt eher ein psychologischer Vorgang: Die Kosten stiegen nur ganz allmählich, versteckt in die allgemeine Entwicklung der Lebenshaltungskosten. Wechselnde Benzin, Gas – und Heizölpreise schlagen im Vergleich weit mehr zu Buche als die Stromkosten. Und gut betuchte Hausbesitzer können vom Sonnenstrom auf dem eigenen Dach sogar profitieren.

Mehrmals wurden das EEG novelliert, dabei die Fördersätze kontinuierlich weiter gesenkt. Damit konnte – trotz steigenden Zuwachses an Anlagen und Erzeugung – die Umlage wenigstens stabilisiert werden. Das führte dann zu einer indirekten Mengensteuerung: Die Zubaumengen, gerade bei Photovoltaik, gingen ab 2013 wieder deutlich zurück.

Dennoch: Seriöses Investieren in erneuerbare Energien lohnt sich. Das Fraunhofer-Institut für Solare Energiesysteme (ISE) hat im Jahr 2018 aktuelle Prognosen veröffentlicht – und gezeigt, dass die Konkurrenzfähigkeit mitunter bereits erreicht ist – und weiter steigen wird. Maßgeblich sind die sogenannten Lernkurven, die zeigen, wie von Jahr zu Jahr die spezifischen Kosten der Erzeugung sinken – bis zur angestrebten Konkurrenzfähigkeit mit herkömmlichen Techniken. Die Kilowattstunde Onshore-Windstrom und Strom aus PV-Freiflächen sind heute an guten Standorten günstiger zu bekommen als Kohlestrom (Fraunhofer 2018).

Abbildung 4: Entwicklung der EEG-Umlage

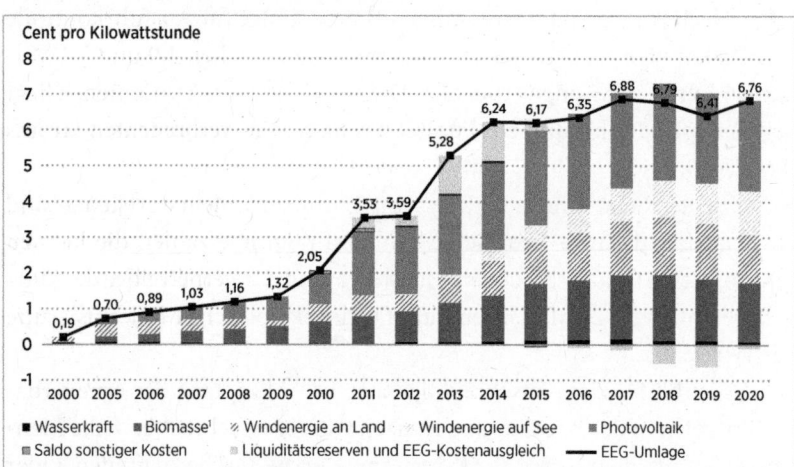

Für die Jahre 2001 bis 2009 rechnerische EEG-Differenzkosten aller Stromlieferanten auf Basis der Jahresabrechnungen der Übertragungsnetzbetreiber (ÜNB) mit Annahmen zum durchschnittlichen Wert des EEG-Stroms. Die Position »Saldo sonstiger Kosten und Einnahmen« enthält die Einnahmen aus Zahlung der Mindestumlage durch den privilegierten Letztverbrauch, die Kosten des Grünstromprivilegs sowie die Ausgaben der ÜNB für Profilserviceaufwand, Börsenzulassung, Handelsanbindung und Zinskosten.
Von 2016 bis 2019 verzeichnete das EEG-Konto, auf dem die Einzahlungen aus der EEG-Umlage und die Vergütungs- und Prämienzahlungen an die Anlagenbetreiber verbucht werden, ein Guthaben. Dieses Guthaben entlastete die EEG-Umlage, wodurch sie niedriger liegen konnte als die Summe der technologiespezifischen Förderkosten. Ab 2010 ÜNB-Prognose der EEG-Umlage nach Erneuerbare-Energien-Verordnung, veröffentlticht auf www.netztransparenz.de

Quelle: BMWi

Und bei der ersten Ausschreibung für Offshore-Windkraft im Jahr 2017 gingen 1,5 Gigawatt für exakt null Cent unter den Hammer. Am Ende könnten sich die Träume der Solar- und Windpioniere des letzten Jahrhunderts symbolträchtig erfüllen: Regenerative Energien werden in dem Jahr, in dem das letzte Kernkraftwerk in Deutschland vom Netz geht, konkurrenzfähig ohne Förderung. Biogas dagegen fällt zurück. Es hat anderseits einen wichtigen Vorteil – es ist speicherbar. Deshalb sollte Biogas dort genutzt werden, wo es diesen Vorteil ausspielen kann: zum Ausgleich des wetterabhängigen Wind- und Solarstroms.

Winkt am langen Ende auch das Ende der Durststrecke für die mit der Umlage belasteten Verbraucherinnen und Verbraucher? Jedenfalls bis 2035. Das zeigte eine Modellrechnung des Öko-Instituts aus dem Jahr 2015. Dabei gingen die Forscher davon aus, dass 2035 das Zwischenziel eines Anteils an der Stromversorgung von 55 bis 60 Prozent (von damals 28 Prozent) erreicht würde. Das wichtigste Ergebnis: Dann werde der Strom in Summe nicht mehr kosten als 20 Jahre zuvor. Bis 2023 stiegen die Kosten danach zwar noch um ein bis zwei Cent pro Kilowattstunde an, sänken dann aber kontinuierlich, weil dann »nach und nach die Erneuerbaren-Anlagen mit hohen Vergütungsansprüchen aus den Anfangsjahren des EEG aus der (für 20 Jahre Laufzeit garantierten) EEG-Vergütung fallen und neue Erneuerbare-Energien-Anlagen deutlich günstiger Strom produzierten.« (Öko-Institut 2015, S.1). Zentrale Treiber der EEG-Umlage seien dann nicht mehr die Kosten der Regenerativen, sondern Börsenstrompreis, Stromverbrauch und – eben die Höhe der Ausnahmeregelungen für Industrie und Eigenverbraucher.

Was bleibt bis dahin? Nicht Privilegien antasten steht zur Diskussion, sondern den Staatshaushalt belasten. Schon vor der Pandemie hatte die Bundesregierung geplant, die EEG-Umlage schrittweise zu verringern. Sie soll bei 6,5 Cent pro Kilowattstunde stabilisiert und 2022 auf sechs Cent gesenkt werden. Jetzt soll ein Teil der Einnahmen aus der CO_2-Abgabe auf Benzin und weitere Brennstoffe in die Begrenzung der EEG-Umlage fließen. Doch auch die zahlen schließlich die Verbraucher.

Von der Einspeisevergütung zur Ausschreibung

Mittlerweile hat die installierte Leistung der – zumeist aus Ostasien importierten – PV-Anlagen in Deutschland diejenige der Windenergie fast erreicht: 2020 waren 53.848 Megawatt PV installiert, 54.420 MW Onshore-Windanlagen und 7.747 Megawatt Offshore. Biomasse und Wasserkraft waren dagegen deutlich zurückgefallen (UBA (Hrsg.) 2021). Und mittlerweile haben die erneuerbaren Energien fast die Hälfte des Weges zur 100-Prozent-Marke zurückgelegt – etliche Jahre vor den angestrebten Zwischenzielen von damals. Ist damit das 100-Prozent-Ziel bereits eher als 2050 zu erreichen, 2045 beispielsweise, wie es ja auch die neue Zielsetzung der Bundesregierung im revidierten Klimaschutzgesetz 2021 vorsieht?

Langfristig geriet das Fördersystem der garantierten Einspeisevergütung durch die Kostenexplosion um 2010 selbst in die Kritik. Es war schon ein bisschen planlos. Wäre der Boom nicht so plötzlich hereingebrochen, hätte politisches Handeln die Kosten besser steuern können. Doch der Mechanismus der garantierten Einspeisevergütung hatte zwar viele Vorteile, doch eines kann er nicht: die jährlichen Zubaumengen steuern.

Im Ergebnis kam es zu einer wesentlichen Änderung: Der Fördermechanismus wurde erst für Offshore-Wind, dann auch für die anderen Regenerativen geändert. Projekte müssen sich jetzt bei Ausschreibungen bewähren. Die jährlich zur Ausschreibung vorgegebenen Mengen orientieren sich an den Ausbau-Zielen.

So weit, so gut. Das Ergebnis ist aber alles andere als ein Erfolg. Das Problem ist freilich nicht mehr, dass sich zu viele bewerben, sondern im Gegenteil zu wenig. Seit 2017, dem Jahr der Umstellung, ging es vor allem mit dem Zubau von Onshore-Windkraft steil bergab. Während für Photovoltaik das anvisierte Ausbauziel von 4.000 Megawatt in den Jahren 2019 und 2020 annähernd erreicht wurde, sank der Zubau von Windenergieanlagen zwischen 2017 und 2020 von 4.900 auf 1.400 Megawatt drastisch ab. Und 2020 war bei Windenergie auf See sogar gänzlich Windstille angesagt.

Eine vorübergehende Delle, verursacht durch Anfängerfehler im Ausschreibungsdesign? Inzwischen wurden wesentliche Fehler bereinigt: Die gut gemeinten Privilegien sogenannter »Bürgerenergiegesellschaften«, hinter denen sich am Ende Spekulanten verbargen, die dann einen Zuschlag bekamen, ohne jemals bauen zu wollen, wurden gestrichen. Und jetzt sollen auch Gemeinden, in denen Windparks entstehen, profitieren können. Doch nach wie vor verhindern verschärfte Abstandsregeln den weiteren Ausbau: So sollen in NRW Windanlagen nicht genehmigt werden, wenn sie weniger als 1.000 Meter von der nächsten Siedlung entfernt stehen. In Bayern sind es sogar bis zu 2.000 Meter. Jede schadstoffemittierende Industrieanlage hat es da besser.

Folgenreicher noch für das Erreichen der Ausbauziele auf längere Sicht könnte werden, dass es nicht nur um Zubau geht, sondern zunehmend auch um Vermeidung von Abriss. Windenergieanlagen waren die ersten, die vom neuen EEG im Jahr 2000 profitierten – entsprechend läuft in den nächsten Jahren die – auf 20 Jahre befristete – Förderung für immer mehr alte Windanlagen aus. In Zahlen: Bis 2025 wird für etwa 16.000 MW die EEG-Förderung enden, das sind fast 30 Prozent der heute installierten Windkapazität an Land. Der Weg ist klar: Viele der alten Anlagen sind hoffnungslos veraltet – sie müssen runderneuert werden – oder besser ganz neu errichtet. Mindestens 1.700 Standorte, so wird geschätzt, weisen das Potenzial für ein sogenanntes Repowering auf – eben den Ersatz der alten Windräder durch neuere und oftmals leistungsstärkere Anlagen. Das könnte Teil der Lösung sein. Für das Repowering gibt es aber viele Hindernisse. So bestehen etwa an 600 Standorten Höhenbegrenzungen, die den Neubau stärkerer Anlagen unwahrscheinlich machen. Und Flächen für neue Anlagen sind immer weniger verfügbar – Bayern und Baden-Württemberg gar, ganz einig, verweigern sich dem Zubau bis heute fast gänzlich. Dort gilt die Regel: »My village is my castle.« Scheitert so die erfolgreichste Maßnahme der Energiewende auf den letzten Metern noch – an Bürokratie und pseudo-hedonistischem Egoismus?

Das Klimaschutzgesetz von 2021 hat den Zielkorridor für den jährlichen Zuwachs noch einmal vergrößert: Auf je 5.000 MW Wind und Solar. Doch wie sicherstellen, dass sich insbesondere bei der Windenergie wieder ausreichend Anbieter beteiligen?

Jobs in den erneuerbaren Energien

Zunächst die gute Nachricht. Zwischen 2000 und 2019 hat sich die Zahl der Arbeitsplätze im Bereich erneuerbarer Energien nahezu verdreifacht. Bis 2011 gab es eine starke Zunahme. Doch seitdem geht es kontinuierlich wieder bergab.

Abbildung 5: Anzahl der Beschäftigten in den erneuerbaren Energien – sozialverträglich geht anders

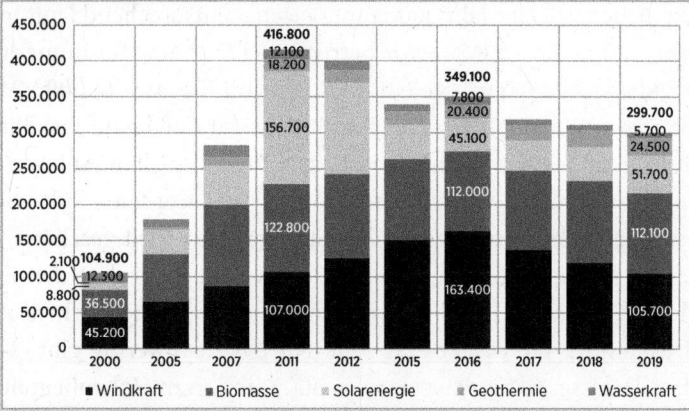

Quelle: BMWi

Besonders volatil entwickelte sich die Beschäftigung in der Photovoltaik. Dort gingen seit 2011 rund 111.000 Jobs verloren – kein Pappenstiel, wenn man bedenkt, dass die Betriebe vor allem im wirtschaftsschwachen Osten angesiedelt waren. Unternehmerische Fehlentscheidungen führten dazu, dass die Fertigung trotz auskömmlicher Förderung über das EEG vor allem nach China abwanderte. Die deutschen Hersteller hatten sich lange Zeit auf den hohen Förderleistungen ausgeruht, bis sie binnen Kurzem vom Markt gefegt wurden. Bei der Windenergie kam es dann 2017 zur Jobwende, die sich bis heute fortsetzt. Mehr als 50.000 Jobs sind inzwischen verloren gegangen. Ursachen sind geringere Exporte, vor allem aber der dramatische Rückgang der neu installierten Windkraftanlagen in Deutschland. Wiederholt sich bei Wind das Job-Desaster, ausgelöst diesmal vor allem durch politische Restriktionen und Fehlentscheidungen?

Warum ist der Aufschrei der Entlassenen und von Entlassung Bedrohten in der Öffentlichkeit bislang wenig hörbar geworden? Festzustellen ist – im Gegensatz zur traditionellen Energiewirtschaft – ein geringer gewerkschaftlicher Organisationsgrad. Und ohnehin sind die Jobs vielfach unattraktiv – gerade für qualifizierte Beschäftigte. Mitunter fehlen auch nach 20 Jahren noch immer Tarifbindung und wirksame Betriebsratsstrukturen – doch die wären Fundament für einen neuen, sozialverträglichen Boom der Branche.

3.4 Vom Sockel gestürzt: Kohleausstieg ohne Verlierer?

Im ersten Halbjahr 2021 trugen die deutschen Braun- und Steinkohlekraftwerke nur etwas mehr als jede vierte Kilowattstunde zum deutschen Strommix bei. Nur 2020, als Teile der Industrie im Lockdown stillstanden, war die Kohlestromproduktion noch niedriger. Gaskraftwerke, weniger CO_2-intensiv, indes erzeugten mehr Strom als in jedem anderen der letzten zehn Jahre. Eine Momentaufnahme?

»Der Kohleausstieg beschleunigt sich schon jetzt«, wussten die Medien Mitte 2021 zu berichten. Der Energiekonzern Uniper bestätigt das: Man setze Kohlekraftwerke inzwischen seltener ein, habe dafür aber Ende 2020 zwei moderne Gaskraftwerke reaktiviert, die zuvor nur Reservedienste für den Netzbetreiber geleistet hätten.

Auf Änderung können die Köhler kaum mehr hoffen. Denn nun schärft auch noch Deutschland seine nationalen Klimaziele nach, angetrieben durch das bereits erwähnte Urteil des Bundesverfassungsgerichts. Dabei sieht die Bundesregierung vor allem den deutschen Energiesektor in der Pflicht. Fossil befeuerte Kraftwerke sollen 2030 nur noch 108 Millionen Tonnen CO_2-Äquivalent ausstoßen; bisher waren 175 Millionen Tonnen angepeilt. So viel mehr CO_2 lässt sich aber nur einsparen, wenn Kohlekraftwerke schnell vom Netz gehen.

Dabei hatte der Kohleausstieg gerade erst ein Datum bekommen: spätestens 2038. So hatte es Mitte 2020 das »Gesetz zur Reduzierung und zur Beendigung der Kohleverstromung« (Kohleausstiegsgesetz) bestimmt. Doch bleibt es beim CO_2-Preis von rund 50 Euro pro Tonne, rechnen sich selbst Braunkohlekraftwerke nicht mehr. Es ist jetzt tatsächlich reine Marktwirtschaft – freilich auf einem zunehmend regulierten Markt. Die ersten vom Kohleausstiegsgesetz vorgesehenen Ausschreibungen, bei denen Betreiber gegen Entschädigung frühzeitig Steinkohlekraftwerke stilllegen, waren gut gezeichnet. Viele Firmen gaben sich mit Entschädigungen weit unter dem zulässigen Höchstpreis zufrieden. »Die Motivation, Kohlekraftwerke zu schließen, ist offenbar sehr hoch«, heißt es vornehm zurückhaltend bei der für die Ausschreibungen zuständigen Bundesnetzagentur.

Das war bekanntlich nicht immer so, – um es vorsichtig zu formulieren. Kohle, heimische Braunkohle zumal, war in den Förderregionen Rheinland im Westen und Lausitz im Osten lange Zeit eine »heilige Kuh«. Seit Beginn der Elektrifizierung galt eine in Stein gemeißelte Rangordnung: Sichere Stromversorgung basiere in der sogenannten Grundlast, also der Deckung des Grundbedarfes rund um die Uhr, auf der in heimischen Revieren geförderten Braunkohle – hinzu komme Steinkohle für die sogenannte Mittellast, wenn tagsüber der Bedarf ansteigt. Flexibles Gas war das Sahnehäubchen für die Lastspitzen. Anders gesagt: Mit Kohle, zumal mit heimischer Kohle, war man auf der sicheren Seite, damit »die Lichter nie ausgehen«. Lange Zeit galt wie gesehen auch bei den Kernenergiegegnern die Beruhigungsformel: »Wir haben ja noch die Kohle.«

The times they are a changin', um einen Nobelpreisträger zu zitieren. Jetzt geht es nur noch um das »Wann« und »Wie«, nicht mehr um das »Ob« des Kohleausstiegs. Freilich wuchs der Druck. Von IPCC-Bericht zu IPCC-Bericht wurden die Warnungen immer konkreter. Anfang 2016, zeitgleich mit der Pariser Klimaschutzkonferenz, hatte der »Thinktank« Agora Energiewende ein Gutachten der Berliner Energieberater von Enervis vorgestellt, das einen schrittweisen Kohleausstieg für machbar erklärte – bis zum Jahr 2040 (Agora 2016). Die Gewerkschaft ver.di beauftragte im Jahr darauf Enervis mit einem Gutachten über die Kosten der sozialen Absicherung der rund 20.000 Beschäftigten in den Kohlekraftwerken, wenn der Ausstieg schon im Jahr 2040 erfolgen sollte. Ergebnis: Das sei möglich, wird aber mehrere Milliarden Euro teuer (Ecke u. a. 2016).

Das Wunder der Kohlekommission – ein Wunder?

Wie der Umschwung schließlich zustande kam? Mit dem Kohleausstiegsgesetz werde Recht, so begründete Minister Peter Altmaier, was die Regierungskommission »Wachstum, Strukturwandel und Beschäftigung« Ende Januar 2019 vorgeschlagen hatte (Kohlekommission 2019). Die war – typischer Altmaier – eigentlich als »Blitzableiter« gedacht. Sie sollte nämlich das schier Unmögliche möglich machen: einen gesellschaftlichen Konsens aushandeln. Dazu versammelte Altmaier 30 Experten aus Wissenschaft, Industrie- und Energieverbänden, Gewerkschaften, Umweltorganisationen und aus den betroffenen Regionen. Der Kongress kreiste ... und gebar eben jenes Enddatum: 2038, wenn möglich schon 2035. Auch im Paket: die soziale Absicherung – für die betroffenen Regionen, und auch für die Beschäftigten im Bergbau und in den Kraftwerken. Den drei Braunkohleregionen im Rheinland, Mitteldeutschland und der Lausitz wurden Umstellungshilfen von rund 40 Milliarden Euro in den nächsten 20 Jahren zugesagt, die Beschäftigten sollten keine Lohneinbußen erleiden. Andererseits sollten die Braunkohleunternehmen für das vorzeitige Aus ihrer Anlagen entschädigt werden. Und da war nicht das Wirtschafts-, sondern das Finanzministerium gefragt.

Die Umsetzung der gewerkschaftlichen Forderung, die Beschäftigten abzusichern, blieb lange Zeit unklar. Den Durchbruch brachte hier die Einigung auf ein »Anpassungsgeld«, das vor allem die älteren Jahrgänge bis zur Rente absicherte. Kostenpunkt insgesamt rund zwei Milliarden Euro.

Um die Höhe der Abfindungen für die Braunkohle-Konzerne wurde hoch gepokert bis zuletzt. So hatte Rolf-Martin Schmitz, der damalige Vorstandsvorsitzende der RWE AG und Betreiber der meist antiquierten Braunkohlekraftwerke im rheinischen Revier, die Marke von 1,5 Milliarden Euro pro Gigawatt gesetzt. Dann wären – bei insgesamt abzuschaltender Braunkohleleistung von mehr als 15 Gigawatt – zweistellige Milliardenbeträge fällig gewesen. Am Ende einigte man sich auf 4,35 Milliarden Euro an die beiden Unternehmen RWE und die ostdeutsche LEAG, Teil eines tschechischen Konsortiums. Die sollen direkt fließen, jeweils etwa zur Hälfte an die Rheinländer und die Tschechen.

Verschlechterte Marktbedingungen

In den letzten Jahren ist der Anteil der Kohle an der Stromerzeugung in Deutschland bereits deutlich stärker zurückgegangen, als im jetzt gesetzlich vorgeschriebenen Ausstiegspfad zugrunde gelegt. Das traf 2017 bereits die Steinkohle, seit 2019 auch die bislang kaum betroffenen Braunkohlekraftwerke. Die erneuerbaren Energien verdrängen den Kohlestrom, und gleichzeitig springt flexibles Erdgas zunehmend ein, wenn Sonne und Wind nicht liefern können.

Abbildung 6: Bruttostromerzeugung in Deutschland nach Energieträgern

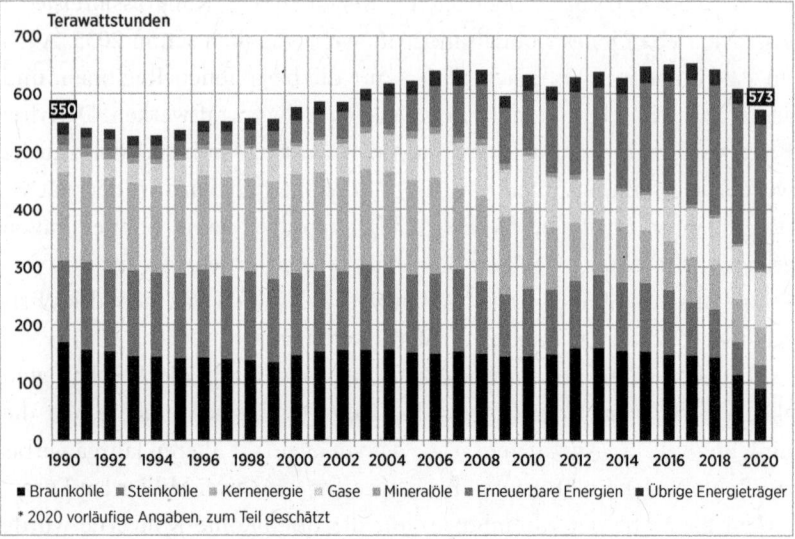

Quelle: UBA auf Basis der Arbeitsgemeinschaft Energiebilanzen

Ein anhaltender Trend? Oder nur eine Momentaufnahme? Wie werden sich in den nächsten Jahren die Preise für Strom aus den unterschiedlichen Kraftwerken entwickeln?

Das war noch 2018 eine klare Hackordnung in der *Merit Order (siehe Seite 51)* an der Strombörse: Erneuerbare Energien (die aber nur begrenzt und wetterabhängig liefern können) vor Kernkraftwerken, vor Braunkohle vor Steinkohle vor Gas. 2019 war diese Hackordnung bereits ordentlich durchgeschüttelt. Noch galt der Vorteil für effiziente, jüngere Braunkohlekraftwerke – sie liefen auch 2019 und selbst 2020 noch rund um die Uhr. Doch der Abstand schrumpft. Und alte Braunkohleblöcke aus den sechziger Jahren können kaum noch mithalten, weil sie mit ihrem niedrigen Wirkungsgrad mehr verbrauchen und deshalb besonders hohe Brennstoffkosten verursachen. In der *Merit Order* der Strombörse liegen sie mitunter bereits ungünstiger als die Konkurrenz von Erdgas.

An einem mangelt es jedenfalls nicht: an Gaskraftwerken. So standen die beiden hochmodernen und effizienten Blöcke 4 und 5 des Gaskraftwerks Irsching an der Donau, 2011 in Betrieb gegangen, seit 2016 still, in sogenannter Reserve. 2020 kam es zur Wende: Weil die Gaspreise kräftig gesunken waren und die Emissionszertifikate teurer wurden, produzieren die beiden Blöcke wieder regulär Strom. »Wir freuen uns alle riesig, dass die Phase als Reservekraftwerk vorbei ist«, kommentierte Werkleiter Oliver Schwadtke (Donaukurier Online, 28.5.2020). Gaskraftwerke, betrieben mit Erdgas, emittieren gemessen an der Stromausbeute deutlich weniger CO_2. Damit können sie sogar die verschärften Klimaschutzziele für 2030 erreichen. Doch eines können sie, es liegt auf der Hand, nicht: den CO_2-Ausstoß auf null reduzieren.

Halten wir inne: Mit der Entscheidung zum Kohleausstieg steht Deutschland einzig da auf der Welt. Nach dem Ausstieg aus der Kernenergie 2022 – die 1989 vor der Wiedervereinigung immerhin fast ein Drittel des in Westdeutschland verbrauchten Stromes beisteuerte – kommt wahrscheinlich schon früher als 16 Jahre danach auch der Ausstieg aus der Kohle. Damit ist ganz zweifellos ein neuer Fixpunkt der Energiewende gesetzt.

3.5 KWK in Zeiten der Erneuerbaren

Ende November 2019, pünktlich zur winterlichen Hochsaison, ging an der Kieler Förde das Küstenkraftwerk in Betrieb. »Damit haben wir den entscheidenden Schritt in die Zukunft der Kieler Energieversorgung vollzogen«, freute sich Stadtwerkechef Frank Meier. »Wir standen vor der Herausforderung, nach Stilllegung der alten Kohle-KWK die Fernwärmeversorgung für rund 73.500 Haushalte sicherzustellen.« (Stadtwerke Kiel, PE vom 9.3.2020).

Um rund 70 Prozent verringert die gasbetriebene KWK-Anlage den CO_2-Ausstoß. Statt des schwerfälligen Kraftwerksmonolithen stehen jetzt 20 Gasmotoren – jeder zehn Megawatt elektrische Leistung – in Reihe, und jeder einzelne ist flexibel und in Minutenschnelle zu- und abschaltbar, je nach dem aktuellen Wärme- und Strombedarf. Letzterer kann von Stunde zu Stunde schwanken, denn die im Land an der Küste reichlich vorhandenen Windanlagen speisen mal zu viel und mal zu wenig Strom ins Netz –

ganz wie es dem Küstenwind beliebt. Das merken die Stadtwerker auch am Börsenstrompreis. Zukaufen, wenn der Wind nicht weht, ist teuer.

Und die Wärme? Wie die Fernwärmeversorgung sicherstellen, die im Winter nun mal gebraucht wird, ganz gleich ob der Strompreis gerade hoch oder niedrig ist? Dazu wurde ein 60 Meter hoher Wärmespeicher installiert. Wenn zu viel Windstrom anfällt, der – weil nicht ausreichend Netzkapazitäten zur Verfügung stehen oder der Strompreis ins Negative fällt – sogar »abgeregelt« werden, sprich sinnlos verpuffen müsste, steht ein sogenannter »Elektrodenkessel« bereit, nichts anderes als ein überdimensionaler Tauchsieder – auch bekannt als *Power to Heat*-Aggregat. Damit erhitzt der überschüssige Ökostrom dann Wasser, das im Wärmespeicher auf seinen Einsatz für die Fernwärmeversorgung wartet. »Grüne«, regenerativ erzeugte Wärme.

Mit dem flexiblen Konzept haben die Stadtwerke die KWK ganz nah an die Energiewende herangeführt. Gas-KWK als Ergänzung zu Solar- und Windstrom – das kann auch in Zukunft ein wesentlicher Baustein einer funktionierenden, sicheren klimaneutralen Strom- und Wärmewirtschaft in den Großstädten werden. Es fehlt nur noch ein Schritt, um die letzten 30 Prozent CO_2 zu vermeiden – wenn nämlich das Erdgas in den nächsten Jahren durch »grünen« Wasserstoff ersetzt werden könnte (siehe Kapitel 5.9).

Die Modernisierung war dringend notwendig. Nicht nur in Kiel wurden früher KWK-Kraftwerke in Winterszeiten meist rund um die Uhr betrieben, inflexibel und »wärmegeführt«. Seit jedoch Wind- und Solaranlagen den energetischen Ton angeben, müssen alle flexiblen Kraftwerke – also auch die KWK – nach deren Pfeife tanzen – sprich sie sind zu »Bereitstellern der Residuallast« bestimmt.

Förderung

Ganz ohne KWK-Förderung war das Küstenkraftwerk freilich nicht zu stemmen – wie alle kommunalen Heizkraftwerke seit dem Jahr 2000 (siehe Kapitel 2.6). Die Kapazität der öffentlichen und industriellen KWK war mit dem KWKG immerhin zwischen 2000 und 2009 annähernd gleichgeblieben – und die Modernisierung ersetzte Kohle- durch neue

Gasanlagen. In dieser Zeit gewann die KWK auch Strom-Marktanteile hinzu – das geschah vor allem durch den Zubau von neuen – CO_2-freien – Biomasse-Anlagen. Verantwortlich hierfür war allerdings das EEG – das sah anders als das KWKG auch den Neubau vor. Der Anteil der KWK an der Nettostromerzeugung nahm zu – auch weil sich in moderner Gas-KWK das Verhältnis von Strom- zu Wärmeerzeugung (die Stromkennzahl) zugunsten des Stroms verschiebt.

Und die Wärme? Rückte sie ins zweite Glied? Die Diskussion um die »Stromlücke« um 2009 hatte auch hier einen positiven Effekt: Mit der Novellierung des KWKG von 2009 wurde neben der Modernisierung endlich auch der KWK-Zubau gefördert. Die neu hinzugekommene Förderung des Ausbaus der Fernwärmenetze ermöglichte, dass immer mehr Gebäude angeschlossen werden konnten – und damit der Fernwärmeabsatz zumindest stabil gehalten werden konnte. Denn der Rückgang des spezifischen Wärmebedarfs, bedingt durch steigende Wärmedämmung in den Gebäuden, konnte so durch Neuanschluss ausgeglichen werden.

Vom Strom kamen aber die neuen Impulse. Eine Überprüfung durch Prognos und die Berliner Energieagentur 2011 ergab, dass das angestrebte Ziel, bis 2020 den KWK-Anteil an der Stromerzeugung auf 25 Prozent zu erhöhen, ohne weitere Verbesserungen nicht erreicht werde. Die Novellierung von 2012 enthielt eine Reihe davon: höhere Zuschlagssätze, flexiblere Laufzeitmodelle, Entbürokratisierung und neue Modernisierungsoptionen. Erstmals wurde 2012 auch die Förderung von Wärmespeichern ins Gesetz aufgenommen. Immerhin wurden jetzt zwischen Chemnitz und Düsseldorf, Köln und Kassel, München und eben Kiel Modernisierungen der öffentlichen KWK in Auftrag gegeben.

Der mühsame Weg der KWK in die Zukunft

Nach Fukushima setzte eine langsame, aber stetige KWK-Erholung ein – freilich getrieben durch den zusätzlichen Strombedarf durch den Kernenergieverzicht. Das gilt für die öffentliche wie auch für die industrielle KWK. Zwischen 2010 und 2017 stieg die Nettostromerzeugung aus KWK um rund 25 Prozent an. Danach ging es allerdings leicht zurück – vom Höchststand 2017 von 126 auf 113 TWh im Jahr 2019. Der Rückgang der letzten Jahre ging allerdings auf das schnelle Anwachsen von Wind- und Solarkraftwerken zurück. Bezogen auf die konventionelle, flexible Stromerzeugung stieg der KWK-Anteil dagegen kontinuierlich an, weil immer mehr Kern-, Kohle- und Gaskraftwerke ihren Dienst quittieren mussten.

Tabelle 3: KWK-Nettostromerzeugung nach Energieträgern

	2003	2005	2007	2009	2010	2011	2013	2017	2019
Steinkohle	20	16	13	13	15	14	15	14	10
Braunkohle	5	5	5	5	5	5	6	5	4
Mineralöle	4	4	4	3	3	2	3	2	2
Gase	43	50	53	52	55	54	52	67	63
Biomasse	7	7	13	17	19	21	26	34	32
Sonstige	2	3	2	2	3	3	3	4	2
SUMME	79	85	90	92	100	99	105	126	113

Angaben in TWh   Quelle: Statistisches Bundesamt, Öko-Institut, UBA/AGEE

2015 kam es zur nächsten Novellierung des KWKG – gültig ab 2017. »Dieses Gesetz dient der Erhöhung der Nettostromerzeugung aus Kraft-Wärme-Kopplungsanlagen auf 110 TWh bis zum Jahr 2020 sowie auf 120 TWh bis zum Jahr 2025 im Interesse der Energieeinsparung sowie des Umwelt- und Klimaschutzes.« (KWKG 2015). Und das ist stromseitig nicht wenig. In Zeiten zunehmender Bedeutung erneuerbarer Energien heißt Verstetigung, dass der Anteil des KWK-Stroms an der nicht von Erneuerbaren bereitgestellten »Residuallast« stetig steigt – zulasten der konventionellen Kohle- und auch Gaskraftwerke ohne KWK. In Zahlen: 110 TWh KWK-Strom im Jahr, das sind derzeit rund 20 Prozent des insgesamt netto verbrauchten Stroms von knapp 600 TWh. Bliebe der Stromverbrauch annähernd gleich bis zum Jahr 2030 und würde gleichzeitig das erklärte Ziel erreicht, dann zwei Drittel des Stroms mit erneuerbaren Energien zu erzeugen (also rund 400 TWh), hieße das, dass die verbleibende Residuallast von 200 TWh dann mehr als hälftig von KWK bereitgestellt würde.

Wärme stand dabei nicht im Fokus der Förderung – sie war noch einmal mehr ein Anhängsel der auf den Kern- und später den Kohleausstieg fokussierten Strompolitik. Das geschah parallel zur Diskussion um die Klimaschutzziele. Denn auch die war wesentlich stromorientiert. Was dabei ein bisschen aus dem Fokus geriet: die Klimapolitik. Denn auch KWK-Wärme kann wesentlich zur Reduktion der CO_2-Belastung beitragen, wenn dadurch Öl- und Gas-Einzelheizungen verdrängt werden. Doch der Anteil der KWK-Wärme an der gesamten Raumwärmeversorgung blieb in den Zehnerjahren annähernd konstant – mit der Folge, dass hier dringend nachgebessert werden muss (siehe Kapitel 5.7).

Einen Schönheitsfehler hatte das KWKG noch: Der Förderzeitraum war bis 2022 begrenzt. Das erwies sich schnell als zu knapp bemessen, um Investitionen sinnvoll planen zu können. Im Kohleausstiegsgesetz von 2020 wurde der Förderzeitraum dann aber bis 2030 verlängert – allerdings hat die EU-Kommission diese Verlängerung bislang nur bis 2026 bestätigt.

Kraft-Wärme-Kopplung modernisieren

Die Kohlekommission hatte es angesprochen: Steinkohlekraftwerk ist nicht gleich Steinkohlekraftwerk. Was soll mit den meist kommunalen Anlagen passieren, die noch mit Steinkohle betrieben werden, aber in hocheffizienter KWK? Heißt das Kohleende auch das Aus für die Kohle-KWK?

Exit heißt Exit. Die Kohlekommission forderte konkret, hierfür den bereits vorgesehenen Zusatzbonus für die Umstellung von Kohle auf Erdgas und/oder erneuerbare Energien deutlich zu erhöhen. Er betrug im damals aktuellen KWKG von 2015 sechs Cent pro erzeugter Kilowattstunde (berechnet für den KWK-Teil), und das begrenzt auf 30.000 Betriebsstunden. Am Ende haben die Abgeordneten des Bundestages in der Schlussabstimmung des Kohleausstiegsgesetzes noch einmal kräftig auf den Bonus draufgelegt, ihn insbesondere für noch nicht abgeschriebene, weil nach 1995 in Betrieb genommene Kohle-KWK-Anlagen erhöht, gestaffelt, je nachdem, wie zügig der Ersatz vonstattengeht. Dazu kommt noch ein Bonus für die allmähliche Umstellung der Wärmeversorgung auf »grüne« Quellen. Auch kam es zur Einführung eines »Südbonus« für den netzentlastenden Bau neuer Anlagen. Dieser wird bis Ende 2025 gewährt, wenn eine neue KWK-Anlage südlich der Netzengpässe im Frankfurter Raum errichtet wird. Entsprechende Konzepte, bis maximal 2030 umzusteigen, liegen vor. Die Stadtwerke Flensburg beispielsweise, frühe Vorreiter der KWK, haben die Umstellung auf Gas-KWK 2020 vollzogen, die Ruhrschiene, Berlin, Hamburg, Frankfurt, München und Hannover, um nur einige Große zu nennen, folgen dem Kieler Beispiel.

Der flexible Einsatz mehrerer Gasturbinen und eines Wärmespeichers erlaubt andererseits, allmählich erneuerbare Energien in das Wärmesystem zu integrieren. Ein Muss, so werden wir in Kapitel 5 sehen, um die »Begrünung« der Raumwärme – weg vom Öl und auch vom Erdgas – sozialverträglich zu organisieren – gerade für diejenigen, die zur Miete in großen Wohnblocks leben und wenig Investitionsmittel und Möglichkeiten haben, selbst aktiv zu werden. Der nächste Schritt allerdings muss jetzt schnell erfolgen: Die »Begrünung« der angeschlossenen Fernwärme mit klimaneutralen, erneuerbaren Energien – auch über die Nutzung erneuerbaren Stroms vorwiegend in Groß-Wärmepumpen. Das würde dann beispielsweise für ein System Gasturbine/Groß-Wärmepumpe heißen: Bei überschüssigem Windstrom laufen die Wärmepumpen, werden die Gasturbinen Stück für Stück zurückgefahren – umgekehrt bei Windstille, wenn der Windstrom nur spärlich fließt (siehe dazu detailliert Kapitel 5.7).

»Um die gewünschte Entwicklung der KWK zu erreichen, müssen die Rahmenbedingungen der KWK neu ausgerichtet werden«, heißt es aus dem Bundeswirtschaftsministerium. Neben der Rolle als Erzeuger der Strom-»Residuallast« wird der Fokus jetzt stärker auf den Wärmebedarf gelegt, indem zunehmend »grüne Fernwärme« einen wichtigen Beitrag zur Dekarbonisierung erhalten soll (BMWi 2017).

Ein erster Schritt ist getan: Das KWKG von 2015 führt als neue Förderkategorie Ausschreibungen für sogenannte innovative KWK-Systeme ein. Solche Systeme kombinieren flexible KWK-Anlagen mit erneuerbarer Wärme, beispielsweise aus Solarthermieanlagen oder Wärmepumpen, und sparen so besonders viel Treibhausgase ein. Damit »zeigen innovative KWK-Systeme Lösungswege für die langfristige Zukunftsfähigkeit der KWK auf.« (BMWi 2017).

3.6 Stromversorgung aus vielen Quellen – eine Herausforderung für die Versorgungssicherheit

An exakt 298 Stunden standen im Jahr 2020 die Stromhändler unter Stress. Sie mussten draufzahlen. Im Vorjahr war ihnen das Malheur nur 211 Stunden lang passiert (BHKW-Informationszentrum 2021). Die Börsenpreise waren plötzlich mit Minuszeichen versehen, denn der angebotene Strom überstieg den aktuellen Bedarf. Preisnachlass, gewiss, das kennt man auch vom Brötchenhandel, wenn sich der Bäcker verkalkuliert hat. Doch negative Preise? Widerspricht das nicht den Gesetzen des freien Marktes? Im Stromreich aber gelten andere Gesetze, physikalische. Anders als Brötchen, Kuchen oder andere leichtverderbliche Waren muss ins Netz eingespeister Strom sekundengenau verbraucht werden – ansonsten »verdirbt« die ganze Ware. Sprich, es können Spannungsschwankungen entstehen, die im Extremfall zum Blackout führen können.

Ein neues Phänomen. Gewiss, 2009, in der Wirtschafts- und Finanzkrise, stieg die Zahl der Jahresstunden, an denen zu viel Strom produziert wurde, schon einmal auf 71. Doch selbst im Mittel der Jahre 2015 bis 2018 waren es nur rund 130 gewesen. Doch kontinuierlich stieg der Anteil von Wind- und Solaranlagen an, die einspeisen, wenn es ihnen passt. Damit nehmen nun die Stunden zu, in denen eine hohe Einspeisung erneuerbarer Energien, vor allem durch Windenergie, auf niedrige Stromnachfrage trifft und zu negativen Spotpreisen führt.

Und der umgekehrte Fall niedriger Einspeisung bei hohem Verbrauch? Dann muss jederzeit Ersatz vorgehalten werden, um die »Residuallast« abdecken zu können. Das aber ist natürlich ein weitaus zentraleres Problem als das Loch im Beutel der Börsenhändler. Es tangiert die Frage, wie rund um die Uhr zukünftig Versorgungssicherheit gewährleistet werden kann.

Das »Agorameter« der Agora Energiewende gibt kontinuierlich Auskunft, wie stark die Einspeisung der erneuerbaren Energien schwankt – tagsüber natürlich, wenn bei Dunkelheit die Photovoltaik nicht liefern kann, aber auch von Saison zu Saison. Im Sommer brummen die Solaranlagen und tragen allein bis zu 20 Prozent der Nachfrage bei. Dann kommen die Erneuerbaren zusammen schon bei einigermaßen durchschnittlichen Windverhältnissen auf mehr als 50 Prozent nicht nur der Arbeit, sondern auch der Leistung – entsprechend müssen die konventionellen Kraftwerke zurückgefahren werden.

Schon die 2016 installierte Leistung von Wind und Sonne – insgesamt mehr als 100 Gigawatt – reichte aus, um den gesamten Stromverbrauch abzudecken – theoretisch. Und mitunter auch ganz praktisch wie bereits am 2. Mai 2017 nachmittags zwischen 15 und 16 Uhr, als deutschlandweit die Sonne schien und überall eine steife Brise wehte. Da sank die »Residuallast« auf ganze acht Gigawatt.

Im Winter aber kann die Photovoltaik auch zur Mittagszeit nur marginale Leistung bringen. Herrscht dann noch Windstille wie im November 2020, müssen die flexibel einsetzbaren fossilen Kraftwerke hochgefahren werden. Die »Residuallast« schnellt in derartigen Zeiten auf bis zu 90 Prozent der nachgefragten Leistung hoch. Dann muss mitunter der gesamte derzeit vorhandene konventionelle Kraftwerkspark ans Netz. Doch der besteht zum ganz überwiegenden Teil eben aus Kern- und Kohlekraftwerken, deren Zahl sich jetzt schnell reduzieren muss.

Da bekommt die Frage nach der Versorgungssicherheit plötzlich eine ganz andere Bedeutung, als sie sie noch in Zeiten der vermeintlichen »Stromlücke« hatte *(siehe Seite 71)*. Die war damals ja einfach, nach traditioneller Art, zu beantworten – indem eben in konventionelle Kraftwerke wieder mehr investiert wurde. Doch das ist jetzt Tabu.

Eine Übergangslösung allenfalls: immer mehr Kohlekraftwerke statt abzuschalten in die sogenannte Netzreserve zu stopfen – und die Versorger dafür zu entlohnen. Statt eines Kohleausstiegs hätte man dann eine fossile Zombie-Truppe mit zahlreichen untoten Meilern. Nicht schön.

Auch die Geografie wird zum Problem. Windkraft wird vor allem im Norden erzeugt, die Verbraucher sitzen im Süden und Westen. Namentlich im Süden der Republik sind mithin schon zahlreiche Kohlemeiler tatsächlich in die Netzreserve gewandert. Sie werden immer dann reaktiviert, wenn Windkraft aus dem Norden ausbleibt, entweder weil sie wetterbedingt nicht zur Verfügung steht – oder die Leitungen aus dem Norden zu ausgelastet sind, um den Strom nach Süden und Westen zu

transportieren. Zwar sind drei sogenannte Hochspannungsgleichstrom-
trassen geplant, doch stecken sie lange schon in Genehmigungsverfah-
ren fest.

So oder so: Wir brauchen in klimaneutraler Zukunft weiterhin Stromerzeuger, die gleichsam als »Back-up« zur Verfügung stehen, flexibel regu-
lierbare Aggregate, die auf jede Nachfrageschwankung schnell reagieren
können. Und zwar klimafreundlich. Also Gaskraftwerke, mit und not-
falls auch ohne Wärmeauskopplung? Sie wurden ja schon traditionell eingesetzt, um flexibel Bedarfsspitzen abzudecken. Und wären mithin auch
gute Partner für eine Welt der erneuerbaren Energien. Technik ist die eine
Seite – sie spricht ganz eindeutig für Gaskraftwerke als Partner der Erneuerbaren.

»Wir müssen Gaskraftwerke zurück in den Markt bringen«, fordert
Oliver Krischer, der stellvertretende Fraktionsvorsitzende von Bündnis 90/Die Grünen. Denn daran haperte es lange. Gaskraftwerke als
»Back-up« – das bedeutet doch auch, dass sie nur wenige Wochen oder
Monate in Betrieb sein werden. Doch je weniger konventionelle Kraftwerke übers Jahr zum Einsatz kommen, desto schwieriger ist es für sie, in
die Gewinnzone zu kommen.

Das Problem scheint jetzt, wie im vorigen Kapitel gesehen, sich einer
Lösung zu nähern – die Gaspreise sinken relativ zur Kohle – und Kohle
wird durch den gestiegenen Zertifikatspreis für CO_2 teurer. Gaskraftwerke
emittieren spezifisch weniger als die Hälfte des Klimagases als Kohlekraftwerke – und benötigen entsprechend weniger Zertifikate. Das verschiebt
die *Merit Order* – ein durchaus gewünschter Effekt. Damit kommen
bereits bestehende Gaskraftwerke wieder in die Wirtschaftlichkeit.

Doch wird das reichen – oder braucht es Zubau? Ein Neubau eines
Gaskraftwerkes muss sich aber anders rechnen. Wer investiert schon in
neue »Residual«-Erdgaskraftwerke, wenn er damit rechnen wird, dass die
jährliche Betriebsdauer gering sein wird? Schon schreiben die für Versorgungssicherheit zuständigen Übertragungsnetzbetreiber (ÜNB) den Bau
schnell regelbarer Gaskraftwerke aus, die nur in Spitzenzeiten auf Anforderung ans Netz gehen. Das heißt: Wer baut, bekommt ein Zubrot aus den
Netzentgelten. So an der besonders engen Nahtstelle zwischen Nord und

Süd südlich von Frankfurt. Dort betrieb RWE bis 2011 die beiden Kernkraftblöcke Biblis – und musste zur Netzstabilisierung die alten Generatoren noch oftmals anwerfen. 2020 hat der Netzbetreiber Amprion am gleichen Standort den Bau eines Gas-Spitzenkraftwerks von 300 Megawatt ausgeschrieben – als »besonderes technisches Betriebsmittel«. Überraschung! RWE bekam den Zuschlag. Die Inbetriebnahme ist pünktlich im Oktober 2022 vorgesehen – wenn das letzte Kernkraftwerk in Deutschland seine Pforten für immer schließt.

Selbst wenn in Deutschland nicht gleich die Lichter ausgehen, die Verbraucher haben wohl dennoch das Nachsehen. Denn eine knappere Versorgung, kombiniert mit einem hohen CO_2-Preis, dürfte zu einem Anstieg der Strompreise führen. Noch steigen die Endverbraucherpreise für Strom nicht in der Breite. Denn die meisten Energieversorger decken sich langfristig mit Strom ein – und geben höhere oder niedrigere Großhandelspreise oft erst mit Verzögerung an die Kunden weiter. Sollte sich der Trend jedoch verstetigen, könnten mittel- bis langfristig auch die Strompreise für private Haushalte steigen, und das selbst wenn die EEG-Umlage für Ökostrom wie geplant 2022 von 6,5 auf sechs Cent je Kilowattstunde sinkt.

Stromnetz

Es könnte noch teurer kommen. 2005 war die Einbindung von Photovoltaik-Strom noch ein Luxusproblem, vielmehr stand Windenergie im Mittelpunkt, da schlug die Deutsche Energieagentur (Dena) ersten Alarm (Dena 2005). Während in der Vergangenheit die Übertragung der Leistung im deutschen Stromnetz von der Höchst- und Hochspannungsebene in die Mittel- und Niederspannungsebene erfolgte, kehren sich vor dem Hintergrund der zunehmenden dezentralen (vorrangig regenerativen) Erzeugung die Leistungsflüsse um, sodass zeitweise Strom sogar von niedrigen Netzebenen in höhere fließt. Und dazu braucht es teure Verstärkung der Netze. 2010 hatte sich die Situation deutlich verschärft – PV-Anlagen begannen ihren Durchmarsch allüberall in der Republik – da legte die Dena ihren zweiten Bericht vor. Der Tenor wurde dringender: Erforderlich sei ein entsprechend schnellerer Netzausbau. Und der koste Geld, viel Geld. Je nach betrachtetem Szenario bilanzierte die Studie bis 2030 einen zusätzlichen Investitionsbedarf zwischen 27,5 bis 42,5 Milliarden Euro (Dena 2010).

Das gesamte Netz – inklusive der Verteilernetze – muss neu figuriert werden. Insgesamt ermittelte die Studie bis 2030 einen gigantischen Neubaubedarf je nach Szenario von 135.000 bis 193.000 Kilometer Stromkreislänge, zum Großteil teure Hochspannungsleitungen. Doch das muss nicht so sein. Die Dena wies nach, dass mit dem Einbau zusätzlicher Aggregate in das bestehende Netz ein größerer Teil des teuren Ausbaus der Kupferleitungen zu vermeiden wäre. Dann könnten die horrenden Zubaukosten sogar bis auf die Hälfte reduziert werden, wenn »innovative Netzbetriebsmittel« flächendeckend zum Einsatz kämen, die die Flexibilität der bestehenden Netze verbessern. Dazu gehören regelbare Trafos und spezielle Leiter.

Auch die Digitalisierung ist unverzichtbar. An der Universität Wuppertal untersuchte Markus Zdrallek den Netzausbaubedarf im elektrischen Verteilnetz von Nordrhein-Westfalen – und kam auf Kosten bis zu 15 Milliarden Euro. Denn neue Aufgaben kommen hinzu. Neben der Steuerung der Einspeisung belaste vor allem die zunehmende Zahl von E-Autos das Netz. »Nur mit mehr Kupfer und ohne Flexibilisierung und Intelligenz ist das kaum zu stemmen«, resümiert der Energieingenieur. Das Gutachten stellt allerdings auch signifikante Einsparpotenziale heraus, darunter die Steuerung von elektrischen Verbrauchseinrichtungen zur Entlastung der Netze oder auch Alternativen zum Laden an der heimischen Wallbox, wie zum Beispiel ein größeres Angebot an und eine intelligente Anordnung der Schnellladestationen in den Verteilnetzen (www.wuppertaler-rundschau.de, 12.7.2021).

Speicher

Versorgungssicherheit – das heißt auch Speicherausbau. Denn natürlich kann das verderbliche Gut Strom auch haltbar gemacht werden. Wer denkt da nicht zuerst an Batterien, flexibel einsetzbar, zusammenzuschalten in beliebiger Menge und dann zunehmend geeignet auch zur Systemstabilisierung der Netze. Das ist schon heute notwendig, um die

Netze kleinteilig und tageweise zu stabilisieren. Nur in Kombination mit kleinen Hausspeichern können PV-Dachanlagen in größeren Stückzahlen überhaupt sinnvoll genutzt werden, um regelmäßig auftreffende Spitzen abzufedern, wenn beispielsweise in einem Wohngebiet am Vormittag die Sonnenstromeinspeisung parallel aus Tausenden dort installierten PV-Hausanlagen schnell von null auf hundert geht.

Batterien – Speicher für alle Fälle und auch in großem Maßstab? Nur zeitlich begrenzt. Batteriesysteme sind – Vollversorgung mit erneuerbaren Energien vorausgesetzt – bei Windflaute und geringer Sonneneinstrahlung allenfalls bis zu zwei Wochen ausreichend. Dauern die Flauten länger, braucht es chemische Speicher auf der Basis von Wasserstoff oder Methan.

Chemische Speicherung also. Damit gemeint ist die elektrolytische Umwandlung von überschüssigem Strom (Power) in Wasserstoffgas, das anschließend gespeichert und bei Bedarf verbrannt werden kann. Mittlerweile hat sich der Begriff *Power to Gas* (PtG) eingebürgert. Das Konzept ist alt – mit Strom betriebene Elektrolyse zur Wasserstofferzeugung ist in der Elektrochemie lange bekannt und auch bereits in der Industrie im Einsatz. Rohstoff bislang Erdgas. Setzt man aber saisonal überschüssigen Wind- oder Solarstrom ein, entsteht »grüner«, also klimaneutraler Wasserstoff. Und der ist anders als Strom haltbar, kann über längere Zeit gespeichert werden, direkt oder weiter umgewandelt in Methan. Methan ist Bestandteil von Erdgas, kann also Erdgas direkt ersetzen. Und wie Erdgas im Gasnetz und angeschlossenen Gasspeichern aufbewahrt werden, bis es in Gaskraftwerken oder KWK-Anlagen genutzt werden kann. Dann klimaneutral (siehe Kapitel 5.9).

Gas-KWK, angepasste Strom- und Gasnetze und Wasserstoff/Methan als Langzeitspeicher – das könnte aller Voraussicht nach die Dreieinigkeit der sicheren Versorgung mit Strom – und auch mit Wärme – im Zeitalter der Wind- und Solarkraftwerke sein. Doch noch hapert es mit der Kooperation.

Bislang gilt: Jeder plant für sich allein. Das ist nicht optimal. In den Worten der Dena: »Systemische Optimierungspotenziale können nicht ausreichend genutzt werden, da die Planungen in unabhängigen Prozessen vorangetrieben werden und entsprechend keine Optimierung über alle Infrastrukturen hinweg stattfindet. Das betrifft sowohl die Transportnetzebene für Strom und Gas, die aufeinander abgestimmt dimensioniert werden sollte, als auch die Verteilnetzebene, wo zum Beispiel die Planung einer angemessenen Infrastruktur für die Wärmewende abgestimmt werden muss.« (Dena 2020, S. 4).

Damit sich das ändert, hat die Dena jetzt im Rahmen einer neuen Netzstudie III einen umfassenden Ansatz gewählt, der das Zusammenspiel der drei Elemente analysiert und den jeweiligen Einzelplanungen vorausschickt: die Entwicklung eines Systementwicklungsplans (SEP) als »Vorschlag für die Abstimmung zwischen den verschiedenen Prozessen. Die aktuellen Prozesse, insbesondere der Netzentwicklungsplan Strom (NEP Strom), zeigen, dass es einen großen gesellschaftlichen und politischen Beratungsbedarf zum Energiesystem der Zukunft gibt, der in diesem Rahmen nicht abgebildet werden kann. Denn die NEPs zielen auf die Identifikation konkreter Netzentwicklungsmaßnahmen und können innerhalb ihres gesetzlichen Rahmens nicht die Entwicklungsoptionen des Energiesystems insgesamt in den Blick nehmen.« (Dena 2020, S. 4).

Arbeitshypothese: Gemeinsam geht es besser. Erste Ergebnisse sollen als Richtschnur für die entsprechenden NEPs 2025 dienen – und den Bedarf an Back-up-Kraftwerken und Speichern.

Zukunftsjobs in der Energiewende: Energiekonzerne und Stadtwerke

Die Zahl der Beschäftigten in den Energiekonzernen und Stadtwerken steigt seit 2012 langsam, aber kontinuierlich an. Zum Jahresende 2020 waren hier 24.000 Menschen mehr als 2013 beschäftigt und auch 2,4 Prozent mehr als im Vorjahr. Der Löwenanteil entfiel dabei mit mehr als drei Viertel auf die Stromwirtschaft.

Abbildung 7: Anzahl der Beschäftigten in der Energie- und Wasserversorgung in Deutschland in den Jahren 1995 bis 2020

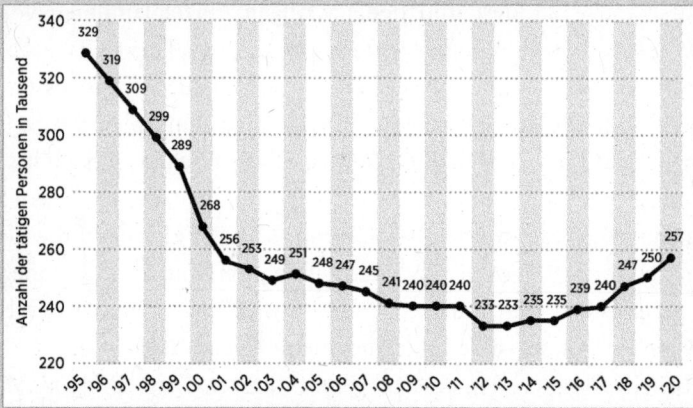

Quelle: Statistisches Bundesamt[2]

Es wurde auch Zeit. Zwischen 1995 und 2001 gingen fast 80.000 Arbeitsplätze verloren – und das vor dem ersten Atomausstieg und in einer Zeit, in der von Kohleausstieg allenfalls in Umweltkreisen die Rede war. Es waren die Zeiten der Liberalisierung, als Schlankmachen die Devise der Personalabteilungen war.

Zwanzig Jahre später ist erst die Beschäftigtenzahl von 2001 wieder erreicht. Wie das? Folgt man einem gängigen Argumentationsmuster, müsste die Energiewende sich doch als viel wirksamerer Jobkiller erweisen, als es die Liberalisierung je war. Zeit, das Standardargument als das zu bezeichnen, was es war: im Großen und Ganzen eine ideologische Streusandbüchse. Doch natürlich stimmt es auch: Der Strukturwandel bringt Wandel der Arbeitswelt mit sich. Vor allem in der Kohleindustrie werden beispielsweise rund 20.000 gutbezahlte Jobs wegfallen.

---

2 Die Statistik wird inklusive der Beschäftigten in der Wasserwirtschaft erhoben, weil insbesondere in den Stadtwerken zahlreiche Arbeitsplätze branchenübergreifend ausgerichtet sind. Dies ist für unsere Aussage nicht erheblich, weil die Zahl der Beschäftigten in der Wasserwirtschaft nur geringen Schwankungen unterliegt.

Genau betrachtet, bedeutet aber Energiewende in erster Linie gerade nicht den Ersatz des traditionellen Erzeugungs- und Verteilsystems durch ein gänzlich neues System, vielmehr schält sich umgekehrt die Systemeinbindung der erneuerbaren Energien als die zentrale Herausforderung heraus. Sektorenkopplung halt. Und hier braucht es auch in Zukunft die bisherigen Energieversorger und ihre Beschäftigten. Und zusätzliche Beschäftigte dazu (vgl. dazu detailliert Klopfleisch 2014, 2018).

Allerdings ändert sich der Qualifikationsbedarf.»Schon aufgrund des hohen Innovationsgrades neuer Energietechnologien kann vermutet werden, dass die Qualifikationsanforderungen insgesamt steigen«, vermutete das Deutsche Institut für Wirtschaftsforschung (DIW) schon 2011 (DIW 2011, S.15). Es sei davon auszugehen, dass generell »branchenspezifische Ergänzungen zu klassischen Fachausbildungen« erforderlich werden. Das hat sich in den letzten zehn Jahren bestätigt.

Gewiss, die Beschäftigten in den KWK-Anlagen mussten wie gesehen lange kämpfen, doch kann KWK in neuer Rolle als Ausgleichs- und Regelenergie Eckstein werden für die »grüne« Fernwärme der Zukunft. Und die Einbindung erneuerbarer Wärmequellen schafft neue Jobs.

Was oft übersehen wird: Rund 100.000 Menschen, fast die Hälfte aller Beschäftigten in der Strom-, Gas- und Fernwärmeversorgung, arbeiten in den Netzen, vorwiegend in Wartung und Betrieb. Und gerade im Rahmen der Energiewende erhalten die Verteilernetze neue Aufgaben, sie müssen vielfältig aus- und umgebaut werden. Hier wird es zunehmend schwierig, gut ausgebildetes Personal zu bekommen.

Last but not least: Effizienzdienstleistungen müssen wieder eine wichtigere Rolle einnehmen – in Ergänzung zu Vertriebsaktivitäten, die rund 50.000 Menschen beschäftigen. Auch hier ist davon auszugehen, dass sich das Anforderungsprofil stark verändert. Einfache Abrechnung übernimmt »Kollege Computer« – doch wer beispielsweise Contracting-Angebote bearbeitet, sollte neben der kaufmännischen Kompetenz auch technische Grundkenntnisse beherrschen, bis hin zu einer Erstberatung.

3.7 Sektorenkopplung technisch und sozial verstehen (mehr als »Strom für alles«)

Die Zahlen alarmieren: Während im Strombereich die erneuerbaren Energien bereits die 50-Prozent-Marke touchieren, sind die anderen klimarelevanten Sektoren weit im Hintertreffen. Vor allem stagniert der Anteil der Erneuerbaren im Wärmesektor wie gesehen seit Jahren bei 14 Prozent, im Verkehrssektor sind es sogar nur fünf Prozent.

Jetzt heißt es, bis 2045 in allen Sektoren –Wärme, Verkehr, Industrie – klimaneutral zu werden. Doch wie die »Begrünung« in Angriff nehmen? Kein Problem: »Darum geht's: Strom aus Erneuerbaren einsetzen, um Wärme, Kälte und Antriebsenergie zu erzeugen. Ziel ist, fossile Energien zu ersetzen.« So heißt es kurz und bündig in einer Online-Information des Bundesministeriums für Wirtschaft und Energie aus dem Jahr 2016. »Wenn man diesen sauberen Strom nutzt, um in anderen Sektoren den Einsatz von fossilen Energien zu reduzieren, spricht man von Sektorkopplung.«

Was liegt auch näher, als die klimatechnisch rückständige Wärmeproduktion und auch den Klimaverächter Verkehr enger an die Stromwende zu koppeln? »Sektorkopplung«, besser »Sektorenkopplung« elektrisierte Mitte des zweiten Jahrzehnts schnell die Energieszene. Bietet sich nicht ein geradliniger Königsweg an: einfach den zunehmend klimaneutralen Strom auch in den Sektoren einsetzen?

Viel ist schon heute technisch und wirtschaftlich realisierbar. *Power to Heat* beispielsweise, Überschussstrom vor allem aus Windrädern in Fernwärmesystemen zu verbrauchen, oder der Einsatz von elektrisch betriebenen Wärmepumpen zur Beheizung von Wohnhäusern. Auch sind Elektroautos auf dem Vormarsch.

Wird die Stromwende gleichsam automatisch zur Energiewende, in einer »All electricity society«? Doch halt: War das nicht schon einmal das Zauberwort, anno 1980 mit scheinbar unbegrenzt verfügbarer Kernenergie zu realisieren! Ist jetzt wirklich die Zeit für ein Revival gekommen, diesmal umwelt- und klimafreundlich, mit – scheinbar unbegrenzt – verfügbarem Strom aus Wind- und Solarkraftwerken?

Sektorenkopplung – nicht eindimensional, sondern systemisch

Differenzierter sieht das der Deutsche Verein des Gas- und Wasserfachs (DVGW): »Sektorenkopplung ist die energietechnische Verknüpfung von Strom, Wärme, Mobilität und industriellen Prozessen sowie deren Infrastrukturen mit dem Ziel einer Dekarbonisierung bei gleichzeitiger Flexibilisierung der Energienutzung in Industrie, Haushalt, Gewerbe/Handel/Dienstleistungen (GHD) und Verkehr unter den Prämissen Wirtschaftlichkeit, Nachhaltigkeit und Versorgungssicherheit.« (www.DVGW.de). Der Unterschied? Es ist ein deutlich komplexerer Ansatz, nicht eindimensional, sondern darauf ausgerichtet, die vielfältigen Verknüpfungen der Infrastruktur einzubeziehen.

Denn was macht Strom- und Wärmesysteme genau besehen eigentlich aus? Energieträger – Kohle, Gas, erneuerbare Energien? Die können wechseln. Das Nadelöhr eines jeden »leitungsgebundenen« Energiesystems sind jedoch die Netze, landesweit wie Strom- und Gasnetz oder örtlich wie das Fernwärmenetz. Wer die Sektoren koppelt, kommt an der Koppelung (oder Umstrukturierung) der Netze nicht vorbei. Erfolgreich ist Sektorenkopplung nur, wenn sie an der gegebenen, bereits vielfach vernetzten Energie-Infrastruktur in den Städten und Gemeinden ansetzt und sie zielstrebig klimaverträglich umbaut.

Ein systematisches Puzzle für eine zukünftige klimaneutrale Energieversorgung hat die Deutsche Energieagentur (Dena) in ihrer »Leitstudie Integrierte Energiewende« entwickelt. Auch hier steht eine vollständige Stromerzeugung mit erneuerbaren Energien am Beginn – aber nicht alle Anwendungen werden elektrifiziert. Es kommt vielmehr zu einer »sinnvollen Verzahnung im System und die Integration erneuerbarer Energieträger.« Sinnvoll heißt nicht zuletzt effizient. So betrachtet, ergibt sich eine Vielzahl von effizienten Kopplungen, um »eine Gesamtstrategie über alle Sektoren ableiten zu können«. Kurzum: Systemisches Denken hat Platz gegriffen – und erweist sich dem eindimensionalen »All Electricity«-Denken als überlegen (Dena 2018).

Der Anblick des Puzzles verwirrt auf den ersten Blick. Orientiert ist es nicht so sehr auf die Stromproduktion, sondern ins Zentrum rückt die Verflechtung der Infrastrukturen, Stromnetze, Speicher, Gas und Fernwärme, dazu der Verkehr. In diese Netze speisen die Energieträger ein, aus diesen Netzen werden die Verbraucher bedient – meist versorgungssicher, wir haben es im Kapitel 3.6 schon für den Strombereich gesehen, aber doch mitunter von unvorhersehbaren Ereignissen auf die Probe gestellt und damit auch mit problematischen Folgen für die gekoppelte Versorgung in den anderen Sektoren. Der Joker, der Mängel verlässlich abdecken könnte, könnte auch im Gesamt-Energiesystem dann Wasserstoff werden, natürlich »grün« aus erneuerbarem Strom via Elektrolyse erzeugt. Und im Gasnetz gespeichert, bereit für alle Anwendungen. »Findet die Kopplung ohne die Gasinfrastruktur statt«, bestätigt der World Energy Council Deutschland, »beschränkt sich die Verknüpfung auf die direkte Verbindung des Stromsektors mit den Bereichen Verkehr und Wärme. In diesem Fall stellt sich die Frage, wie saisonale Schwankungen des Angebots und der Nachfrage, die bei einem großflächigen Ausbau erneuerbarer Energien an Bedeutung gewinnen, ohne die vorhandenen Langzeitspeicher des Gassystems ausgeglichen werden können.« (World Energy Council 2017, S. 110). »Grüner« Wasserstoff als universell einsetzbarer Energiespeicher – damit ist namentlich die vorhandene Gasinfrastruktur mit ihrem filigranen, ganz Deutschland umfassenden Leitungs- und Speichernetz wieder im Rennen. Es wäre ja auch schade drum, wollte man sie mit dem Ausstieg aus fossilem Erdgas aufgeben.

Abbildung 8: Sektorenkopplung – ein filigranes Gebilde

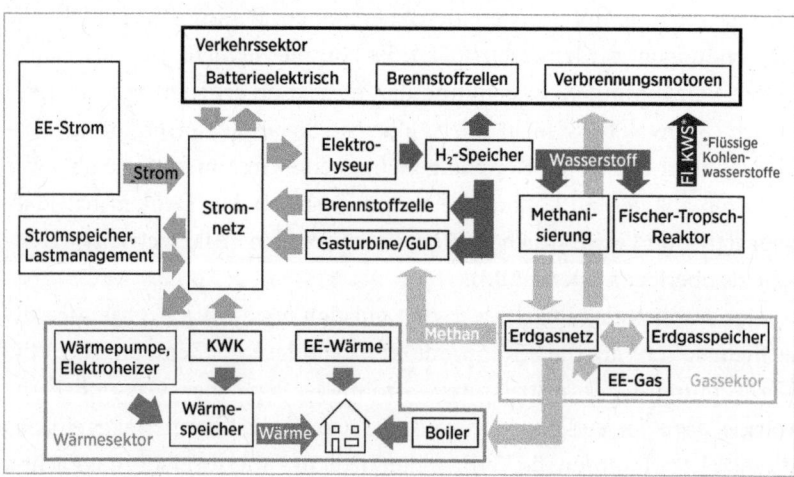

Quelle: Dena

Es reicht jedenfalls keinesfalls, »nur« die Zahl der Wind- und Solaranlagen zu verdrei- oder verfünffachen, das Hauptproblem der Energiewende, die Systemintegration der volatilen Wind- und Solaranlagen in das Stromnetz, wird damit nicht gelöst. Damit wäre nicht nur die Versorgungssicherheit im Strombereich gefährdet, sondern auch in den »gekoppelten« Sektoren.

Am Ende kann damit nicht nur die Stromversorgung auf sichere Füße gestellt werden, sondern auch die Wärmeversorgung. Wasserstoff kann zudem auch im Verkehrssektor genutzt werden, direkt in Brennstoffzellen oder, chemisch weiterverarbeitet, als »synthetischer« Flüssigbrennstoff in traditionellen Ottomotoren (*power to fuel*). Doch das scheint sinnvoll allenfalls bei größeren Fahrzeugen, LKWs oder Bussen (vgl. z. B. Hennicke u. a. 2021, S. 173 ff.).

Um einem Missverständnis vorzubeugen. Die systematische Einbeziehung der Gasinfrastruktur spricht nicht gegen den direkten Einsatz von Strom im Wärme- und Verkehrsbereich dort, wo es sich unmittelbar anbietet – und vielfach eben auch schon praktiziert wird. Elektromobilität ist im Kommen – und elektrische Wärmepumpen, die erneuerbare geothermische Energie für die Raumheizung nutzbar machen, werden, wie zu zeigen sein wird, nicht nur in Einzelhäusern, sondern auch in Fernwärmesystemen eine wichtige Rolle spielen. Umso mehr Bedeutung gewinnt aber die Strom-Versorgungssicherheit – denn am Strom hängen dann neben Beleuchtung und Motoren auch noch die Heizung und das Auto.

Eine Auswertung aktueller Studien, die die Leipziger Energiewissenschaftler Thomas Bruckner und Hendrik Kondziella im Jahr 2019 durchgeführt haben, kommt zu der eindeutigen Schlussfolgerung, dass sich »die Gewährleistung der Versorgungssicherheit bei Dunkelflauten in einem Energieversorgungssystem, das eine weitgehende Dekarbonisierung bzw. eine Vollversorgung mit erneuerbaren Energien anstrebt – sofern man sich diesbezüglich nicht auf Energieimporte verlassen möchte – in realistischen Szenarien nur unter Verwendung von Gasspeichern verwirklichen (lässt), die mit regenerativ hergestellten Gasen gefüllt wurden.« (Bruckner/Kondziella 2019, S. 20).

Eine Metastudie hat schon im Jahr 2018 zehn aktuelle Studien auf Gemeinsamkeiten und Unterschiede abgeklopft. Dies erlaube es, »robustere Schlussfolgerungen zu ziehen, die unabhängiger von den Annahmen einzelner Studien sind.« (Enervis 2018, S. 6).

Ergebnis: »In allen Studien verbleibt ein relevanter Gasverbrauch im Jahr 2050. Es besteht also – basierend auf der Studienlage – ein Konsens darüber, dass die Gasinfrastruktur einen wichtigen Beitrag zur Energiewende leisten kann und somit die Existenz der Gasinfrastruktur, zumindest in großen Abschnitten, gesichert werden sollte.« (Enervis 2018, S. 6). Dies gilt zu allererst für die Nutzung von Gas in Back-up-Kraftwerken – also zur Versorgungssicherheit. Der Unterschied: »In Szenarien, die von einer nur 80-prozentigen Klimagasreduktion ausgehen, kann Erdgas zum Einsatz kommen, wer mehr will, kommt an PtG nicht vorbei.«

Dennoch geht der Bedarf an Gasen im Mittel über alle Studien allerdings insgesamt zurück, und somit auch die Auslastung der Netze. »Mit ansteigendem Dekarbonisierungsniveau ändert sich die Rolle des Gasnetzes, das Gasnetz wird zunehmend von einem Mengen- zu einem Flexibilitätsträger.« Es gebe allerdings auch Studien, in denen der Gasverbrauch auf heutigem Niveau bleibt.

Ausbau der erneuerbaren Energien im Strombereich

Und die erneuerbaren Energien – Wind und Photovoltaik als die unbestrittenen Leistungsträger, auch bei der Wasserstoffproduktion? Können wir uns bei der eben definierten Sektorenkopplung zurücklehnen und den weiteren Ausbau gemächlich angehen lassen? Mitnichten. Strom aus erneuerbaren Energien ist schon der Ausgangspunkt erfolgreicher Sektorenkopplung – nicht zuletzt funktioniert ja auch die PtG-Technologie klimafreundlich nur mit diesen Energien. Ganz klar also: Wer nicht auf eine Notfallstrategie à la Import aus dem Ausland zurückgreifen will, muss den Ausbau der erneuerbaren Energien hierzulande in noch stärkerem Maße fördern als bisher. Zur Sektorenkopplung – auch wenn sie systemisch verstanden wird – braucht es unbestritten einen höheren Stromverbrauch als heute – und das heißt eine noch einmal deutlich ehrgeizigere Ausbaustrategie für die erneuerbaren Energien.

In der EEG-Novelle, die am 1.1.2021 in Kraft getreten ist, wurden die Ausbauziele verschärft. Doch reicht das? Patrick Graichen, Chef der Agora Energiewende, wird konkret: »Bei der Solarenergie brauchen wir eine Verdoppelung des derzeitigen jährlichen Ausbaus auf 10.000 Megawatt (MW), bei Wind onshore eine Verdreifachung auf 5.000 MW und bei Windkraft auf See sollten wir einen kontinuierlichen Zubau von 2.000 MW erreichen.« Statt 100.000 MW Photovoltaik im Jahr 2030 sollten es »mindestens« 150.000 MW sein, sekundiert der Bundesverband der deutschen Energie- und Wasserwirtschaft (BDEW). Auch der BDEW schlägt vor, das Ausbautempo zu verdoppeln und die Ausschreibungsvolumina für solare Dachanlagen und Freiflächenanlagen auf jeweils mindestens 5000 MW pro Jahr zu erhöhen, also zusammen auf 10.000 MW. BDEW-Chefin Kerstin Andreae: »Es geht jetzt ums Ganze, Trippelschritte beim Erneuerbarenausbau bringen uns nicht mehr weiter.« (energate, 27.5.2021).

Die Bundesregierung hatte im Juni 2021 ein spätes Einsehen – zumal das Datum für Klimaneutralität jetzt auf 2045 vorgezogen ist. Jetzt sollen immerhin jährlich bis zu 5.000 MW Wind und ebenso viel Solaranlagen gefördert werden. Eine erste Abschätzung des gesamten Stromverbrauchs 2030, die von der Prognos AG im Auftrag des Bundeswirtschaftsministeriums erstellt worden ist, kommt für das Jahr 2030 auf einen Wert zwischen 645 und 665 TWh. Unterstellt werden dabei 14 Millionen Elektro-Pkw, sechs Millionen Wärmepumpen und 30 TWh Strom für grünen Wasserstoff (BMWi PE 13.7.2021). Für 2050 sieht die aktuelle Studie im Auftrag der Agora und der Stiftung Klimaneutralität, die zielkonform Klimaneutralität im Jahr 2045 vorsieht, einen Wert von 900 TWh Strom aus erneuerbaren Energien vor (Prognos u. a. 2021, S. 27).

3.8 Stiefkind Effizienz – auch mit Sektorenkopplung unverzichtbar

Eine Binsenweisheit: Auch Windräder und Photovoltaikanlagen gibt es nicht zum ökologischen Nulltarif. Windanlagen ebenso wie Batterien und Elektrolyseure verbrauchen knappe Rohstoffe, beispielsweise seltene Erden. So gesehen sind erneuerbare Energien also auch nur begrenzt heimische Energien, und von gleichsam unendlicher Verfügbarkeit kann keine Rede sein. Und je mehr wir davon einsetzen müssen, desto teurer wird es. Auch kosteneffiziente Szenarien der Sektorenkopplung berücksichtigen bereits, dass vorhandene Effizienzpotenziale konsequent ausgeschöpft werden. Nur so kann – ganz unabhängig von der Verteilung der Kosten – die Energiewende sozialverträglich vonstattengehen.

Das Schicksal der Effizienzziele – eine zweischneidige Bestandsaufnahme

Es braucht den politischen Willen, mit entsprechenden Rahmensetzungen einzugreifen – oder alle vollmundigen Bekenntnisse der Politik zu »Efficiency first« werden weiterhin Bekenntnisse bleiben.

Taktgeber im Ringen um die Energieeffizienz und Energiedienstleistungen blieb lange die EU. Auch der Kommission war klar, dass die vagen Bestimmungen der Richtlinie von 2006 nicht ausreichten, um das neue Effizienzziel zu erreichen. Angetrieben vom Sprecher der Grünen-Fraktion im EU-Parlament, Claude Turmes aus Luxemburg, legte die Kommission schon 2008 einen Entwurf für eine verschärfte Effizienzrichtlinie vor. Darin sollten die Energieunternehmen endlich vom auferlegten Hausverbot im Heizungskeller wieder befreit werden. Sie wurden vielmehr verbindlich in die Pflicht genommen. Konkret: Alle Lieferanten von Energie sollten verbindlich verpflichtet werden, die Lieferungen von Endenergie an ihre Kunden jährlich um mindestens 1,5 Prozent zu reduzieren. Sie hätten danach die Wahl: Selbst Einsparmaßnahmen anzubieten, mit denen sie das angepeilte Einsparvolumen nachweisen können – oder das Geschäft Dritten zu überlassen. Aus Sicht des neuen Bundeswirtschaftsministers Philipp Rösler von der FDP war diese zumindest partielle Rehabilitierung öffentlicher Daseinsvorsorge nun freilich »Planwirtschaft pur«. Die Verabschiedung der Richtlinie wurde auf Eis gelegt.

Immerhin: Im Energieprogramm von 2010 wurden ehrgeizige Ziele auch für die Steigerung der Energieproduktivität gesetzt. Der Primärenergieverbrauch sollte gegenüber 2008 bis 2020 um 20 und bis 2050 um 50 Prozent sinken. Und die Energieproduktivität bezogen auf den Endenergieverbrauch bis 2050 sogar um jährlich 2,1 Prozent steigen, mehr als in der Richtlinie vorgegeben (siehe Tabelle 2, Seite 85). Doch Ziele sind das eine – entsprechende Maßnahmen wurden nur zögerlich angegangen.

Erst die Ereignisse von Fukushima lösten langsam die Schockstarre. Im Oktober 2012 konnte die Richtlinie 2012/27/EU verabschiedet werden –

darin wurde endlich verbindlich festgelegt, dass jeder Mitgliedsstaat ein »Energieeffizienzverpflichtungssystem« einführen muss. »Dieses System muss gewährleisten, dass die Energieverteiler und/oder Energieeinzelhandelsunternehmen, die als verpflichtete Parteien im Hoheitsgebiet jedes Mitgliedsstaats tätig sind, bis zum 31. Dezember 2020 ein kumuliertes Endenergieeinsparziel erreichen.« Dabei wird den Mitgliedsstaaten nur noch eine Wahl gelassen: Ob sie die bei ihnen tätigen Energieversorgungsunternehmen direkt zur Einsparung verpflichten – oder ob sie selbst ordnungsrechtliche Vorgaben für wirksame Maßnahmen – seien es Förderprogramme oder Energiesteuern – erlassen, die in ihrer Wirkung zur gleichen Einsparung führen müssen.

Deutschland entschied sich – wie die meisten anderen Mitgliedsstaaten – für die Variante zwei. Die Große Koalition, die ab 2013 in Deutschland regierte, blieb nicht untätig. Es dauerte freilich bis Ende 2014, als der neue Wirtschafts- und Energieminister Sigmar Gabriel (SPD) den Nationalen Aktionsplan Energieeffizienz (NAPE) vorlegen konnte (BMWi 2014b). Der Staat, so der Ansatz, habe die Aufgabe, Hilfestellung zu leisten und auch finanzielle Hilfen zu geben, dort, wo Hemmnisse abgebaut werden müssen und dort, wo Einsparmaßnahmen zwar volkswirtschaftlich sinnvoll sind, aber sich von allein nicht »rechnen«. Hierzu sollten zunächst die bestehenden Politikinstrumente weiter ausgebaut werden. Gesagt, getan. Das KWKG wurde novelliert, das neue Erneuerbare-Energien-Wärme-Gesetz (EEWG) schrieb jetzt bei Neubauten einen Mindestanteil Erneuerbare vor, der Rahmen für günstige Kredite für Effizienzmaßnahmen im Gebäudebereich sollte auskömmlich sein (siehe dazu aber Kapitel 5.4, Seite 178 ff.), und nicht zuletzt hatte die Öko-Design-Richtlinie der EU dazu geführt, dass die Effizienzstandards für Elektrogeräte ständig erhöht werden.

Auf den ersten Blick ein erfolgreiches Programm. Während der Primärenergieverbrauch vorher, zwischen 1990 und 2008, annähernd konstant blieb (14.905 bzw. 14.380 PJ), fiel er in der Zeit von 2008 bis 2020 trotz weiteren Wirtschaftswachstums sogar deutlich.[3]

---

3   1 Petajoule = 0,277778 TWh

Und die Primärenergieproduktivität, ohnehin kontinuierlich wachsend, erhielt ab 2014 noch einmal einen Kick nach oben (siehe Abbildung 9).

Abbildung 9: Primärenergieproduktivität
Primärenergieverbrauch im Verhältnis zum Bruttoinlandsprodukt (BIP)

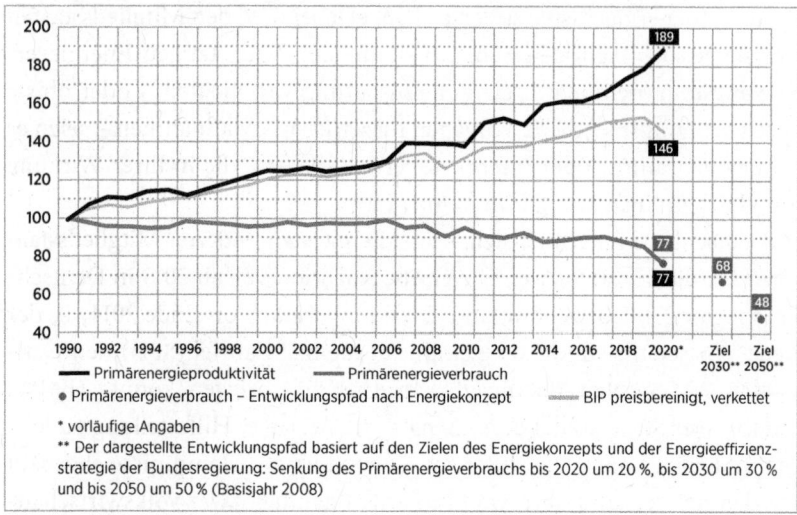

* vorläufige Angaben
** Der dargestellte Entwicklungspfad basiert auf den Zielen des Energiekonzepts und der Energieeffizienz-
strategie der Bundesregierung: Senkung des Primärenergieverbrauchs bis 2020 um 20 %, bis 2030 um 30 %
und bis 2050 um 50 % (Basisjahr 2008)

Quelle: Umweltbundesamt auf Basis Statistisches Bundesamt und Arbeitsgemeinschaft Energiebilanzen

Der deutliche Sprung von 2019 auf 2020 ist allerdings der Corona-Pandemie zu »verdanken« – denn in diesem Zeitraum sanken sowohl Energieverbrauch als auch Wirtschaftsleistung. So oder so: Mit einer Energieeinheit fossiler und nuklearer Energie werden mithin heute fast doppelt so viel Güter und Dienstleistungen erzeugt als 1990.

Das liegt zum Teil daran, dass immer effizientere Kraftwerke und Heizungen mit weniger Primärenergie (Kohle oder Gas) immer mehr Endenergie, also Nutzenergie beim Verbraucher erzeugen können. Doch gleichzeitig täuscht die Zahl – es ist zum Teil ein – methodisch freilich sauberer – Trick. Denn der Primärenergieverbrauch (PEV) wird dadurch ermittelt, dass die Einsatzmengen der in Feuerungsanlagen verbrannten Energieträger mit ihrem Heizwert multipliziert werden. Das war so lange in Ordnung, wie die fossilen und nuklearen Energien vorherrschten. Doch seit Strom aus Wind, Wasserkraft oder Photovoltaik eine wesentliche Rolle spielen, kommt es zu Verzerrungen. Denn für diese wird mit dieser Methode ein erheblich niedrigerer PEV errechnet als für fossil-nukleare Brennstoffe. Das heißt: Der PEV sinkt mit steigender Substitution von fossil-nuklearen Brennstoffen durch erneuerbare Energien überproportional. Nicht so schlimm, weil die Erneuerbaren ja kein CO_2 freisetzen?

Aussagekräftiger für die Entwicklung der Energieeffizienz bleibt jedenfalls auch in Zeiten der Erneuerbaren der Endenergieverbrauch. Er sollte zwischen 2014 und 2020 insgesamt mindestens um neun Prozent sinken, legte die EU fest. So ist es nicht gekommen. Der Endenergieverbrauch ist auf lange Sicht selbst gegenüber 1990 nur marginal gesunken. Es bleibt dabei: Wer Klimaschutz meint, kommt auch in Zukunft an zusätzlichen Maßnahmen zur Steigerung der Energieeffizienz über das ohnehin umgesetzte Maß im sogenannten »Trendsparen« nicht herum.

Abbildung 10: Endenergieverbrauch nach Sektoren

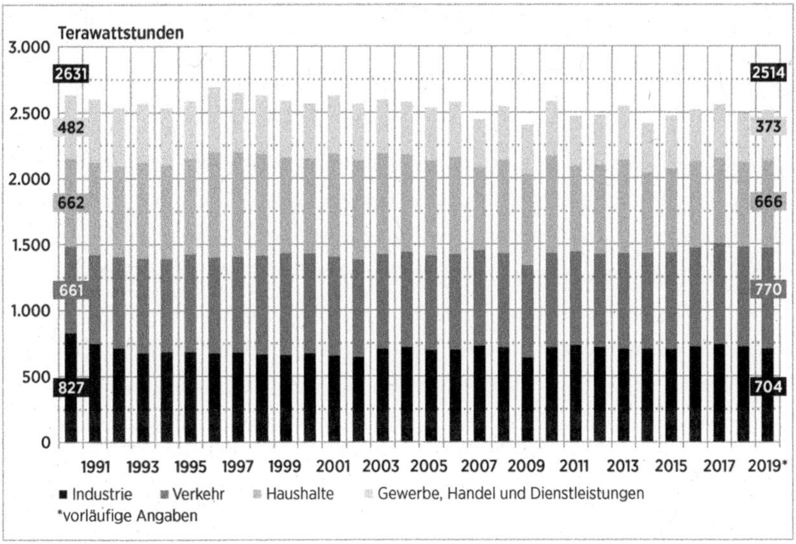

Terawattstunden

2631 / 482 / 662 / 661 / 827

2514 / 373 / 666 / 770 / 704

1991 1993 1995 1997 1999 2001 2003 2005 2007 2009 2011 2013 2015 2017 2019*

■ Industrie ■ Verkehr ■ Haushalte ▪ Gewerbe, Handel und Dienstleistungen
*vorläufige Angaben

Quelle: UBA

Eindeutig ist die Entwicklung beim Verkehr – hier ist ein kontinuierlicher Anstieg von 1990 über 2008 bis 2019 zu erkennen. Industrie und vor allem Gewerbe, Handel, Dienstleistungen dagegen weisen deutliche Rückgänge auf – es scheint, dass hier Energieeffizienzmaßnahmen – ganz gleich ob in Eigenregie oder mittels Energiedienstleistungen von dritter Seite – verstärkt Wirkung zeigen. Interessant dagegen die Entwicklung bei den privaten Haushalten: Hier blieb der Verbrauch über lange Sicht annähernd konstant. Der Effekt: Wärme und Strom werden hier zwar immer effizienter genutzt und teilweise eingespart, doch Wirtschaftswachstum und Konsumsteigerungen verhindern einen deutlichen Verbrauchsrückgang. Es ist ein sogenannter »Rebound-Effekt« eingetreten, freiwerdende Ressourcen werden in den Konsum zusätzlicher Produkte gesteckt (siehe für Raumwärme dazu auch Seite 146).

Energieeffizienzfonds

Wie hätte der Trend verstärkt werden können, um über alle Bereiche auch zu einer absoluten Senkung des Endenergieverbrauchs zu kommen? Nach der EU-Richtlinie von 2012 konnte auch ein Energieeffizienzfonds gebildet werden, ausgestattet mit den Mitteln für die notwendigen Investitionen aus dem Staatshaushalt.

Wie ein derartiger Energieeffizienzfonds gestaltet werden könnte, beschrieb 2014 ein Gutachten. Er sollte »wettbewerbsneutral« ausgestaltet werden, aber mit regionalem Bezug, sollte also offen sein für »alle relevanten Teilnehmer«, also neben kommunalen EVU für Energieberater, Handwerker, Architektur- und Ingenieurbüros, Planer und Contracting-Unternehmen. Rund die Hälfte der nach der Richtlinie notwendigen Effizienzsteigerungen könnten auf den Fonds entfallen – zu volkswirtschaftlich akzeptablen Kosten. »Nach unseren Berechnungen«, so die Gutachter vom Ecofys-Büro, »werden für den wettbewerblichen Fonds bundesweit rund 2,2 Milliarden Euro jährlich bereitgestellt werden müssen. Dadurch würden jährliche Gesamtinvestitionen von 7,9 Milliarden Euro ausgelöst. Und davon ein Gutteil bei den Stadtwerken.« (Dinges u.a 2014). Doch daraus wurde nichts.

Der neue Plan

Neue Ziele setzte jetzt die Energieeffizienzstrategie 2050 der Bundesregierung vom Dezember 2019. Es beginnt mit einem »mea culpa« – mit dem offensichtlichen Eingeständnis, dass die absoluten Reduktionsziele nicht annähernd erreicht werden. Doch nach vorn geblickt. »Um eine Halbierung des Primärenergieverbrauchs bis 2050 zu erreichen, sind in allen relevanten Sektoren weitere substanzielle Fortschritte nötig. Auch mit Blick auf die nächste Dekade, d. h. die Zielsetzungen für das Jahr 2030, ist bereits jetzt absehbar, dass Deutschland beim Energiesparen deutlich schneller vorankommen muss als in den vergangenen Jahren.«

Konkret: »Die Bundesregierung will einen angemessenen Beitrag zur Erreichung des EU-weiten Energieeffizienzziels 2030 (Reduzierung des Primär- und Endenergieverbrauchs um mindestens 32,5 Prozent bis 2030 im Vergleich zu einem Referenzszenario) erbringen und die jährliche Einsparverpflichtung der EU-Energieeffizienzrichtlinie für die Dekade 2021–2030 erfüllen. Dies wird die Bundesregierung auch in ihrem integrierten Nationalen Energie- und Klimaplan (National Energy and Climate Plan – NECP) als neuem europäischen Planungs- und Monitoringinstrument zur Erreichung der EU-Energie- und Klimaziele 2030 verankern. Der NECP ist gemäß EU-Verordnung über ein Governancesystem für die Energieunion und für den Klimaschutz für die Dekade bis 2030 zu erstellen.«

Ein neuer Plan also, getrieben wiederum von zugrunde liegenden EU-Richtlinien und Verordnungen. Mit fast einjähriger Verspätung hat das Bundeskabinett dann Mitte 2020 den deutschen NECP beschlossen und der EU-Kommission mitgeteilt (BMWi 2020b).

»Der NECP der Bundesregierung«, heißt es in der Erklärung der Bundesregierung, »enthält folgende Ziele der Bundesregierung, die zur Zielerreichung der EU-Energieziele in 2030 beitragen sollen« (BMWi, PE vom 10.6.2020):

* Steigerung der Energieeffizienz durch die Senkung des Primärenergieverbrauchs um 30 Prozent bis 2030 im Vergleich zu 2008.
* Ausbau des Anteils erneuerbarer Energien auf 30 Prozent des Bruttoendenergieverbrauchs in 2030.

Trocken kommentiert ein Gutachten, erstellt im Auftrag der Bundesstelle für Energieeffizienz (BfEE) beim Bundesamt für Wirtschaft und Ausfuhrkontrolle (BAFA): »Allein eine Verankerung gesetzlicher Energieeffizienzziele ohne begleitende Regelungen, die den Weg der Umsetzung dieser Ziele konkretisieren, ist aufgrund des quantitativen und volkswirtschaftlichen Charakters der Ziele wenig erfolgversprechend.« (BAFA/BfEE 2019, S. 70). In der Folge fordern die Experten ein Energieeffizienzgesetz, als verbindlichen Rahmen für die Akteure in den verschiedenen Sektoren.

Daran fehlt es noch vielfach. Dennoch ist die Bundesregierung nicht untätig geblieben – und hat in der Zwischenzeit insbesondere auch die Förderbedingungen im Wärmebereich verbessert. Wir werden im Kapitel 5 sehen, wie am Beispiel der Raumwärme für Wohngebäude eine derartige Strategie aussehen könnte. Dabei ist dieser Bereich besonders sensibel – es gilt deshalb, das technisch Mögliche und aus Klimaschutzgründen Notwendige hier besonders eng mit einer sozialverträglichen Ausgestaltung zu verzahnen.

Kapitel 4

Sozialverträglichkeit der Energiewende – Erfolgskriterium in Zeiten sozialer Spaltung und klimapolitischer Notwendigkeit

Erst die Anti-Atom- dann die Klimaschutzbewegung haben gegen maßgebliche wirtschaftliche Interessen ihre Meinungshoheit in politische Erfolge umsetzen können. Dabei blieb das seit rund 40 Jahren etablierte Wohlstandsmodell – Wachstum bei gleichbleibendem Stromverbrauch – intakt. Und die erneuerbaren Energien kamen voran. Das alles war so lange auch ein »sozialpolitisches Erfolgsmodell«, wie die Belastungen für die Haushalte und die kleinen und mittleren Industriebetriebe begrenzt blieben. Das war ein- und politisch abgrenzbar.

Bis 2011 blieben die offensichtlichen Belastungen, die EEG-Umlage und die nach ähnlichem Muster gestrickte, doch viel niedriger angesiedelte KWK-Umlage marginal – zudem wurde die Stromsteuer, anfangs progressiv angelegt, um Stromsparen anzuregen, sehr schnell auf dem heutigen Niveau eingefroren. Zwischenzeitlich konnten sogar auch Haushalte und Kleinverbraucher von den im Rahmen der Liberalisierung sinkenden Stromkosten profitieren.

Seit 2011 jedoch ist die EEG-Umlage drastisch gestiegen. Je erfolgreicher die erneuerbaren Energien in den Markt eingeführt werden konnten, desto schneller stieg die Belastung für die Haushalte und kleinen und mittleren Gewerbebetriebe – die Tarifkunden. Während die Umlage im Jahr 2009 bei 1,3 Cent pro Kilowattstunde lag, kletterte sie in den Folgejahren rasant und erreichte 2017 mit fast sieben Cent ihren vorläufigen Höchstwert. Damit stieg ihr Anteil an den Stromkosten für Haushalte auf etwa ein Viertel.

Die Warnzeichen häufen sich, den Bogen nicht zu überspannen: Umfragen zeigen, dass die Menschen nach wie vor zur Energiewende stehen – sie jedoch zunehmend als ungerecht empfinden.

Über die Jahre konstant sprechen sich satte 70 Prozent der Bundesbürger für das Weiterführen der Energiewende aus, so die aktuelle repräsentative Umfrage des Instituts für Transformative Nachhaltigkeitsforschung zur Erstellung des »Sozialen Nachhaltigkeitsbarometers«. Sogar 78 Prozent sehen in der Energiewende eine Gemeinschaftsaufgabe, bei der jede Privatperson ihren Beitrag leisten könne. Dementsprechend sprechen sich 73 Prozent dafür aus, den Energieverbrauch in Haushalten mit politischen Mitteln zu reduzieren. Doch nur rund ein Drittel ist bereit, für den Klimaschutz höhere Steuern oder Abgaben auf klimaschädliche Produkte zu bezahlen. Und besonders bedenklich stimmt: »Die Umsetzung wirkt für fast jeden zweiten Befragten ungeplant (48 Prozent) und wenig verständlich (47 Prozent). Annähernd die Hälfte (45 Prozent) bewertet die Energiewende darüber hinaus als ungerecht. Bei einkommensschwachen Haushalten ist dieser Kritikpunkt stärker ausgeprägt als bei höheren Einkommensgruppen.« Wichtig sei den Bürgerinnen und Bürgern auch, so die Analyse, die gesellschaftlichen Auswirkungen im Blick zu behalten, damit vor allem sozial Schwache vor zu hoher Belastung geschützt und Verursacher stärker in die Verantwortung genommen werden (IASS 2021, S. 12).

Wir wissen bereits: Daran hakt es. Zwar wirken wie gesehen die Strompreise in Deutschland durchaus regressiv, weil ärmere Haushalte weniger verbrauchen als Gutverdiener, jedoch machen die Ausgaben einen größeren Anteil ihres verfügbaren Einkommens aus. Damit trifft die EEG-Umlage ärmere Bevölkerungsschichten deutlich härter als alle anderen Verbraucher. Da ist für viele die Belastungsgrenze schon erreicht.

Schieflage zugunsten der Industrie

War die bisherige Zusatzbelastung wenigstens unter den verschiedenen Akteursgruppen gerecht verteilt? Es war bei Weitem nicht so.

Wer im globalen Wettbewerb bestehen muss, darf nicht zusätzliche gesellschaftliche Lasten auferlegt bekommen. Das war das Schlüsselargument, dem wir beim Spaziergang durch die bisherige Ausgestaltung der Energiewende immer wieder begegnet sind. Sowohl das Design der EEG-Umlage als auch des Emissionshandels, der beiden großen Kostenverursacher der Energiewende bislang, spiegelt dieses Argument wider – es hat offensichtlich bei den politisch Verantwortlichen großen Eindruck gemacht. Damit ist die große, energieintensive Industrie trotz hohem Anteil an den CO_2-Emissionen bislang bis zum kürzlichen Anstieg der CO_2-Kosten im Emissionshandel sehr glimpflich davongekommen. Es war ja auch ein Argument mit Druckpotenzial. Und sozialpolitischem Drohpotenzial zumal. Ansonsten sei man halt leider gezwungen, dorthin auszuwandern, wo die Bedingungen günstiger seien. Und nie fehlte der Hinweis auf die heimischen Arbeitsplätze, die ja dann verloren seien. Da mussten halt diejenigen hauptsächlich die Kosten des gesellschaftlichen Projekts Energiewende und Klimaschutz bezahlen, die nicht im internationalen Konkurrenzkampf stehen: Kleine und mittlere Industrie und Gewerbe und vor allem die privaten Haushalte. Wer wandert schon wegen der Energiekosten nach Neuseeland aus!

Die umfassenden Ausnahmen für die Industrie sind immer weniger gerechtfertigt. Anfangs war das noch eine klare Sache, solange Deutschland allein stand mit dem EEG in der Welt. Doch schon der Emissionshandel belastet alle EU-Staaten gleicherweise – und mehr als die Hälfte aller Exporte geht in die EU. Zudem sinkt auch das *Carbon Leakage*-Risiko weltweit. Spätestens, nachdem sich alle Staaten der internationalen Gemeinschaft im Pariser Klimaschutzabkommen zu weitreichenden Klimaschutzmaßnahmen verpflichtet haben, verringert sich somit die Berechtigung für Ausnahmen der deutschen Industrie in dem Maße, wie auch in den Hauptkonkurrenzländern die erforderlichen Maßnahmen greifen.

Das Argument, bestimmte Industrien könnten ihre Produktion gar nicht klimaneutral gestalten, wird jetzt ohnehin ad absurdum geführt: Sie müssen es, denn auch für den Sektor Industrie gilt die Nullemission bis 2045 zu erreichen. Die Industrie ist bereits dabei, von kohlenstoffreicher Produktion auf Wasserstoff umzustellen. Und das wird vom Staat opulent gefördert – mit, wie im Nationalen Wasserstoffplan gerade beschlossen, zunächst mehr als acht Milliarden Euro in den nächsten Jahren. Gelingt mit diesen Fördermitteln die schnelle Umstellung auf CO_2-freie Technologien schneller als der nicht geförderten Konkurrenz im Ausland, dann dreht sich das Argument des *Carbon Leakage* um: Dann ergibt sich ein direkter finanzieller Vorteil für deutsche CO_2-freie Produkte.

EXKURS: Klimaschädliche Subventionen

Ein vernichtendes Urteil fällt Claudia Kemfert, Wirtschaftswissenschaftlerin und Chefin der Energieabteilung des Deutschen Instituts für Wirtschaftsforschung (DIW Berlin): »Die Energiewende kann zur sozialen Gerechtigkeit beitragen, wenn sie klug ausgestaltet ist«, kommentiert sie. »Das ist sie derzeit nicht.« (zit. nach Katz 2020). Und sie stützt sich dabei nicht nur auf die ungerechte Finanzierung des EEG und die ungleiche Behandlung der Treibhausgasemittenten im Emissionshandel.

In Wirklichkeit seien die unfaire Ausgestaltung der EEG-Umlage und die Ausnahmen klimaschädlicher Produktion aus dem Emissionshandel nur die »Spitze des Eisbergs«. Denn die soziale Schieflage in der Energiewirtschaft wirkt sich laut Kemfert subtiler noch aus – aber umso stärker: dadurch, dass klimaschädliches Verhalten seit alters her direkt subventioniert wird. Insgesamt, so rechnet die Umweltökonomin vor, werden fossile Brennstoffe hierzulande mit stolzen 37 Milliarden Euro jährlich unterstützt, Flugbenzin mit Steuervergünstigungen in Höhe von 12,5 Milliarden. Und das Dieselprivileg kostet die Steuerzahler jedes Jahr zusätzlich 11,5 Milliarden. Natürlich profitieren auch viele Verbraucherinnen und Verbraucher von diesen Subventionen: Wer Erdöl oder Erdgas verfeuert, wer viel Kohle- oder Atomstrom verbraucht, wer im SUV weite Strecken zurücklegt und viel fliegt, kann sich über die Subventionen freuen. Gleiches Einkommen vorausgesetzt, zahlt aber auch die Familie, die selbst nie ins Flugzeug steigt, kein Auto hat und versucht, ihre Stromrechnung so gering wie möglich zu halten, über die Steuer die Subventionen mit. Und subventioniert damit indirekt die Klimasünder. Und viele Geringverdiener können sich gar nicht anders verhalten, als wenig zu fliegen, ein kleines oder gar kein Auto zu haben … Die Degression bei der Lohnsteuer mildert diesen Effekt – anders als bei der EEG-Umlage, wo alle gleich viel zahlen – zwar ab, und dennoch bleibt ein Minus.

Derartige Subventionen verhindern, dass sich klimagerechtes Verhalten besser durchsetzen kann. Ein sozial gerechter Klimaschutz, so die Berliner Klimaökonomin, könne vor allem durch Kostenwahrheit und Einpreisung von Klima- und Umweltschäden hergestellt werden. Kempfert erinnert daran: Eigentlich gilt doch in Deutschland das sogenannte Verursacherprinzip, nach dem der Verursacher für die Kosten der Beseitigung seiner Umweltverschmutzung aufkommen muss.

Abbau des skizzierten Subventionsdschungels heißt also die Devise. Eine Studie des Forums Ökologisch-Soziale Marktwirtschaft im Auftrag von Greenpeace vergleicht aktuell systematisch die sozialen Auswirkungen eines Abbaus von zehn Subventionen aus den Bereichen Energie, Verkehr und Landwirtschaft, die das Klima besonders stark belasten. Erste Feststellung: In vielen Fällen profitieren nach wie vor in erster Linie Wohlhabende von der staatlichen Unterstützung. Nicht nur im Strom. Besonders augenfällig ist dies im Verkehrsbereich: Von den steuerlichen Privilegien für Dienstwagen und Dieselkraftstoff, von der Mehrwertsteuerbefreiung für internationale Flüge profitieren einkommensstarke Haushalte weit mehr als einkommensschwache (FÖS 2021c).

»Klimaschädliche Subventionen schnell zu streichen, korrigiert soziale Ungerechtigkeit, bringt den Klimaschutz voran und entlastet den Staatshaushalt um viele Milliarden«, kommentiert Bastian Neuwirth, Klimaexperte von Greenpeace.»Jetzt, wo die Klimakrise immer deutlicher wird und die Kassen durch die Coronahilfen leer sind, ist dieser Schritt überfällig. Keine Partei mit Anspruch auf Zukunftskompetenz darf diese Chance verstreichen lassen.«

Zusammen mit den G7-Staaten hat Deutschland 2016 beschlossen, umweltschädliche Subventionen bis zum Jahr 2025 zu beenden, hat allerdings bis heute noch nicht damit begonnen. Die FÖS-Studie skizziert, mit welchen Reformschritten sich ein Großteil der zehn untersuchten Subventionen in Höhe von jährlich rund 50 Milliarden Euro in den nächsten vier Jahren abbauen lässt. »Wer klimaschädliche Subventionen beendet, schafft Raum für Zukunftsinvestitionen«, so Neuwirth. Auch er kommt zu dem Schluss: Ein Abbau würde einkommensschwache Haushalte kaum belasten und sie teilweise sogar entlasten, beispielsweise bei der Reduktion der Strompreisausnahmen für die Industrie. Die Studie schlägt auch begleitende Maßnahmen vor, wie sich etwaige Nachteile sozial abfedern lassen. Etwa durch Rückverteilen eines Teils der staatlichen Mehreinnahmen, die sich durch Abbau der umstrittenen Privilegien ergeben. Alternative: Das eingesparte Geld zur Unterstützung der Gebäudesanierung und des Ausbaus der Fernwärme verwenden.

Und wie wirkt sich der Abbau der zehn klimaschädlichen Subventionen auf Klimaschutz und Staatshaushalt aus? Deutschland könnte danach jedes Jahr knapp 100 Millionen Tonnen CO_2-Äquivalente und bis zu 46 Milliarden Euro einsparen. Das wäre ein wichtiger Schritt, um das deutsche 2030-Klimaziel zu erreichen (FÖS 2020).

Strompreis

Der Staat hat inzwischen ein Einsehen – doch nur ein kleines. Weil kurzzeitig in der Corona-Krise die EEG-Umlage sogar auf bis zu 9 Cent ansteigen könnte, wurde sie erst auf 6,5 Cent pro Kilowattstunde gedeckelt, im Jahr 2022 sogar auf 6,0 Cent. Kommt es teurer, springt die Staatskasse ein. Dennoch wird kaum damit gerechnet, dass sich dies positiv auf den Strompreis auswirken wird. Denn andererseits ist im Emissionshandel der CO_2-Preis auf 50 Euro pro Tonne gestiegen – und den zahlt jeder Verbraucher, der Strom aus dem derzeitigen Mix von erneuerbaren und fossilen Quellen bezieht.

EEG-Umlage und CO_2-Preis sind aber nicht die einzigen Kostentreiber für Strom. Insgesamt sind es mehr als 50 Prozent Steuern und Umlagen. Hinzu kommt: Auch die Netzkosten steigen, weil die Anbindung der erneuerbaren Energien in die Netze und die Versorgungsstruktur Milliardensummen verschlingen wird. Und mit dem Kernenergie- und Kohleausstieg wird sich das Stromangebot verknappen, weil einerseits neue Anwendungen im Rahmen der Sektorenkopplung die Nachfrage steigern, andererseits es bei dem erforderlichen Ausbau der Erneuerbaren derzeit an allen Ecken und Enden hakt. Selbst wenn wie vorgeschlagen mithin die EEG-Umlage in Zukunft allein durch den Staatshaushalt bezahlt würde, besteht die Gefahr, dass der Strompreis nicht sinkt, – sondern sogar weiter steigt.

Steigende Strompreise in der Energiewende, noch dazu sozial ungerecht verteilt – das erweist sich auch als Hindernis, wenn die Sektorenkopplung greifen soll – und Strom aus erneuerbaren Energien neben dem Verkehr vor allem auch den Wärmemarkt »begrünen« soll. Denn trotz der 2021 umgesetzten CO_2-Steuer gilt nach wie vor: Benzin und Diesel, aber auch Heizöl und Erdgas werden per Saldo weit weniger mit Steuern und Abgaben belegt als Strom.

Im Durchschnitt aller Haushalte war es deshalb bisher eine wenig dramatische Sache. Zwischen 1.500 und 2.000 Euro gibt ein privater Haushalt im Durchschnitt jährlich für Wärme und Strom aus, davon mindestens 900 für Raumwärme und Warmwasser. So sagen es die Zahlen der Statistiker (BMWi 2021a). Und die Zeitreihung zeigt: Nachdem die Energiepreise für private Haushalte zwischen 1990 und 2012 sich fast verdoppelt haben, sind sie seitdem – von einem Erdöl-Peak im Jahr 2013 abgesehen– in den Jahren 2012 bis 2020 annähernd gleichgeblieben, und dies, obwohl Kernenergie- und Kohleausstieg und der Fortschritt der erneuerbaren Energien zwischenzeitlich für eine Revolution namentlich der Stromversorgung geführt haben. Die aktuellen Daten des Statistischen Bundesamtes zeigen: Einem kontinuierlichen Anstieg der Stromkosten für Haushalte, unter anderem durch die Umlage nach dem EEG, standen relativ stabile Haushaltspreise für Erdgas und Fernwärme gegenüber, die seit 2013/14 im Mittel sogar etwas gesunken sind (Destatis 2021). Doch das wird nicht so bleiben. Noch sind wir vom Ziel der Energiewende, Wirtschaft und Gesellschaft klimaneutral umzugestalten, weit entfernt. Und damit drohen auch zusätzliche Kosten für die Wärmeversorgung in Haushalten. Allein durch staatliche Auflagen.

Soziale Schieflage bei der Wärmewende vermeiden

An dieser Stelle spätestens muss daran erinnert werden: Die Energiewende hat mit Kernenergie- und Kohleausstieg aus dem Stromgeschäft allenfalls die halbe Strecke zurückgelegt. Denn in den anderen klimarelevanten Bereichen spielen fossile Energien auch 40 Jahre nach dem Einläuten der Energiewende nach wie vor eine dominierende Rolle. Im Wärmesektor dümpelt der Anteil der erneuerbaren Energien seit Jahren bei bescheidenen 14 Prozent, im Strombereich dagegen ist er auf 40 bis 50 Prozent angestiegen. Doch was wird geschehen, wenn in Zukunft die Kosten für Erdöl und Erdgas in ähnlicher Weise steigen werden wie für Strom – und Investitionen in klimaneutrale Alternative bezahlt werden müssen.

Eine psychologische Komponente mildert das Problem beim Strompreisanstieg zusätzlich: Die Kostensteigerungen im Strombereich erfolgten nicht abrupt, disruptiv, sondern schleichend, allmählich. Und nur einmal im Jahr, bei der Stromkostenabrechnung, fällt der Blick auf die EEG-Umlage. Und es braucht keine willentliche Entscheidung der Konsumenten. Strom kommt, überspitzt gesagt, weiterhin ins Haus, ganz gleich ob gelb, ob grün oder andersfarbig, »aus der Steckdose« also, versorgungssicher und zu einem wenn auch steigendem, aber für die meisten bezahlbaren Preis. Vielfach gingen also allmähliche Strompreissteigerungen durch die steigende EEG-Umlage oder erhöhte Netzentgelte selbst bei Geringverdienern einfach »im Rauschen« der allgemeinen Preissteigerungen unter.

Und die Wärmewende? Hier heißt es zunächst, die Frage nach den Ursachen der Verzögerungen gerade bei der Wärmewende zu stellen. Die Annahme, es fehle anders als im Strombereich an technischen Alternativen, erklärt den Misserfolg nicht ausreichend. Geeignete moderne klimafreundliche Technologien wie Fern- und Nahwärme aus KWK, Solarthermie, Effizienztechnologien, Wärmepumpen oder Brennstoffzellen wurden bereits im letzten Jahrhundert zur technischen Reife entwickelt, zu einer Zeit, als Windräder und vor allem Photovoltaik, die heute den Strommarkt beherrschen, noch als teure Exoten belächelt wurden. Doch anders als in der Stromerzeugung konnten sich hier klimafreundliche Technologien überwiegend noch nicht durchsetzen. Nach der Kohlezeit beherrschen jetzt die fossilen Brennstoffe Erdgas und Erdöl den Wärmemarkt bis heute unangefochten. Lediglich Effizienzfortschritte weit unterhalb der technischen Möglichkeiten wurden erzielt, und Fernwärme erreichte einen beachtlichen Marktanteil im Zentrum der Großstädte, weil mit den Stadtwerken unabhängige Betreiber erhalten blieben – doch auch die Fernwärme ist bei Weitem noch nicht klimaneutral.

Die Aufgabe steht also noch bevor: Dekarbonisierung der Wärmeversorgung durch Austausch von zunächst Erdöl und am Ende auch Erdgas. Bis zum Ende dieses Jahrzehnts darf Erdöl in den Heizungen der Republik keine Rolle mehr spielen, bis 2045 muss Erdgas folgen. Und damit stellt sich die Frage: Wie kann die Dekarbonisierung der Wärmeversorgung sozialverträglich erfolgen, mit gerechter Verteilung der Lasten zwischen den einzelnen Verbrauchergruppen?

Oder hängt – unabhängig von der »moralischen« Frage der sozialen Gerechtigkeit – der klimapolitische Erfolg der Wärmewende gar nicht von der Entlastung der Haushalte mit geringem Einkommen ab? Schließlich ist ja auch bei der Stromwende bislang alles »gut« gegangen für die Industrie und die Bessergestellten. Die Frage stellen, heißt, sie verneinen. Denn es gibt einen fundamentalen Unterschied zur Stromwende. Bei der Wärmeversorgung ist jeder und jede unmittelbar gefordert.

Ein einfacher Blick zeigt: Die Zustimmung – oder Akzeptanz – einer Maßnahme im Wohnungs- und Heizungssektor ist viel kritischer zu werten als im Stromsektor. »Der Gebäudesektor«, heißt es in einer aktuellen Problembeschreibung der zukünftigen Schwerpunkte der Energiewende der Deutschen Energieagentur (Dena), »zeichnet sich durch eine hohe persönliche Betroffenheit der Bürgerinnen und Bürger aus. Während Mieterstrommodelle zu einem gewissen Grad zur Akzeptanzerhöhung beitragen können, findet bei der Gebäudesanierung und Umstellung auf erneuerbare Heizsysteme ein Eingriff in den privaten Lebensraum der Bewohnerinnen und Bewohner statt, mit dem in der Regel kurz- bis mittelfristig Kostensteigerungen verbunden sind. Hier müssen Mechanismen zur Kompensation geschaffen werden.« (Dena 2021a, S. 72/3).

Transformation zu einer klimaneutralen Gebäudewirtschaft bedeutet – anders als die Stromwende – also einen unmittelbaren Eingriff in die zentralen Lebensbereiche Wohnen und Heizung. Es geht nämlich von der eher mittelbaren Betroffenheit vom Windrad oder Strommast auf dem freien Feld, die man als störend betrachten kann, wenn sie zu nahe an den Vorgarten herankommen, hinein in die Intimsphäre des Wohnbereichs. Würden diese Grundbedürfnisse zukünftig mit dauerhaft höheren Kosten belegt oder würde ihre Befriedigung gar eingeschränkt, ist entsprechend unmittelbar mit steigendem Widerstand zu rechnen. Das lässt sich keiner bieten. Insbesondere disruptive Brüche in den Versorgungsstrukturen, angeordnet durch die Behörde, die kurzfristig zu hohen Kosten führen, könnten zu Abwehrreaktionen führen. Bei spürbaren Eingriffen könnte die bisher weitgehend vorhandene Akzeptanz der Maßnahmen in Gefahr geraten – mit verheerenden Wirkungen auf das Erreichen der Klimaneutralität.

Nirgends sonst als im Wärmebereich zeigt sich so deutlich: Klimaneutralität ist eine weitaus komplexere Aufgabe als »nur« der technisch machbare Umstieg von einer Technologie auf eine andere – das gilt bereits für die Stromwende, das gilt umso mehr für die noch anstehende Wärmewende. Wer die Hemmnisse überwinden will, muss gleichermaßen technologie- wie wirtschafts- und sozialpolitische Richtungsentscheidungen treffen.

Spätestens seit es bei der Wärmewende hakt, wird immer klarer: Der sozialpolitischen Gestaltung der Energie- und Klimawende wird in Zukunft ein erfolgskritischer Stellenwert zukommen, in dem Maße, wie sich der Schwerpunkt auf die Bereiche Wohnen und auch Verkehr (vgl. dazu aktuell Hennicke u. a. 2021) verlagert.

Wir gehen im Folgenden davon aus: Die Wärmewende kann nur erfolgreich sein, wenn sie aus der Geschichte lernt, um nicht die gleichen sozialpolitischen Schieflagen zu erzeugen, wie wir sie bei der Stromwende diagnostizieren mussten.

An diese Erkenntnis schließt sich unmittelbar eine weitere an: Mittlerweile sind Strom- und Wärmewende durch die Sektorenkopplung doch untrennbar miteinander verbunden. Wer Strom zukünftig in die Heizungssysteme integrieren will, in Wärmepumpen oder Wasserstofftechnologien, muss auch den weiteren Fortschritt der Stromwende sozialverträglich gestalten. Die zentrale Fragestellung lautet also: Gelingt es, durch geeignetes Instrumentenmix einen Weg zu finden, die Klimaneutralität im Gebäudesektor von vorneherein sozialverträglich zu gestalten? Dennoch: diese Position wird nicht von allen geteilt. Disruption sei doch die einzige Chance, den Rückstau bei der Wärmewende aufzuholen. Manche sind besonders strikt:»Im Wärmebereich dürfen ab dem Jahr 2020 keine neuen Gas- oder Ölheizungen sowie KWK-Anlagen installiert werden. Aus Effizienzgründen wird künftig der überwiegende Anteil der Raumwärme durch Wärmepumpen gedeckt«, forderte 2016 der Berliner Ökonom Volker Quaschning (Quaschning 2016, S. 3). Er wollte so der Sektorenkopplung zum Erfolg verhelfen – Sektorenkopplung, verstanden als Elektrifizierung namentlich des Wärmebereichs. Und das heißt für den Nutzer und die Nutzerin: Hohe Investitionen in Gebäudesanierung, aber auch in den Austausch der Heizungssysteme tätigen. Sofort.

Für den Klimaschutz mag das kurzfristige Vorteile versprechen. Angenommen es gelänge, gleichzeitig auch hundert Prozent des Stroms für den Antrieb der Wärmepumpen mit erneuerbaren Energien herzustellen, sänke der CO_2-Ausstoß im Raumwärmebereich binnen Kurzem auf null. Abgesehen von der zu bezweifelnden Sozialverträglichkeit beschreibt Quaschning selbst das Problem:»Werden Effizienzmaßnahmen nicht umgesetzt, steigt der Strombedarf auf bis zu 3.000 TWh an. Diese Strommenge in absehbarer Zeit klimaneutral zu decken, ist unrealistisch. Selbst für einen Strombedarf von 1.300 TWh muss das Ausbautempo von Solar- und Windkraftanlagen deutlich steigen.« (Quaschning 2016, S. 3). Zum Vergleich: Die Bundesregierung hat ihre Ausbauziel für den gesamten Strombedarf bis 2030 gerade auf einen Wert zwischen 645 und 665 TWh erhöht.

Von einer derartigen Rosskur wären gerade sozial Schwache unverhältnismäßig getroffen: Gebäudesanierung und neue Heizung machen einen Großteil der Investitionen aus, die viele und gerade die ärmeren Teile der Bevölkerung in ihrem Leben jemals meistern (müssen). Wer innerhalb kurzer Zeit eine Vielzahl der teuersten von ihm benutzten Gebrauchsgüter austauschen soll, muss jedenfalls über entsprechend große Rücklagen verfügen. Oder soll der Staat die Umstellung nicht nur per ordre de mufti anordnen, sondern über Zuschüsse auch finanzieren? Die müssten jedenfalls weit über das bisherige Maß von Umstellungsprämien hinaus gehen, die derzeit bereits für Gebäudesanierung und Heizungsumstellung gezahlt werden. Denn wie gesehen zehrt für Einkommensschwache jeder zusätzliche Euro, der für Strom oder Wärme ausgegeben wird, doppelt so stark am Budget wie für einen Besserverdienenden. Steuerliche Vergünstigungen nützen ohnehin gerade den unteren sozialen Schichten nur wenig.

Problematischer noch: Heizen ist naturgemäß mit Wohnen eng verwoben. Und die Situation auf dem Wohnungsmarkt ist angespannt, jedenfalls in den großen Städten. »Erfolgskritisch für die Wärmewende«, bestätigt Matthias Dümpelmann von der Stadtwerke-Organisation 8KU, »ist aber auch die Beachtung sozialstruktureller Fragen. Insbesondere Großstädte sind signifikant von Mietwohnungen in großen Mehrfamilienhäusern geprägt. Der Wohnungsmarkt ist eng. Gleichzeitig gehören Mieterhaushalte eher zu den Normal- bis Geringverdienern. All dies prägt die Umsetzung einer klimaneutralen Wärmeversorgung im urbanen Raum. Überdies ist Deutschland mit einem Anteil von gut 50 Prozent Mieterland Nr. 1 in der EU. Die zuletzt in den Ballungsräumen deutlich gestiegenen Mieten haben mit dazu beigetragen, dass der politisch heikle Sachverhalt der Wohnkostenüberbelastung deutscher Haushalte im Jahr 2019 nur in drei EU-Staaten übertroffen wurde.« (8KU 2021, S. 4).

Damit wird der Blick noch einmal erweitert. Denn die Wärmeversorgung einer Wohnung ist unmittelbar verbunden mit der Situation auf dem Wohnungsmarkt – und das gilt für Mieterinnen und Mieter in besonderem Maße. Denn sie haben in der Regel gar keinen Einfluss auf die Qualität der Wärmedämmung und der Heizung, müssen aber die Kosten tragen. Soziale und ökologische Politik gehören zusammen – das ist vor allem bei so weitreichenden Umstellungen der Wohnsituation existenziell.

Es ist unausweichlich: Die Wärmewende wird in Zukunft nur dann erfolgreich sein, wenn die Lasten für alle tragbar sind. Und Lasten und Chancen gleichmäßig auf alle gesellschaftlichen Gruppen verteilt werden. Eine Ausgestaltung der Wärme- und Verkehrswende, die dies nicht berücksichtigt, könnte Verbraucherinnen und Verbraucher bis weit in die untere Mittelschicht übermäßig belasten. Doch ohne Wärmewende keine Klimaneutralität. Es ist mithin unerlässlich, die Sozialverträglichkeit der Transformation als zentrale Erfolgsgröße in den Blick zu nehmen – und sowohl politische Rahmenbedingungen als auch den konkreten Transformationspfad selbst entsprechend zu gestalten.

Das definiert eine Anforderung an die Politik: Jede Maßnahme, ganz gleich ob CO_2-Abgabe (und ihre geplante Kompensation) oder Förderung von Gebäudedämmung und Heizungsaustausch, muss den Check durchlaufen, ob sie die sozialpolitische Schieflage mindert oder verstärkt. Und damit dazu beiträgt, ob die ehrgeizigen Klimaschutzziele eine Chance haben, verwirklicht zu werden.

Das gilt jetzt vor allem für die seit Anfang 2021 geltende CO_2-Steuer. Muss sie nicht das Problem der Energiearmut zwangsläufig verschärfen, am Ende sogar weitere Bevölkerungsgruppen bis hin zu mittlerem Haushaltseinkommen übermäßig belasten? Und reichen die derzeit angekündigten Kompensationen aus, um eine soziale Schieflage aufzufangen?

Abgang Menetekel an der Wand. Wir werden im folgenden Kapitel untersuchen, welche technischen, strukturpolitischen und regulatorischen Alternativen es im erfolgskritischen Bereich der Wärmeversorgung gibt – und wie sie sozialverträglich im Instrumentenmix zu realisieren wären.

Kapitel 5

Die Bremsen lösen: Wärme auf dem Weg zur Klimaneutralität

5.1 Transformation der Wärmeerzeugung

»Im vergangenen Jahrzehnt ist wenig passiert. Es ist höchste Zeit, dass die Energiewende im Gebäudebereich wieder Fahrt aufnimmt«, warnte Andreas Kuhlmann, Geschäftsführer der Deutschen Energie-Agentur (Dena) bei der Vorstellung seines »Gebäudereports 2019«. (Dena-PM vom 12.11.2019, www.dena.de). Ist es nicht ein bisschen Déjà-vu? Das hätte er doch auch zehn, zwanzig Jahre vorher sagen können. Denn an der Wärmeerzeugung scheinen bis heute die Stürme der Energiewende, die die Stromversorgung seit 2000 hin und hergerissen hatten, ohne große Spuren vorübergegangen zu sein.

Der Wärmeverbrauch ist aber für die Klimabilanz ein entscheidender Faktor. Und damit ist die Frage, wie die Transformation der Wärmeerzeugung gelingen soll, zentral für die Erreichung der Klimaziele.

Um es zu wiederholen: Im Gegensatz zum Strom stagniert der Anteil erneuerbarer Energien im Wärmebereich. Besonders krass bei der Prozesswärme mit lausigen sechs Prozent. Und kaum besser sieht es aus bei der Gebäudewärme: 14 Prozent, hauptsächlich Holz und Biomasse. Das ist keine schöne Bilanz für den Klimaschutz.

Dabei entfallen rund 56 Prozent des gesamten bundesdeutschen Endenergieverbrauchs auf den Wärmebereich, das sind neben den rund 800 Terawattstunden (TWh) für Raumwärme und Warmwasser[4] noch

---

4   In Wohngebäuden sowie sogenannten Nichtwohngebäuden – deshalb nicht unmittelbar vergleichbar mit den Daten in Abbildung 10, wo nach den Sektoren Haushalte, Industrie und Gewerbe und Dienstleistungen unterschieden wird. Auf die Wohngebäude entfallen von den rund 800 TWh im Durchschnitt der letzten Jahre kontinuierlich zwischen 511 und 487 TWh (vgl. Abbildung 11).

530 TWh für industrielle Prozesswärme. Hinzu kommt noch ein wenig Kälteerzeugung, derzeit allerdings auf deutlich niedrigerem Niveau.[5]

Raumwärme in Wohngebäuden

Wie das sozialverträglich ändern? Im Folgenden soll vor allem der Verbrauch an Nutzwärme, also den Endenergieverbrauch zur Beheizung der Gebäude in den Haushalten im Fokus stehen – er schlägt sich im Portemonnaie der Menschen unmittelbar nieder. Das Umweltbundesamt hat ihn aus den Statistiken herausgerechnet, und auch für ihn ergibt sich das schon gewohnte Bild der Stagnation. Er ist zwischen 2008 und 2018 nur ganz leicht gesunken – von 511 auf 487 TWh.[6]

Nicht, dass nichts geschehen wäre. Doch Resultat ist ein Patt: Der Trend zu mehr Haushalten und größeren Wohnflächen führt zu steigendem Bedarf. Dem kann der gute Standard bei Neu- und die laufende Sanierung der Altbauten gerade mal die Waage halten. Experten nennen dies den Rebound-Effekt. Steigende Effizienz ermöglicht Wohlstandsmehrung, die dann wieder zu mehr Verbrauch führt. Kein schlechter Trend an und für sich, sozialpolitisch. Doch zwingt er dann wieder zu größeren Anstrengungen bei der Effizienzsteigerung.

Ein gutes Maß hierfür ist der spezifische Endenergieverbrauch, also der Energieverbrauch pro Wohnfläche. Er sank seit 2008 immerhin um gut zehn Prozent – von 146 auf 131 Kilowattstunden pro Quadratmeter (kWh/m^2a, siehe Abbildung 11). Die Rate ist aber dennoch bescheiden. Und berücksichtigt man, dass Neubauten bereits auf Niedrigenergiehaus getrimmt werden, ist beim dominierenden Altbaubestand viel zu wenig passiert. Nach wie vor ist das meilenweit entfernt von dem Richtwert zwischen 40 und 50, der heute bereits verbindlich für Neubauten gilt.

---

5   Wenn wir im Folgenden von Wärme reden, sind immer einerseits die Warmwasser- und andererseits die Kälteerzeugung mitgedacht.

6   In Abbildung 10 wurde bereits die Entwicklung des Endenergieverbrauchs für den gesamten Haushaltssektor gezeigt, damit inklusive Strom. Deshalb die dort höheren Werte. Es zeigt sich aber, dass die Stagnation im Endenergieverbrauch für Wärme ebenso gilt wie für Strom.

**Abbildung 11: Endenergieverbrauch und -intensität für Raumwärme –
Private Haushalte (witterungsbereinigt)**

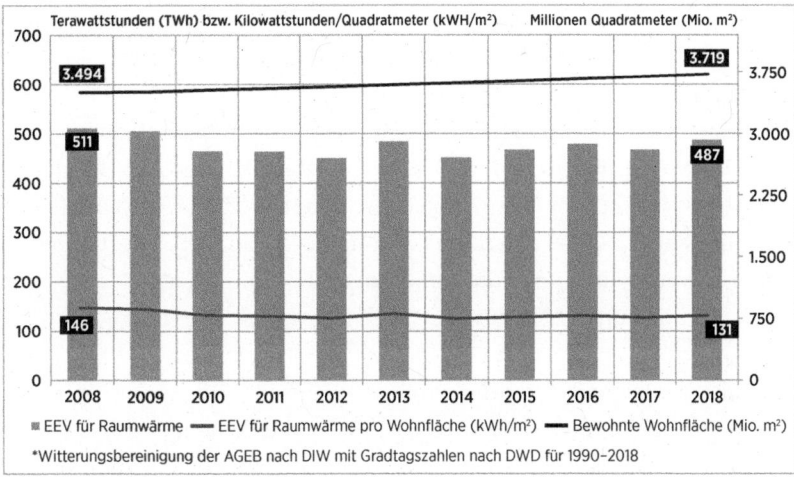

Quelle: Umweltbundesamt auf Basis Arbeitsgemeinschaft Energiebilanzen

Ein Blick zurück

Schon im Jahr 2000, dann wieder im Jahr 2010 wurde der träge Fortschritt
im Gebäudesektor lauthals beklagt. Freilich gab es gut dotierte Programme
zur energetischen Gebäudesanierung, freilich ersetze die effiziente Brenn-
werttechnik nach und nach die veralteten Gas- und Öl-Heizungssysteme.
Doch trotz hoher Investitionen mit Milliardenprogrammen an Förderung
durch den Bund war das offenbar nur ein Tropfen auf den heißen Stein.
Es lief weiter auf »Trendsparen« hinaus – alles, was im Verlauf der normalen technischen Entwicklung realisierbar ist und preisgünstig angeboten wird, wird gemacht – doch zusätzliche Anstrengungen unterblieben.

Andererseits sind dem Rebound Grenzen gesetzt: Mehr als ein heißes
Bad oder eine heiße Dusche am Tag kann niemand vertragen. Und mehr
als 21 Grad Celsius ist für die meisten zu kuschelig. Weil der Bedarf relativ
inflexibel ist, reichte Trendsparen lange aus. Und im Gefolge der Ölpreiskrise von 1973 wurden global immer neue Erdöl- und Erdgasquellen
erschlossen. Wer mehr will, wer den Endenergieverbrauch in der Raumwärme nachhaltig senken will, muss zwei Gesichtspunkte beachten: Zum

einen die Qualität der Gebäudehülle, zum anderen die energetische Qualität der Heizung.

Zunächst zur Gebäudehülle. Ein wichtiger Faktor ist die Sanierungsrate – also die Prozentzahl der Wohnungen, die jährlich saniert werden. Sie stagniert weiter bei etwa einem Prozent pro Jahr, müsste allerdings verdoppelt werden, um die Klimaschutzziele zu erreichen. Erinnern wir uns: Das wusste man schon 2010 – im Energieprogramm der Bundesregierung ist die Verdoppelung der Sanierungsrate bereits eingeplant (siehe Seite 85, Tabelle 2). Ziel krachend verfehlt, muss man sagen. Und bei jeder Sanierung muss auch noch die Sanierungstiefe stimmen, also die Qualität der Sanierung, um dem Stand eines Niedrigenergiehauses möglichst nahe zu kommen.

Und der Heizungstausch? Zwischen 1970 und 2010 waren die Unsicherheiten über den Ölpreis noch ein Anreiz gewesen, über Ersatz nachzudenken. Doch war der Anstieg um 2010 zum Erliegen gekommen, er hatte seinen Zenit erreicht und schwankte anschließend nur noch auf dem erreichten Niveau.

Fiel der Anteil des Erdöls an der Beheizung deutscher Wohnungen zwischen 1990 und 2010 deutlich zurück, von mehr als 50 auf 30 Prozent, so sank er ab 2011 nur noch geringfügig – auf derzeit 25 Prozent. Das sind immer noch mehr als zehn Millionen Wohnungen. Immerhin: Seit 2000 dominiert Erdgas mit einem konstanten Anteil von knapp 50 Prozent oder gut 21 Millionen Wohnungen. Und die Fernwärme, ganz überwiegend aus effizienter KWK bezogen, hat ihren Anteil seit 1995 ausbauen und seit 2000 von zwölf auf 14 Prozent (5,9 Millionen Wohnungen) steigern können – vor allem in den großen Städten. Und seit 2010 hat auch der Anteil von Elektro-Wärmepumpen zugenommen – im Gesamtbestand auf allerdings bescheidene 2,6 Prozent. Nachtstromheizungen verschwinden. Der Rest ist Holz und Biomasse (BDEW 2021).

Die Erdölheizung ist zu Recht in Verruf geraten. Sie ist mit besonders hohen Kohlendioxid-Emissionen behaftet. Pro Energieeinheit wird bei der Verbrennung von leichtem Heizöl rund ein Viertel mehr CO_2 freigesetzt als bei der Verbrennung von Erdgas (UBA 2021). Wer schnell dem Klima nützen will, muss mithin vorrangig 25 Prozent der Heizungen austauschen. Wenig effiziente Ölheizungen dominieren vor allem in dünn-besiedelten Gebieten und bei Einzelbebauung. Und dort, wo auf dem platten Land kein Gasanschluss verlegt wurde. Vor allem in vier Bezirken im Osten und Norden Bayern wurden 2018 noch mehr als 36 Prozent der Wohnungen mit Erdöl beheizt, und auch in Restbayern und in Baden-Württemberg liegen die Werte bei mehr als einem Drittel. Im Norden und Osten, dazu in NRW sind es dagegen durchgängig weniger als 20 Prozent. Andererseits ist das Erneuerungspotenzial hoch, denn das Durchschnittsalter der Öl- und Gaskessel beträgt 24 Jahre. Allein aber durch den »natürlichen« Austausch gegen moderne Gas-Brennwert-kessel wird sich nicht einmal das Klimaziel für 2030 erreichen lassen – geschweige denn die Klimaneutralität im Jahr 2045.

Jetzt aber ist das stille Wasser des Wärmestroms in Wallung geraten. Eine Revolution kündigt sich an, die mittelfristig die dominierenden Brennstoffe Öl und Erdgas hinwegfegen könnte – die Wärmeversorgung muss klimaneutral gestaltet werden.

Das Ziel: Wärme nur noch klimaneutral

Seit 2000, seit 2010 haben sich die Klimaschutzziele entscheidend ver-schärft. Warnhinweis: Bis 2020 sollten die Treibhausgas-Emissionen im Gebäudebereich auf jährlich 118 Millionen Tonnen zurückgehen – das Ziel wurde peinlicherweise um zwei Millionen Tonnen verfehlt. Lappalie? Zum Vergleich: Die Energiewirtschaft hat – vor allem wegen des einset-zenden Kohleausstiegs – das Reduktionsziel (von 368 auf 280 Millionen) sogar um 59 Millionen Tonnen übertroffen (BMU 2020, www.bmu.de).

Es ist nicht allein die Schuld der privaten Heizungen. Der in der Sta-tistik zusammengefasste Gebäudebereich umfasst definitionsgemäß mehr als die Raumwärme in Wohngebäuden. Zum einen kommen die Wärme-emissionen, die auf Verwaltung und Handel entfallen, hinzu, zum anderen die Emissionen, die die Stromnutzung, derzeit vor allem für Beleuchtung, IT und Haushaltsgeräte, umfassen.[7]

---

7 Wir werden später sehen, dass diese Gesamtbetrachtung unter Klimagesichtspunkten wich-tig und richtig ist, weil im Zuge der Sektorenkopplung Strom auch im Wärmebereich zuneh-mend eingesetzt werden wird.

Das Umweltbundesamt hat die Daten für die »direkten Kohlendioxid-Emissionen von Feuerungsanlagen der privaten Haushalte (ohne Strom und Fernwärme)« zwischen 1990 und 2018 aus den Statistiken herausgerechnet. Ergebnis immerhin: Die Emissionen sind von 129 Millionen Tonnen auf 83 Millionen gefallen. Doch das geschah hauptsächlich in der Zeit bis 2007. Damals wurde bereits der heutige Wert von 83 Millionen erreicht, seitdem auch hier – Stagnation.

Was ist bis 2030 zu erreichen? Das Klimaschutzgesetz von 2019, das den Vorgaben des Klimaschutzplanes 2050 der Bundesregierung folgte und Klimaneutralität 2050 anstrebte, gab für den gesamten Gebäudesektor schon ein ehrgeiziges Klimaschutzziel vor: Der Sektor soll im Jahr 2030 nur noch 70 bis 72 Millionen Tonnen CO_2 ausstoßen. 2021 war diese ehrgeizige Vorgabe bereits wieder Makulatur: Jetzt gelten 65 Millionen Tonnen als Obergrenze. Hochgerechnet auf den Raumwärmeanteil in Wohngebäuden würde dies eine Reduktion auf nur noch etwa 45 Millionen bedeuten.

Ein realistisches Ziel? Lassen wir noch einmal den Dena-Chef Kuhlmann zu Wort kommen.»Ohne zusätzliche Anstrengungen werden die Treibhausgasemissionen im Gebäudebereich nach unseren Schätzungen im Jahr 2030 um bis zu 28 Millionen Tonnen über dem angestrebten Wert von 70 bis 72 Millionen Tonnen liegen«, hatte er 2019 ausgerechnet (dena-PM vom 12.11.2019, www.dena.de). Das wären dann auch im Raumwärmebereich der Wohngebäude mindestens 15 Millionen zu viel.

Was tun: Neubauten

Für Neubauten wird der maximale Energieverbrauch seit 2020 durch das Gebäudeenergiegesetz (GEG) (bis 2020 durch die Energieeinsparverordnung) vorgegeben, für neue Ein- und Zweifamilienhäuser (EZFH) lag der Heizwärmebedarf 2018 entsprechend bei rund 50 kWh/m² , bei Mehrfamilienhäusern (MFH) sogar bei 40 kWh/m² (Prognos u. a. 2021, S. 59). Hilft es, auf den »trendigen« Austausch von Alt- durch Neubauten zu setzen?

Doch halt: Im Gebäudebereich ist der Fortschritt eine Schnecke, jährlich kommen allenfalls zwei Prozent neue Gebäude hinzu. Schon ab 2000 waren die Standards hoch – nimmt man alle Neubauten zwischen

2000 und 2045 zusammen, wären dies immerhin rund 30 Prozent der Gebäude – das ist viel, aber zu wenig, um den Klimawandel aufhalten zu können. 70 Prozent der noch 2045 stehenden Gebäude werden umgekehrt grundsaniert werden müssen.

Was tun: Altbauten

Der erste Weg: die Sanierungsrate erhöhen. Die aktuellen Daten liefert die aktuelle Agora-Studie zur Klimaneutralität 2045: »Umgerechnet auf den gesamten Gebäudebestand ergeben sich jährliche Sanierungsraten von rund einem Prozent bei den Ein- und Zweifamilienhäusern (EZFH) und annähernd 1,4 Prozent bei den Mehrfachhäusern (MFH).« (IWU 2018, zitiert nach Prognos u. a. 2021, S. 58). Notwendig wäre mithin, wie schon 2010 von der damaligen Bundesregierung angepeilt, endlich eine Verdoppelung. Und es wird unzureichend saniert: Vergleichsweise hoch sind die jährlichen Modernisierungsraten bei Fenstern (circa 2,5 Prozent) und bei der Isolierung der Dachgeschosse (2,3 Prozent). Bei der teuren Fassadensanierung beträgt der Anteil hingegen nur 1,1 Prozent, bei den Böden sogar weniger als ein Prozent. Zur zu geringen Sanierungsrate kommt damit auch eine unzureichende Sanierungstiefe. Aktuell liegt selbst nach Gesamtsanierungen der mittlere jährliche Heizwärmebedarf beim EZFH-Segment noch bei schätzungsweise 80 bis 85 kWh/m² Wohnfläche, im Bereich der MFH bei rund 60 bis 65 kWh/m² – immer noch ein Drittel mehr als bei Neubauten.

Und die andere Seite der Medaille: Wie soll für den »Restwärmebedarf« die Abkehr von den fossilen Brennstoffen möglich werden? Wie das Kunststück vollziehen, hier mit erneuerbarer Wärme klimaneutral zu werden, wenn Sonnenenergie in unseren Breiten nicht reicht und Biomasse und Holzpellets mangels nachhaltig erzeugbarer Masse Randerscheinung bleiben müssen. Stichwort Sektorenkopplung. Damit wären – es ist im Kapitel 3. 7 schon angeklungen – die Möglichkeiten vielfältiger als nur der Austausch von Erdöl und -gas durch regenerative Wärmeträger.

Fernwärme bietet sich an, überwiegend in hocheffizienter KWK, sie weist eine weit bessere CO₂-Bilanz aus – zumal die früher vorherrschende Kohle immer mehr an Bedeutung verliert und mit dem Kohleausstiegsgesetz auch die Umstellung der letzten Kohle-KWK-Anlagen auf klima-freundlichere Systeme bis 2030 bezuschusst wird (siehe Kapitel 3.5). Doch hat die aus KWK gewonnene Fernwärme in den letzten zwanzig Jahren nur bescheiden zugelegt. Der Grund: der Leitungsbau, wiewohl gefördert durch das KWKG, ist teuer – und also nur sinnvoll bei hoher Abnahme-dichte im Zentrum von Großstädten. Das ginge vor allem zulasten der bislang dominierenden Gas-Einzelheizungen, zu einem geringeren Teil auch zulasten von Ölheizungen. Doch Fernwärme aus fossiler KWK fällt mehr in das Kapitel Effizienz. CO_2-neutral ist das nicht.

Notwendig ist, die Fernwärme auf klimaneutrale Energien umzustel-len – neben Biogas- und Müllheiz-KWK kommen vor allem Abwärme aus der Industrie und die Einspeisung von Solarwärme oder wo vorhanden auch Geothermie infrage. In diesem Zusammenhang kann auch Solar-wärme sinnvoller genutzt werden. Wenn die zahlreichen Möglichkeiten der »Begrünung« immer stärker genutzt werden, kann Fernwärme schon weit vor dem Zieljahr 2050 annähernd klimaneutral geliefert werden. Kla-res Indiz: In Neubauten ist sie auf dem Vormarsch: 25 Prozent der neuen Wohnungen werden an Fern- und Nahwärme angeschlossen.

Und der direkte Stromeinsatz, mittels Strom aus Wind und Sonne? Auch er ist nur in Kombination mit erneuerbarer Wärme sinnvoll. Elek-tro-Wärmepumpen nutzen erneuerbare Umweltwärme aus Luft, Wasser oder Boden (Erdwärme). Elektrisch auf das notwendige Temperaturni-veau gebracht, werden sie in Neubauten derzeit schon überwiegend ein-gesetzt, in Einzelhäusern und auf dem Land. Wenn dereinst der Strom gänzlich aus erneuerbaren Energien kommen soll, sind sie ebenfalls kli-maneutral. Auch in Fernwärmesystemen können in Zukunft größere Aggregate, Großwärmepumpen zur »Begrünung« beitragen.

Die Generalformel für Klimaschutz im Wärmebereich: Sanierungsrate erhöhen, im Wesentlichen mit vorhandenen Dämmtechniken, und den verbleibenden Heizungsmix neu definieren. Zunehmend dekarbonisierte Fernwärme könnte in den Städten dominieren, Wärmepumpen auf dem Land.

Und Gas? Erdgas fällt auf lange Sicht aus und Biogas ist rar. Wasserstoff oder daraus gewonnenes Methan lassen sich mittels Elektrolyse herstellen und in die bestehenden Netze einspeisen – um KWK zu »begrünen« – oder vielleicht sogar in Gas-Einzelheizungen Erdgas zu ersetzen. Schon bieten Hersteller von Erdgas-Brennwertkesseln *H2-Readyness* an, das heißt ihre Kessel lassen sich auch vollständig mit Wasserstoff betreiben. Doch noch herrschen viele Unklarheiten über den zukünftigen Mix – und die Sozialverträglichkeit wird allenfalls unsystematisch berücksichtigt.

Prozesswärme – vom Klimaschutz bis heute wenig tangiert

Die Wärmeenergie zum Schmelzen, Trocknen, Reinigen, Kühlen und diverse andere industrielle Prozesse macht mehr als 20 Prozent des deutschen Endenergiebedarfs aus – sie gehört damit zu den größten Energieverbrauchssektoren in Deutschland. Gegenüber dem ohnehin geringen Anteil der erneuerbaren Energien von 14 Prozent am gesamten Wärmebedarf fällt der Wert bei der Prozesswärme weiter ab: auf marginale sechs Prozent. Kohle und Erdgas dominieren. Mit anderen Worten: die Energiewende ist an der industriellen Wärmeerzeugung bislang vorbeigegangen. Dennoch könnte auch hier die gesamte Palette der erneuerbaren Wärme nutzbar gemacht werden. Hinzu kommen Großwärmepumpen und – perspektivisch – der Einsatz von »grünem« Wasserstoff. Dabei muss allerdings zwischen den verschiedenen Temperaturbedarfen unterschieden werden:

- Am einfachsten ist es im mit der Raumwärme vergleichbaren Niedertemperatur-Bereich (z. B. in der Nahrungsmittelindustrie), insgesamt rund zehn Prozent des Gesamtbedarfs. Hier kann der Einsatz der erneuerbaren Energien gemeinsam mit Effizienzmaßnahmen zu einer vollständigen Dekarbonisierung führen – ähnlich wie bei der Raumwärme.
- Im Bereich mittlerer Temperaturen, rund 30 Prozent des Gesamtbedarfes vor allem in der Chemieindustrie, der Grundstoffverarbeitung Maschinenbau und im Kfz-Bereich sollten zunächst erneuerbare Energien in Kombination mit fossilen Energieträgern eingesetzt werden.
- In der Großindustrie, vor allem bei der Metallerzeugung und -verarbeitung sowie in der Glas- und Keramikindustrie braucht es oft Temperaturen von mehr als 1.000 Grad Celsius. Hier fallen fast 60 Prozent des Gesamtbedarfs an. Dies könnte das erste Reich des mittels Strom aus erneuerbaren Energien erzeugten »grünen« Wasserstoffs werden, doch Effizienzmaßnahmen, Abwärmenutzung und der Einsatz von Biomasse sind ebenfalls möglich.
- Das wirtschaftlich zu hebende Effizienzpotenzial beläuft sich auf rund zehn Prozent des gesamten Prozesswärmebedarfs. Es wächst mit ansteigenden CO_2- oder Energiepreisen.

nach: Hamburg Institut 2018

5.2 Klimaneutralität der Wärme – die Szenarien

Die Themen und Technologien sind gesetzt. Wie aber könnte sich unter genau definierten Bedingungen die Energiewelt entwickeln? Und welche Alternative gibt es, um ein Optimum zu erreichen, volkswirtschaftlich. Zukunftsszenarien sollen weiterhelfen. Mitunter wird dabei auch die Sozialverträglichkeit mitgedacht – sei es im Hinblick auf Jobs oder auch die Belastungen für Niedrigverdiener. Im Mittelpunkt jedoch steht der Klimaschutz.

Meist geht man von einem Trendszenario aus – was geschieht, wenn keine zusätzlichen Maßnahmen zur Klimagasreduktion ergriffen werden – und variiert anschließend die Annahmen, um im Vergleich Szenarien zu finden, um dem definierten Ziel näher zu kommen. Dann werden entsprechende politische Maßnahmen diskutiert. Am Ende steht ein Leitszenario, an dem sich die Politik ausrichten sollte. Derartige Szenarien haben wir – ausgehend von den Szenarien der Enquete von 1980 – schon kennengelernt. Sie enthalten meist auch Annahmen und Vorschläge für den Wärmebereich. Und die Entwicklung zeigt: Je klarer Ziele und Technologien werden, desto mehr nähern sich die Szenarien in den Grundannahmen an.

Bis vor Kurzem herrschte noch weitgehend Unklarheit über das Ziel. So variieren Szenarien früherer Jahre oftmals das Reduktionsziel: 80, 85 oder 90 Prozent Rückgang der CO_2-Belastung wurden meist unterschieden und einem »Weiter-So« mit deutlich geringeren Reduktionen gegenübergestellt. Jetzt herrscht Klarheit: 100 Prozent Klimaneutralität bis 2045 ist Gesetz. Das macht es für die Szenarien-Architekten einfacher: Sie können sich auf einen gangbaren Weg konzentrieren, dieses Ziel möglichst kostengünstig und sozialverträglich zu erreichen. Derzeit setzen die aktuellen Studien Klimaneutralität bis 2045 voraus, so wie es der Gesetzgeber festgelegt hat – auch im Wärmebereich.

Die früheren Szenarien: Sanierungsrate und -tiefe

Efficiency first gilt unbestritten. Warum nicht flächendeckend das Nullenergiehaus etablieren? Doch schnell wird beim Durchrechnen der Szenarien klar: Das Nullenergiehaus wird sich weder im Altbaubestand noch in Neubauten flächendeckend erreichen lassen. Denn das wäre unbezahlbar.

Leitmotiv aller bekannten Szenarien ist aber die deutliche Senkung des Wärmebedarfes. Klar ist: Man muss die Sanierungsrate der Altbauten verstärken. Doch wie hoch? In einer »Metastudie« hatten die Experten der Berliner Denkfabrik Enervis 2018 mehrere damals aktuelle Szenarien verglichen. Ergebnis: »Gerade im Gebäudebereich streuen die Annahmen breit. Im Mittel der Studien steigen die Sanierungsraten leicht mit dem CO_2-Reduktionsziel, jedoch ist das Bild hier uneinheitlich. Die Sanierungsrate schwankt in den untersuchten Szenarien zwischen 1,4 und 3,1 Prozent pro Jahr.« Und die Sanierungstiefe? Auch hier herrscht Unklarheit: »Bei den Annahmen zu den Effizienzmaßnahmen, also der Sanierungstiefe, ergibt sich noch kein klares Bild, insofern scheint es noch keine klare Strategie zu geben«, wussten die Analysten zu berichten (Enervis 2018, S. 8).

Es sei hier nur schon einmal vorsorglich angedeutet: Hinter den Unsicherheiten steckt ein harter Kern. Gerade wenn Geringverdiener die Kosten tragen sollen, ergibt sich ein Zielkonflikt. Sie können oder wollen die hohen Investitionen nicht stemmen, selbst wenn sie die Kosten über die Jahre durch eingesparte Brennstoffkosten wieder herausbekommen könnten. Selbst wenn die unterschiedlichen Szenarien meist den Zielkonflikt nicht explizit benennen, so beeinflusst er die Annahmen doch ganz erheblich.

Klimaneutralität bis 2045

Die Zielvorgaben im aktuellen Bundesklimaschutzgesetz für den Gebäudebereich korrespondieren eng mit dem schon zitierten, im Auftrag von Agora Energiewende erstellten Szenario von Prognos, Öko-Institut und Wuppertal Institut zur Erreichung der Klimaneutralität. Zunächst berechnet für 2050 (KN 2050), dann in der Fassung von 2021 für das neue Neutralitätsziel 2045 (KN 2045) noch einmal verschärft. Es ist derzeit de facto so etwas wie das Leitszenario, und wir werden uns im Folgenden daran – auch kritisch – orientieren.

Zunächst die Eckdaten für Sanierungsrate und -tiefe: »Im Szenario KN2045 wird die Sanierungsaktivität deutlich angehoben. Bis zum Jahr

2030 steigt sie gleich stark wie im Szenario KN2050, nach 2030 fällt der Anstieg stärker aus. Die jährlichen Sanierungsraten steigen bei EZFH auf annähernd 1,7 Prozent und bei MFH und Nichtwohngebäuden (NWG) auf über 1,8 Prozent. Dabei beziehen sich die Raten jeweils auf den Gesamtbestand. Die Sanierungstiefe lässt sich aus den erzielten Einsparungen ersehen: Wie im Szenario KN2050 reduziert sich auch im Szenario KN2045 der mittlere spezifische Heizwärmebedarf bei Gesamtsanierungen bei EZFH auf etwa 60 kWh/m² (dies entspricht in etwa dem KfW-Effizienzhausstandard 70 oder besser) und bei MFH auf 40 bis 45 kWh/m² (dies entspricht in etwa dem KfW-Effizienzhausstandard 55; spezifische Verbrauchswerte bezogen auf die Nutzenergie für Raumwärme, ohne Warmwasser).« (Prognos u. a. 2021, S. 59). Also: Sanierung für alle auf heute aktuelle Niveaus für Neubauten. Das wird das Motto für die Erreichung der Klimaneutralität.

Das Nullenergiehaus für alle wird es aber auch 2045 nicht geben. Es scheint auch für Wärme (und Kälte) und Warmwasser eine »magische Grenze« zu geben, einen »Restbedarf«, der auch bei ehrgeiziger und vollständiger Sanierung nicht unterschritten werden kann. Schließlich will jede und jeder auch bei minus 20 Grad Celsius noch warme Füße haben. Da wäre selbst die dickste Wärmedämmung überfordert. Den »Effizienzsockel«, also den »Restbedarf« nach optimaler Sanierung der Gebäudehülle haben Experten der Berliner Technischen Hochschule und des Heidelberger IFEU-Instituts bereits im Jahr 2012 auf rund 400 TWh jährlich berechnet, also etwas weniger als die Hälfte des gesamten derzeitigen Wärmebedarfes aller Wohn- und Nichtwohngebäude von heute noch knapp 800 TWh (Beuth/ifeu 2012). Zunächst für Warmwasser: Hier werden auch in Zukunft rund 100 TWh jährlich gebraucht. Hinzu kommen rund 300 TWh Basisbedarf bei der Raumwärme, »der selbst im Fall einer Durchsanierung des gesamten Gebäudebestands auf ambitionierte Standards bestehen bleibt.« (BostonConsult/Prognos 2018, S. 212). Hinzu kommen Restriktionen, die aus Konstruktion und Besonderheit der Altbauten entstehen. Sie sind zum Teil zurückzuführen auf unzugängliche Wände oder Decken, zum Teil auch auf ungeeignete Gebäude wie Fachwerkhäuser oder Häuser unter Denkmalschutz.

Und die korrespondierende CO_2-freie »Rest«-Beheizung? Nach 2025 werden bei Agora keine Öl- und Gasheizungen mehr eingebaut. Also: Kurz nach dem Öl geht auch das Erdgas, sodass sie im Jahr 2045 aus dem Mix verschwunden sind. Und als Ersatz? »Dem Rückgang fossiler Wärmeerzeuger steht ein starker Anstieg der elektrischen Wärmepumpen gegenüber. Die Anteile der Wärmepumpen sind insbesondere in kleinen Gebäuden (EZFH) von hoher Bedeutung. Bei großen Wohngebäuden weisen auch die Wärmenetze hohe Anteile auf.« (Prognos u. a. 2021, S. 60).

Die Agora-Studie unterscheidet zwischen Wohngebäuden und Nichtwohngebäuden.

◆ Für Wohngebäude kommt es zu einem rasanten Rückgang des Anteils von Heizöl (von derzeit 24 auf drei Prozent schon 2040 – und zeitversetzt auch Gas (von 51 auf 15 Prozent 2040 und einem Prozent 2045/50). Stattdessen nimmt der Fernwärmeanteil zu (auf mehr als 25 Prozent 2045/50), vor allem aber steigt rasant der Anteil der Wärmepumpen (von fünf auf knapp 60 Prozent 2045/50). Biomasse steigt leicht von fünf auf zehn Prozent, Solarthermie von ein auf vier Prozent).

◆ Demgegenüber das Bild für Nichtwohngebäude: Auch hier sinken Heizöl (von derzeit 22 auf drei Prozent schon 2040 – und zeitversetzt auch Gas (von 67 auf 23 Prozent 2040 und immerhin noch zehn Prozent 2045/50). Stattdessen nimmt der Fernwärmeanteil stärker zu (auf 33 Prozent 2045/50), Wärmepumpen dagegen nehmen nicht so stark wie im Wohnbereich zu (von vier auf knapp 30 Prozent 2045/50). Nichtwohngebäude liegen zu einem Großteil im Zentrum von Städten und Gemeinden, wo sich Fernwärme lohnt. Biomasse steigt deutlicher von drei auf 23 Prozent, Solarthermie stagniert bei vier bis fünf Prozent).

Zwei Technologien sollen es mithin im Grunde richten:

◆ elektrisch betriebene Wärmepumpen. Vorausgesetzt, im Jahr 2045 wird Strom dann nur noch mit erneuerbaren Energien erzeugt, wäre Klimaneutralität erreicht.

◆ Fernwärme, vor allem in den großen dicht besiedelten Städten. Doch auch hier gilt es, den letzten Schritt mitzudenken: die vollständige »Begründung« der Wärme, sei es durch Einspeisung von ohnehin anfallender Abwärme aus Industrie und Müllverbrennungsanlagen, sei es aus direkter Nutzung von erneuerbarer Wärme aus Solaranlagen oder Geothermie. Großwärmepumpen können zum Einsatz kommen, um die Abwärme auf das erforderliche Temperaturniveau aufzuheizen. Und KWK, die klassische Fernwärmeerzeugung, ist langfristig nur klimaneutral mit ebenfalls beschränkt vorhandenem Biogas und – grünem Wasserstoff.

An und für sich ein plausibles Bild, in sich stimmig. Doch werden wir in den folgenden Kapiteln zeigen, dass vor allem bei der quantitativen Zusammensetzung noch viele Fragen offen sind.

Und der Stromverbrauch?

Sektorenkopplung ist jedenfalls unabdingbar. Deshalb ist es wie schon angedeutet, auch sinnvoll, den Gebäudesektor als Ganzes in den Blick zu nehmen, wenn es um Reduktion der Treibhausgase geht. Und zwar unter Einschluss des Stromverbrauchs, jetzt aber auch für den Betrieb von Wärmepumpen. Steigt damit nicht der Bedarf an Strom stark an? Im Gegenteil, sagen die Gutachter. Zwischen 2018 und 2045 verringere er sich sogar um rund 13 Prozent auf 235 TWh. Zwar schluckten dann Wärmepumpen – dezentral wie Fernwärmesysteme – im Jahr 2045 rund 52 TWh. Aber: »Die starken Effizienzsteigerungen bei Beleuchtung, IT-Geräten und Haushaltsgeräten sowie der Rückgang des Stromverbrauchs konventioneller Elektroheizungen überwiegen den Mehrverbrauch.« (Prognos u. a. 2021, S. 65).

Das könnte ein ungedeckter Wechsel auf die Zukunft sein. Denn wer garantiert, dass nicht die Effizienzsteigerung insbesondere bei IT wettgemacht wird durch Mehrverbrauch, beispielsweise im boomenden IT-Bereich? Möglicherweise kommt also auf den ohnehin schon starken Zuwachsbedarf an Wind- und PV-Anlagen bis 2045 noch einmal ein – wie auch immer bemessenes – Zubrot drauf *(siehe Seite 122 f.)*.

Und die Fernwärme? »Der Fernwärmeverbrauch steigt sehr stark und erhöht sich bis 2030 um annähernd 50 Prozent auf 85 TWh. Im Jahr 2045 liegt der Verbrauch bei 120 TWh, was in etwa eine Verdopplung gegenüber dem Jahr 2018 bedeutet. Parallel zum Ausbau der Wärmenetze wird auch die Erzeugungsstruktur umgebaut, sodass die Fernwärme bis zum Jahr 2045 treibhausgasfrei erzeugt wird.« Doch auch hier wird Strom zunehmend eine Rolle spielen – durch den Einsatz von Großwärmepumpen.

Insgesamt ergibt sich für den Endenergieverbrauch für Wärme im Wohn- und Nichtwohnbereich zusammen im Jahr 2045 bzw. 2050 ein Wert, der ziemlich nahe an den schon festgestellten Sockel kommt: etwas mehr noch als die ermittelten 400 TWh pro Jahr.

Abbildung 12: Gebäudesektor: Endenergieverbrauch für Wärme nach Energieträgern

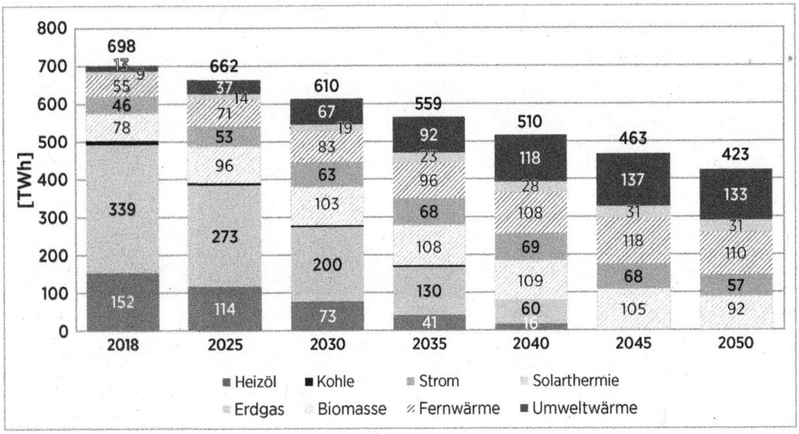

Quelle: Prognos u.a. 2021

Und Erdgas – die vorhandene Infrastruktur für derzeit immerhin 50 Prozent der Wärmeversorgung? Die Agora-Studie hat sich festgelegt. »Da nach 2025 keine Gas- und Ölheizungen eingebaut werden und die Betriebsdauer auf 20 Jahre begrenzt wird, sind die Anteile der mit Öl oder Gas beheizten Wohnfläche stark rückläufig. Die wenigen im Jahr 2045 noch verbleibenden Gasheizungen werden mit Biomethan betrieben.« (Prognos u.a., 2021, S.63). Am Ende wäre es dann auch logisch, das Gasleitungsnetz zurückzufahren – und beispielsweise ganze Stadtteile oder Ortschaften abzukoppeln. Wozu wäre es denn dann noch zu gebrauchen?

Zu warnen ist allerdings vor der vorschnellen Abschaffung des Gasnetzes jedenfalls in Gebieten, in denen Fern- oder auch Nahwärmeversorgung nicht sinnvoll sind. In einer Gesamtbetrachtung der Sektorenkopplung, so haben wir gesehen (siehe Kapitel 3.7), bleibt die Gasinfrastruktur ohnehin notwendig – und wenn es aus dem Grunde ist, die Stromversorgung aus volatilen Wind- und Solarkraftwerken versorgungssicher zu halten – mit Gasspeichern und -kraftwerken. Doch braucht es dafür die bisherige Gasnetzstruktur bis in die letzten Haushalte?

Mittlerweile hat das Agora-Szenario von 2021 in Deutschland so etwas wie einen handlungsleitenden Impetus bekommen – scheinbar alternativlos. Fragen bleiben, wie angedeutet, dennoch. Zu warnen ist jedenfalls davor, das Agora-Szenario trotz seiner derzeitigen Plausibilität – und weitgehenden Konkurrenzlosigkeit – als das misszuverstehen, was es auch im Bewusstsein der Autoren nicht ist: eine in Stein gemeißelte Prognose. Das ist schon allein wegen des Zeithorizonts fragwürdig, jedenfalls in Bezug auf 2045 – mehr als 20 Jahre im Voraus. Da hilft ein Blick zurück: Vor 20 Jahren war von heute die Märkte beherrschenden Entwicklungen allenfalls ansatzweise die Rede: Photovoltaik, Wärmepumpen und auch Elektroautos beispielsweise spielten allenfalls ein Nischendasein, der Atomausstieg war umstritten und vom Kohleausstieg durften engagierte Klimaschützer allenfalls träumen. Technologieoffenheit hat sich dem schieren eindimensionalen Denken eindeutig als überlegen erwiesen – und weitere – positive – Überraschungen sind bis 2045 nicht auszuschließen.

5.3 Der gesetzliche Rahmen – vom Belohnen und Strafen

Zurück zur Gegenwart. Der aktuelle Regulierungsrahmen für die Wärmeversorgung wurde im Jahr 2020 endlich neu gestaltet – und an die verschärften Klimaziele angepasst. Wie sieht der neue Ordnungsrahmen aus – und wie wirkt er sich insbesondere auf Haushalte mit niedrigem Einkommen aus?

5.3.1 CO$_2$-Steuer – sozialverträglich für wen?

Auch Schweden plant bis zum Jahr 2045 CO$_2$-neutral zu sein. Dort gilt seit 1991 eine CO$_2$-Steuer als probates Mittel, um das Ziel zu erreichen. Unternehmen sowie Privatpersonen zahlen dort derzeit umgerechnet schon etwa 115 Euro je Tonne Treibhausgas. Seit 2008 wird auch in der Schweiz auf fossile Brennstoffe eine »Lenkungsabgabe« erhoben. Sie beträgt seit 2018 rund 96 Franken pro Tonne.

Jetzt soll es der – umständlich sogenannte – Brennstoffemissionshandel auch in Deutschland richten. Für alle Sektoren, die bislang nicht vom EU-Emissionshandel betroffen sind, wird ab Januar 2021 eine »Abgabe« auf jede Tonne CO$_2$-Ausstoß, eben eine CO$_2$-Steuer, erhoben. Betroffen sind vor allem der Verkehr – also Benzin und Diesel – und die fossilen Wärmeträger Heizöl und Erdgas. Das sieht das Brennstoffemissionshandelsgesetz (BEHG) vom November 2020 vor (BEHG 2020).

Dabei geht man es vergleichsweise moderat an. Der Einstiegspreis liegt im Jahre 2021 bei 25 Euro pro Tonne. Bis 2025 soll er schrittweise auf 55 Euro steigen. Damit hätte die CO$_2$-Steuer eine Höhe erreicht, die dem um Mitte 2021 eingependelten Preis im Emissionshandel (EU-ETS) ungefähr entspricht. Vorbild ist der EU-ETS auch noch in anderer Hinsicht: Ab 2026 wird der Preis nicht mehr willkürlich festgelegt, sondern durch Versteigerungen von Zertifikaten ermittelt, wobei für 2026 ein Preiskorridor von 55 Euro bis 65 Euro pro Tonne vorgegeben ist.

Entsprechend sind die Preise für fossile Energien schon 2021 gestiegen, bei Benzin und Diesel um sieben bis acht Cent pro Liter, bei Heizöl um rund acht Cent. Auch die Kilowattstunde Erdgas wurde um 0,6 Cent teurer. Bis 2024 will der Staat so 40 Milliarden Euro einnehmen, denn bis 2025 steigen diese Zusatzbelastungen weiter an. Modellrechnungen zufolge werden die jährlichen Heizkosten für eine 70-Quadratmeter-Wohnung bis 2025 bei Heizöl um 22, bei Erdgas um 20 Prozent steigen. Bei Fernwärme (im heutigen weitgehend fossilen Mix) sind die Mehrkosten geringer, die Steigerung beträgt nur elf Prozent – und Wärmepumpen bleiben von Erhöhungen natürlich gänzlich ausgenommen (CO$_2$online auf Basis Heizspiegel 2019).

Es ist doch schon ein gerechtes Verfahren? Jeder und jede zahlt, genau in dem Maße, wie er und sie das Klima belastet. Doch ist es halt eine Preiserhöhung, die auch und gerade die Wärmeverbraucher trifft, ganz gleich ob sie 1.000 oder 5.000 Euro monatlich in der Brieftasche haben. Warnschuss Frankreich: In Frankreich gibt es seit 2014 eine vergleichbare CO_2-Steuer. Anfangs noch niedrig, so sollte sie nach den Plänen der Regierung Macron 2019 auf 55 Euro je Tonne Kohlendioxid steigen, mit angepeilten 100 Euro im Jahr 2030. Das war für viele Franzosen der Tropfen, der das Fass zum Überlaufen brachte und ganz wesentlich die Proteste der sogenannten »Gelbwesten« auslöste. Die Regierung hatte einen entscheidenden Fehler gemacht. Sie hatte – anders als die schwedische und Schweizer Regierung – keine Kompensation angeboten, sondern wollte das Geld einfach zur Sanierung des Staatshaushaltes verwenden. Die zusätzlichen Kosten hatten mithin eins zu eins ein Loch ins Portemonnaie der Menschen gerissen.

Gesetzt: Rückgabe an die Industrie

Klar ist: Es wird nicht ohne einen Entlastungsmechanismus gehen – doch für wen? Erstmal für den, der – in Deutschland – am frühesten und lautesten aufgeschrien hatte. Er war freilich nicht in Gelbwesten gekleidet, sondern in feinen Zwirn. »Mit der Anhebung des CO_2-Preises von zehn auf 25 Euro blinkt die Warnlampe für die Wettbewerbsfähigkeit des Mittelstandes in der chemischen Industrie nicht mehr gelb, sondern rot«, teilte der Verband der Chemischen Industrie (VCI) lapidar mit. Das war im Dezember 2019, als die Diskussion Fahrt aufgenommen hatte – und plötzlich statt marginaler zehn jetzt 25 Euro pro Tonne in der Pipeline waren. Deutliche Worte fand auch Holger Lösch vom Industrieverband BDI. »Die geplante Verteuerung der CO_2-Preise droht die Wettbewerbsfähigkeit des heimischen Standorts drastisch zu verschlechtern«, warnte er. Hier müsse der Gesetzgeber einen fairen Ausgleich schaffen, der deutlich über die schon damals avisierte Senkung der EEG-Umlage hinausgehe.

Es war die bewährte Argumentation. »Deutschland ist keine Insel. Ein mittelständischer Unternehmer, der künftig auf Erdgas hierzulande 25 Euro zahlen soll, schultert dann 25 Euro mehr als sein Konkurrent im

Nachbarland«, klagte Wolfgang Große Entrup vom Verband der Chemischen Industrie. (alle zitiert nach FAZ-online, aktualisiert am 16.12.2019, www.faz.net). Brennstoffemissionshandel warum nicht – aber doch wohl ohne uns. Sonst drohe halt *Carbon Leakage*, die Abwanderung des Mittelstandes ins Ausland.

Dabei hatten Fachleute gewarnt, den Bogen nicht zu überspannen. Im Vergleich zu denjenigen Industriesektoren, die bereits im ETS erfasst sind, ergab das »*Carbon Leakage Assessment*« des Deutschen Instituts für Wirtschaftsforschung (DIW) für die jetzt betroffenen Industrien, »dass die Größenordnung der *Carbon Leakage* -Risiken wesentlich niedriger liegt als im europäischen Emissionshandel, da die CO_2-Intensität deutlich geringer ist als in den vom EU-ETS abgedeckten Aktivitäten.« (DIW 2020b, S. II).

Vorschlag der Gutachter: Einzelbetrachtung. Allen nachweislich vom *Carbon Leakage* betroffenen Unternehmen würden dann angepasste Zuschüsse für Investitionen in den klimaneutralen Umbau der Produktion gezahlt. Aber: »Die Angemessenheit der Zuschüsse sollte dabei durch entsprechend transparente Vergabekriterien sichergestellt werden. Für die Vergabe muss zunächst für die Branche ein *Carbon Leakage* Risiko durch das BEHS festgestellt werden. Im zweiten Schritt sollte sich die Höhe der Investitionszuschüsse für beispielsweise Energieeffizienzmaßnahmen an den unternehmensspezifisch nachgewiesenen Mehrkosten durch das BEHS orientieren. Dieses vermeidet Mitnahmeeffekte.« (DIW 2020b, S.III/IV).

Das Umweltministerium erarbeitete einen Referentenentwurf einer *Carbon Leakage*-Verordnung, der schließlich in einen Regierungsbeschluss einmündete – und stellte das Endprodukt dem Deutschen Bundestag zur Abstimmung (Bundestag 2021b). Ergebnis: Mitnahmeeffekte erwünscht.

Alle Unternehmen, die einem der festgelegten Sektoren angehören, erhalten danach einen Nachlass von mindestens 60 Prozent. Die Regelung erntete bei der Anhörung des Deutschen Bundestages harte Kritik. Zum Beispiel von Carolin Schenuit, Geschäftsführende Chefin des Forums Ökosoziale Marktwirtschaft (FÖS): »Im früheren Entwurf der Verordnung war noch eine Mindestschwelle vorgesehen: Unternehmen sollten nur dann anteilig vom CO_2-Preis befreit werden, wenn ihre CO_2-Kosten einen bestimmten Kostenanteil überschreiten. Die nun beschlossene pauschale Entlastung schafft wieder eine Subvention nach dem Gießkannen-prinzip. So werden auch Unternehmen entlastet, die den CO_2-Preis ohne Probleme voll bezahlen könnten und sollten. Die *Carbon Leakage*-Regeln sollen Unternehmen schützen, die stark im internationalen Wettbewerb stehen. Sie sind nun so großzügig ausgestaltet, dass sie stattdessen dem Wettbewerb um wirksamen Klimaschutz schaden.« (FÖS 2021a).

Die Entlastung beträgt, so wird im Gesetz vermerkt, für 2021 insgesamt 274 Millionen Euro und für 2022 sogar 392 Millionen Euro. Dies sind im Schnitt fast 100 Millionen Euro jährlich mehr als im Referentenentwurf des Umweltministeriums vom 11. Februar 2021 vorgesehen. Eine wunder-same Vermehrung (BMU 2021, S. 3). Die Verordnung wurde indessen im Deutschen Bundestag Ende Juni 2021 ohne Debatte durchgewunken. Im Gegenzug werden die Firmen verpflichtet, einen Teil der Hilfen in den Klimaschutz ihrer Betriebe zu investieren. Nicht etwa alles, sondern bis 2022 mindestens 50 Prozent und 2023 und 2024 80 Prozent.

Ist der *Stick* für die Industrie am Ende ein wirkungsloser Strohhalm? Oder gar ein verkappter *Carrot*? Ein bequemes Polster, um ohne zusätz-lichen Aufwand ohnehin notwendige Klimaschutzmaßnahmen umzuset-zen. Jedenfalls: Mag die *Carbon Leakage*-Regel industriepolitisch sinnvoll sein, so verschärft sie doch – zusätzlich zu den bereits bekannten Ausnah-meregelungen die soziale Schieflage, mit der die finanziellen Belastungen durch den Klimaschutz verteilt werden.

Umstritten: Kompensation an die Haushalte
Denn mit den Kompensationen am anderen Ende der sozialen Skala, bei den Haushalten und vor allem den Geringverdienern, hapert es, wie wir sehen werden, gewaltig. Soll es im Wärmebereich so weitergehen mit der sozialen Schieflast wie im Strombereich bislang gang und gäbe? Wie wäre zumindest das Gleichgewicht wiederherzustellen?

Und wenn es gar wie in Schweden nicht 25 bis 60 Euro pro Tonne würden, sondern 115? Eines ist gewiss: Dort hat die radikale Steuer dazu geführt, dass die Schweden kaum noch mit Öl heizen. Stattdessen nut-zen sie vermehrt Fernwärme inklusive Abwärme der Industrie sowie Erd-gas. Allerdings bekommen dort die Haushalte eine Vergünstigung über einen Lohnsteuerabschlag. Und hohe Zuschüsse gibt es für Haushalte, die Sozialhilfe beziehen oder kein Einkommen haben. Und in Deutschland? Schon häufen sich die Stimmen, die einen weiteren Anstieg auf die schwedischen 115 Euro fordern, im Gespräch sind auch bereits 160 Euro.

Doch nicht erst dann wird die Kompensation für die Haushalte unabdingbar. Sondern sofort. Das sieht auch der Gesetzgeber vor. Es soll aber eine Kompensation sein, die an den Zielen der Energiewende orientiert ist. Das klingt zunächst plausibel. Praktisch werden die etwa 7,4 Milliarden Euro aus der Abgabe im Anfangsjahr 2021 zum Teil dazu verwendet werden, den Strompreis zu entlasten. Dafür wurde die EEG-Umlage auf sechs Cent pro Kilowattstunde begrenzt, und die Mehrkosten werden aus dem ausgepolsterten Bundeshaushalt gegenfinanziert. Damit sollen dem Strom, inzwischen zur Hälfte klimaneutral hergestellt, bessere Möglichkeiten eröffnet werden, im Rahmen der Sektorenkopplung auch im Verkehr und im Wärmebereich wettbewerbsfähiger zu werden. Und damit Elektromobilität einerseits, Wärmepumpen und »grüne« Fernwärme andererseits noch weiter voranzubringen.

Eine Modellrechnung des FÖS zeigt ein differenziertes Bild über die sozialen Wirkungen: Hierfür wurden die Verbraucher in zehn gleiche Gruppen unterteilt (Dezile), je nach Einkommenshöhe. Da zeigt sich das bekannte Bild: Der Stromverbrauch steigt absolut mit dem Einkommen an – allerdings moderat. Eine Person im einkommensstärksten Dezil (Zehntel) verbraucht durchschnittlich 50 Prozent mehr Strom als eine Person im einkommensschwächsten. Quintessenz: Durch die Senkung der EEG-Umlage werden – in Euro gerechnet – die Reichsten am stärksten entlastet. So bekommen im Jahr 2021 die zehn Prozent im obersten Dezil etwa 51 Euro zurück, die zehn Prozent mit den geringsten Einkommen nur etwa 34 Euro. Auf der anderen Seite: In Prozent des Nettoeinkommens gerechnet wirkt die Kompensation sozial ausgleichend, da Einkommensschwache einen höheren Anteil ihres Einkommens für Strom ausgeben als Einkommensstarke (FÖS 2021b; S. 25/26). So weit, so ambivalent.

Und wenn die Abgabe wie geplant Schritt für Schritt erhöht wird? In der schwarz-roten Koalition war in erster Linie daran gedacht, Schritt für Schritt die gesamte EEG-Umlage – also auch die verbleibenden sechs Cent pro Kilowattstunde – in den Staatshaushalt zu übernehmen. Ziel: Mehr verbilligter Strom, weniger verteuertes Erdöl und -gas.

Allerdings bleibt eine zusätzliche Gefahr: Ärmere Haushalte wohnen eher in schlecht isolierten Mietwohnungen und können sich den Umstieg auf elektrisch betriebene Heizsysteme wie Wärmepumpen oder auf Elektroautos gar nicht leisten. Hier profitieren zwar alle Stromverbraucher absolut – aber weil der Umstieg vor allem von Haushalten mit höherem Einkommen bewältigt werden kann, kommt ihnen bei ansteigendem Stromverbrauch die Entlastung umso mehr überproportional zugute.

Hinzu kommt noch eine Entlastung im Verkehr: die Erweiterung der steuerlichen Pendlerpauschale für Berufstätige für die Fahrt zur Arbeit. Zusammengenommen deckt diese jetzt vorgesehene Kompensation aktuell immerhin annähernd den Gegenwert der Anfangsbelastung von 25 Euro pro Tonne ab. Per Saldo. Doch gerade dieser zweite Teil der Kompensation ist eindeutig unsozial. Der das behauptet, ist systemkritischer Voreingenommenheit gänzlich unverdächtig. Es ist der Hamburger Ökonom Thomas Straubhaar. »Berechnungen decken überzeugend auf«, weiß der liberale Wissenschaftler, »dass von einer weiteren Anhebung der Pendlerpauschale gerade die höheren Einkommensgruppen besonders profitieren würden. Die Ursache der Ungerechtigkeit liegt im progressiven Steuersystem, wie es in Deutschland gehandhabt wird. Es hat zur Folge, dass die Entfernungspauschale die Nettosteuerlast für die Chefs weit stärker verringert als für deren Angestellte.« (Die Welt 22.6.2021).

Straubhaar ist empört. »Wer besser verdient, profitiert von der steuerlichen Abzugsmöglichkeit der Pendlerkosten in besonderem Maße. Nur wer eine Ideologiebrille trägt, kann diese schlichte mathematische Logik eines progressiven Steuersystems nicht einsehen. Noch absurder wird es, von einem Ausgleich höherer Pendelkosten als Folge der neuen CO_2-Steuer zu sprechen, wenn es um Menschen geht, die zwar zum Arbeiten pendeln müssen, aber mit ihrem Job nur wenig verdienen und damit steuerfrei bleiben. Ihnen nützt es gar nichts, von einem Einkommen, das eh nicht versteuert wird, eine höhere Pendlerpauschale abziehen zu dürfen. Das dürfte auch bei vielen zutreffen, die Teilzeit oder gelegentlich arbeiten, jedoch trotzdem zum Job pendeln müssen. Das Gleiche gilt für

Auszubildende, Kurzzeit-Arbeitende und viele Ältere, die ihre geringen Einkommen oder Renten mit Gelegenheitsjobs aufstocken. Ausgerechnet sie, die so viel tun müssen, um so wenig zu verdienen, tragen alle Pendlerkosten ohne jegliche Steuersubvention ganz allein.«

Klimaprämie

Und die Alternative? »Spätestens an der Stelle muss man als Ökonom einfach darauf verweisen, dass nicht alles, was von den Grünen vorgeschlagen wird, allein deshalb schon abzulehnen sei, weil es aus der falschen Partei komme. Was ökonomisch richtig ist, bleibt jenseits der politischen Farbenlehre gültig. Dazu gehört eben die Einsicht, dass indirekte Steuererhöhungen – wie die neu eingeführte CO_2-Steuer – aus sozialen Gerechtigkeitsgründen durch direkte Pro-Kopf-Erstattungen und nicht durch eine Gewährung von anderweitigen Vorteilen bei sonstigen indirekten Steuern zu kompensieren sind.«

So ist es. Da sind sich eher konservative und linke Ökonomen einig. Auch die FÖS-Forscher schlagen eine pro Kopf ausgezahlte Klimaprämie vor. Mit ihr würden alle Bürgerinnen und Bürger unabhängig von ihrem Einkommen einen einheitlichen Geldbetrag erhalten. Das sei sozial gerechter, als die Pendlerpauschale, aber auch als die Übernahme der EEG-Umlage durch den Staat. Warum? »Eine Klimaprämie für die Bevölkerung entlastet im Vergleich zu einer Absenkung der EEG-Umlage bei gleich hohem Aufkommen ärmere Haushalte (mit geringeren Stromverbräuchen) stärker. Das liegt daran, dass bei der pauschalen Rückverteilung pro Haushalt (oder pro Kopf) gleich viel zurückgezahlt wird, unabhängig vom Verbrauch. Zudem profitieren besonders Familien und große Haushalte von einer Pro-Kopf-Klimaprämie. Denn während die Energieausgaben (die der CO_2-Bepreisung unterliegen) nur geringfügig mit der Anzahl an Personen im Haushalt wachsen, steigt die Prämie für den gesamten Haushalt proportional zu der Zahl an Haushaltsmitgliedern an. Im Einzelfall hängt der Entlastungseffekt bei der Klimaprämie vom individuellen Verbrauchsverhalten ab.« (FÖS 2021b, S. 28, vgl. auch: MCC, PIK 2019). Damit gestalte sich die Rückgabe eindeutig sozialverträglicher – gerade für die unteren Einkommensgruppen.

»Eine Senkung des Strompreises über die Gegenfinanzierung der EEG-Umlage und vor allem der Mechanismus einer Pro-Kopf-Rückverteilung (haben) einen positiven Effekt für die unteren Einkommen«, bekräftigen auch Wissenschaftler des Mercator Research Institutes on Global Commons and Climate Change (MCC) in Potsdam. »Eine Pro-Kopf-Rückerstattung nützt dabei den einkommensschwächsten Haushalten am meisten und führt dort im Schnitt sogar zu Netto-Entlastung. Deshalb sollte der zukünftige Anstieg des CO_2-Preises zunächst von einer Senkung der EEG-Umlage flankiert werden. Mittelfristig gilt es, die rechtlichen und administrativen Voraussetzungen für direkte Rückerstattungen über Pro-Kopf-Transfers zu schaffen – denn in diesem Fall bedeutet ein höherer CO_2-Preis eine höhere Ausschüttung für diejenigen, die weniger CO_2 ausstoßen: So führt der CO_2-Preis nicht nur zu mehr Klimaschutz, sondern auch zu mehr Gerechtigkeit. Eine sozial gerechte CO_2-Bepreisung – auch mit perspektivisch hohen Preisen jenseits der 100 Euro – ist möglich und nötig.« (MCC 2021, S. 3).

Vorbild Schweiz: Jährlich werden in der Schweiz rund zwei Drittel der Abgabeerträge verbrauchsunabhängig an Bevölkerung und Wirtschaft zurückverteilt. Ein Drittel (maximal 450 Millionen Franken) fließt in ein Gebäudeprogramm zur Förderung CO_2-wirksamer Maßnahmen wie z. B. energetischer Sanierungen oder erneuerbarer Energien. Weitere 25 Millionen kommen dem Technologiefonds zu.

Und was ist sozialpolitisch von Vorschlägen zu halten, die gleich »zwei Fliegen mit einer Klappe erschlagen« wollen? Sie verringern den Anteil der Pro-Kopf-Erstattung zugunsten einer Verwendung der Gelder für direkte Maßnahmen zum Klimaschutz in Gebäuden und Verkehr. Die Deutsche Unternehmensinitiative Energieeffizienz e. V. (DENEFF) geht noch einen Schritt weiter. Einnahmen aus der neuen CO_2-Bepreisung für Wärme und Verkehr sollten – im Übrigen ebenso wie aus dem europäischen Emissionshandel – danach sogar in erster Linie zur Finanzierung von Klimaschutzprogrammen verwendet werden. Begründung: Die Mehreinnahmen müssten doch dafür verwendet werden, die Betroffenen beim CO_2- und Energiekostensparen zu unterstützen. Denn am Ende würde nur das nachhaltig die Energierechnung senken – auch bei den Geringverdienern (DENEFF 2021).

Vor einem ist allerdings zu warnen. Die CO_2-Bepreisung wird nicht alle Probleme des schleppenden Fortgangs der energetischen Gebäudesanierung – und auch nicht des Verkehrs – lösen. Schon richtig, dass zusätzliche Förderprogramme für effiziente Gebäudesanierung dringend notwendig sind, um vor allem Geringverdienern die Möglichkeit zu geben, ihren Wärmeverbrauch und damit ihre Energiekosten nachhaltig zu senken. Doch das ist eine allgemeinpolitische, gesellschaftliche Aufgabe. Wer versucht, die fehlenden Fördermilliarden aus dem Aufkommen der Steuer gegenzufinanzieren und damit zusätzliche Fördermilliarden aus dem Staatshaushalt zu umgehen, wird die Akzeptanz wesentlich beeinträchtigen und nachhaltig gefährden – spätestens bei der – bereits beschlossenen – nächsten oder übernächsten Erhöhung. Hierfür müssen dagegen die staatlichen Förderprogramme entsprechend ausgeweitet werden – ganz unabhängig von dem Aufkommen aus der Abgabe.

Es bleibt dabei: Geeignet ist vor allem eine Kompensation à la Schweiz – also pro Kopf der Bevölkerung. Und das muss transparent, für jeden und jede nachvollziehbar, erfolgen, nicht versteckt über Kompensationen an anderer Stelle. Am besten wäre es, am Jahresende erhält jeder und jede Gemeldete einen Scheck.

Was allerdings denkbar wäre und gerecht: Die Geringverdiener durch einen zusätzlichen Mechanismus zu entlasten. Möglich wäre es schon. Einen Vorschlag hat Martin Pehnt, Geschäftsführer des Heidelberger Ifeu-Instituts, schon 2019 gemacht: »Ich würde die Steuer aufkommensneutral gestalten und die Stromsteuer bzw. EEG-Umlage absenken, dazu die Haushalte bzw. Unternehmen durch einen Klimabonus entlasten und einkommensschwache Haushalte durch ein Klimawohngeld und ein Förderprogramm zur Sanierung von Gebäuden in sozial schwierigen Lagen unterstützen.« (Pehnt 2019).

Also in etwa Drittelung. Dann wäre es denkbar, aus dem Aufkommen einen Fonds abzuzweigen, der gezielt eingesetzt wird, in Ergänzung der allgemeinen Förderprogramme die energetische Sanierung in Bestandswohnungen, in denen Geringverdiener leben, zu unterstützen oder besondere Quartierssanierungen in Stadtteilen mit einem hohen Anteil von Geringverdienern zu initiieren.

Der Fonds sollte zumindest in derjenigen Dimension ausgestattet sein wie die Zahlungen für die Industrie nach der *Carbon Leakageverordnung*. Das gebietet die soziale Gerechtigkeit. Industriepolitik ist das eine, Sozialpolitik aber das andere. Wer eigentlich will dagegen argumentieren, wenn auch am anderen Ende der sozialen Skala, bei den Geringverdienern, ein entsprechender Ausgleich bereitgestellt wird, wie er der Industrie gewährt wird. Oder soll am Ende wieder entscheiden, welche Lobbygruppe die größere Zahl von Fürsprechern im Berliner Lobbygestrüpp aufbringen kann? Dann droht ein *Carbon Leakage* der ganz anderen Art: die Verabschiedung großer Teile der Bevölkerung von den Klimaschutzzielen. Und gegen den wachsenden Widerstand der Bevölkerung ließe sich das Stufenprogramm der CO_2-Steuer politisch nicht durchsetzen.

Die Auseinandersetzung wird hart – und wird mit umso härteren Bandagen ausgetragen werden, je mehr die Belastung ansteigen wird. Eine erbitterte Auseinandersetzung tobte bereits um die vergleichsweise marginale Frage, wer denn die Abgabe für Heizöl oder Erdgas in Mietwohnungen am Ende bezahlen müsse: Mieter oder Vermieter. Selbst der Vorschlag der Bundesregierung, beide gleichermaßen an den Kosten zu beteiligen, scheiterte in den letzten Wochen der Großen Koalition am Widerstand der CDU/CSU-Fraktion.

Vorschläge

◆ Die CO_2-Steuer ist auch für die Zeit nach 2025/6 weiterzuentwickeln. Dabei kann auch darüber nachgedacht werden, die Höhe für die einzelnen Sektoren Gebäude, Verkehr und Industrie zu variieren, entsprechend der Zielerreichung des entsprechenden Sektors bei der Erreichung der CO_2-Sektorziele.

◆ Es ist verbindlich ein Rückgabemechanismus durch ein Klimageld einzuführen. Danach erhält jede Person einen gleichen Anteil am Aufkommen der CO_2-Steuer am Jahresende zurück. Zu verteilen sind mindestens zwei Drittel des Aufkommens.

◆ Aus dem restlichen Aufkommen der CO_2-Steuer ist ein Fonds einzurichten, der Geringverdiener bei der Umsetzung von Gebäudesanierungen unterstützt. Beihilfen aus dem Fonds könnten auch an Kommunen und/oder Stadtwerke/Energiegenossenschaften gehen, um Sanierungskonzepte für Quartiere mit besonders hohem Sanierungsbedarf und vielen Geringverdienern zu entwickeln und durchzuführen (siehe Kapitel 5.8).

In einer Novellierung der *Carbon Leakage*-Verordnung sind die Vergünstigungen auf diejenigen Unternehmen zu begrenzen, die eine Notlage nachweisen können. Die Gewährung ist an verbindliche Vorgaben zur CO_2-Reduktion im Betrieb zu binden. Auch ist die Verwendung einem Validierungsprozess zu unterwerfen.

5.3.2 GEG und BEG – Fordern und fördern

Beim zuständigen Bundesamt für Wirtschaft und Ausfuhrkontrolle (BAFA) knallten am 25. Mai 2021 die Sektkorken. Da war der hunderttausendste Antrag für die neue Bundesförderung für effiziente Gebäude (BEG) eingegangen. Das Programm fördert seit 1. Januar 2021 das Heizen mit erneuerbaren Energien und Energieeffizienz in Wohngebäuden. Ein Rekord und gleichzeitig ein »Riesenerfolg der Bundesregierung, aber vor allem ein Riesenerfolg für den Klimaschutz und damit für die Menschen in unserem Land«, frohlockte BAFA-Präsident Torsten Safarik (www.baulinks.de; 25.5.2021). Bis Mitte 2021 war schon die Zahl von 150.000 Anträgen erreicht. Und im ersten Halbjahr 2021 hat die BAFA mehr als 2,7 Milliarden Euro für die energetische Gebäudesanierung bewilligt und rund 610 Millionen ausgezahlt. Insgesamt werden es 2021 wohl rund fünf Milliarden Euro werden, gut doppelt so viel wie ein Jahr zuvor (BMWi/BAFA, PE vom 1.8.2021).

Ist mit der Antragsflut endlich der Durchbruch gelungen für die energetische Sanierung des Altbaubestandes und die Optimierung von Neubauten, wie sie die Klimaschutzziele erfordern?

Staatliche Förderung der energetischen Gebäudesanierung ist dringend notwendig – ganz unabhängig von der CO_2-Abgabe. Förderung *(Carrots)* ist das eine – entsprechende Vorschriften *(Sticks)* für den Bau und die Sanierung von Wohngebäuden, die Gebäudeeigner einhalten müssen, das andere. Beide Teile der Regulierung wurden Anfang 2021 neu geordnet – im Gebäudeenergiegesetz (GEG), das am 1. November 2020 in Kraft getreten ist und nach dem auch die BEG neu geregelt wurde.

Für Neubauten hat der Gesetzgeber zunächst alle Möglichkeiten, Vorschriften zu machen – und er hat sie bereits in der Vergangenheit genutzt. Das Gleiche gilt – abgeschwächt – für die Sanierung von Altbauten, wo Mindestbedingungen vorgeschrieben werden können. Wer darüber hinaus geht, erhält dann Förderung. Das GEG löst die alte Dreieinigkeit der Gebäudegesetze ab: Das EnergieeinsparungsGesetz (EnEG) von 2013, die darauf aufbauende EnergieEinsparVerordnung (EnEV) von 2016 und das Erneuerbare-Energien-Wärmegesetz (EEWärmeG) von 2011. Dabei ist weniger von Verschärfungen die Rede, sondern von einer Vereinheitlichung der über die Jahre ins Kraut geschossenen Fördersystematik.

Neubauten

Efficiency first, das gilt zunächst dort, wo noch alle Möglichkeiten bestehen – eben bei den Neubauten. Sie sollen generell nur noch errichtet werden, wenn sie die Klimaschutzziele für 2045 bereits heute einhalten.

Die EU hatte lange vorgearbeitet. Bereits in ihrer Gebäuderichtlinie aus dem Jahr 2010 (Richtlinie 2010/31/EU) hatte sie den Standard gesetzt: Alle neuen Gebäude in der EU sollen ab 2021 nahezu auf dem Niveau von Nullenergiehäusern (nearly zero-energy-buildings), besser Null-Treibhausgas-Emissions-Häuser errichtet werden. Der Neubau nimmt im GEG mithin den größten Teil der gesetzlichen Vorschriften ein.

Das wirkt, gemessen auf den Gesamtbestand an Gebäuden, langfristig – ist mit Horizont Klimaneutralität des gesamten Gebäudebestandes also von Jahr zu Jahr weniger zu vernachlässigen. Umgekehrt gilt: Wer heute nicht bei Neubauten Klimaneutralität vorschreibt, hat keine Chance, das Ziel im Jahr 2045 auch für den Gesamtbestand zu erreichen.

Altbaubestand

Immerhin gibt es auch für Bestandsgebäude einige Austausch- und Nachrüstpflichten, die die gröbsten Klimasünden abstellen sollen– ohne jedoch auch nur annähernd die strengen Standards für Neubauten erfüllen zu können. Das gilt als »verhältnismäßig«.

Andererseits ist der Spielraum größer, wenn ohnehin grundlegend modernisiert wird. Dann gelten sogenannte »bedingte Anforderungen«. Wer also Bauteile verändern oder modernisieren möchte, muss nach dem GEG Mindeststandards vorhalten, die durch die bauliche Veränderung erreicht werden müssen. Das trifft beispielsweise zu, wenn der Putz einer Fassade erneuert wird oder die Fenster ausgetauscht werden.

Für alle Gebäude, ganz gleich ob saniert oder nicht, gelten zudem bestimmte Austausch- und Nachrüstverpflichtungen, unabhängig von einer geplanten Sanierung.

* Öl- und Gas-Heizkessel, die älter als 30 Jahre sind, müssen ausgetauscht werden, es sei denn, es handelt sich schon um effiziente Brennwert- und Niedertemperatur-Kessel.
* Ab 2026 dürfen Öl- oder Kohleheizungen nur noch in bestimmten Gebäuden eingebaut werden. Dazu zählen insbesondere Gebäude, die keinen Gas- oder Fernwärmeanschluss aufweisen, oder solche, die bereits zu einem Teil mit erneuerbaren Energien beheizt werden.
* Neue Heizungs- und Warmwasserrohre in unbeheizten Räumen müssen gedämmt werden.
* Oberste Geschossdecken zu unbeheizten Dachräumen mussten bereits bis Ende 2015 nachträglich gedämmt werden, wenn sie keinen sogenannten »Mindestwärmeschutz« (4 Zentimeter Wärmedämmung) aufweisen.

Effizienzhausstandard

Es ist zunächst verwirrend, doch von der technischen Logik her verständlich: Maßstab für Zulassung wie Förderbedingungen für Neubau oder Sanierung eines Gebäudes ist nicht der angestrebte spezifische Wärmeverbrauch (in kWh/m2a), denn der kann erst im Nachhinein gemessen werden. Es gilt vielmehr ein sogenannter Effizienzhaus-Standard, den die für Kreditvergabe zuständige Kreditanstalt für Wiederaufbau (KfW) festgelegt hat. Das KfW-Effizienzhaus 70 entspricht dabei dem Mindeststandard, den der Gesetzgeber für einen Neubau verbindlich vorschreibt – er ist Maßstab für ein mit heute zur Verfügung stehenden technischen Mitteln erreichbares wirtschaftliches Bauniveau. Wenn bei Neubauten umfangreiche Förderung in Anspruch genommen werden soll, muss das zu erreichende Niveau weit besser sein als dieses ohnehin wirtschaftliche Niveau.

Soll ein Bestandsgebäude umfassend saniert werden, ist jedoch auch noch Förderung für Zielwerte bis zum KfW-Effizienzhaus-Standard 100 möglich (siehe Tabelle 4, Seite 176).

Der KfW-Effizienzhaus-Standard setzt sich aus zwei Kriterien zusammen: Wie hoch ist der Gesamtenergiebedarf der Immobilie im Jahr? Und wie gut ist die Wärmedämmung der Gebäudehülle? Das wird mit den Werten Primärenergiebedarf und Transmissionswärmeverlust angegeben. Der Primärenergiebedarf hängt ab vom eingesetzten Heizungssystem und dem gewählten Brennstoff. Er beschreibt den Energiebedarf von der Herstellung bzw. Gewinnung der Energiequelle sowie den Transport und den Verbrauch. Zur Ermittlung der Energiebilanz wird der entsprechende Energiebedarf (also die tatsächliche Energiemenge) je nach CO_2-Intensität mit einem Primärenergiefaktor multipliziert. Er beträgt für Stromheizungen 1,8, für Heizöl und Erdgas 1,1, für KWK-Fernwärme 0,7 – und für Holz ganze 0,2. Der Transmissionswärmeverlust beschreibt die Menge an Wärmeenergie, die über Dachflächen, Fenster, Türen und Wände verloren geht. Je kleiner dieser Wert ist, desto weniger Heizenergie muss aufgebracht werden.

Die Werte 40 bis 100 definieren die unterschiedlichen KfW-Effizienzhaus-Standards. Je kleiner der Wert ist, desto geringer ist der Energiebedarf und desto höher die Förderung. Als Referenz dient ein KfW-Effizienzhaus 100, das den Vorgaben der früheren Energieeinsparverordnung (EnEV) entspricht und in die Bestimmungen des GEG übertragen wurde. Ein Beispiel: Im Vergleich zu diesem Referenzgebäude benötigt das Effizienzhaus 55 nur 55 Prozent der Primärenergie. Zudem liegt der Transmissionswärmeverlust bei nur 70 Prozent. Der bauliche Wärmeschutz ist somit um 30 Prozent besser.

Die Förderung

In der Bundesförderung für effiziente Gebäude (BEG) wird zusammengefasst, welche Förderungsmöglichkeiten bestehen. Damit hat die Bundesregierung die bereits bestehenden Programme zur energetischen Gebäudesanierung zum Start 2021 gebündelt. Damit wurde der Förderdschungel, der bislang viele potenzielle Interessenten abgeschreckt hatte, gelichtet – die Zahl der Anträge nimmt, wie am Anfang des Kapitels gesehen, zu. Ein Erfolg! Ein Erfolg?

Zwei Wege sind prinzipiell möglich: Günstige Kredite zu erhalten, wofür die Kreditanstalt für Wiederaufbau (KfW) als Ansprechpartner gilt, dazu alternativ Zuschüsse zum Investitionsvolumen für bestimmte Maßnahmen. Zuständig ist hier das BAFA.

Die BEG ersetzt die bisherigen Programme zur Förderung von Energieeffizienz und erneuerbaren Energien im Gebäudebereich. Die waren gut nachgefragt, doch reichlich unübersichtlich. Dazu gehörten unter anderen auch das CO_2-Gebäudesanierungsprogramm (umgesetzt als »Energieeffizient Bauen und Sanieren«) und das Marktanreizprogramm zur Nutzung erneuerbarer Energien im Wärmemarkt (MAP), das 2020 einen neuen Rekord bei den Antragszahlen aufstellte. Allein mit dem Programm »Energieeffizient Bauen und Sanieren« wurden im Jahr 2020 schon Förderzusagen für fast eine halbe Million Wohneinheiten erteilt und dabei Kredite und Zuschüsse in Höhe von knapp 27 Milliarden Euro zugesagt. Nach Berechnungen der KfW konnten damit Investitionen von bis zu 78 Milliarden Euro ausgelöst werden.

Die BEG besteht aus nur noch drei Teilprogrammen: der BEG Wohngebäude (BEG WG), der BEG Nichtwohngebäude (BEG NWG) und der BEG Einzelmaßnahmen (BEG EM). Einzelmaßnahmen sind solche, die nicht den Effizienzhausstandard für ein Gebäude insgesamt erreichen.

Neubau

Üppige Fördermittel winken in dem Moment, wenn beim Neubau die GEG-Mindestanforderungen übertroffen werden. Maßgeblich ist ein sogenanntes Referenzgebäude mit vorgegebenen Standards zur Beheizung, Warmwasserbereitung, Lüftung und zu den Bauteilen. Es erhält den Standard KfW-Effizienzhaus 100. Es wird aber bei Neubauten nicht gefördert.

Wer sich heute beim Bau eines Wohnhauses mit den Mindeststandards des GEG begnügt, läuft umgekehrt Gefahr, dass die neue Immobilie bereits kurz nach Fertigstellung bautechnisch überholt ist. Daher empfiehlt es sich, schon jetzt nach möglichst hohen Effizienzstandards zu bauen – auch wenn es teurer kommt. Im Neubau ist eine Förderung für die KfW-Effizienzhaus-Standards 55, 40 oder 40 Plus möglich. Dabei hat ein KfW-Effizienzhaus 55 einen um 45 Prozent geringeren Bedarf an Primärenergie als das Referenzgebäude nach dem GEG. Das KfW-Effizienzhaus 40 verbraucht nur etwa 40 Prozent der Energie des Standardhauses.

Optimal gefördert wird die neue »Effizienzhaus EE«-Klasse. Sie wird erreicht, wenn mindestens 55 Prozent der Wärme- und Kälteversorgung des Gebäudes aus erneuerbaren Energien stammen oder wenn das Gebäude eine vom Bund anerkannte Nachhaltigkeitszertifizierung erhält.

Altbau

Und wie den Gebäudebestand »auf Vordermann« bringen? Für Sanierungen von Bestandsimmobilien gibt es je nach Effizienzhaus-Standard unterschiedliche Förderungen (siehe Tabelle 4). Wenn die sogenannte Erneuerbaren-Energie-Klasse erreicht wird, werden die Kredit- und Zuschusshöhen nochmals erhöht. Dann müssen mindestens 55 Prozent der Heizungswärme aus erneuerbaren Energien stammen (www.kfw.de, Stand Mitte 2021).

Tabelle 4: Förderungsbedingungen bei der Sanierung von Altbauten

Effizienzhaus-Standard	Primärenergie-bedarf	Transmissions-wärmeverlust	Maximale Kredit- oder Zuschusshöhe pro Wohneinheit
KfW-Effizienzhaus 40	40 %	55	120.000 Euro mit 45 % Tilgungszuschuss oder 54.000 Euro Investitions-zuschuss
KfW-Effizienzhaus 55	55 %	70	120.000 Euro mit 40 % Tilgungszuschuss oder 48.000 Euro Investitions-zuschuss
KfW-Effizienzhaus 70	70 %	85	120.000 Euro mit 35 % Tilgungszuschuss oder 42.000 Euro Investitions-zuschuss
KfW-Effizienzhaus 85	85 %	100	120.000 Euro mit 30 % Tilgungszuschuss oder 36.000 Euro Investitions-zuschuss
KfW-Effizienzhaus 100	100 %	115	120.000 Euro mit 27,5 % Tilgungszuschuss oder 33.000 Euro Investitions-zuschuss
KfW-Effizienzhaus 115, abgeschafft ab 1.7.2021	115 %	130	120.000 Euro mit 25 % Tilgungszuschuss oder 30.000 Euro Investitions-zuschuss

Quelle: www.kfw.de, Stand Mitte 2021

Daneben werden auch einzelne energetische Sanierungsmaßnahmen gefördert. Nur ein grober Überblick an dieser Stelle. Wer zum Beispiel seine alten zugigen Türen und Fenster ersetzen oder die Fassade und das

Dach dämmen möchte, kann einen Kostenzuschuss in Höhe von 20 Prozent beantragen. Als Einzelmaßnahme mit 20 Prozent gefördert wird auch Anlagentechnik wie der Einbau digitaler Systeme zur Verbrauchsoptimierung – zum Beispiel für die optimale Steuerung von Heizungsanlagen. Einzelmaßnahmen sind außerdem Investitionen in erneuerbare Energien für Heizungen wie Wärmepumpen, Holzheizungen, sonstige Biomasseanlagen und Hybridheizungen, die je nach Technik sogar mit 30 bis 35 Prozent bezuschusst werden. Wird eine Ölheizung ersetzt, kann die Förderung sogar auf 45 Prozent ansteigen. Ebenfalls gefördert werden innovative Heizanlagen auf Basis erneuerbarer Energien oder Solarthermieanlagen und Maßnahmen zur Heizungsoptimierung – wie etwa der Einbau von Niedertemperaturheizungen oder die Dämmung der Rohre. Dazu gehört auch der sogenannte hydraulische Abgleich. Er ist die Voraussetzung für die Heizungsoptimierung, denn er sorgt dafür, dass das Wasser im gesamten Heizsystem gleichmäßig fließt.

Letztere vor allem sind die Programme, deren riesige Nachfrage im BAFA neulich die Sektkorken knallen ließen. Die Förderung entfiel dabei in etwa zur Hälfte auf Wärmepupen und Holzpelletheizungen, also Einzelheizungen vorwiegend in Einzelhäusern. Wobei insbesondere die Nutzung von Holz ohnehin nur dann als nachhaltig und erneuerbar einzustufen ist, wenn es sich um Restholz handelt (siehe Kasten Seite 214/5).

Gefördert wird prinzipiell auch der Anschluss an Nah- und Fernwärmenetze – allerdings nur, wenn im Netz bereits heute mindestens 25 beziehungsweise 55 Prozent erneuerbare Energien eingesetzt werden. Im ersten Fall beträgt der Fördersatz 30, im zweiten Fall 35 Prozent der Kosten, bei Umstieg von einer Ölheizung kommen noch einmal zehn Prozent drauf. Weil die »Begrünung« der bestehenden Wärmenetze derzeit erst Fahrt aufnimmt, kann diese Förderung bislang nur unzureichend wahrgenommen werden.

Zudem gibt es eine Kreditvariante für die BEG EM. Sie steht ab dem 1. Juli 2021 bei der KfW zur Verfügung, wenn auch die beiden anderen Teilprogramme (BEG WG und BEG NWG) starten.

Ein Durchbruch auf dem Weg zum klimaneutralen Gebäudebestand? Wir werden im Folgenden sehen, ob die einzelnen Programme geeignet sind, den Übergang zu bewerkstelligen – auch unter dem entscheidenden Kriterium der Sozialverträglichkeit.

5.4 Die Basis: Effizienz

♦ Das Reihenhaus von Hans und Marianne Köhler im Bielefelder Vorort Sennestadt ist mit den Besitzern gealtert. Die Ölheizung, Baujahr 1980, hatte 30 Jahre durchgehalten – doch völlig ineffizient. Der Energiepass erbrachte jährlich horrende 208 kWh/m². Erst als das Rentnerehepaar das Haus verkaufte, sanierte der neue Eigentümer – und baute eine Gashybridheizung mit Solarthermie ein. Dafür gab es einen Zuschuss von 20 Prozent der Kosten für die Sanierung und 40 Prozent für die Heizung. Und weil der Wärmeverbrauch auf ein Drittel sank, rechnet sich die Investition durch die eingesparten Energiekosten in den nächsten Jahren – umso mehr mit der CO_2-Steuer.

♦ Die Eigentümergemeinschaft des Mehrfamilienhauses im Zentrum Darmstadts diskutierte lange über Gebäudedämmung und den Austausch der ineffizienten Gas-Zentralheizung. Schließlich machte der örtliche Energieversorger ein Angebot: den Anschluss an die in der Straße verlegte Fernwärmeversorgung. Zusätzlich versprach eine PV-Anlage auf dem Dach sogar Gewinn. Das Konzept, unterstützt mit Mitteln der Bundesförderung, war fertig – doch dauerte es, bis auch der alte Griesgram aus dem Erdgeschoss überzeugt war.

Zwei Beispiele nur, die zeigen, was alles zusammenspielen muss, wenn die energetische Sanierung eines Gebäudes klappen soll – oder eben auch, was die Sanierung lange Zeit erschwert.

Zu lange Zeit des Öfteren. »Aktuell« – und das heißt 40 Jahre nach den Effizienz-Empfehlungen der Enquete-Kommission des Bundestages von 1980 (siehe Kapitel 2.1) – »ist nur rund ein Viertel aller Wohngebäude in Deutschland auf einem zufriedenstellenden energetischen Stand, 30 Prozent der Wohnflächen im Gesamtbestand entfallen auf ›schlechte‹ Effizienzklassen«, weiß die Deutsche Energieagentur aktuell zu berichten (Dena 2021b, S. 41). Ein Grund, über das Warum nachzudenken.

Nach wie vor dominieren die Bausünden vergangener Jahrzehnte. Insbesondere nach dem Zweiten Weltkrieg war Energieeffizienz ein unbekanntes Wort. Emsig wurde Stein auf Stein gesetzt, ohne Transmissionsfaktoren zu beachten, denn Kohle gab es schon anfangs genug, dann war Erdöl billig. Böswillig formuliert: Wenn es stimmt, dass die heutige Generation auf Kosten ihrer Kinder lebt, so ist es doch ebenfalls wahr, dass die Basis für diesen Missstand jedenfalls im Wärmebereich bereits von den Großeltern gelegt wurde.

Und zwei Drittel des heutigen Gesamtbestandes in Deutschland, 13 Millionen Wohnhäuser, entstanden vor 1978 – ohne Wärmedämmung. Deshalb stieg der Wärmeverbrauch bei den zwischen 1949 und 1978 gebauten Häusern selbst gegenüber den Vorkriegsbauten noch einmal deutlich an, auf im Mittel 208 kWh/m²a.

1978 erst trat die erste Wärmeschutzverordnung in Kraft, um die gröbsten Missstände zu beseitigen. Sie begrenzte den Wärmebedarf von damaligen Neubauten auf 146 kWh/m²a. Mehr war angeblich den Investoren nicht zuzumuten. Die Grenzwerte wurden über die Jahre mehrfach gesenkt – doch gelten sie eben nur für die jeweiligen Neubauten.

Die Bestandsaufnahme der Bundesregierung aus dem Jahr 2014 beklagt lautstark die Defizite: »Insbesondere bei den Gebäuden von 1949 bis 1978 erscheinen die Einsparpotenziale am größten. Bei dieser Gebäudeklasse wird ein Einsparpotenzial von 65 Prozent angenommen. Für Gebäude von 1919 bis 1948 wird ein Potenzial von rund 50 Prozent und für noch ältere Gebäude eines von rund 25 Prozent gesehen (Denkmalschutz etc.).« (BMWi 2014a, S. 12). Und auch für zwischen 1978 und 1995 errichtete Gebäude gab es noch einen wirtschaftlichen Sanierungsspielraum. Nach der darauf entwickelten Energieeffizienzstrategie für Gebäude aus dem Jahr 2015 könne der mittlere Endenergiebedarf der Gebäude in Deutschland auf etwas über 80 kWh/m²a sinken (BMWi 2015). Zum derzeitigen Wert, wie gesehen 131 kWh/m²a, verbleibt mithin noch ein Einsparpotenzial von bis zu 40 Prozent.

Doch wo anfangen? Das Heidelberger ifeu-Institut hat vorliegende Analysen des energetischen Zustands des Gebäudebestands ausgewertet und in eine eindrucksvolle Grafik umgesetzt. Neun Effizienzklassen werden unterschieden, von A+ (Niedrigenergiestandard) bis G und H (heizt zum Fenster hinaus). Diese entsprechen den im Energieausweis festgelegten Werten. Danach entfallen rund 30 Prozent der Gebäude auf den »schlechten« Zustand mit einem Verbrauch von mehr als 200 kWh/m²a (Klassen G und H). Sie wurden seit dem Bau in den fünfziger und sechziger Jahren noch gar nicht »angefasst«. Demgegenüber sind nur rund acht Prozent ausreichend saniert, erreichen den anzustrebenden Richtwert von weniger als 50 kWh/m²a – *ready for* CO_2*-Zero-Emission 2045* (Pehnt 2021).

Auf den ersten Blick überraschend: In Ein- und Zweifamilienhäusern (EZFH) sieht es besonders schlecht aus – obwohl hier viele Eigentümer leben. Hier sind rund 40 Prozent noch gänzlich auf Durchzug gestellt. In vielen Einzelhäusern, Reihenhäusern zum Beispiel aus den sechziger Jahren, leben Geringverdiener. Viele der Eigner sind seit den goldenen Jahren des Wirtschaftswunders, als sie sich das Häuschen leisteten, in die Jahre gekommen, scheuen den hohen Investitionsbedarf oder können ihn als Rentner nicht mehr wuppen.

Abbildung 13: Aufteilung der Gebäude auf Effizienzklassen

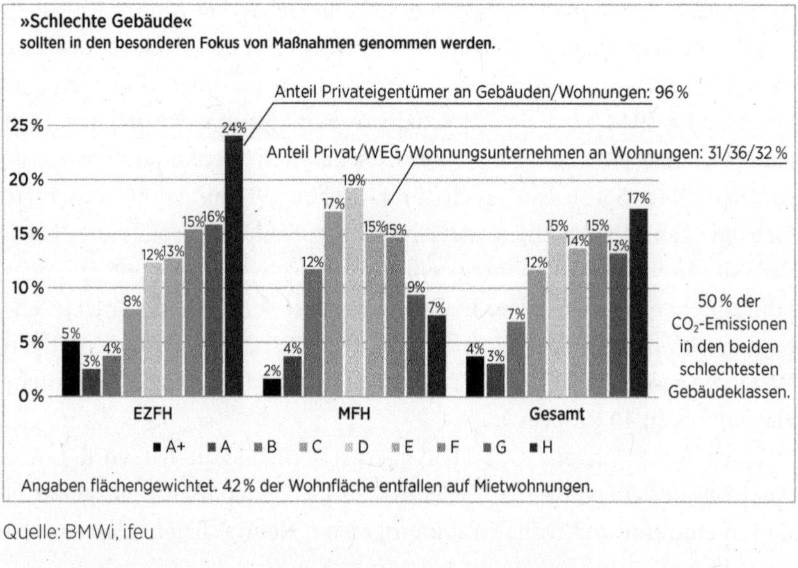
»Schlechte Gebäude«
sollten in den besonderen Fokus von Maßnahmen genommen werden.
Anteil Privateigentümer an Gebäuden/Wohnungen: 96 %
Anteil Privat/WEG/Wohnungsunternehmen an Wohnungen: 31/36/32 %
25 %
20 %
15 %
10 %
5 %
0 %
5%
3%
4%
8%
12%
13%
15%
16%
24%
2%
4%
12%
17%
19%
15%
15%
9%
7%
4%
3%
7%
12%
15%
14%
15%
13%
17%
EZFH
MFH
Gesamt
50 % der CO2-Emissionen in den beiden schlechtesten Gebäudeklassen.
A+ A B C D E F G H
Angaben flächengewichtet. 42 % der Wohnfläche entfallen auf Mietwohnungen.

Quelle: BMWi, ifeu

In Mehrfamilienhäusern (MFH) sind oftmals Wohnungsgesellschaften zuständig für die Sanierungsentscheidung. Da können die Sanierungskosten im Prinzip auf die Mieter umgelegt werden – doch hat dies seine Grenzen (vgl. dazu Kapitel 5.5). Manches wird gemacht, doch fehlt es oft an einem Gesamtkonzept. Die Folge: Die ganz schlechten Gebäude nehmen ab, aber die Sanierungstiefe lässt zu wünschen übrig. Hier dominieren mittlere Werte, das deutet darauf hin, dass zwar Einzelmaßnahmen wie Fenstertausch oder Sanierung der Außenwände stattgefunden haben, aber aus Kostengründen eine umfangreiche Sanierung unterblieb.

Die Bundestagsfraktion Bündnis 90/Die Grünen hat beim ifeu-Institut eine Studie in Auftrag gegeben, die zeigt, wie im Bereich der Wohngebäude schnell etwas für den Klimaschutz erreicht werden kann und gleichzeitig Wohnqualität und soziale Gerechtigkeit verbessert werden können (Mellwig 2021,S. 4). Ergebnisse:

- Gerade ineffiziente Gebäude haben gute Voraussetzungen, um zukunftssichere Sanierungen wirtschaftlich umzusetzen. Der Energieverbrauch sinkt dabei durchschnittlich um 77 bis 79 Prozent.
- Wenn alle Gebäude der Effizienzklassen G und H zu Effizienzhäusern 55 saniert werden, sinken die Treibhausgas-Emissionen von Wohngebäuden um 52 bis 64 Millionen Tonnen (40 bis 49 Prozent).
- Die Sanierung dieser Häuser hat einen hohen sozialen Nutzen, denn sie schützt deren Bewohnerinnen und Bewohner vor hohen Energiekosten und verbessert Wohngesundheit und Behaglichkeit. Denn diese Gebäude sind häufig schlecht beheizt und besonders anfällig für Feuchtigkeit und Schimmel und beeinträchtigen die Gesundheit.

Aus den Ergebnissen wird ein möglicher Zielkonflikt sichtbar. In einem Schritt von Klasse H auf Klasse A oder B zu kommen, das erforderte hohe Investitionen – und doch soll dieser Prozess bis 2045 abgeschlossen sein. Die Belastung könnte abgemildert werden, wenn man in Etappen vorgeht – und idealerweise aus den über die Zeit resultierenden Heizkostenreduktionen die nächste Etappe finanziert. Doch Stückwerk ist andererseits ein unbefriedigender Ansatz. Besser wäre natürlich, gleich in einem Schritt die schlechtesten Gebäude auf einen Standard rundum modernisieren. Doch wie das erreichen, ohne die Bewohner, ob arm, ob Mittelstand, gebührend zu überfordern?

Bei heutiger Förderung sei maximal nur eine Sanierung auf einen Verbrauch von 70 kWh/m²a möglich, hat beispielsweise der Geschäftsführer der Wohnungsbaugesellschaft der Stadt Fürth, Rolf Perlhofer, bei einem Vorzeigeprojekt im Stadtteil Hardhöhe festgestellt. Das entspräche immerhin der Einstufung in die Klasse B. Dann könnten Kaltmietsteigerungen auf zwei Euro pro Quadratmeter beschränkt bleiben (Perlhofer 2021). Das wäre dann die Belastungsgrenze, die der Gesetzgeber mit seinen derzeitigen Förderbedingungen vorgegeben habe (siehe Kapitel 5.5.).

Förderung

Wer mehr will, muss die Förderung verstärken, so rufen einhellig Mieterinnen und Vermieter, Wissenschaftler und Expertinnen. Das scheint gerechtfertigt, weil es sich um eine gesamtgesellschaftliche Aufgabe handelt: eben Klimaschutz. Klar ist, dass der Schwarze Peter nicht allein bei den Nutzern, ganz gleich ob Mietern oder Eignern, bleiben darf. Zwar verdienen sie auch unter dem Strich mit den eingesparten Kosten für Primärenergie, doch bleibt in den meisten Fällen ein deutliches Delta der Mehrkosten, das in dem Maße ansteigt, wie die Standards zunehmen.

»Das Klimaschutzgesetz soll dazu beitragen, die energie- und klimapolitischen Ziele der Bundesregierung, insbesondere einen nahezu klimaneutralen Gebäudebestand, bis zum Jahr 2045 zu erreichen«, stellt der Deutsche Mieterbund fest. »Hierzu wiederum müsste der gesamte Gebäudebestand in Deutschland dem KfW-Effizienzhaus-55-Standard entsprechen. Dieses Anforderungsniveau dürfte im Gebäudebestand nur schwer flächendeckend erreichbar sein und wäre mit hohen Kosten verbunden.« (www.dmb.de).

In der Not schlägt der Mieterbund einen Ausweg vor: die Standards für den Neubau deutlich zu erhöhen. Bislang gilt hier das KfW-Effizienzhaus 70 als Grenzwert. Zumindest sei für Neubauten »eine Verschärfung der Vorgaben im Gebäudeenergiegesetz auf KfW-55-Niveau« notwendig (www.dmb.de). Doch stehen sich hoher Aufwand für Effizienzmaßnahmen und die Bereitstellung von ausreichendem bezahlbarem Wohnraum nicht diametral gegenüber? Der Gebäudereport der Dena von 2019 stellt die Frage zunächst – und relativiert sie. Er beschreibt das soziale Problem differenziert – und bettet es ein in die allgemeine Wohnungsbaupolitik. Denn danach sind die Probleme insbesondere in Großstädten vor allem erst einmal auf hohe Grundstückspreise zurückzuführen. Seit dem Jahr 2000 sei der Durchschnittspreis für Bauland um 46 Prozent gestiegen. Energieeffizienzmaßnahmen hätten dagegen kaum Auswirkungen auf die Miet- und Immobilienpreise (Dena 2019).

Ein anderer Ausweg liegt nahe: Die Förderlücke schließen, indem die staatliche Förderung angepasst wird. Das war bereits die Idee des Bundeskabinetts im Jahr 2014. Es beschloss den »Nationalen Aktionsplan Energieeffizienz« (NAPE, siehe auch Seite 125, Kapitel 3.8), und der sah einschneidende Maßnahmen für den Gebäudebestand vor. Innerhalb eines Jahres, so der Plan, wollte man zunächst »auf der Makroebene den gesamten Gebäudebestand in Deutschland in den Blick nehmen und die grundlegenden energiepolitischen Weichenstellungen beinhalten.« Das wiederum sollte Basis für anschließend zu erstellende »gebäudeindividuelle Sanierungsfahrpläne« sein, die »maßgeschneiderte Sanierungslösungen für den einzelnen Gebäudeeigentümer und Investor beinhalten sollen (›Mikroebene‹). Dazu die Ankündigung: ›Der Bund wird hier die notwendigen Rahmenbedingungen und Förderanreize setzen.‹« (BMWi 2014b, S. 3).

Das Papier drückt sich auch gar nicht um die Frage der Kosten einer derart umfassenden Strategie: Je nach zugrunde liegender Studie wurden die Vollkosten des Programms – damals 2014 – für den Zeitraum von 2015 bis 2020 auf zwischen 35 bis 55 Milliarden Euro jährlich geschätzt. Davon sei, »eine wirtschaftliche Lücke« von 8,9 Milliarden Euro zu schließen (BMWi 2014b, S. 13). Demgegenüber standen für das Jahr 2015 »allein auf Bundesebene rund 2,3 Milliarden Euro staatliche Fördermittel zur Verfügung« (BMWi 2015).

Eine gewaltige Summe – und gleichzeitig eine gewaltige Lücke. Und sie blieb. In den Jahren 2018 bis 2020 hatte sich die Lage nur unwesentlich gebessert: So wurden in den drei Jahren jeweils zwischen 1,8 und 2,7 Milliarden Euro zinsgünstige Kredite für KfW-Effizienzhäuser vergeben, dazu

Kredite für Einzelmaßnahmen zur Sanierung der Heizungen zwischen 1,4 (2018) und 0,9 Milliarden. Deutlich an stiegen die direkten Investitionszuschüsse: Von 318 (2018) auf 852 Millionen Euro 2020. Hinzu kam das von der BAFA verwaltete Marktanreizprogramm erneuerbare Energien: Hier kam es 2020 zu einem deutlichen Sprung nach oben. 2020 wurden 2,3 Milliarden Euro Zuschüsse vergeben, vorher waren es lediglich um die 250 Millionen. Rund 40 Prozent entfielen konstant auf Wärmepumpen und Holzheizungen, 20 Prozent auf Solarsysteme (Bundestag, 2021a).

Die neuen Förderbedingungen – werden sie reichen?

Nach jahrelangem Streit wurde im Jahr 2020 immerhin ein deutliches Hemmnis für Sanierungsinitiativen beseitigt: Nach Paragraf 35c des Einkommenssteuergesetzes können Selbstnutzer von Wohnraum energetische Sanierungsmaßnahmen bis zu einer Höhe von 14.000 Euro jährlich von der Steuer absetzen. Damit sollten vor allem Selbstnutzer in Einzelhäusern unterstützt werden – doch ist es ein sozialpolitisch fragwürdiges Schwert. Hauseigner können die Möglichkeiten umso besser nutzen, je mehr Steuern sie zahlen. Es ist also eher eine Maßnahme für Besserverdienende – Geringverdiener greifen ins Leere.

Und die neue BEG? »Für alle Förderprogramme im Bereich Energieeffizienz stehen«, so Bundeswirtschaftsminister Peter Altmaier stolz bei der Vorstellung des Programms 2020, »im Durchschnitt für die nächsten vier Jahre jährlich Bundesmittel in Höhe von ca. 4,3 Mrd. Euro zur Verfügung.«

So viel Prognose sei gewagt: Auch das wird nicht reichen. Sowohl die Dena-Leitstudie »Integrierte Energiewende« (Dena 2018) als auch die BDI-Studie »Klimapfade für Deutschland« (BostonConsult/Prognos 2018) benennen für den gesamten Gebäudesektor für die Erreichung der – damals noch schwächeren – Klimaschutzziele bereits »unrentierliche« Mehrinvestitionen in hoher dreistelliger Milliardenhöhe gegenüber einem bereits ambitionierten Referenzszenario.

Eine Untersuchung im Auftrag der Verbände der Wohnungswirtschaft und des Deutschen Mieterbundes kommt zu folgender Rechnung allein für den Mietwohnungsbereich: Erfahrungen belegten, dass es durchschnittlich eines Zuschusses in Höhe von 222 Euro pro Quadratmeter bedarf, um ausreichend Sanierungstiefe zu erreichen. Sollen, wie mindestens erforderlich, 1,4 Prozent des Gebäudebestandes jährlich derart modernisiert werden, errechnet sich bei 19,6 Millionen bewohnten Mietwohnungen ein jährlicher Zuschussbedarf von 4,4 Milliarden Euro. Bei zusätzlichem Einsatz erneuerbarer Energieträger seien sogar mindestens sechs Milliarden allein für Mietwohnungen realistisch. »Dies stellt eine untere Grenze dar. Damit wird voraussichtlich noch keine Klimaneutralität erreicht.« (DMB/DV/GdW 2019).

Dies gilt allein allein für die Hälfte des Bestandes. Am Ende dürfte sich der gesamte Förderbedarf für Wohngebäudesanierung auf mindestens 14 Milliarden Euro jährlich belaufen. Immerhin hat die Bundesregierung kurz vor Toresschluss in der letzten Sitzungswoche 2021 dem Bundestag im Rahmen des Haushaltsentwurfs noch ein Sofortprogramm 2022 vorgelegt. Acht Milliarden Euro sollen dafür in den Jahren 2022 und 2023 insgesamt zusätzlich aus Bundesmitteln bereitgestellt werden.

Sanierungsfahrplan

Geld ist das eine – es intelligent ausgeben, das andere. Wie trotz aller Anreize »die Hunde zum Jagen tragen«, sprich: jeden und jede der Millionen Hausbesitzer*innen und Mieter*innen dabei zu unterstützen, von den gebotenen Möglichkeiten auch Gebrauch zu machen.

Den Ministerialen hatte bereits 2014 ein fertiger Plan für eine möglichst umfassende, »konsistente Strategie für die energetische Sanierung des deutschen Gebäudebestandes« vorgelegen. Den hatten Experten des Heidelberger ifeu-Instituts und von Ecofys im Auftrag des NABU bereits 2012 vorgelegt. Er ist noch heute im Kern aktuell. Zunächst wird jedes einzelne Gebäude empirisch erfasst und einer Klimaschutzklasse zugeordnet, je nach Typus, Baujahr und Sanierungsstand. Anschließend definiert man, abgestimmt für die einzelnen Klassen, schrittweise anspruchsvoller werdende »Messlatten«, die jedes Gebäude einhalten muss, damit der Bestand im Jahr 2050 – oder neuerdings 2045 – Klimaneutralität erreicht.

Doch stimmt es nicht? Versteckt sich hinter dem Konzept nicht tatsächlich eine strikte Regulierung? Wie vorsichtig auch immer die Vorschläge waren, so ging doch am Konzept der »Messlatte« kein Weg vorbei. Wäre verbindliche Grenzwertsetzung nicht der zutreffendere Ausdruck? Doch langsam: Zwischengeschaltet sollte ein dritter Schritt werden: umfangreiche Beratungshilfen vom Staat. »Im Rahmen einer Beratungsoffensive« werde für jeden Gebäudetyp ein individueller Sanierungsfahrplan erstellt und vermittelt. Erst dann kommt der finanzielle Druck. Angedacht wurde ein umgekehrtes »Belohnungssystem«: Wenn ein Haus in einem Jahr einer schlechteren Klimaschutzklasse angehört als nach der »Messlatte« vorgesehen, zahlt der Eigentümer einen »Obolus«. Der Unterschied zur Steuer: Er hat es in der Hand, das Geld wiederzubekommen, wenn er die Sanierung nachholt. Denn das Geld wird in einen Topf gegeben, aus dem Hauseigentümer Förderzuschüsse bekommen, wenn ihre Werte besser sind als vom Sanierungsfahrplan vorgegeben (NABU 2012).

Doch bleibt auch mit einem derartigen Konzept das Dilemma bestehen, dass die soziale Dimension so oder so umso spannender wird, je näher wir der Klimaneutralität kommen. Denn, um es zu wiederholen, je tiefer die Sanierung, desto teurer wird es nun mal. Wie hoch darf die Zusatzbelastung für den Einzelnen für das Erreichen der Klimaschutzziele bemessen sein?

Zwang oder Förderung – ein sozialverträglicher Weg

Dabei ist das Problem offenkundig. Bis 2020 entfielen auf den optimalen Effizienzhaus-Standard 55 lediglich vier Prozent der Gesamtförderungen für Sanierungen im Altbau. Mehr als 50 Prozent dagegen auf die unzureichenden Standards 115 (nicht mehr gefördert ab Mitte 2021) und 100. Das soll anders werden, fordert das ifeu: Gefördert werden sollen in Zukunft nur noch Sanierungen mit Effizienzhaus-Standard 70 und 55.

Wie die sozialverträgliche Mischung aus Fordern und Fördern dosieren? Klar ist angesichts derartiger Zahlen: Ohne verbindliche Verpflichtungen geht es nicht. Förderung ist das eine – Verbot das andere, oder vielmehr der nächste Schritt. Wenn aber die Forderung, entsprechend den Fortschritten des jeweils gültigen Sanierungsfahrplans Schritt für Schritt vorzugehen, wirklich zum Ziel der Durchsanierung bis 2050 auf KfW 55 führen soll, kann man an der Frage, die Sanierungsziele auch tatsächlich verbindlich festzulegen, nicht mehr auf Dauer vorbeigehen.

Und genau das fordert ausgerechnet ein Unternehmensverband, die Deutsche Unternehmensinitiative Energieeffizienz (DENEFF). Sie hat im April 2021 gemeinsam mit dem Öko-Institut und dem Fraunhofer-ISI das »Weißbuch Green Recovery« veröffentlicht. Darin heißt es unmissverständlich: »Zur Erreichung der Klimaziele ist eine deutliche Steigerung der Sanierungsrate notwendig, dafür müssen weitere Sanierungsanlässe geschaffen werden. Konkret können Sanierungsanlässe geschaffen werden, indem ab einem festgelegten Datum in der Zukunft alle Gebäude mindestens einer bestimmten Effizienzklasse angehören müssen. Damit werden prioritär die energetisch schlechtesten Gebäude adressiert.« (DENEFF/Öko/ISI 2021, S. 18). Auch eine Initiative für eine EU-Richtlinie, die derartige Mindeststandards vorsieht, wird derzeit diskutiert.

Wir bleiben hartnäckig. Wie war das mit der Sozialverträglichkeit? Steigt nicht der Druck auf die Geringverdiener in dem Maße, wie Mindeststandards eingehalten werden müssen, gerade in den schlecht gedämmten und unsanierten Altbauten weiter an? Nicht unbedingt, meinen die Initiatoren, denn entsprechend müsse eben die staatliche Förderung nachjustiert werden – ausdrücklich für einen sozialen Ausgleich. »Um eine sozial gerechte Umsetzung des Instruments zu gewährleisten, muss für Gebäudeeigentümer die Möglichkeit bestehen, für Sanierungsmaßnahmen Fördermittel in Anspruch zu nehmen. Zudem muss u. a. durch Förderung sichergestellt werden, dass die Kosten der Sanierungsmaßnahmen in vermieteten Gebäuden nicht zu Mietsteigerungen führen, die deutlich über die einzusparenden Energiekosten hinaus gehen.« (DENEFF/Öko/ISI 2021, S. 18).

Treten wir also dem Vorschlag näher. Das Weißbuch sieht folgende Schritte zur Einführung der Mindeststandards vor: mindestens Klasse E bis 2030, Klasse D bis 2035, Klasse C bis 2040. Für Ein- und Zweifamilienhäuser wird angenommen, dass aufgrund von Ausnahmeregelungen ein Anteil von 60 Prozent der betroffenen Gebäude bis zum Jahr 2030 den Mindeststandard erfüllt. Für Mehrfamilienhäuser und Nichtwohngebäude wird ein Anteil von 80 Prozent angenommen.

Die bereits bestehenden Fördermittel im GEG könnten umstrukturiert werden. Beispielsweise könnten – entsprechend der Forderung des

Mieterbundes – die Mittel, die heute für Neubauten mit KfW-55-Standard eingesetzt werden, gestrichen und für die Finanzierung des zusätzlichen Bedarfs in der Sanierung umgewidmet werden. Dies eingerechnet, so eine Modellrechnung, verringere sich der zusätzliche Bedarf an Fördermitteln auf rund drei Milliarden Euro jährlich, will man das Ziel, Mietern und Eigentümern keine Mehrkosten aufzubürden, erreichen. Im Klartext heißt das, dass die zusätzlich zur Förderung aufgenommenen Eigenmittel dann den eingesparten Energiekosten entsprechen – beziehungsweise Warmmietenneutralität erreicht wird.

Zumindest im Mietwohnungssektor sind Standards angemessen – finden auch die Grünen. »Mit energetischen Mindeststandards für den vermieteten Gebäudebestand stellen wir sicher«, heißt es im Antrag der Bundestagsfraktion, »dass für alle Menschen klimafreundliches und bezahlbares Wohnen möglich wird.« (Bundestag 2021c, S. 3).

So viel sei vorausgesagt: In dem Maße, wie in den nächsten Jahren das Delta zwischen Anspruch und Wirklichkeit bei Sanierungsrate und -tiefe wächst, wird auch der Ruf nach verbindlichen Mindeststandards für den Altbaubestand weiterwachsen – die Diskussion wird zunehmend verlagert vom »Ob« auf das »Wie«. Denn was ist angemessen – und zu welchem Zeitpunkt? Das Ziel Klimaneutralität ist klar, doch wie steil ist der Pfad, es zu erreichen? Und welche Konsequenzen hat das für das jährliche Fördervolumen, soll, wie gefordert, Warmmietenneutralität erreicht sein?

Zeit, einen entsprechenden Gesetzgebungsvorgang in Gang zu setzen. Denn so viel sei vorhergesagt: Vom Vorschlag zum Gesetz wird viel Zeit ins Land gehen. Das Motto ist vorgezeichnet: »Im Prinzip ja – aber nicht mit mir.« Stellschrauben gibt es schließlich genug: Wie tief muss die Sanierung wann gehen? Ist KfW 70 genug, oder gar KfW 40? Und natürlich dürfen Industrie und Gewerbe bei ihren Immobilien nicht allzu stark belastet werden. Einfallstore für Ausnahmebestimmungen gibt es genug. Wie verhindern, dass wieder derjenige gewinnt, der die schlagkräftigste Lobby hat?

Da ist es schon erfolgskritisch, unbedingt eine sozialpolitische Komponente einzuziehen, bereits als integrierter Bestandteil des Gesetzgebungsprozesses.

Sanieren ohne Reue

Der Lohn all dieser Mühen – ein gutes Klimagewissen? Mehr noch: Gebäude mit hoher Energieeffizienz erzielten 2020/21 in Deutschland durchschnittlich 23 Prozent höhere Preise am Immobilienmarkt als unsanierte Vergleichsobjekte – zu diesem Ergebnis kommt eine Studie von ImmobilienScout24 im Auftrag des Bundesverbands energieeffiziente Gebäudehülle (BuVEG).

Grundlage ist die Auswertung von 155.000 Ein- und Mehrfamilienhäusern. Besonders profitierten Besitzer von Altbauten in Großstädten. Sie konnten den Preis nach Effizienzmaßnahmen sogar um durchschnittlich 44 Prozent erhöhen (www.baulins.de; 8.6.2021).

Kostensenkungen

Oder geht alles noch ein bisschen preiswerter? Sind nicht auch bei der Gebäudesanierung Kostensenkungen zu realisieren, durch Lernkurven bei größeren Stückzahlen und technischem Fortschritt, ähnlich wie bei der Markteinführung der Wind- und Solarenergie?

Die Möglichkeiten sind begrenzt. Dämmtechnik wie Fenster, die beiden Kernelemente der Sanierung der Gebäudehülle, sind eigentlich technisch ausgereift – Technologiesprünge wären allenfalls noch bei der elektronischen Bedarfssteuerung und -optimierung der Heizungssysteme zu erwarten. Kaum zu erwarten, dass selbst eine Verdoppelung der Sanierungsrate zu einer wesentlichen Verringerung der spezifischen Kosten führen könnte. Zumal die Zahl der Anbieter sehr heterogen ist, von großen Baufirmen bis zu kleinen Handwerksbetrieben variiert und überdies je nach Gebäudetyp sehr unterschiedliche Konzepte zum Einsatz kommen müssen.

Doch halt: Genau hier tut sich eine Möglichkeit auf, Kosten zu sparen. Das sogenannte serielle Sanieren. Reihenhaus ist schließlich in vielen Fällen identisch mit Reihenhaus – das sagt schon der Name. Und das Gleiche gilt für vorgefertigte Mietwohnungsblöcke, »von der Stange« meist in mehreren Tausenden errichtet. Da liegt es doch nahe, sie auch nach einem gemeinsamen Fahrplan zu sanieren, gleichsam industriell.

Serielles Sanieren bedeutet demnach die Verwendung von vorgefertigten Fassaden- und Dachelementen einschließlich damit verbundener

Anlagentechnik (z. B. Wärmepumpenmodule) und ihre Montage an möglichst viele bestehende Gebäude. Die abseits der Baustelle vorgefertigten Elemente können im Vergleich zur herkömmlichen Sanierung schneller und kostengünstiger montiert werden. Das hat auch die Bundesregierung erkannt und fördert seit Ende 2020 im Rahmen des BEG serielles Sanieren mit dem Programm »Förderung der Seriellen Sanierung«.

»Mit seriellen und industriellen Ansätzen können Gebäude schneller, qualitätsvoll und weniger fachkräfteintensiv energetisch modernisiert werden«, bestätigt die DENEFF (2020, S. 32). »Sie haben daher großes Potenzial, zur dringend benötigten Erhöhung der energetischen Sanierungsrate von Gebäuden beizutragen.«

Das Angebot muss freilich stimmen. »Eine industrielle Komplett-Gebäudemodernisierung ist ein komplexes Produkt, an dem viele Akteure gemeinsam arbeiten müssen«, ergab eine Diskussionsrunde unter der Ägide der DENEFF. »Viele Unternehmen und Fachleute sind interessiert daran, sich einzubringen, wissen aber nicht, wo sie anfangen sollen, mit wem sie kollaborieren können.« Der Vorschlag: Interessierte tun sich zu regionalen Netzwerken zusammen, um lokales Wissen, geeignete Sanierungsobjekte und Lösungen zusammenzubringen mit dem Ziel, serielle und sozialverträgliche Sanierungen voranzubringen.

Digitalisierung muss helfen. Um eine serielle Gebäudesanierung zu planen und die Bauteile industriell vorzufertigen und zusammenzufügen, müssten alle Prozesse idealerweise digital abgebildet werden. »Doch noch liegen dafür nicht alle Komponenten, die sich für serielle Ansätze eignen, in digitaler Form vor. Das verlangsamt den Entwicklungsprozess, die serielle Sanierung kommt bislang nicht in Fahrt.« Deshalb müssten die Hersteller von Baukomponenten einen optimierten digitalen Katalog »mit parametrischen Bauteilen zur Sanierung von Mehrfamilienhäusern und Einfamilienhaus-Musterhäusern kostenfrei zur Verfügung« stellen (DENEFF 2020, S. 32).

In den Niederlanden ist das bereits gang und gäbe. Mittlerweile 110.000 Wohnungen hat »Stromversnelling«, so der Name der Initiative, bereits unter Vertrag. Mit Erfolg. Von den ersten Pilotprojekten vor acht Jahren konnten die spezifischen Kosten um bis zu 40 Prozent reduziert werden, weiß Kristina Zimmermann, die bei der Dena für das serielle Sanieren verantwortlich ist.

Drei Jahre hatten die Vorarbeiten benötigt, dann feierte Anfang März 2021 in Hameln an der Weser das erste Pilotprojekt der »Energiesprong«-Initiative der Dena Einweihung. Fünf Jahre hatte der heruntergekommene Wohnblock mit drei Wohnblocks und zwölf Wohnungen leer gestanden. Doch Ende 2019 startete die Installation industriell vorgefertigter Fassadenelemente und der Haustechnik. Erreicht wurde in Rekordzeit ein Klima-Nullenergiehaus, denn neben der vorgefertigten Dämmhülle wurde gleichzeitig eine PV-Anlage auf dem Dach installiert, dazu zwei Energiespeicher, sodass immer ausreichend Strom zum Betrieb der Wärmepumpen für den Restwärmebedarf vorhanden ist. Die Erfahrungen sollen in den nächsten vier Jahren auf knapp 17.000 Wohnungen übertragen werden, im Besitz von 22 Wohnungsbaugesellschaften in der Republik. Dann wäre der Schritt vom industriell vorgefertigten Einzelobjekt zum seriellen Sanieren getan (ZfK Mai 2021, S. 26).

Vorschläge:

- Das Gesamtvolumen der BEG ist auf mindestens 14 Milliarden Euro jährlich zu erhöhen und für die nächsten zehn Jahre im Bundeshaushalt zu verankern.
- Bei Neubauten sollten nur noch KfW- Effizienzhäuser 40 gefördert werden. Dabei frei werdende Mittel sollten für die Sanierung des Altbaubestandes umgeschichtet werden. Dabei ist im Altbaubestand überwiegend eine Sanierung auf die Effizienzhaus-Standards 55 und 70 anzustreben.
- Die Förderung bei Bestandwohngebäuden ist dabei so auszurichten, dass die Investitionen des Eigners in angemessenem Verhältnis zu den eingesparten Energiekosten stehen.
- Für alle Wohngebäude, die schrittweise saniert werden können, sollten Sanierungsfahrpläne erarbeitet werden, die dann verbindlich in einem klaren Zeitrahmen Schritt für Schritt umgesetzt werden, damit spätestens im Jahr 2045 der KfW-Standard 55 erreicht wird. Das Vorhandensein eines derartigen Fahrplans ist Voraussetzung für die Inanspruchnahme von Fördermitteln des Bundes.
- Schrittweise sind in den nächsten Jahren Mindeststandards auch für den energetischen Zustand von Bestandsbauten zunächst im Bestand der vermieteten Mehrfamilienhäuser zu definieren. Sie sollten sich an den

gängigen Effizienzklassen der Energieausweise orientieren. Ab 2030 sollten die schlechtesten beiden Effizienzklassen G und H auf dem Wohnungsmarkt nicht mehr angeboten werden. Entsprechende Förderung muss garantieren, dass die Warmmieten nicht steigen.

- Im Rahmen der BEG muss serielles Sanieren ein Förderschwerpunkt werden. Neben Durchführbarkeitsstudien und der Entwicklung und Erprobung serieller Sanierungskomponenten für individuelle Pilotprojekte sind auch Investitionsbeihilfen zum Aufbau von Produktionskapazitäten serieller Sanierungskomponenten umfassend zu fördern.

5.5 Mieter oder Vermieter – wer zahlt, wer profitiert von der Sanierung

Markus Genthner fiel aus allen Wolken, als er den Brief der Wohnungsgesellschaft bekam: 140 Euro monatlich sollte die Mieterhöhung für die 70 Quadratmeter große Wohnung in der Krefelder Innenstadt betragen, die seine Familie seit mehr als zehn Jahren bewohnte. Die monatliche Kaltmiete kletterte von 6,50 Euro auf 8,50 Euro pro Quadratmeter, in Summe 455 auf 595 Euro – ein Anstieg um 30 Prozent.

Was war geschehen? Der Vermieter hatte das Gebäude generalsaniert – und ließ sich jetzt die Mehrkosten zurückerstatten. Ganz legal. Die Möglichkeit hat er nach dem Paragrafen 559 des Bürgerlichen Gesetzbuchs: »Hat der Vermieter (energetische) Modernisierungsmaßnahmen durchgeführt, so kann er die jährliche Miete um acht Prozent der für die Wohnung aufgewendeten Kosten erhöhen.« Allerdings gilt eine Kappung: Bei Kaltmieten von weniger als sieben Euro pro Quadratmeter darf die Mieterhöhung zwei Euro pro Quadratmeter nicht überschreiten.

Die Gegenrechnung: Vor der Sanierung musste Genthner in dem Altbau aus dem Jahr 1960 zusätzlich für Heizung 93,80 Euro monatlich zahlen. Die schlechte Dämmung trieb seinen Wärmebedarf auf jährlich mehr als $200\,kWh/m^2$ und die ineffektive Zentralheizung schluckte viel Öl. Nach der Sanierung auf KfW-100-Standard sanken die Heizkosten auf rund die Hälfte: Kostenersparnis 46,90 Euro. Ein Minusgeschäft trotz alledem: Als Warmmiete gerechnet blieb per Saldo eine Kostensteigerung von 548,80 auf 641,90 Euro – 17 Prozent.

Da machte der Vermieter eindeutig das bessere Geschäft. Ihm entstanden Modernisierungskosten von 323 Euro pro Quadratmeter entsprechend in Summe 22.610 Euro. Weil er auch die Fassade erneuerte, waren davon nur rund ein Drittel anrechenbar. Umgekehrt bekommt er jetzt jährlich 1.680 Euro über die Mieterhöhung zurück. Dann hat er die eingesetzten gesamten Modernisierungskosten netto in rund 13,5 Jahren wieder eingefahren. Die Energiekosten amortisieren sich netto sogar schon nach vier bis fünf Jahren.

Gerecht geht anders. Dabei hat Genthner noch Glück gehabt. Hätte seine Kaltmiete mehr als sieben Euro pro Quadratmeter betragen, wie das in Ballungsgebieten gang und gäbe ist, stiege nach Gesetz die Mieterhöhung sogar auf maximal drei Euro pro Quadratmeter. So blieb es bei den 140 Euro – immerhin 6,7 Prozent seines Nettoeinkommens von 2.100 Euro. Damit gibt er jetzt statt früher 26 rund 30 Prozent seines Einkommens für Wohnen aus – die Schmerzgrenze, die nicht überschritten werden sollte.

Unbestritten, dass der Klimaschutz von dem Vorhaben seinen Nutzen hatte. Und unbestritten auch, dass zur Klimaneutralität bis spätestens 2045 alle Gebäude saniert werden müssen, nicht nur auf KfW 100, sondern mindestens 55. Doch zeigt das Beispiel, wie ungerecht derzeit die Belastung auf Mieter und Vermieter verteilt ist. Es ist dies kein Extrembeispiel. Was ist mit einem alleinerziehenden Single, monatliches Einkommen 900 Euro – oder dem Rentnerehepaar mit monatlicher Mindestrente? Da würde nur noch eine drastische Erhöhung des Wohngeldes helfen – aus der Staatskasse zulasten aller Steuerzahlenden.

Freilich muss man die Heizkostenersparnis dagegen rechnen. Doch die fällt, wie wir sehen werden, nicht nur im Fall Genthner, sondern in aller Regel deutlich geringer aus als die Zusatzkosten. Mieterverbände gehen im Durchschnitt von einer Einsparung von einem Drittel, maximal der Hälfte der Zusatzkosten aus. Hinzu kommt: Es ist eine Rechnung auf »Ewigkeit«. Die Modernisierungsumlage ist nicht an die Nutzungsdauer der Modernisierung gebunden ist, sondern ist – einmal erhoben – dauerhaft von den Mieterinnen und Mietern zu tragen.

In Wirklichkeit, so bestätigt eine Modellrechnung des Ifeu-Instituts im Auftrag des BUND, haben bei dem Spiel unter heutigen Bedingungen die Vermieter immer die besseren Karten – auch bei der Sanierung auf Klimaneutralitäts-Niveau. Dabei wurde ökonomisch exakt eine dynamische Kapitalwertberechnung über einen Zeitraum von 20 Jahren durchgeführt. Wer gewinnt also bei derzeitiger Rechtslage, wer verliert, wenn ein bereits durchschnittlich gedämmtes Bestandsgebäude wie erforderlich zum KfW-Effizienzhaus 55 veredelt wird? »Es wird deutlich, dass die Modernisierungskosten der Vermieter*innen durch die Kostenumlage auf die Mieter*innen mehr als aufgewogen werden. Sie sparen jährlich 41 Cent pro Quadratmeter, die Erhöhung der Nettokaltmiete liegt bei 1,57 Euro pro Quadratmeter, was bedeutet, dass die Miete insgesamt um 1,16 Euro pro Quadratmeter steigt.« Im Gegenzug haben die Vermieterinnen oder Vermieter zwar Kosten von 0,98 Euro pro Quadratmeter, die Erhöhung der Nettokaltmiete übertrifft diese jedoch, sie stecken »unterm Strich« immer noch einen Gewinn von 59 Cent pro Quadratmeter ein (Mellwig/Pehnt 2019, S. 6).

Natürlich gibt es auch Eigentümer, die in prekären Einkommensverhältnissen leben. Auch ein Besitzer eines Eigenheims muss ordentlich in die Tasche greifen, wenn er beispielsweise eine alte Ölheizung austauschen oder die Fenster erneuern muss. Er kann aber – je nach Belastbarkeit – agieren. Ein Mieter oder eine Mieterin ist dagegen dem Problem hilflos ausgeliefert.

Zudem zeigt die Statistik, dass ohnehin vor allem Mieterinnen und Mieter betroffen sind. Während bei den Eigentümerhaushalten eindeutig die überdurchschnittlichen Nettohaushaltseinkommen dominieren und Einfamilienhäuser bevorzugt werden, sind Mieterhaushalte geprägt von unterdurchschnittlichem Einkommen. In Zahlen: Mehr als die Hälfte der insgesamt 22,5 Millionen Mieterhaushalte in Deutschland verfügen über ein jährliches Nettoeinkommen von weniger als 2.000 Euro pro Monat – bei den Eigentümern sind es nur rund ein Viertel: vier Millionen von insgesamt 16,5 Millionen. Umgekehrt bei den Haushalten mit mehr als 2.600 Euro pro Monat: Hier haben mehr als zehn Millionen Haushalte Eigentum, während nur rund sechs Millionen zur Miete wohnen (Destatis 2019).

Mieter und Vermieter – bei der energetischen Sanierung wie Hund und Katz?

Nicht nur ein sozialpolitisches Problem – sondern gleichzeitig ein Hemmnis erster Güte für den Weg zur Klimaneutralität. »Neben wirtschaftlichen und regulatorischen Hemmnissen ist die sozialverträgliche Umsetzung der energetischen Sanierung ein zentrales Thema, um einzelne Akteure nicht zu überlasten«, stellt die Dena fest. »Im Mietwohnbereich ist die gerechte Verteilung der Kosten der energetischen Sanierung eine Herausforderung. Mieter können mithilfe einer energieeffizienten Gebäudehülle Energiekosten sparen, aber die Investitionsentscheidung selbst nicht treffen (Mieter-Vermieter-Dilemma). Die eingesparten Energiekosten fallen häufig geringer aus als die Erhöhung der Kaltmiete durch den Vermieter. Übersteigen die umgelegten Investitionskosten im Mietwohnungsbereich den Betrag, den die Mieter an Heizkosten einsparen können, kommt es zu zusätzlichen finanziellen Belastungen für die Mieter (»soziales Dilemma«) (Dena 2021a, S. 41).

Und die Lösung? Sie liegt nahe. »Für die Mieter bliebe das Projekt allein dann ohne zusätzliche Aufwendungen, wenn es gelänge, mit der Investition ›Warmmietenneutralität‹ herzustellen – also die fällige Erhöhung der Kaltmiete durch die Ersparnisse an Heizkosten wieder vollständig herein zu holen«, resümiert das ifeu-Institut. Doch das ist derzeit allenfalls in Ausnahmefällen zu erwarten, wenn besonders offensichtliche Verschwendung mit relativ kostengünstigen Investitionen abgestellt werden kann. In Zukunft sind derartige Fälle aber immer seltener, je höher und damit teurer die Sanierungstiefe wird. »Warmmietenneutralität wird aber in vielen Fällen nicht erreicht und in Zukunft tendenziell noch schwieriger zu erzielen sein, da die *low hanging fruits* (hohe Einsparungen bei geringen Kosten) der Gebäudesanierung großteils geerntet sind.« (Mellwig/Pehnt 2019, S. 6).

Doch nicht zu vergessen: Das Dilemma hat auch eine zweite Seite. Auch für den Vermieter wird die Investitionsentscheidung nicht leicht. Freilich gibt es die Möglichkeit, die Kosten auf die Mieter umzulegen – doch muss er die hohen Investitionskosten zunächst vorfinanzieren. Deshalb fehlt auch für Vermieter oftmals trotz hoher Förderung der ultimative Kick für die Investition. Ist es nicht klüger, das schöne Geld anders anzulegen? Dann bleiben die Mieterinnen und Mieter auf den unsanierten Wohnungen mit hohen Wärmekosten sitzen – auch keine Lösung, zumal für den Klimaschutz.

Wie lässt sich das Problem entschärfen – und den sozial Benachteiligten wie dem Klimaschutz zu ihrem Recht verhelfen? Und das, nicht zu vergessen, ohne die Vermieter zu verprellen. Denn letztlich steht und fällt der klimapolitische Erfolg damit, ob es gelingt, die Vermieter »zum Jagen zu tragen.«

Gerecht geht anders

Was also tun? Zunächst die Mieter, ohnehin sozial gebeutelt, aus dem Obligo entlassen? Und die Sanierungskosten zu 100 Prozent (abzüglich der staatlichen Fördergelder) den Vermietern überlassen? Das wäre einfach zu machen: durch ersatzlose Streichung der Bestimmung des einschlägigen Umlage-Paragrafen 559 BGB.

Geht es nach dem Deutschen Mieterbund (DMB), ist das eine richtige Strategie. »Paragraf 559 BGB ist ein Fremdkörper in unserem Mietrechtssystem bzw. im geltenden Mietpreis- oder Mieterhöhungsrecht«, heißt es in einem Positionspapier. »Die Regelung, die Mieterhöhungen nicht von der Nachfrage, sondern von Kosten abhängig macht, ist eine Vorschrift, die für preisgebundene, also Sozialwohnungen Sinn macht, nicht aber für frei finanzierte Wohnungen. Systemgerecht wäre es deshalb, wenn sich die Miethöhe der energetisch modernisierten Wohnungen aus Angebot und Nachfrage ergeben würde. Mieterhöhungen müssten dann im Rahmen der ortsüblichen Vergleichsmiete erfolgen. Hierzu müssten beispielsweise Mietspiegel den energetischen Zustand des Mietobjekts mietsteigernd berücksichtigen, es müssten ggf. Mietspiegelfelder abhängig von Effizienzklassen oder ähnlichen Kriterien eingeführt werden.« Interessanterweise ein Plädoyer für mehr Markt (www.dmb.de).

Das wäre ungerecht, meint die Gegenseite. Dann hätte der Mieter den Nutzen geringerer Heizkosten, und der Vermieter hätte allenfalls dann die Möglichkeit, den gestiegenen Wert der Immobilie beim Verkauf an Dritte wieder hereinzuholen. Das wäre für öffentliche Wohnungsbaugesellschaften, die ihren Bestand gerade nicht verkaufen wollen, kaum eine machbare Strategie. Sie könnten Sanierungen schwerer durchführen. Und natürlich ist es nicht im Sinne der Mieter. Für private Gesellschaften und Eigner könnten Geschäftsmodelle (noch) attraktiver werden, den schnellen Gewinn bei der Umwandlung in Luxuswohnungen zu machen. Dann wäre der Gentrifizierung Tür und Tor geöffnet – jedenfalls dann, wenn es der Markt eben hergibt, wie in den großen Metropolen.

Der DMB setzt denn auch in Wirklichkeit auf eine andere Möglichkeit. Und die heißt: Wirkliche Warmmietenneutralität herstellen. Das würde in unserem Eingangsbeispiel bedeuten, halt die Kaltmietenerhöhung auf die tatsächlich eingesparten 49,80 Euro pro Monat zu begrenzen und damit deutlich unter der gesetzlich erlaubten Höchstgrenze zu bleiben. Und die Differenz? Hier müsste der Staat mit Zuschüssen eingreifen, meint Mieterbund-Geschäftsführer Ulrich Ropertz. Um Mieter zu entlasten, müsse die Modernisierungsumlage zunächst von derzeit acht auf vier Prozent sinken. Innerhalb von acht Jahren dürfe die Miete um nicht mehr als 1,50 Euro pro Quadratmeter steigen. Allerdings müsste es dann auch eine Kompensation für den Vermieter geben, weshalb die öffentliche Hand höhere Zuschüsse für energetische Sanierung zugeben müsse (Dow Jones News, 23.1.2020).

Das Drittelmodell

Das Modell hat einen Namen: Drittelmodell. Verbunden ist es mit einem ganzheitlichen Ansatz – dann werden nicht nur die Kosten gleichmäßig aufgeteilt, sondern es wird auch die Herangehensweise optimiert. Für jedes Gebäude sollte eine qualifizierte Energieuntersuchung erfolgen, damit Hauseigentümer einen individuellen Sanierungsfahrplan erstellen können. Diese Pläne können mit kommunalen Stadtsanierungs- und Wärmeplänen abgestimmt werden. Hauseigentümer trügen ein Drittel der Kosten, als Instandhaltungsanteil und Sicherung der Bausubstanz, ein Drittel der Kosten wird warmmietneutral und damit sozialverträglich von den Mietern übernommen und ein Drittel tragen staatliche Förderprogramme für den Klimaschutz bei (KfW, BAFA, steuerliche Abschreibung), die sich durch Steuereinnahmen refinanzieren.

Anfangs also noch im Vagen, haben jetzt ifeu und der BUND das Modell qualifiziert – und zugleich konkrete Umsetzungsvorschläge gemacht, die auch eine Straffung und Fokussierung der Förderbedingungen beinhalten, um die Kosten für den Staat nicht zu hochzutreiben. So sollen unzureichende Sanierungen nicht mehr gefördert werden – wenn ein Vermieter sie wählt, bekommt er keine Zuschüsse mehr, aber auch keine Möglichkeit, die Kosten auf die Mieter umzulegen. Das geht dann »auf Rechnung des Hauses«, für den Bestands- und Werterhalt des Gebäudes. Umgekehrt werden möglichst vollständige Sanierungen, die mit den Klimaschutzzielen vereinbar sind, stärker gefördert.

Basierend auf Modellrechnungen werden folgende Änderungen im Mietrecht vorgeschlagen, um die Ideen des Drittelmodells umzusetzen:

- Erhöhung des Zuschusses für Effizienzhäuser 55 auf 40 Prozent;
- Erhöhung des Zuschusses für Einzelmaßnahmen auf 30 Prozent;
- Abschaffung der Effizienzhausförderung EH 85 und 100;
- Abfangen von Härtefällen: Wenn eine energetische Modernisierung eine unzumutbare Härte für Mieterinnen und Mieter verursacht, wird ihnen die entstehende Warmmietenerhöhung aus öffentlichen Mitteln bezahlt.

Die Modernisierungsumlage müsse dabei von acht auf 1,5 Prozent sinken. Im Gegenzug müssen umgekehrt Fördermittel nicht mehr von der umzulegenden Investitionssumme abgezogen werden. Dies entspräche ungefähr drei Prozent im heutigen System.

»Die Änderungen können nur als Paket eingeführt werden. Nur so entfalten sie die gewünschte Wirkung, nämlich die Klimaschutzziele zu erfüllen und die Kosten zwischen den Akteur*innen auszubalancieren.« (Mellwig/Pehnt 2019, S. 4).

Das Warmmietenmodell

Einfacher noch wäre es, wenn die Aufspaltung von Kaltmiete und Heizkosten gänzlich aufgehoben werden könnte. Und zukünftig nach Mietrecht nur noch eine Warmmiete verlangt werden könnte. Dann wären die Mieter aus dem Obligo – hätten allerdings auch keinen Vorteil von verminderten Heizkosten. Im Interesse des Vermieters läge es dagegen, möglichst zügig und vollständig Maßnahmen zur Absenkung der Heiz- und Warmwasserkosten einzuleiten. Ähnlich wie bei selbstgenutztem Wohneigentum profitiert er dann von seinen energetischen Investitionen, ihm kommen die gesunkenen Heizkosten unmittelbar zugute.

Wie in einem Zauberkunststück hätte sich das ganze leidige Mieter-Vermieter-Dilemma damit einfach in Luft aufgelöst. Patrick Graichen, Direktor der Agora Energiewende, schlägt vor, das Kunststück auszuführen: »Das jetzige System, das die Heizkosten an die Mieter weiterreicht und gleichzeitig pauschale Mieterhöhungen nach Sanierungen erlaubt, ist überholt und gehört abgeschafft«, sagt Graichen und stützt sich dabei auf eine Studie, die Agora gemeinsam mit der Uni Kassel erstellt hat (Agora und Universität Kassel, 2020).

Dann bliebe es dem Vermieter überlassen, inwieweit er durch energetische Sanierung den ihm netto verbleibenden Anteil der Heizkostenersparnis vergrößert. Praktisch ginge das, wenn zu einem bestimmten Stichtag alle Mieten umgestellt würden, auf die geltende Kaltmiete plus einem Wärmezuschlag, der im Mittel der nachgewiesenen Wärmekosten der letzten drei Jahre berechnet wird. Investiert dann der Eigner in Gebäudesanierung, sinkt entsprechend der Anteil, den er für Wärme ausgeben muss, unter die Vorjahreswerte, der Anteil, den er als »Kaltmiete« netto einstreichen kann, steigt entsprechend. Damit refinanziert er dann über die Jahre die Investition.

Ein revolutionäres Modell? Gar ein Eingriff in Eigentumsrechte und damit verfassungswidrig? Keineswegs. Ein Blick in die Geschichte zeigt: Bis in die 70er-Jahre war eine Inklusiv-, Brutto- bzw. Warmmiete kein Sonderfall. Erst seit 1984 dürfen zum Beispiel bei Sozialwohnungen Betriebskosten nicht mehr in der eigentlichen Miete enthalten sein. Letztmalig ist eine Mietenstruktur 1991 geändert worden, als Vermieter in den ostdeutschen Bundesländern durch einseitige Erklärung die bisherige Bruttomiete auf eine Kaltmiete umstellen konnten. Mit anderen Worten: Die Abschaffung der Warmmiete ist dem sozialen Rollback der achtziger und neunziger Jahre zu verdanken. Liberalisierung der Märkte war das Thema, und damit auch der Wohnungsmärkte.

Graichen stellt eine Verbindung zum CO_2-Preis her. »Der von Januar 2021 an geltende CO_2-Preis auf Erdgas und Heizöl muss durch ein Warmmieten-Konzept ergänzt werden«, fordert er. Nur so könnte Vermietern der Anreiz gegeben werden, energetische Sanierungsmaßnahmen vorzunehmen. Als Vorbild dient wiederum Schweden, wo die Einführung des hohen CO_2-Preises tatsächlich mit der Umstellung auf das Warmmieten-Prinzip gekoppelt wurde. Erfolg: Die Emissionen in den Haushalten sind seit 2000 um 95 Prozent gesunken (Agora und Universität Kassel, 2020).

Und was, wenn die Mieter, entlastet von jeglichen Heizkosten, dann zum Fenster hinaus heizen? Schließlich hatte es in der DDR, die ja die Warmmiete gleichsam in den Genen hatte, genau dazu geführt, dass viele Energie als wertloses Gut ansahen und verschwendeten. Agora schlägt, um Klimavandalismus von vorneherein zu verhindern, ein Modell mit einem Temperaturfeedback vor. Beide Seiten vereinbaren eine Raumtemperatur, die der Vermieter in der Heizperiode garantiert. Wird diese vom Mieter überschritten, muss er nachzahlen, heizt er weniger, bekommt er eine Rückzahlung. Das System gilt schon jetzt für Nebenkostenabrechnungen. Ganz neu ist die Idee, auf ein Warmmietenmodell umzustellen, auch nicht. Der Vorschlag findet sich auch in einem Energiepapier der SPD aus dem Jahr 2019.

Dadurch würde auch ein Streit, der die letzte Bundesregierung in den letzten Tagen noch spaltete, obsolet: die Frage, wer für die CO_2-Steuer aufkommen muss – Mieter oder Vermieter. Im Warmmietenmodell wäre klar, was ohnehin offensichtlich ist: dass die Vermieter die Verantwortung tragen für die energetische Sanierung der Gebäude – und dann im Umkehrschluss auch von den eingesparten Energiekosten profitieren müssen.

Ganz gleich ob Warmmiete oder Drittelmodell – beides könnte helfen, dass Mieterinnen und Mieter nicht mehr wie bislang in vielen Fällen bei energetischen Sanierungen mehr zahlen müssen, als sie aus eingesparten Energiekosten zurückgewinnen können. Doch hat auch das Drittelmodell noch einen sozialpolitisch »blinden Fleck«. Denn Geringverdiener sind in vielen Fällen auf Wohngeld angewiesen, um sich überhaupt eine Wohnung leisten zu können – und in diesem Wohngeld sind Energiekosten bislang nur unzureichend berücksichtigt. Da wäre es die gerechtere Lösung, dass bei der Bemessung des Wohngeldes nicht mehr auf die Kalt-, sondern auf die Bruttowarmmiete abgestellt wird.

Mieterstrom

Können nicht Mieterinnen und Mieter andererseits direkt davon profitieren, wenn ihre Gebäude energetisch saniert werden? Das funktioniert durch eine Sektorenkopplung ganz anderer Art. Gerade Mehrfachwohngebäude sind doch eigentlich prädestiniert dafür, selbst Strom zu erzeugen – mit den großen Freiflächen auf dem Dach. Doch nur elf Prozent der dafür infrage kommenden Flächen werden heute genutzt. Gelingt es, diese Zahl deutlich zu erhöhen, könnte dies das Ziel der vollständigen Dekarbonisierung des Stromsektors wesentlich voranbringen – und zugleich die Mieterinnen und Mieter finanziell entlasten. Sie können dann, intelligente Regulierung vorausgesetzt, vom Solarstrom vom eigenen Dach profitieren, so wie es die Eigner von Einfamilienhäusern heute schon vielfach tun.

Das sah im Jahr 2017 auch der Gesetzgeber so. Mit dem Mieterstromgesetz sollte die Energiewende in die Städte getragen werden, eben auf die Dächer der Häuser. Und die Mieter sollten über niedrige Stromkosten direkt profitieren können vom Mieterstrom. Das ist laut Gesetz »Strom, der in Solaranlagen auf dem Dach eines Wohngebäudes erzeugt und an die Mieterinnen und Mieter in diesem Gebäude oder in Wohngebäuden oder Nebenanlagen in demselben Quartier ohne Netzdurchleitung geliefert wird.« Anders als beim Strombezug aus dem Netz entfallen Netzentgelte, Stromsteuer und Konzessionsabgaben – in Summe kann der Bruttopreis einer bezogenen Kilowattstunde um bis zu 50 Prozent reduziert werden. Der im Hause nicht verbrauchte Strom kann zudem ins Netz der allgemeinen Versorgung eingespeist und vergütet werden.

Soweit der Vorteil für die Mieter – doch betreiben sie ja die Anlage auf dem Dach nicht selbst. Das ist Aufgabe der Vermieter, beispielsweise von – öffentlichen oder privaten – Wohnungsbaugesellschaften oder -genossenschaften. Doch das bedingt Investitionen – in die Anlage und in Verwaltungsaufwand. Deshalb zahlt der Staat für jede Kilowattstunde einen sogenannten Mieterstromzuschlag. Den erhält der Anlagenbetreiber, der den Strom an den Mieter liefert, also der Vermieter oder ein vom Vermieter beauftragter Dritter.

Der Mieterstromzuschlag richtet sich nach dem Zeitpunkt der Inbetriebnahme der Anlage und gilt dann für die Dauer von 20 Jahren. Genau wie bei die EEG-Einspeisevergütung sinkt der Betrag je nach Inbetriebnahmedatum ab. Im Januar 2021 lag er für neue Anlagen je nach Größe zwischen zwei und vier Cent pro Kilowattstunde. Um den Staatshaushalt nicht übermäßig zu belasten, wurde ein Deckel für den jährlichen Zuwachs an Mieterstrom eingeführt: 500 Megawatt.

So weit, so hoffnungsvoll. Doch inzwischen kehrte Ernüchterung ein. »Zum Datenstand 03.07.2019«, also zwei Jahre nach Inkrafttreten des Gesetzes, vermeldete der Mieterstrombericht der Bundesregierung, »waren im Register der Bundesnetzagentur 677 PV-Mieterstromanlagen mit insgesamt rund 13,9 Megawatt gemeldet. Das Modell bleibt damit weit hinter den Erwartungen zurück.« (BMWi 2020a, S. 4). Schön gesagt: Es war auf zwei Jahre gerechnet gerade einmal ein Prozent des vorsorglich eingezogenen Förderdeckels.

2021, vier Jahre nach der offensichtlichen Totgeburt, bequemte sich der Gesetzgeber endlich dazu, die »Geburtsfehler« zu beheben. Ganz wesentlich war zunächst, ein Hemmnis zu beseitigen, das die Erfinder des Modells übersehen hatten: die Änderung des Paragrafen 9 des Gewerbesteuergesetzes. Der erwies sich unversehens als ultimativer Knock-down für fast jedes Projekt, das von Wohnungsbaugesellschaften oder -genossenschaften angedacht wurde. Denn danach stellte die Stromerzeugung und -lieferung eine gewerbliche Tätigkeit dar, durch die nicht nur die Mieterstromproduktion, sondern auch alle Mieteinnahmen unversehens gewerbesteuerpflichtig wurden. Wenn Wohnungsunternehmen also mit PV-Anlagen Strom für ihre Mieter produzieren, ihn einspeisen oder damit Ladestationen für Elektroautos betreiben wollten, verloren sie automatisch die sogenannte erweiterte Gewerbesteuerkürzung – auf alles. Ein Paradebeispiel für regierungsamtliche Blindheit: Hätten Wirtschafts- und Finanzministerium das Gesetz abgestimmt, wäre es zu dem Desaster gar nicht erst gekommen.

Auch wurden jetzt die Förderbedingungen verbessert. Der Mieterstromzuschlag wurde erhöht und neue Möglichkeiten geschaffen, Anlagen auf mehreren Dächern zusammenzufassen. Außerdem sind nun sogenannte Quartierslösungen möglich, das heißt, unter bestimmten Voraussetzungen können auch Gebäude im Umfeld mit Mieterstrom von einem Dach versorgt werden.

Doch bleibt auch hier immer noch ein Delta – zwischen den profitablen Bedingungen, nach denen die oftmals gut betuchten Besitzer von selbst genutzten Häusern ihren Eigenstrom vom Dach abrechnen können, und den Bedingungen für Mieterstrom. Dazu müsste der Mieterstrom unter die Eigenverbrauchsregelungen fallen, meint Udo Sieverding, Energie-Abteilungsleiter bei der Verbraucherzentrale NRW. Doch diese Änderung scheue der Gesetzgeber wie der Teufel das Weihwasser (E&M, 1. Mai 2021).

Immerhin strömt Mieterstrom jetzt häufiger. Und wird gekoppelt mit innovativen Gebäudekonzepten. Im Berliner Stadtteil Spandau hat jetzt die Berliner Energieagentur fünf Solaranlagen mit insgesamt 100 Kilowatt Leistung etabliert, im Auftrag der Baugenossenschaft Charlotte, die dort mehrere Wohngebäude betreibt. Das Besondere: Die Dachflächen sind bereits begrünt. Die Gründächer wirken wie eine natürliche Klimaanlage und Wärmedämmung. Mit dem Strom werden auch acht Ladesäulen für Elektroautos bedient, die in der zugehörigen Tiefgarage angebracht sind.

Neubauprojekte eignen sich besonders gut, gleich auch PV-Anlagen zu integrieren. So errichtet die Wohnungsbaugesellschaft im brandenburgischen Lübben zwei Häuser mit je sieben Wohnungen, die nur noch mit Strom vom eigenen Dach versorgt werden sollen. Solarstrom, der gerade nicht benötigt wird, wird in Solarakkus gespeichert – und bei Bedarf für die elektrische Infrarotheizung und die Warmwasserbereitung genutzt. Und der Clou: Die künftigen Mieterinnen und Mieter rechnen den Stromverbrauch über eine Flatrate ab. Beziehungsweise: Sie zahlen eine Pauschalmiete inklusive Energieflatrate für Strom und Wärme. Nur der verbleibende Strombedarf im Winter wird mit Ökostrom der Stadtwerke zugekauft. Am Ende nichts anderes als ein erweitertes Warmmietenmodell im Niedrigenergiehaus – Modell für eine sozialverträgliche Mietvereinbarung nicht erst des Jahres 2045 (Berliner Zeitung, 21.5.2021, S. 12)?

Vorschläge:

- Die umlagefähigen Kosten energetischer Sanierung nach BGB § 559 müssen auf 1,5 Prozent jährlich begrenzt werden. Die öffentliche Förderung für Effizienzhäuser 55 und mit kommunalen Wärmeplänen abgestimmte Einzelmaßnahmen (siehe dazu Kapitel 5. 10) sollte in diesem Zusammenhang erhöht werden. Im Gegenzug müssen Fördermittel nicht mehr von der umzulegenden Investitionssumme abgezogen werden. Geringverdiener müssen etwaig verbleibende Mehrkosten aus öffentlichen Mitteln erstattet bekommen.
- Die CO_2-Abgabe muss parallel hälftig auf Mieter und Vermieter umgelegt werden. Denkbar ist auch, die Höhe des Vermieteranteils mit steigendem Sanierungsstand stufenweise zu verringern, sodass bei einem Haus mit KfW-55-Standard die Mieter die Kosten allein tragen.
- Mittelfristig ist die Verpflichtung zur Warmmiete im Mietrecht zu verankern.
- Der Mieterstromzuschlag sollte auf das Niveau der PV-Förderung nach EEG bei Einzelgebäuden angehoben werden.

5.6 Wärmepumpen – Hans Dampf in allen Öko-Häusern?

14 Jahre alt war die 18-Kilowatt-Gas-Brennwertheizung im Jahr 2020, als sie im Einfamilienhaus der Familie Krämer in der Nähe von Stuttgart zum Austausch anstand. Die Wahl fiel auf eine Luft-Wasser-Wärmepumpe. Die kann, einem umgekehrten Kühlschrank gleich, die Restwärme der Umgebung mittels Strom aufheizen – auch im strengen Winter ausreichend, um die 180 Quadratmeter des Hauses auf angemessenen Temperaturen zu halten. Das ist bei Vorlauftemperaturen von bis zu 40 Grad Celsius effizient. Doch so viel braucht es gar nicht. Weil das Haus bereits über eine Fußbodenheizung verfügt und gut wärmegedämmt ist, läuft das Aggregat zu Hochform auf: Eine Kilowattstunde Strom pumpt bis zu vier Kilowattstunden Umgebungswärme auf Betriebstemperatur. Und die Umgebungswärme ist schiere erneuerbare Energie. »Wir wollten bei unserer Entscheidung bewusst unseren CO_2-Ausstoß deutlich verringern. Jetzt brauchen wir lediglich noch Strom, und der wird zunehmend aus Wind- und Solarkraftwerken geliefert«, schwärmt Carolin Krämer.

»Und mit der Photovoltaik-Anlage auf dem Dach verringern wir unsere Klimabilanz weiter.« Insgesamt haben die Krämers noch einmal rund 50.000 Euro investiert, davon rund 30.000 in die Wärmepumpe. Erleichtert hat die Entscheidung, dass das System opulent bezuschusst wird: Sage und schreibe 35 Prozent der Gesamtkosten bekamen die Krämers von der BAFA als Zuschuss.

Wärmepumpen – das Geheimrezept, um endlich Drive zu bringen in den bislang sträflich dümpelnden Einsatz erneuerbarer Energien im Wärmebereich? Schließlich ist der Anteil des Regenerativstroms auf mittlerweile fast die Hälfte hochgeschnellt. Was liegt näher, als jetzt die Vorteile der Sektorenkopplung auszuspielen und die Umgebungswärme, vielfach vorhanden im Erdreich und sogar in der Luft, zur Heizung aufzupäppeln. Das Agora-Szenario setzt so auch bei der Transformation des Wärmebereichs in die Klimaneutralität in großen Teilen auf den Einsatz der Wärmepumpen. Und spricht von einer Wärmepumpenlücke, die es zu schließen gelte.

Zumal es nur wenig Alternativen gibt – sofern nicht Fernwärme zur Verfügung steht. Zugelassen für Neubauten im GEG sind außer Umweltwärme aus Erde oder Luft zwar auch Solarwärme – doch die ist oft nur für die Warmwasserversorgung vor allem im Sommer geeignet – und Biomasse, also auch Holz und Holzpellets, klimaschonend nur dann, wenn Restholz aus der Bau- und Möbelindustrie verwendet werden kann (siehe Kasten Seite 214/5).

Wärmepumpen galten noch um die Jahrhundertwende als technisch wenig ausgereift, unzuverlässig und störungsanfällig. Und hatten den Hautgout, ganz überwiegend mit Atom- und Kohlestrom betrieben zu werden. Ihr Aufstieg geht parallel mit dem Aufstieg der erneuerbaren Energien in der Stromerzeugung. Nur mit Strom, der vollständig aus erneuerbaren Energien gewonnen wird, können sie ihren Vorteil voll ausspielen: Klimaneutrale und umweltverträgliche Wärmeversorgung.

Neubauten

Für Neubauten und grundsanierte Altbauten sind Wärmepumpen eine gute Wahl. Faustregel: Es sollte auf jeden Fall eine Flächenheizung

(Wand- oder Fußbodenheizung) in das Haus eingebaut werden, da so die Technologie am effizientesten arbeiten kann. So gesehen gehört den Wärmepumpen ohnehin auf lange Sicht mindestens die Hälfte des Wärme-Himmels: Wenn Strom am Ende vollständig aus erneuerbaren Energien kommt überall dort, wo ein Anschluss an ein Fern- oder Nahwärmesystem nicht infrage kommt.

In neu errichteten Wohngebäuden – Ein- wie Mehrfamilienhäusern – wurden Wärmepumpen inzwischen zur wichtigsten primären Energiequelle für die Heizung, vermeldete Mitte 2021 das Statistische Bundesamt (Destatis, PM Nr. 296 vom 24. Juni 2021). 45,8 Prozent der Neubauten wurden mit der Pumpe ausgestattet (2015 waren es noch 31,4 Prozent). Doch ganz so deutlich ist der Durchbruch nicht. Berechnet nach der Zahl der Wohnungen, beträgt der aktuelle Anschlussgrad aber immerhin noch 35,5 Prozent. Fast ebenso viele neue Wohnungen erhielten 2020 eine Gasheizung, und Fernwärme wählten rund ein Viertel der Eigentümer neugebauter Wohnungen. Der Grund für die Differenz: Wärmepumpen werden vor allem in Ein- und Zweifamilienhäusern eingesetzt, während in Mehrfachwohngebäuden Fernwärme oder Gas weiter dominieren (www.uba.de, 2021).

Derzeit werden jährlich rund 100.000 neue Anlagen installiert, auch bei der Sanierung von Altbauten, wenn beispielsweise eine alte Öl- oder Gasheizung ersetzt werden muss und gleichzeitig das Gebäude umfassend wärmegedämmt wird. Dann reichen Vorlauftemperaturen von 40 Grad Celsius aus.

Die Frage ist noch offen: Werden Wärmepumpen bald auch den Rest der Wärmeversorgung unter deutschen Dächern übernehmen, Schritt für Schritt auch neue Mehrfachwohngebäude und zunehmend auch Ersatz für fossile Heizungen in Altbauten – oder wird sich auch in Zukunft eher ein Drittelmix etablieren zwischen Wärmepumpen, Nah- und Fernwärme und Gasheizungen?

Altbauten

Am Gesamtbestand der Heizungen – in Alt- und Neubauten zusammen – haben Wärmepumpen heute ohnehin nach wie vor einen marginalen Anteil von weniger als fünf Prozent. Es dominieren Gasheizungen mit rund der Hälfte und noch immer Ölheizungen mit rund einem Fünftel des Gesamtbestandes.

Sollen bis 2030 insgesamt sechs Millionen und bis 2045 rund 14 Millionen Wärmepumpen die Lücke ausfüllen, wie es das Agora-Szenario annimmt, ist das überwiegend durch Neubauten nicht zu erreichen. Also müssten auch in Altbauten zunehmend Wärmepumpen eingesetzt werden, in Einzel- wie Mehrfachwohnungsgebäuden. Die Förderung durch das BEG scheint ausreichend, denn der Verkauf von Wärmepumpen stieg im Jahr 2020 um 40 Prozent an, und das ging auch auf ihren zunehmenden Einsatz in Bestandsbauten zurück (www.tagesschau.de, 15.3.2021). Eine sinnvolle Entwicklung?

»Theoretisch lassen sich Wärmepumpen in jedem Gebäude einsetzen, in unsanierten Gebäuden mit hohem spezifischen Wärmeverbrauch und ungeeigneten Verteilsystemen bietet sich der Einsatz jedoch kaum an«, dämpfte die Studie »Klimapfade für Deutschland« von Boston Consult und Prognos aus dem Jahr 2018 allzu hohe Erwartungen. »Eine Ursache hierfür sind beispielsweise hohe notwendige Betriebstemperaturen in unsanierten Gebäuden bei gleichzeitig nicht ausreichenden Wärmequellen.« (BostonConsult/Prognos 2018, S. 212).

Denn Umweltwärme ist ein scheues Reh. Sie zur Heizung zu ertüchtigen, gelingt umso effizienter, je geringer der Wärmebedarf ist – denn davon hängt ab, wie hoch die Vorlauftemperatur bemessen wird, um auch bei bitterer Kälte warme Füße zu sichern. In gut gedämmten Gebäuden entsprechend den heutigen Effizienzstandards kann eine Einheit Strom dann ohne Weiteres zwischen drei und fünf Einheiten Wärme erzeugen. Im Fachjargon: Die Jahresarbeitszahl, das Verhältnis von gewonnener Umgebungswärme zu eingesetztem Strom übers Jahr, liegt theoretisch zwischen drei und fünf – oder eben bei vier wie in unserem Eingangsbeispiel.

Auch Matthias Dümpelmann vom Stadtwerkeverbund 8KU bestätigt: »In neuen Gebäuden sind Wärmepumpen vorzugswürdig, weil sie im Idealfall mithilfe von Strom ein Mehrfaches an Umweltwärme nutzbar machen«, gibt er zu. »Dieser Idealfall ist jedoch von einer Reihe von Voraussetzungen abhängig, insbesondere davon, dass die entsprechenden Gebäude so ausgestattet sind, dass ein relativ geringer Temperaturhub, also die Differenz zwischen der Temperatur der Wärmequelle und der Vorlauftemperatur des Heizwassers, ermöglicht wird. Je größer der Temperaturhub, desto mehr Strom benötigt die Wärmepumpe.« (8KU 2021, S. 21).

Dann fällt die Jahresarbeitszahl mitunter sogar unter die kritische Grenze von drei, Maßstab für die Effizienz der Brennstoffnutzung. In älteren schlecht oder gar nicht sanierten Gebäuden müssen dann oft zusätzlich elektrische Heizstäbe oder sogar ein Gas-Spitzenkessel eingesetzt werden. Dort käme selbst direkte Stromheizung unter Effizienz- und Klimaschutzgesichtspunkten günstiger.

Andererseits: Steigt die Jahresarbeitszahl über drei, ergibt sich schon heute eine gute CO_2-Bilanz im Vergleich zur Gasheizung, obwohl noch die Hälfte des Stroms aus fossilen Energieträgern gewonnen wird.

Wer mithin in seinen Altbau eine Wärmepumpe installieren will, muss Nägel mit Köpfen machen: ohne begleitende Wärmedämm-Maßnahmen sowie den Einbau einer Fußbodenheizung ist eine Wärmepumpe als alleinige Wärmequelle kaum sinnvoll.

Mitunter mangelt es auch an der Qualität. Jahresarbeitszahlen (JAZ) von drei bis vier werden allenfalls theoretisch erreicht oder auch praktisch im Werk, aber Feldtests in der tatsächlichen Anwendung kamen zu deutlich geringeren Werten, weiß das »Wärmepumpen-Manifest« der hessischen Energieingenieure Falk Auer, Werner Eicke-Henning, Werner Neumann und Gabriele Purper aus der Praxis zu vermelden. »Feldtests kamen auf JAZ für Luft-Wärmepumpen von 2,8 bzw. 2,9; in einem Modellversuch des Effizienzhauses Plus waren es maximal sogar nur 2,3. Von einem ›energieeffizienten‹ Wärmepumpensystem kann man aber erst sprechen, wenn die JAZ mindestens 4 beträgt und dies auch im Dauerbetrieb aufrechterhalten werden kann.« (Auer u. a. 2019). Die vier warnen insbesondere vor dem »sorglosen Einsatz von Elektrowärmepumpen im Wärmemarkt«, wenn Wärmepumpen »ohne Beachtung der erforderlichen Randbedingungen auch in nicht oder nur teilgedämmte Häuser eingebaut werden.« Damit werde der Wärmewende ein Bärendienst erwiesen, weil das Pendel der Unzufriedenheit irgendwann zurückschlage.

Bleibt die Frage, welcher Zubau realistisch ist. Das Berliner Energiebüro TeamConsult macht folgende Rechnung auf: Knapp 15 Millionen Wohngebäude werden heute mit Öl oder Gas beheizt. Umstellung auf Fernwärme empfiehlt sich – auch nach dem Agora-Szenario – in städtischen, fernwärmeversorgten Gebieten. Vor allem in den rund 3,5 Millionen Ein- und Zweifamilienhäusern ohne Gas- oder Fernwärmeanschluss im ländlichen Gebiet und vor allem im Süden der Republik, die bislang mit Erdöl beheizt werden, seien – moderner Sanierungsstand vorausgesetzt- Wärmepumpen erste Wahl. Holz und Holzpellets könnten hier allenfalls bei einer Million Gebäude einspringen. Doch wollten wir alle diese 3,5 Millionen Bestandsgebäude auf Wärmepumpen umstellen, müssten bis 2045 im jährlichen Durchschnitt rund 110.000 Gebäude vollständig saniert und mit Wärmepumpen versehen werden, doppelt so viel wie heute. Das sei bereits ambitioniert. Eine Vollelektrifizierung der verbleibenden 9,2 Millionen Wohngebäude sei indessen »unrealistisch in einem Bestand, der vielfach gekennzeichnet ist durch Altbauten mit kleinen Heizflächen und hohen Systemtemperaturen, dichte Siedlungsstrukturen in Städten mit begrenzten Umgebungswärmequellen und einer sozialen Struktur, in denen viele die ökonomische Investition einer Vollsanierung nicht stemmen können.« (TeamConsult 2021).

Das alles zusammen würde Investitionen erfordern, die sich dann über die Jahre gegen bislang bezogenes Erdöl oder Erdgas rechnen müssen. Doch damit dafür eine Chance besteht, die sich in schlecht oder auch nur mittelmäßig gedämmten Altbauten rechnet, wäre zeitgleich eine Rundum-Wärmedämmung nach heutigem Standard erforderlich – alles in allem ein hoher Eingriff ins Portemonnaie. Mit einer derartigen »Sanierung auf einen Streich« wären nicht nur Geringverdiener vielfach finanziell überfordert. Bleiben Wärmepumpen mithin ein Eldorado derjenigen, die sich es leisten können? Klimafreundliche Heizung also als Luxusprojekt? Es bleiben zumindest Zweifel.

Förderung

Entspricht die im BEG jetzt neu geordnete Förderung von Einzelmaßnahmen dem Stand der Diskussion? Zunächst wird in Neubauten der isolierte

Einbau von Wärmepumpen seit Inkrafttreten des GEG nicht mehr gefördert. Hier ist, wie gesehen, ihr Einbau eine der wenigen Alternativen der per Gesetz vorgeschriebenen Nutzung von erneuerbaren Energien. Anders in Altbauten. Um trotz aller Einwände den Zubau voranzubringen, hat der Gesetzgeber für den Einbau einer elektrischen Wärmepumpe in Altbauten im neuen GEG opulente Förderbedingungen vorgesehen. Er knüpft dabei nahtlos an die Vorschriften der Vorläufergesetze an.

Im Detail: Als Einzelmaßnahme (EM) nach der Bundesförderung effiziente Gebäude – Einzelmaßnahmen (BEG-EM) bekommt eine neue Wärmepumpe bei der Altbausanierung danach eine einmalige Zuschuss-Förderung in Höhe von mindestens 35 Prozent der Investitionskosten vom BAFA. Ganz ohne Verpflichtung zu zusätzlichen Maßnahmen. Das reicht wie in unserem Anfangsbeispiel für einen sinnvollen Einsatz der Wärmepumpe, wenn das Gebäude bereits gut isoliert ist.

Wird der Einbau mit anderen Maßnahmen der Gebäudesanierung kombiniert, um einen KfW-Effizienzhaus-Standard zu erreichen, dann stehen dem Hausbesitzer alternativ ein Kredit oder ein Zuschuss der KfW zu – zu besseren Konditionen als bei einer Einzelmaßnahme. Letztlich kann man auch die Dämmung und neue Fenster im Rahmen der KfW-Vollsanierung fördern lassen und für die Wärmepumpe anteilig den Zuschuss des BAFA erhalten.

Und wer noch einmal tief in die Tasche greift und sein Gebäude zusätzlich mit einer PV-Anlage bestückt, bekommt nochmal einen entsprechenden Zuschlag. Doch zwingend ist das nicht: Denn gerade dann, wenn die Wärmepumpe auf Hochtouren läuft und viel Strom verbraucht, im Hochwinter, macht sich auch die Sonne meist rar. Zumindest braucht es dann noch einen Stromspeicher, der wiederum Fördergelder beanspruchen kann.

Alles in allem ein oft sinnvoller, aber beträchtlicher Griff – auch ins Förderportemonnaie aller Steuerzahler. Da stellt sich die Frage: Kann die derzeit hohe Förderung nicht in den nächsten Jahren heruntergefahren werden? Nach dem Beispiel Photovoltaik oder Windenergie, wo kontinuierliche und verlässliche Förderung durch das EEG gezeigt haben, dass mit kontinuierlicher Verbesserung der Technik und zunehmenden Stückzahlen auch der Anlagenpreis schnell günstiger wird? Heute 100.000 Wärmepumpen im Jahr, zukünftig mindestens 300.000 – wird das nicht die Kosten nachhaltig verringern? Oder werden Wärmepumpen – anders als PV oder Windstrom – ein Dauersubventionstatbestand?

In der Sprache der Ökonomen: Sind die erwartbaren Lernkurven bei der Wärmepumpe vergleichbar mit denjenigen der Wind- und PV-Technik? Die Ökonomen Thomas Göllinger und Jakob Knauf haben im Jahr 2019 insgesamt sechs Studien renommierter deutscher Energieforschungsinstitute ausgewertet, die sich mit dieser Frage zwischen 2012 und 2016 beschäftigt haben. Ernüchterndes Ergebnis: Das ist leider nicht zu erwarten. Denn es besteht nach allen berücksichtigten Expertisen von Prognos, dem Fraunhofer-Institut oder dem Öko-Institut nur eine geringe Bandbreite für eine Kostendegression bei Wärmepumpen – selbst gerechnet bis 2045. »Diverse Studien sind sich relativ einig, dass es für elektrische Wärmepumpen kein großes Kostensenkungspotenzial gibt. Es ist zu vermuten, dass es aufgrund der engen Verwandtschaft zu Kältetechnologien (Kühlschränke etc.) bereits eine große Stückzahl hergestellter Basistechnologien gibt und daraus auch nur noch geringe Lerngrade resultieren.« (Göllinger/Knauf 2019, S. 6). Danach werden die spezifischen Investitionskosten aller Voraussicht auch 2050 zwischen 1.000 und 1.500 Euro pro installiertem Kilowatt liegen, kaum weniger als 2020. Wenig Aussichten also auf Reduktion des Fördertopfs.

Volkswirtschaftliche Kosten

Die volkswirtschaftlichen Kosten, die beim verstärkten Einsatz von Wärmepumpen zur Reduktion der Klimagase entstehen, sind ohnehin hoch. Das gilt auch, wenn man die Vermeidungskosten für CO_2 und andere Treibhausgase (THG-Kosten) betrachtet, die beim Einsatz in Altbauten zu erwarten sind.

Modellrechnungen von BostonConsult und Prognos aus dem Jahr 2018 erlauben genaue Angaben – allerdings berechnet damals nur für Treibhausgas-Reduktionspfade von weniger als 100 Prozent. Danach werden neben einem Referenzszenario (»Weiter so wie bisher«), mit dem die Klimaziele nicht erreicht werden, die Zusatzkosten berechnet, die durch definierte Maßnahmen im Gebäudebereich entstehen, wenn man bis 2050 entweder das Ziel einer 80-prozentigen oder 95-prozentigen Reduktion gegenüber 1990 erreichen will. Im vergleichsweise unambitionierten 80-Prozent-Klimapfad schlägt eine Tonne durch zusätzlichen Wärmepumpen-Einbau eingespartes CO_2-Äquivalent im Schnitt mit 72 Euro zu Buche. Das ist im Vergleich mit dem parallel veranschlagten Fernwärmeausbau (42 Euro pro Tonne) deutlich teurer. Immerhin können so bereits 21 Millionen Tonnen CO_2 eingespart werden. Jede zusätzliche Wärmepumpe, die dann noch eingebaut wird, um darüber hinaus den 95-Prozent-Klimapfad zu erreichen, schlägt sogar schon mit 176 Euro zu Buche. Erklärung: »Im 80-Prozent-Klimapfad verteilen sich die neu eingebauten Wärmepumpen auf Neubauten und sanierte Bestandsgebäude, während im 95-Prozent-Klimapfad zusätzliche Wärmepumpen überwiegend im sanierten Gebäudebestand eingebaut werden. Zudem werden im 95-Prozent-Klimapfad vermehrt Wärmepumpen in Mehrfamilienhäusern und GHD-Gebäuden eingebaut, wo sie im Vergleich zu Ein- und Zweifamilienhäusern höhere Differenzkosten zu alternativen Öl- und Gaskesseln aufweisen.« (BostonConsult/Prognos 2018, S. 231). Freilich bleibt das Bild ambivalent. Die Alternativen, um die »letzte Meile« auf dem Weg zur Klimaneutralität zurückzulegen, also noch einmal zusätzlich in Fern- und Nahwärmesysteme zu investieren oder das Erdgas vollständig durch regenerativen Wasserstoff zu ersetzen, kämen bei heutiger Kostenlage allerdings teurer.

Und der Stromverbrauch?

Die hohen CO_2-Vermeidungskosten entstehen in den Modellrechnungen vor allem auch dadurch, dass der für den Wärmepumpen-Antrieb erhöhte Stromverbrauch zusätzlichen Stromnetzausbau erfordert. Die Gutachter nehmen zudem an, dass sich die Stromkosten im 95-Prozent-Szenario um rund fünf Prozent erhöhen, weil zusätzlich reichlich Anlagen erneuerbarer Energien zugebaut werden müssen.

Abschätzungen über den zusätzlichen Stromverbrauch gibt Matthias Dümpelmann: »Neben den unbedingten Vorzügen von Wärmepumpen in Bezug auf die Effizienz der Energienutzung muss jedoch beachtet werden, dass selbst bei signifikant vorangetriebener energetischer Sanierung des Gebäudebestands in ganz erheblichem Umfang Heizlast erhalten bleibt, die bei Nutzung von Wärmepumpen (auch in Verbindung mit Heizstäben) aufseiten des Stromsystems abgesichert und in weiten Teilen neu errichtet werden müsste. Diese gleichzeitigkeitsbedingte Belastung des Stromsystems ließe sich zwar durch Nutzung von Wärmespeichern reduzieren, nicht aber vollständig vermeiden. Ausgehend von einem aktuellen Gebäudewärmebedarf (Wohn- und Nichtwohngebäude) von rund 700 TWh und rund 1.700 Benutzungsstunden ergibt sich eine Bestandswärmelast von rund 400 GW. Würde ein Viertel der Gebäude so saniert, dass sich die Wärmelast halbiert, dann entstünde immer noch ein zusätzlicher Bedarf an wohlgemerkt gesicherter Leistung in Höhe von etwa 50 GW im Stromsystem. Damit wären also teils erhebliche Netzverstärkungen (Trafos, Umspannstationen usw.) und eine klimaneutral gespeiste Spitzenabdeckung durch thermische Kraftwerke (z. B. mit klimaneutralem Wasserstoff betriebene KWK-Anlagen) erforderlich, die eine auf Wärmepumpen basierende Wärmewende im Ballungsraum nur schwer oder gar nicht umsetzbar erscheinen lassen.« (8KU 2021, S. 17/18).

Wärmepumpeninflation

Nicht weniger als zwölf Wärmepumpen hat der Eigentümer bei der Rundumsanierung eines Zwölffamilienhauses im sächsischen Pirna verbaut – und damit den Fiskus ordentlich geschröpft. Der findige Berater hatte, so die Selbsteinschätzung, einen »kreativen« Weg gewählt, um verschiedene Fördertöpfe miteinander zu verzahnen. Ganz legal kam er auf eine Gesamtförderung von 130.000 Euro. »Bilanziell gesehen haben die einzelnen Wärmepumpen in diesem Gebäude nichts gekostet, denn ihr Listenpreis liegt bei 10.000 Euro und die Förderung betrug je Modell 11.000 Euro«, freut sich der Eigentümer. In die eigene Tasche greifen musste er trotzdem. Denn zu finanzieren war mit dem Geld auch die Sanierung der Gebäudehülle auf KfW-Standard 45, die den optimalen Betrieb der Wärmepumpen erst erlaubt (Heizungsjournal Oktober 2019, S. 49).

Vorschläge:

◆ Die BEG-Förderung von Wärmepumpen muss weitergeführt werden, um das Potenzial in sanierten Altbauten auszuschöpfen – sie sind vielfach die einzige Alternative, um klimaschädliche Ölheizungen zu ersetzen, vor allem wenn kein Fern- oder Nahwärmeanschluss angeboten wird. Die Prüfung der Fernwärmefähigkeit ist in die Prüfung des Förderantrages zu integrieren.

◆ Die Förderung einer Wärmepumpe im Altbaubestand sollte an die gleichzeitige energetische Sanierung des Gebäudes geknüpft werden – dabei sollte mindestens der KfW-Standard 70 erreicht werden. Alternativ könnte die Vorlage eines Gebäude-Energieausweises in Erwägung gezogen werden, der nachweist, dass der jährliche Heizwärmeverbrauch des Gebäudes bei weniger als $100\,kWh/m^2$ liegt.

◆ Für Holzpelletheizungen wird keine Förderung mehr gewährt.

Holz – klimaneutral im Ofen?

Heizungen mit Holzpellets sind neben Wärmepumpen der zweite Gewinner im Rennen um die Zuschüsse des BEG für erneuerbare Energien. Insgesamt 6.743 Anträge wurden im ersten Halbjahr 2021 gestellt. Damit entfällt mehr als ein Drittel der von der BAFA mit großzügigen Zuschüssen von 35 bis 45 Prozent der Kosten geförderten Heizungen mit erneuerbaren Energien auf die kleinen Holzspäne. Gefördert mit den gleichen Sätzen wie Wärmepumpen, sind Holzheizungen deutlich kostengünstiger zu errichten. Eine sinnvolle Entwicklung?

Stimmt es nicht? Wenn man Holz verbrennt, wird nur genau so viel CO_2 frei, wie der Baum zuvor für sein Wachstum in den letzten Jahrzehnten aus der Atmosphäre geholt hat. Anders als bei fossilen Brennstoffen wie Kohle gerät also kein zusätzliches CO_2 in die Atmosphäre. Deshalb gelten Holzpellets als klimaneutraler Brennstoff und werden gefördert. Eine Folge: Der Holzverbrauch in Deutschland hat sich nach Angaben des Zentrums Holzwirtschaft der Universität Hamburg seit Beginn der 1990er-Jahre verdoppelt. Rund 50 Prozent des Holzaufkommens werden bei uns mittlerweile energetisch genutzt.

Da kann es doch nicht schaden, den Holzverbrauch im Ofen zu steigern. Doch langsam: Genau besehen, wird im Pelletofen ebenso CO_2 freigesetzt wie im Kohleofen. Und dieser CO_2-Schub bleibt in der Atmosphäre, bis neue Bäume nachgewachsen sind. Was bekanntlich nicht über Nacht passiert, sondern 30, 40 oder sogar 60 Jahre dauert. Doch die nächsten Jahrzehnte sind genau die Zeitspanne, in der wir dringend die CO_2-Emissionen senken müssen.

Es wäre also besser, wenn die Bäume im Wald blieben oder anschließend nur als Bauholz oder für Möbel verarbeitet würden. Dann bleibt der Kohlenstoff tatsächlich im Holz gespeichert, so lange wie der Bau oder das Möbel hält.

Also: »Zur dezentralen Wärmeerzeugung sollte Biomasse oder Biogas nur im Gebäudebestand zur THG-Minderung beitragen, so in Gebieten, in denen kein Fernwärmeanschluss möglich ist und sehr aufwendige Sanierungen erforderlich wären, um beispielsweise Luft-Wärmepumpen einzusetzen. Im Neubau sollte Biomasse nicht eingesetzt und auch nicht mehr gefördert werden, da mit Wärmepumpen günstige und effiziente Technologien und Wärmequellen zur Verfügung stehen, um die erforderlichen geringen Wärmemengen und Vorlauftemperaturen bereitzustellen.« (FfE/Hamburg Institut 2020. S. 59). Im Klartext heißt das nicht viel anderes, als dass Pelletheizungen vorrangig nur noch in wenig genutzten Wochenendhäusern eingesetzt werden sollten.

Und weiter: »Die Förderung im BEG ist so umzubauen, dass keine Anreize zu ihrer Nutzung im Neubau gesetzt werden. Weiterhin stehen auch ordnungsrechtliche Mechanismen zur Verfügung, um den Einsatz von Biomasse im Neubau zu verhindern (z. B. Verbrennungsverbote, entsprechende Ausgestaltung der Vorgaben zur EE-Nutzungspflicht im GEG). Generell sollten die zukünftig bestehenden Potenziale an biogenen Abfall- und Reststoffen (Waldrestholz, Heckenschnitt, Landschaftspflegematerial sowie landwirtschaftliche Reststoffe) eher genutzt werden als Anbaubiomasse.« (FfE/Hamburg Institut 2020. S. 59).

5.7 »Grüne« Fernwärme und die neue Rolle der KWK

Die Wien Energie GmbH hat 2018 das Kraftwerk Simmering um zwei Hochtemperatur-Großwärmepumpen mit 27 Megawatt (MW) Gesamtleistung erweitert. »Diese leistungsstarke Anlage wird zukünftig 25.000 Wiener Haushalte mit umweltfreundlicher Fernwärme versorgen können und dabei 40.000 Tonnen CO_2 pro Jahr einsparen«, freute sich Umweltstadträtin Ulli Sima (ZfK 4.4.2018). Eine moderne KWK-Anlage verfeuert Erdgas und erzeugt Strom und eben Fernwärme. Die Wärmepumpen ersetzen jetzt einen Teil der fossil erzeugten Fernwärme.

Wärmepumpen überall – so scheint es. Also wäre Sektorenkopplung am Ende doch nichts anderes als ein Einfallstor von Strom in den Wärmesektor? Doch in Wien gibt es einen wesentlichen Unterschied, der die Großwärmepumpen von Erd- oder Luft-Wärmepumpen in Einzelgebäuden unterscheidet. Sie sind eng vernetzt mit dem System nutzbar und fügen sich ein in den »grünen« Wärmemix von ganzen Quartieren oder Stadtteilen.

Wien Energie hat das ehrgeizige Ziel, bis 2040 die Fernwärmeversorgung in der Millionenstadt vollständig zu dekarbonisieren. Derzeit werden unter anderem zwei weitere Großwärmepumpen integriert, in der Hauptkläranlage und in der Müllverbrennung Spittelau. Dort soll die Abwärme aus dem Rauchgas genutzt werden (Gruber 2021).

Der Markt für Großwärmepumpen steckt noch in den Anfängen. Es ist ja auch ein viel komplexerer Ansatz – geeignet auch für Wärmekunden, die nicht in gut isolierten Einzelhäusern wohnen können. Und was sich im Fernwärmenetz Wiens bewährt, kann auch die Energiebilanz anderer Großstädte in Österreich wie Deutschland mit Fernwärmenetzen weiter »begrünen«.

Es gibt aber Hindernisse. Zunächst technischer Natur. Gewiss, die Großen können sechs Grad Celsius warmes Wasser sogar auf ein Niveau von immerhin 95 Grad Celsius anheben. Selbst das ist aber heute zu wenig für die meisten Fernwärme-Hauptleitungen. So in Wien, wo sie heute mit 100 bis 150 Grad betrieben werden. Deshalb muss ein intelligentes Verteilsystem dafür sorgen, dass das erhitzte Wasser an Stellen eingesetzt wird, wo niedrigere Temperaturen ausreichen. Das ist aufwendig. Wenn aber energetische Sanierung den Wärmebedarf der Gebäude weiter absenkt, könnten die Vorlauftemperaturen in den meisten Fernwärmesystemen auch insgesamt mit Temperaturen von weniger als 100 Grad auskommen – großwärmepumpengerecht.

Die Potenziale

Fernwärme kommt vor allem dort infrage, wo die Besiedlungsdichte groß ist, in den Kernbereichen der Großstädte. Aber auch in vielen Mittel- und Kleinstädten mit dichter Kernbebauung gibt es Inseln. Die AGFW, der Effizienzverband für Wärme, Kälte und KWK (AGFW gleich »Arbeitsgemeinschaft Fernwärme«, so der frühere Name), die viele öffentliche Fernwärmebetreiber in Deutschland und Österreich vertritt, hat ausgerechnet, dass in den 70 größten deutschen Städten bis zu 70 Prozent der Wohnungen unter wirtschaftlichen Bedingungen an Fernwärme angeschlossen werden könnten, 70/70 heißt das Konzept. Dazu kommen hohe Potenziale auch in den Zentren der Mittel- und Kleinstädte. Dort gibt es indessen vielfach gar kein Wärmenetz, Gas- und Öl-Einzelheizungen haben keine Konkurrenz. Hier wäre zunächst mit dem Aufbau sogenannter Nahwärmenetze zu beginnen, in den Zentren und geeigneten Quartieren.[8]

70/70 jedenfalls wäre kein Hexenwerk, meint AGFW-Chef Werner Lutsch. »Langfristig, also bis zum Jahr 2050, könnten die 70 einwohnerstärksten Städte in Deutschland ihr Ziel, im Bereich der Wärmeversorgung der Wohn- und Nichtwohngebäude klimaneutral zu sein, erreichen durch die Umsetzung der in den Klimaschutzkonzepten der Städte bereits aufgeführten Maßnahmen des Ausbaus der Fernwärmeversorgung. Und die Umsetzung des 70/70-Konzeptes wäre aus volkswirtschaftlicher Betrachtungsweise wirtschaftlich im Rahmen des Energiewendekonzeptes.« (AGFW 2015).

Wird Fernwärme wieder »sexy«? Als Sektorenkopplung der alten Schule, überwiegend in hocheffizienter KWK erzeugt, hat sie offenbar alle Höhen und Tiefen der letzten Jahrzehnte ohne bleibende Blessuren überstanden. Denn nach wie vor gilt: Unter den Effizienztechnologien ist KWK in der Erzeugung die einzig wirkliche Alternative – besser in der Bilanz als Öl- und Gasheizungen, besser auch in der Stromerzeugung als Kern- und Kohlekraftwerke. Zumal die früher vorherrschende Kohle immer mehr an Bedeutung verliert und mit dem Kohleausstiegsgesetz auch die Umstellung der letzten Kohle-KWK-Anlagen auf klimafreundlichere Systeme bis 2030 bezuschusst wird *(siehe Seite 107)*. Immerhin sind in Deutschland fast sechs Millionen Haushalte an Wärmesysteme angeschlossen – in Österreich mindestens eine Million.

Doch klimaneutral ist sie – noch – nicht. Fossile Energien herrschen vor. Damit würde Fernwärme spätestens ab 2040, wenn der Ersatz von Erdgas ansteht, zwangsläufig zum Auslaufmodell?

Dekarbonisierung der Fernwärme

Auch den Fernwärmebetreibern ist klar: Wer der Fernwärme eine Zukunft eröffnen will, muss die Abkehr auch vom Erdgas einleiten. Die erste gute Nachricht: »Wir brauchen nicht bei null anzufangen«, freut sich John

---

8   Im Folgenden wird, wenn von Fernwärme die Rede ist, auch immer Nahwärme mitgedacht. Die Unterscheidung ist willkürlich, sodass man eigentlich von Wärmenetzen reden sollte.

Miller, stellvertretender Geschäftsführer der AGFW. Insgesamt liege der Anteil klimaneutraler Wärmequellen schon bei mehr als 30 Prozent, allen voran Biomasse und Biogas, aber auch Abwärme und biogener Abfall, und damit deutlich über dem Wärmesektor im Ganzen. Und er ist in den letzten zehn Jahren um zehn Prozent gestiegen.

»Weiter so« reicht freilich nicht. Und hier die zweite gute Nachricht: Das Ziel, bis 2045 klimaneutral zu werden, ist ehrgeizig, aber erreichbar. Denn für die »Begrünung« der Fernwärme gibt es neben den Wärmepumpen noch ein ganzes Kaleidoskop an Wärmequellen, kombinierbar je nach den regionalen Bedingungen.

Das kann andererseits nur Fernwärme: Sie sammelt regenerative Energien aus vielen Quellen, flexibel. Nur mit Wärmenetzen kann ein größerer Anteil von erneuerbarer Wärme und Abwärme aus vielen dezentralen Quellen überhaupt in hochverdichtete Siedlungsgebiete transportiert werden. Alternativen ohne Netz stoßen dagegen in städtischen Ballungsgebieten schnell an ihre Grenzen: Für Solarthermie sind viel zu wenig Flächen verfügbar, Biomasse müsste über weite Entfernungen transportiert werden.

Die Szenarien

Die Münchener Forschungsstelle Energie und das Hamburg Institut haben eine Reihe von relevanten Szenarien daraufhin untersucht, welche Rolle sie der Fernwärme in den Jahren 2030 und 2050 zumessen. Das Ergebnis: Wir sind auf der sicheren Seite. Mögen die prognostizierten Anteile auch variieren, an der zunehmenden Bedeutung der Fernwärme ist nicht zu rütteln.

Vor allem in urbanen Ballungsräumen ist Fernwärme nicht die zweite, sondern die erste Wahl. In einigen Szenarien allerdings sinkt die insgesamt benötigte Fernwärmemenge, wenn die Sanierung den Bedarf stärker mindert als die steigende Anzahl von Anschlüssen ihn hebt. Und alle bis auf einen sind sich einig: Der Ausbau der Fernwärme ist kostenoptimal.

Und die »Begrünung«? Der Anteil klimaneutraler Wärmequellen steigt in allen Szenarien deutlich im Vergleich zu 2020. Minimum im Jahr 2050 sind 70, im Durchschnitt werden 92 Prozent angenommen. Ein Großteil sind Großwärmepumpen, hinzu kommen Solarthermie, Geothermie und

Abwärme, mitunter auch Wasserstoff, wobei deren jeweiliger Anteil nicht einheitlich prognostiziert wird. Von Biomasse allerdings erwarten die Szenarien nur vergleichsweise geringe Anteile (nach FfE/Hamburg Institut 2021, S. 19).

Also: Die Szenarien mögen noch differieren – aber davon, dass Fernwärme – und zwar klimaneutrale, »grüne Fernwärme« – im Jahr 2050 einen großen Teil des Restwärmebedarfs in Gebäuden decken wird, gehen sie alle aus. Das erfordert aber ein großes und umfassendes Netz in den großen Städten und vor allem dort, wo bereits Fernwärmegebiete ausgewiesen sind. Auf dem Land und in den dünnbesiedelten Vororten können dezentrale Systeme helfen, eben Nahwärme, in Konkurrenz zu Haus-Wärmepumpen.

Abbildung 14: Die Dekarbonisierung der Fernwärme 2018 bis 2050

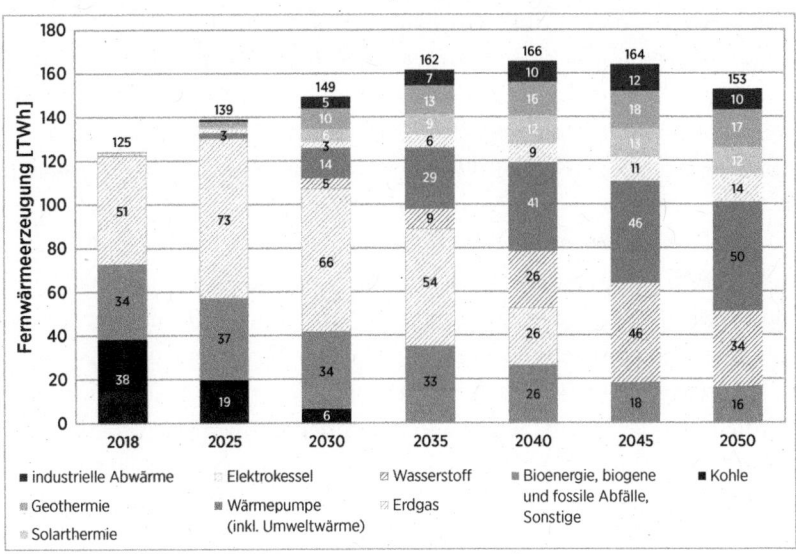

Quelle: Prognos u.a. 2021

Exemplarisch sei noch einmal die Studie »Klimaneutrales Deutschland 2045« herangezogen (Prognos u. a. 2021). In ihr findet sich auch ein spezielles Leitszenario für die Zukunft der Fernwärme in Deutschland – dabei werden allerdings öffentliche und industrielle Fernwärme gemeinsam betrachtet. Sie teilen sich ungefähr je zur Hälfte den Gesamtbedarf. Uns interessiert unter dem Gesichtspunkt Sozialverträglichkeit vor allem der öffentliche Bereich – doch lassen sich wesentliche Ergebnisse der Studie auch übertragen.

Die Abbildung 14 zeigt: Kohle verschwindet schon bis 2030. Alle großen Fernwärmebetreiber setzen bereits heute entsprechende Ersatzpläne um. Darüber also kein Wort mehr. Erdgas aber – in KWK – wird noch bis in die dreißiger Jahre dominieren, es verschwindet aber dann schnell in den Vierzigern.

Was kommt für die Dekarbonisierung der Fernwärme infrage?

Wie könnte es weitergehen? Das wollte die AGFW genauer wissen und hat die Prognos AG und das Hamburg Institut mit einer weiteren Studie beauftragt. Die Institute untersuchten diesmal konkret die Gebäudestruktur der infrage kommenden Groß-, aber auch der Mittel- und Kleinstädte.

Insgesamt steigt der Verbrauch von Fernwärme zwischen dem Basisjahr 2018 und 2050 hier sogar auf 171 TWh pro Jahr an. Doch während Prozesswärme bei etwa 50 TWh stagniert, verdoppelt sich der Verbrauch in Gebäuden (Wohn- und Nichtwohngebäude) auf 118 TWh. Das Schicksal der Fernwärme entscheidet sich also im Gebäudebereich. Während sich ihre Erzeugung bislang zu etwa gleichen Teilen auf Gebäude und industrielle Prozessenergie verteilte, nimmt nur Gebäude-Fernwärme weiter zu und wird dann 2050 zwei Drittel der Gesamterzeugung stellen.

Zentrale Ergebnisse: »Durch einen ambitionierten Ausbau und eine Verdichtung der Wärmenetze kann der Anteil der Fernwärme langfristig auf etwa 30 Prozent des Wärmebedarfs der Gebäude gesteigert werden. Außerdem muss eine Dekarbonisierung der Fernwärme weiter vorangetrieben werden, um den Zielwert von 45 Prozent erneuerbarer Wärme und Abwärme in 2030 zu erreichen.« (Hamburg Institut/Prognos 2020, S. 1).

In den 70 Großstädten sollen entsprechend dem 70/70-Konzept im Jahr 2030 rund 70 Prozent der Gebäude angeschlossen sein. Hier steigt der Verbrauch – Industrie und Gebäude wieder zusammen – zwischen dem Basisjahr 2018 und 2050 sogar stark an: Von 88 auf 114 TWh pro Jahr.

Das klingt nicht viel – dagegen ist allerdings zu rechnen, dass der gesamte Wärmeverbrauch in dieser Zeitspanne deutlich sinkt. In Mittelstädten kommt es sogar zu einer Verdoppelung, von 20 auf 42 TWh pro Jahr, in Kleinstädten geht es von heute marginalen vier auf 15 TWh in die Höhe.

»Digitale Abwärme« versorgt Neubauquartier in Frankfurt

Frankfurt am Main ist der größte Internet-Knotenpunkt in Europa. Die Rechenzentren schlucken kräftig Strom – und produzieren Abwärme. Die wird bis heute einfach in die Luft gepustet. Das soll sich ändern. Jedenfalls beim Rechenzentrum der Telehouse Deutschland GmbH. Das wird in Zukunft das Neubauquartier Westville mit »digitaler Abwärme« versorgen, 1.300 Wohneinheiten, drei Kindergärten, ein Restaurant und Geschäfte.

Vom Jahresbedarf von 4.000 MWh soll das Datencenter mindestens 60 Prozent bereitstellen. Die Wärme kommt mit 30 Grad Celsius an und wird mit zwei Großwärmepumpen auf 70 Grad aufgeheizt. Bis zu 40 Prozent werden durch umweltfreundliche Fernwärme des Energieversorgers Mainova ergänzt, vor allem in den Spitzenzeiten im Winter.

Constantin H. Alsheimer, Vorstandsvorsitzender der Mainova, freut sich: »Das Leuchtturmprojekt Westville trägt mit zu unserem Ziel bei, die Fernwärme in Frankfurt nachhaltig auszubauen. Die Kombination aus Ab- und Fernwärme spart im Vergleich zu konventioneller Wärmeerzeugung 400 Tonnen CO_2 im Jahr ein.« Mainova-Vorstand Peter Arnold fügt hinzu: »So konnten wir hochqualifizierte Arbeitsplätze im Unternehmen sichern. Auf diese Weise setzen wir die Energiewende vor Ort im Sinne eines wirksamem Klimaschutzes, zuverlässiger Versorgung und bezahlbarer Energie um.«

Mainova, Telehouse und der Wohnungskonzern Instone zogen an einem Strang. »Als ich hörte, dass in unmittelbarer Nachbarschaft 1.300 Wohnungen entstehen werden, war für mich klar, dass wir die Abwärme liefern müssen«, sagt Telehouse Chef Bela Waldhauser. Und traf bei Ralf Werner vom Wohnungskonzern Instone Real Estate auf einen gleichgesinnten Partner: »Pfiffige Ideen sind gefragt, um den ökologischen Fußabdruck unserer Projekte kontinuierlich zu verbessern. Wir wollen bis spätestens 2030 die CO_2-Emissionen unserer Projekte um 50 Prozent senken.«

Schon heute verbrauchen die Rechenzentren in Frankfurt am Main zusammen rund eine Milliarde Kilowattstunden Strom pro Jahr. Rechnerisch könnte der gesamte Raumwärmebedarf in der Mainmetropole durch digitale Abwärme gedeckt werden – sofern Abwärme und Wohnungen zusammenfinden.

Beim zukünftigen »grünen Fernwärmemix« werden in Großstädten biogener Abfall aus Müllverbrennungsanlagen (26 Prozent), Großwärmepumpen (23 Prozent), industrielle Abwärme und (je nach geologischen Verhältnissen) Geothermie (je 14 Prozent) das meiste beitragen. Doch auch Biomasse hat hier einen hohen Anteil von fast einem Viertel. In Mittelstädten steigt der Anteil der Großwärmepumpen auf mehr als die Hälfte, während in Kleinstädten Bioenergie (42 Prozent) und Solarthermie (32 Prozent) das Rennen machen können.

Abwärme aus industriellen Prozessen, die mit mehr als 100 Grad Celsius anfällt, kann direkt genutzt werden, »kühlere« Wärme muss mittels Wärmepumpen erst fernwärmefein gemacht werden. Das Potenzial ist riesig. Das Bundeswirtschaftsministerium schätzt, dass rund die Hälfte der 476 TWh Prozesswärme, die jährlich in Deutschland anfallen, ungenutzt in die Umgebung abgelassen wird. Allein für Nordrhein-Westfalen wird das »technische Potenzial« auf 44 bis 48 TWh pro Jahr geschätzt. Das entspricht rund einem Drittel der gesamten deutschen Fernwärmeerzeugung. Doch bislang wurde sie kaum genutzt. In der öffentlichen Fernwärmeversorgung der Städte und Gemeinden war sie bislang eher ein »Schmuddelkind«, schlecht integrierbar – immer dann vorhanden, wenn sie wie im Sommer nicht gebraucht wird. Und was, wenn plötzlich Produktionseinbrüche zum Herunterfahren der Anlagen zwingen oder gar zur Aufgabe? Dann doch lieber eigene KWK-Anlagen, planbar und passgenau nach Bedarf – so war aus den Zentralen der Versorger zu hören. Doch mit den Notwendigkeiten der Dekarbonisierung hat sich das Blatt längst gewendet. Die beiden größten derzeit diskutierten Projekte stehen für viele:

◆ Hamburg besitzt das zweitgrößte Fernwärmenetz in Deutschland – das hängt an zwei Kohlekraftwerken. Die sollen bis spätestens 2030 stillgelegt werden. Hamburg Wärme, der kommunale Betreiber, plant deshalb die Umstellung auf kleine Gas-KWK-Anlagen, wasserstofffähig für die Zeit nach 2030 – und die Einbindung der Industrieanlagen im Hafen mit ihren Abwärmepotenzialen.

◆ Zwischen Köln und Düsseldorf soll entlang des Rheins die Fernwärmeschiene Rheinland entstehen. Das macht allerdings nur Sinn, wenn die umfangreichen Abwärmepotenziale der Industrieregion angezapft werden können.

Umgebungswärme ist überall. Großwärmepumpen sollen sie auf behagliche Temperaturen bringen. »Hierzu zählen vorwiegend Niedertemperaturabwärme aus Prozessen der Industrie und des Sektors Gewerbe, Handel, Dienstleistungen (GHD), aus Kläranlagen und Grubenwasser sowie Umweltwärmequellen wie Flusswasser oder Seewasser.« Agora sieht vor, dass bereits mehr als zehn Prozent aller Fernwärme im Jahr 2030 mittels Großwärmepumpen erzeugt werden (siehe Abbildung 14). Noch ehrgeiziger ist eine aktuelle Studie des Fraunhofer-Instituts für Energiewirtschaft und Energiesystemtechnik. Danach sollen Wärmepumpen bis 2030 sogar zwischen 22 bis 24 Prozent der Fernwärmeerzeugung übernehmen (Fraunhofer IEE 2021).

Müllverbrennungsanlagen (MVA) stehen meist in der Nähe von großen Städten. Weil in vielen Städten die Stadtwerke MVA selbst betreiben, kann die Abwärme – oder besser KWK-Wärme – direkt in die eigenen Netze eingespeist werden. Bereits von vornherein können die Standorte neuer Anlagen so gewählt werden, dass sie optimal in die Fernwärmesysteme passen. Kein Wunder: Viele der bereits durchgeführten »Begrünungsmaßnahmen« werden mit Wärme aus MVA durchgeführt – so in Wuppertal und geplant auch in Berlin oder Hannover.

Münchens heißester Kandidat für klimaneutrale Heizwärme allerdings liegt rund 3.000 Meter unter dem Stadtgebiet: ein riesiges Reservoir an heißem Wasser. Das zapfen die Stadtwerke jetzt an, um Zehntausende Bürger in der bayerischen Landeshauptstadt mit Wärme zu versorgen – das Unternehmen baut Deutschlands größte Tiefengeothermie-Anlage.

Die technischen Potenziale der Geothermie erstrecken sich aber weit über den Münchener Raum hinaus. Auch in der norddeutschen Tiefebene bis hinunter nach Berlin kann Geothermie vielfach direkt in Fernwärmenetze eingespeist werden. Allerdings sind die spezifischen Investitionen im kleinen Leistungsbereich sehr hoch, sodass sie nur in mittleren und großen Städten eingesetzt wird.

Sonne andererseits ist überall – manchmal. Große, auf freiem Feld installierte Solarthermieanlagen nehmen dann die Wärme auf und speisen sie ins Netz. Eine Anlage, die mehr leisten soll als nur Warmwasser im Sommer zur Verfügung zu stellen, nimmt aber leicht die Fläche von drei

Fußballfeldern in Anspruch. Fazit: »Die Flächenpotenziale konzentrieren sich überwiegend auf den ländlichen Raum. In kleinen Städten sind daher im Mittel Wärmeanteile von 25 Prozent denkbar. Insgesamt wird Solarthermie einen nur ganz bescheidenen Anteil einnehmen können.« Zudem liefert die Solarthermie im Winter am wenigsten – wenn sie am meisten gebraucht würde. Zusätzliche Wärmespeicher müssen gebaut werden.

München – bis 2040 klimaneutral mit Fernwärme aus der Erde

»Wir wollen München zur ersten deutschen Großstadt machen, in der die Fernwärme zu 100 Prozent CO_2-neutral gewonnen wird«, verkündet Stadtwerkechef Florian Bieberbach das ehrgeizige Ziel. 2040 soll es so weit sein. Schon heute betreiben die Stadtwerke sechs Geothermieanlagen in den Außenbezirken und in der Region.

Bavaria felix. »Die wahren Schätze liegen manchmal unter der Erde«, freut sich Betriebsrat Alexander Parasidis. Bis zu 120 Grad heißes Wasser kann hier zu wirtschaftlichen Bedingungen aus der Erde gepumpt und direkt in die Fernheizsysteme eingebunden werden – das ist ansonsten in Deutschland nur noch in wenigen Regionen der Fall.

München hat mit 900 Kilometern Länge ohnehin eines der größten Fernwärmenetze Europas, früher gespeist aus Kohle- und Gas-KWK-Anlagen. Schrittweise wollen die Stadtwerke aber immer mehr Geothermiestandorte als Wärmequellen einbinden. Zur Heizsaison 2021/22 hat der bislang größte Standort am alten Kohle-Heizkraftwerk Süd mit rund 60 MW den Betrieb aufgenommen.

Innerhalb des »Mittleren Rings« liegt aber noch ein Dampfnetz, Baubeginn 1908. Für Dampf werden Betriebstemperaturen von 200 Grad Celsius benötigt. Deshalb ist Umrüstung auf modernen Heizwasserbetrieb notwendig, auf 90 Kilometern. Dazu müssen die Rohre verstärkt oder sogar ausgetauscht werden. Und in den Gebäuden müssen die Dampfübergabestationen modernen Heizwasser-Kompaktstationen weichen.

Geothermie ist auch die Basis für einen neuen Stadtteil der Boomtown: Freiham. Florian Bieberbach erklärt: »Wir waren in Freiham die Ersten. Das Geothermiewerk stand am Anfang und erst dann kamen Schulen und Wohnungen.« Die Stadt München baut hier mehr als 11.000 Wohnungen. Eine Planstadt, die von Anfang an auf klimaneutrale Fernwärme setzte. »Ich bin seit 1987 bei den Stadtwerken in München und gelernter Kraftwerker, ich hab früher im Kohlekraftwerk gearbeitet«, erzählt Betriebsrat Parasidis und lacht: »Mein Herz hängt noch ein bisschen am Alten, an der Kohle – das muss ich schon gestehen. Hier in München heißt aber die Zukunft ganz klar Geothermie, da bin ich ein großer Fan!«

Und Holz? Mitunter wird empfohlen, Holzreste und -pellets in Fernwärme-Heizwerken zu verbrennen. Doch das Potenzial an Holz aus nachhaltiger heimischer Erzeugung ist begrenzt. Biomasse wird denn auch, so die Gutachter sibyllinisch, »insbesondere dann eingesetzt, wenn keine ausreichend hohen Potenziale anderer erneuerbarer Energien vorhanden sind«. Hauptsatz der Wärmelehre: Holz hat im Wärmemarkt nur als Restholz seine Berechtigung, und das gilt mehr noch als im Bereich der Einzelfeuerungen für die Fernwärme *(siehe Seite 214/5)*.

Power to Heat (PtH) schließlich heißt, überschüssigen Strom aus wetterabhängigen erneuerbaren Energien gleichsam in einem Riesentauchsieder zu nutzen, um das Wasser in den Fernwärmeleitungen zu erwärmen. Vor allem in Gebieten mit hohem Windenergieaufkommen fallen dann derart große Strommengen an, dass die Leitungsnetze sie nicht aufnehmen können. Idealtypisch in Flensburg. Umlagert von Windkraftanlagen, können die Stadtwerke mit ihrem flächendeckend ausgebauten Fernwärmenetz den temporären Überschussstrom gut gebrauchen.

Die neue Rolle der KWK – Sektorenkopplung im Hin- und Rücklauf

Und die derzeit dominierenden Erdgas-KWK-Anlagen? Stranded Investments? Sie sind aber gleichsam »alternativlos«, um verlässlich die Wärmeversorgung übers Jahr – und das heißt vor allem über die kalten Wintermonate – zu sichern.

KWK ist doch nichts anderes als Sektorenkopplung (siehe Kapitel 3.7). Schauen wir uns das jetzt einmal speziell aus der Perspektive der Wärmeversorgung an. Gewiss, Strom aus erneuerbaren Energien wird zukünftig als Antrieb der Großwärmepumpen auch in den Wärmenetzen Einzug halten. Doch ist das Stromangebot aus erneuerbaren Energien im Winterhalbjahr eher geringer, wenn Photovoltaik und auch Wind wenig beitragen können – und das ist ausgerechnet die Zeit, zu der Raumwärme dringend verlässlich benötigt wird. Was also gebraucht wird, ist ein jahreszeitlicher Puffer – eben gasbetriebene KWK. Die liefert ja ihrerseits Strom ins Netz, und kann den winterlichen Strommangel dann doppelt wettmachen. Kurz: KWK passt sich ideal in die zukünftigen Lastkurven ein, bei der Wärme, aber eben auch beim Strom. Dadurch werden große Investitionen in den

Ausbau der Stromnetze und -speicher vermieden, die ansonsten notwendig wären, um Strom- und auf Strom basierende Wärmeversorgung versorgungssicher zu garantieren. Sektorenkopplung halt vom Feinsten.

Der Berliner Fernwärmemanager Andreas Schnauß hat die Lastgänge von Strom- und Wärmeerzeugung und -bedarf systematisch verglichen. Das Ergebnis bestätigt: Die Vorteile der KWK zeigen sich vor allem im Winter, wenn gleichzeitig viel Strom und Wärme benötigt wird – aber die Sonne kaum zur Verfügung steht.

Im Winter dient also flexibel einsetzbarer KWK-Strom nicht nur zum täglichen und wöchentlichen Ausgleich – hier könnten es auch Batterien oder andere Speichersysteme mit der KWK aufnehmen. Doch passt sich strommarktgeführte, öffentliche KWK auch hervorragend ein in den übergeordneten jahreszeitlichen Rhythmus von Strom- und Wärmebedarf einerseits und von Wind- und Solarstrom-Angebot andererseits. Im Sommer kann die KWK in die Sommerferien entlassen werden – oder überschüssige Wärme wird in Wärmespeichern gehortet. Im Sommer besteht auch hohe Wahrscheinlichkeit, dass PV (in Kombination mit Wind) einen Großteil der Stromversorgung übernehmen kann. Beginnt aber die Heizperiode und müssen im Herbst die Heizungen angeworfen werden, sinkt die PV-Einspeisung – Herbststürme sorgen allerdings noch für ausreichenden Windstrom. Zugeschaltete KWK braucht noch keine Höchstleistungen erbringen. Wieder anders im Winter: Dann sinkt die PV-Einstrahlung auf marginale Werte, und windarme Phasen häufen sich – jetzt hilft nur »Volldampf voraus« für die KWK. Auch die Peaks des Strombedarfs liegen in diesen kalten und dunklen Wintermonaten (Schnauß 2019).

Spätestens in den 2040er-Jahren könnte der Brennstoff ausgetauscht werden. »Grüner« Wasserstoff, gleichsam übers Jahr gespeicherter Regenerativstrom, könnte das Erdgas schon im Jahr 2045 verdrängt haben – gerade rechtzeitig für die anvisierte Klimaneutralität. Erdgas könnte nach 2030 zunehmend durch »grünen« Wasserstoff ersetzt werden. Synthetischer Brennstoff also, chemisch hergestellt (neudeutsch *Power to Gas*, PtG oder P2G).

Vielfach ist umstritten, ob »grüner« Wasserstoff überhaupt etwas in der Wärmeversorgung der Gebäude zu suchen hat. Schließlich handelt es sich um Niedertemperaturwärme – und eben die kann doch mit anderen, weniger aufwendigen Umweltenergien erzeugt werden. Schon ist bei Wasserstoff vom »Champagner der Energiewende« die Rede, teuer und deshalb denjenigen Anwendungen in der Industrie und im Verkehr vorbehalten, für die es aufgrund der hohen benötigten Temperaturen keine Alternative gibt. Doch eigentlich gibt es auch im Raumwärmebereich zum Einsatz von Wasserstoff keine Alternative – zumindest in KWK und gleichsam als Joker der Sektorenkopplung, den die Fernwärmeversorger ebenso wie die Stromversorger ziehen können, wenn die Summe der »grünen« Einspeiser im Winter nicht ausreichend liefern können und die Versorgungssicherheit gefährdet wäre.

Abbildung 15: Dekarbonisierung der Berliner Fernwärme und KWK

Dekarbonisierung der Berliner Fernwärme und KWK

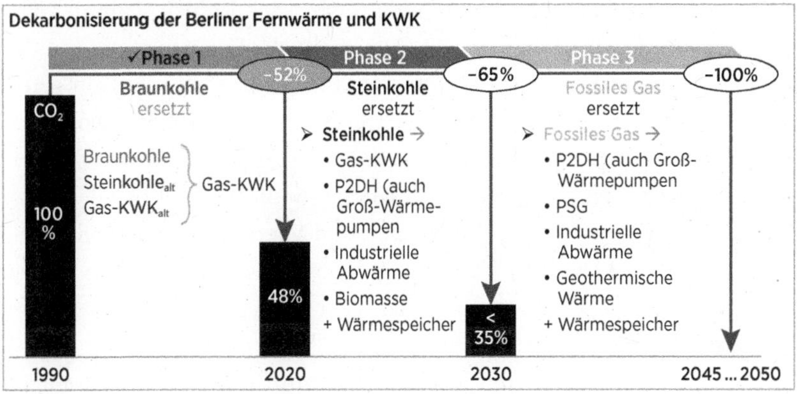

Quelle: Schnauß

Eine Abschätzung der möglichen Weiterentwicklung bis 2050 für das größte bundesdeutsche KWK-Fernwärmenetz in Berlin zeigt, wie es weitergehen könnte (Schnauß 2019). Danach werden die noch vorhandenen großen Steinkohle-KWK-Blöcke bis spätestens 2030 ersetzt – durch moderne, strommarktgeführte Gas-KWK mit einem Wärmespeicher, dazu Wärmepumpen (hier als *power to district heat*, P2DH bezeichnet) und industrielle Abwärme (vor allem aus MVA) und wo vorhanden auch Biomasse. Nach 2030 sollen zwei weitere Bausteine hinzukommen: Geothermie – und eben elektrolytisch hergestellter Wasserstoff (P2G). Ein bekömmlicher Cocktail »grüner« Fernwärmequellen für die Hauptstadt.

Auch für Deutschland insgesamt. Das bestätigt die Studie »Klimaneutrales Deutschland 2045«: »Im Jahr 2050 decken Heizwerke und Heizkraftwerke mit Wasserstoffeinsatz etwa ein Viertel der Fernwärmeerzeugung. Diese Erzeugung fällt überwiegend in kalten Perioden mit geringer Windstromeinspeisung an«, heißt es dort zutreffend (Prognos u. a. 2021, S. 37). Das ist dann gleichsam Sektorenkopplung im Rücklauf: Die benötigte Wärmeerzeugung im Winter wird auch in klimaneutralen Zeiten gleichzeitig einen Beitrag zur Stabilisierung der Versorgung mit Strom liefern.

Kosten des Umbaus

»Mit erneuerbaren Energien Fernwärme zu erzeugen, ist unter heutigen Rahmenbedingungen teurer als mit Erdgas oder Kohle«, dämpft Matthias Sandrock vom Hamburg Institut vorschnelle Erwartungen, dass der Umbau schmerzfrei erfolgen könnte. Doch wie das notwendige Ziel erreichen, ohne dass die Kosten durch die Decke gehen? Und damit vor allem die in den Fernwärmevorranggebieten »gefangenen Kunden« übermäßig belastet werden – wären es doch wiederum die weniger privilegierten Bewohner der Innenstädte, Mieterinnen und Mieter zumal zu großen Teilen, deren *Share of Wallet* für Heizung dann in die Höhe klettern würde. Das scheidet aus. Als sozial ungerecht gebrandmarkt, hätte die »grüne« Fernwärme keine Chance.

Conditio sine qua non des Konzepts ist also: Der Anteil am jeweiligen Nettoeinkommen, den Haushalte für Heizung und Warmwasser ausgeben müssen, darf auch in »grünen« Fernwärmegebieten langfristig nicht höher liegen als im Rest der Wärme-Republik.

Eines vorweg zum Trost: Langfristig kann die Verdichtung der bestehenden Fernwärmegebiete sogar den spezifischen Fernwärmepreis verringern, denn eine höhere Abnahmedichte führt dazu, dass die hohen fixen Leitungskosten auf mehrere verteilt werden können. Andererseits ist auch klar: Die Umstellung schlägt teuer zu Buche. Welche Kosten entstehen?

Das fängt beim notwendigen Umbau der Netze an. Die Herabsetzung der Vorlauftemperatur erfordert hohe Investitionen, vor allem dort, wo noch Dampfleitungen liegen. So in Wuppertal. Dort soll bis 2030 der komplette Innenstadtbereich des westlichen Stadtzentrums Elberfeld auf klimafreundliche Fernwärme umgestellt werden. Die kommt bereits heute aus einem Müllheizkraftwerk – doch um sie nicht nur in einem neuen Teilnetz nutzen zu können, müssen die mehr als 60 Jahre alten Leitungen erneuert und von Dampf auf Heizwasser umgestellt werden. Im Dampfnetz liegen die Vorlauftemperaturen bei mehr als 200 Grad Celsius. Insgesamt werden die Stadtwerke mehr als 33 Kilometer Leitungen neu bauen und austauschen. Kosten: rund 30 Millionen Euro (Tagesspiegel, 21.4.2021).

Die Kosten für die Anbindung der Brennstoffe sind sehr unterschiedlich – doch derzeit allesamt höher als die aktuellen Wärmegestehungskosten aus fossilen Gas-KWK-Anlagen. Abwärme etwa gibt es umsonst, so scheint es – doch gibt es auch sie beileibe nicht zum Nulltarif. Der Grund: Es braucht intelligente Konzepte, um sie abzuschöpfen und in die vorhandenen Netze einzuspeisen. Immerhin: Weil bis 2030 allein schon durch den CO_2-Preis auch die Kosten aus dem Gas deutlich ansteigen, wird sich dann aber das Verhältnis umkehren und auch Wärme aus großen Solaranlagen sowie, wo erschließbar, Geothermie wird dann konkurrenzfähig sein. Sorgenkind bleibt indessen ein Schlüsselelement: die Großwärmepumpen. Sie sind auch im Jahr 2030 noch unrentabel und noch mit dem doppelten Preis der Wärme aus Erdgaskesseln belastet. Holzhackschnitzel werden im Laufe des Jahrzehnts indessen unwirtschaftlich – von ihrer ökologischen Fragwürdigkeit ganz zu schweigen (siehe Tabelle 5).

Kurz und gut: Um den bis 2030 angestrebten Aus- und Umbau der Fernwärme auf 30 Prozent des Wärmebedarfs von Gebäuden in urbanen Räumen bei einem Anteil erneuerbarer Wärme von 45 Prozent zu erreichen, errechnet sich deutschlandweit ein Gesamtinvestitionsbedarf von rund 33 Milliarden Euro. Das ist ohne Förderung nicht zu machen. »Im Zeitraum bis 2030 ergibt sich zur Schließung der Wirtschaftslücke ein Fördermittelbedarf von etwa 1,8 Milliarden Euro pro Jahr«, erklärt Marco Wünsch, Prinzipal bei der Prognos AG.

Wie das? Förderung soll also mehr als die Hälfte der Zusatzkosten übernehmen? Zusätzliche Förderung wohlgemerkt. Besteht aber mit dem

KWKG nicht bereits eine effiziente und reichhaltige Förderung? Hinzu kommt noch die Förderung für Biogasanlagen über das EEG. Treten die Fernwärmebetreiber als Nimmersatt auf den Plan? Zum Vergleich: Die Förderlücke bei der Gebäudesanierung ist mit geschätzten jährlichen zehn Milliarden Euro ungleich höher.

Tabelle 5: Wärmegestehungskosten erneuerbarer Energien

	Leistung (MW)	2020 (Euro/MWh)	2030 (Euro/MWh)
Fernwärme aus fossilen Brennstoffen		20 bis 30	22 bis 35
Erdgaskessel	10	30	48
Großwärmepumpen Abwasser	10	94	80
Großwärmepumpen Luft	10	111	94
Abwärme	1	43	42
Abwärme	10	36	35
Geothermie Nord	10	65	63
Geothermie Süd	10	49	47
Solarthermie Freifläche	0,25 bis 50	53 bis 82	47 bis 74
Holzhackschnitzel	1 bis 50	42 bis 53	50 bis 62

Quelle: Hamburg Institut/Prognos 2020

Und das Dilemma: Die Förderung ist sowohl im KWKG als auch im EEG an die Stromerzeugung gekoppelt. Das war bislang sinnvoll und notwendig, weil gerade die KWK hocheffiziente und klimafreundliche Stromerzeugung erlaubt. Verzichtet man jedoch partiell auf die KWK und koppelt erneuerbare Energien pur in die Netze ein, stößt man zwangsläufig auf die besagte Förderlücke. Denn die bestehenden Förderinstrumente decken nur zum Teil die neuen Anforderungen ab. So wird im KWKG auch der Wärmenetzausbau und der Zubau von Wärmespeichern gefördert, dazu kommt ein Bonus für die Errichtung von innovativen KWK-Systemen, und das EEG fördert KWK- Stromerzeugung aus Biomasse und Geothermie. Jetzt aber geht es darum, systematisch optimale Kombinationen aus dem Kaleidoskop der erneuerbaren Wärmequellen entwickeln zu können.

Das hat auch das Bundeswirtschaftsministerium anerkannt – und ein Programm »Bundesförderung effiziente Wärmenetze« (BEW) angekündigt. Ein Gutachtervorschlag enthält als Hauptbestandteil eine investive Grundförderung für Netzinfrastruktur und Transformationsmaßnahmen. Dazu kämen Investitionszuschüsse insbesondere für die teuren Großwärmepumpen, vielleicht auch für Solarthermie. Im Haushaltsplanentwurf für 2021 war aber nur ein Fördervolumen in Höhe von jährlich rund 0,2 Milliarden Euro bis 2030 vorgesehen.

Doch damit lässt sich kein Umbau finanzieren. »Eine ausreichende Fördermittelausstattung ist wesentlich für den Erfolg des Fernwärmeausbaus in den kommenden Jahren«, betont AGFW-Mann Miller. »Auch eine angemessene Laufzeit von zehn Jahren ist wichtig, um hinreichende Investitions- und Planungssicherheit zu gewährleisten.« Umso wichtiger, jetzt endlich »Nägel mit Köpfen« zu machen. Das findet auch der Bundesverband Erneuerbare Energien (BEE). »Während Einzelheizungen mit dem Förderprogramm ›Bundesförderung für effiziente Gebäude‹ (BEG) eine Förderung erhalten, die teilweise auch für fossile Techniken gilt, verzögert sich das BEW-Programm, sodass weiterhin keine rein erneuerbaren Projekte gefördert werden können. Das ist ein fatales Signal an Innovation und Klimaschutz«, so BEE-Präsidentin Simone Peter (www.solarwirtschaft.de, 9.4.2021). Oder sollen am Ende die Kundinnen und Kunden die Umstellung allein bezahlen? Das wäre zum Scheitern verurteilt. Bleibt die Frage an die Politik: Ist das BEG so viel wichtiger als das BEW?

»Grüne Fernwärme« – sozialverträglich?

»Vor allem in Anbetracht der perspektivisch steigenden Kosten für fossile Heizenergieträger und der oft hohen spezifischen Kosten für tiefgehende energetische Gebäudesanierungen ist die Erzeugung und Verteilung erneuerbarer Wärme ein sozialverträgliches Mittel zur Dekarbonisierung des Wärmesektors«, findet Christian Maaß, Geschäftsführer des Hamburg Instituts. Vorausgesetzt erkennbare Förderlücken würden tatsächlich durch staatliche Mittel ausgeglichen – und nicht etwa durch die Fernwärmepreise. Das wäre sozialpolitischer Zündstoff. Fernwärme kommt bekanntlich vor allem in Mehrfamilienhäusern und im Geschosswohnungsbau zum Einsatz, wo überproportional viele Geringverdiener leben.

Der Umstieg auf Fernwärme darf nicht zu höheren Heizkosten führen als die bisherige Beheizung durch Erdgas und -öl. Das ist denn auch im Paragrafen 556 c BGB und der darauf basierenden Wärmelieferverordnung (WärmeLV) so festgelegt. Vereinfacht gesagt, darf die Umstellung einer vom Vermieter betriebenen Heizung auf Wärmelieferung demnach für die Mieter keine höheren Wärmekosten verursachen als in den drei vorhergehenden Jahren.

Das erscheint sozialverträglich und soll die Nutzer schützen. Doch genau das möchten die Fernwärmebetreiber ändern – und werden dabei sogar noch von den Forschungsinstituten unterstützt. »Der Paragraph 556c BGB und die darauf basierende WärmeLV gehören zu den wichtigsten Hindernissen einer Verdichtung von Wärmenetzen im Gebäudebestand«, konstatiert die Studie von Hamburg Institut und Prognos. »Das bedeutet oftmals, dass neben den ggf. höheren Brennstoffkosten auch die Investitionskosten für die neue Wärmeversorgung/den Wärmenetzanschluss nicht kompensiert werden können, und damit ein Austausch der alten Heizung nicht stattfindet.« Sie fordern eine Reform der entsprechenden Gesetzgebung (HamburgInstitut/Prognos 2020, S. 30).

Wollen sich die Fernwärmeunternehmen ein Hintertürchen offenhalten, sollte die BEW-Förderung unterbleiben oder geringer ausfallen als erforderlich? Ganz so einfach ist es nicht. Fernwärme verdrängt vor allem alte Öl- und Gasheizungen. Langfristig schadet der Gesetzgeber mit dem K.-o.-Paragrafen 556c nicht nur dem Klimaschutz, sondern auch den Interessen der Mieterinnen und Mieter, denn er verhindert die rechtzeitige Umstellung von fossilen auf erneuerbare Energien. Nochmal die Gutachter: »Das in der Sache berechtigte Ziel besteht darin, Mieter vor unverhältnismäßig überhöhten Wärmekosten zu schützen. Diese Regelung droht im Rahmen der Wärmewende jedoch das Gegenteil zu bewirken. Die im Ergebnis bewirkte Zementierung der dezentralen Erdgasheizungen in diesen Gebäuden führt mittelfristig zu besonders hohen Wärmekosten für die Mieter. Die perspektivisch bestehenden Potenziale von Wärmenetzen zur Sicherstellung einer kostengünstigen und effizienten Wärmeversorgung auf Basis von Abwärme und großtechnisch erschlossenen erneuerbaren Energien werden konsequent ausgeblendet.« (Hamburg Institut/ Prognos 2020, S. 30). Zukünftig werden die Kosten von Erdgas und Erdöl steigen, nicht zuletzt wegen der CO_2-Bepreisung. Konsequent wäre es deshalb, die Messlatte nicht länger an den Wärmepreisen der Vergangenheit zu orientieren, sondern an denjenigen der Zukunft.

Neue kommunale Daseinsvorsorge – Fernwärmebetreiber und Wohnungsbaugesellschaften

Kommen wir also noch einmal auf die Frage zurück: Kann die Umstellung der Heizung von Einzelheizungen auf »grüne« Fernwärme gerade für die Geringverdiener eine sozialverträgliche Dekarbonisierungsstrategie sein? Am Ende liegt es – neben einer ausreichenden staatlichen Förderung – auch am Engagement der Fernwärmebetreiber. Das sind ganz überwiegend die örtlichen kommunalen Stadtwerke und Regionalversorger, dazu einzelne Energiegenossenschaften in kleineren Gemeinden – eben die Mitglieder der AGFW. Sie sind zu einem Großteil im Besitz der Kommunen – die Umstellung ist mithin eine öffentliche Aufgabe. Doch sind, wie wir gesehen haben, auch Stadtwerke – spätestens seit der Liberalisierung der Stromversorgung – auf Gewinnmaximierung getrimmt, ihr Gewinn macht einen wesentlichen Teil der Budgets der Städte und Gemeinden aus. Zudem werden vielfach aus den Gewinnen der Energie die notorischen Verluste des ÖPNV ausgeglichen, im steuerlich begünstigten Querverbund.

Da gilt es, wieder mehr unternehmerischen Mut zu zeigen. Die Fernwärmebetreiber wollen »in die Puschen kommen« und auch Risiken eingehen, und auch die Wohnungseigentümer machen mit. Das erklären jedenfalls die öffentlichen Wohnungsbaugesellschaften, die sich auf günstige Mieten spezialisiert haben. Für Axel Gedaschko, Präsident des Bundesverbandes deutscher Wohnungs- und Immobilienunternehmen (GdW) ist das Potenzial »grüner Fernwärme« ein »extrem wichtiger Baustein auf dem Weg zur Klimaneutralität«. Begründung: »Zum einen sind fast 50 Prozent der Wohnungsbestände der mehr als 3.000 Mitgliedsunternehmen des GdW an die Fernwärme angeschlossen. Zum anderen zeigt sich leider immer deutlicher, dass trotz aller Investitionen in die Energieeffizienz weder der Energieverbrauch, noch der CO_2-Footprint der Wohnungen, wie eigentlich erwartet, absinken. Es wird vielmehr immer klarer, dass deutlich mehr Energie für Raumwärme und Warmwasser benötigt wird, als theoretisch berechnet. Daher kommt dem letztlich bezahlbaren Umbau der Fernwärmesysteme eine herausragende Bedeutung für einen sozial vertretbaren Pfad zur Erreichung der Klimaziele zu.«

Vorschläge:

◆ Die Bundesförderung effiziente Wärmenetze (BEW) muss bis 2030 ein mittleres jährliches Fördervolumen von 1,8 Milliarden Euro umfassen. Die projektbezogenen Höchstgrenzen müssen auf 100 Millionen Euro angehoben werden. Im Gegenzug verpflichten sich die Fernwärmebetreiber zu verbindlichen Transformationsfahrplänen. Um den Versorgern die notwendige Planungs- und Investitionssicherheit zu bieten, sollte die BEW zudem mit einer Laufzeit von zehn Jahren versehen werden. Langfristige Investitionsprojekte, etwa Geothermievorhaben, die sich auch durch ein hohes Risiko auszeichnen, brauchen verlässliche Rahmenbedingungen.

◆ Die Vorschrift zur Kostenneutralität der Fernwärme (im Vergleich zu fossilen Einzelheizungen) in der WärmeLV muss angepasst werden, sodass in die Vergleichsrechnungen die zukünftigen Kosten fossiler Heizungssysteme bei steigenden CO_2-Preisen als Bewertungsmaßstab eingehen.

◆ Die Bundesförderung effiziente Gebäude (BEG) muss gezielt auf die »Begrünung« der Fernwärme ausgelegt werden. Im BEG sollte das Förderkriterium für Fernwärmeanschlüsse nicht am aktuellen Anteil erneuerbarer Energien im Wärmenetz, sondern (soweit vorhanden) auf den jeweiligen Transformationsplan des Fernwärmeversorgers bis 2030 bezogen werden.

◆ In der BEG sollten dezentrale Heizungen für Gebäude, die im Bereich eines Wärmenetzes liegen, nicht mehr gefördert werden. Das gilt für Holz- wie Wärmepumpenheizungen.

◆ Alle öffentlichen Gebäude müssen, sofern technisch/wirtschaftlich realisierbar, zügig an die »grüne« Fernwärmeversorgung angeschlossen werden.

◆ Die KWK-Förderung im KWKG sollte gemäß der neuen Rolle in grünen Fernwärmesystemen weiterentwickelt werden. Ansatzpunkt: die Förderung iKWK, also für innovative KWK-Lösungen. KWK sollte genügend Leistung bereitstellen, um die Versorgungssicherheit zu gewährleisten, gleichzeitig jedoch nicht klimaneutrale Wärmeerzeuger durch hohe Betriebsstunden in der Grundlast verdrängen, sondern diese gezielt ergänzen.

◆ Zur Weiterentwicklung der KWK in Richtung Wasserstoff ist ein Wasserstofffähigkeitsbonus einzuführen, um bereits zeitnah die Umrüstung anzureizen (siehe auch Kapitel 5.9).

5.8 Sanierung besser im Quartier

»Von der Kohlestadt zur Klimastadt« – so lautete die Devise des Projektes *InnovationCity* Ruhr/Modellstadt Bottrop. Und der Wandel in der alten Bergbaustadt mit hohem Prozentsatz Geringverdiener ist gelungen. »Während der Laufzeit zwischen 2010 und 2020 haben wir in großen Teilgebieten der Stadt exakt 3.657 Wohngebäude modernisiert – das sind rund 36 Prozent des gesamten Bestandes«, freut sich Burkhard Drescher, der Geschäftsführer. Damit liege die jährliche energetische Sanierungsrate bei 3,3 Prozent, dreimal so viel wie im Durchschnitt der Republik (www.bottrop.de 15.6.2021).

Wie nimmt man Ärmeren die Angst, den ökologischen Umbau ihrer Häuser anzugehen, wie senkt man die Hemmschwelle für Investitionen? In den ausgewählten Bottroper Quartieren – rund die Hälfte der Stadt – wurden im Laufe des Projekts nicht weniger als 437 Veranstaltungen durchgeführt. Annähernd 4.000 Menschen nahmen das Angebot zur individuellen Energieberatung an, mehr als 30 Prozent aller Eigentümer in den Quartieren. »Wir haben sie ermutigt, je nach Geldbeutel ihr Haus oder ihre Wohnung Schritt für Schritt ökologisch umzubauen«, berichtet Bottrops Oberbürgermeister Bernd Tischler. Der CO_2-Ausstoß pro Kopf lag – ohne Verkehr – im Bottroper Modellgebiet bei 2,44 Tonnen pro Jahr, bundesweit dagegen bei 6,11.

Um alle einzubinden, gründete Tischler einen Runden Tisch. Alle 14 Tage bringt er bis heute die Akteure zusammen: Verwaltung, Wohnungswirtschaft, Industrie, Energieversorger, Gewerbebetriebe, Handwerker, die Hochschulen, Bürger, Politiker und diskutiert mit ihnen die nächsten Schritte. Er lädt Klassensprecher ein und macht sie zu Botschaftern, bei Mitschülern, aber auch den Großeltern und Eltern. »Man muss dafür sorgen, dass Menschen mit weniger Geld nicht auf der Strecke bleiben«, sagt er. Das Konzept: Nicht alle über einen Leisten schlagen, dagegen die Sanierungstiefe anpassen an die Bedürfnisse und den Geldbeutel der Nutzer. So war der Austausch der alten Nachtspeicheröfen durch Anschluss an die Fernwärme die Lösung in einem Wohnblock mit 90 Prozent Rentnern und Sozialhilfeempfängern – dazu Fenstertausch und das Nötigste an Fassadendämmung. CO_2-Ersparnis: 50 Prozent. Das Mindestprogramm gab es warmmietenneutral, für einen Euro mehr Miete pro Quadratmeter, bei entsprechender Reduktion der Heizungskosten. Umgekehrt wurde in einer Gründerzeitvilla eine Komplettsanierung auf den Standard des KfW-Hauses 55 durchgeführt, erschwinglich für den gutbetuchten Besitzer und dazu gefördert mit Bundesmitteln vom BAFA und KfW.

So brachte Tischler den Klimaschutz in unterschiedlichste Gebäude: Gründerzeitvillen eben, aber vor allem auch Nachkriegssiedlungen, Wohnblocks verschiedener privater und öffentlicher Wohnungsbaugesellschaften, Reihenhäuser der 1980er-Jahre sowie Tankstellen, Schulen, Tennishallen, Supermärkte und Gewerbebetriebe.

Der Geschäftsführer des Wuppertal Instituts für Klima, Umwelt, Energie, Manfred Fischedick, hat das Projekt wissenschaftlich begleitet. »Nach Auswertung aller vorliegenden Daten wissen wir, dass dieses Projekt erfolgreich war«, berichtet er. »Die Emissionen im Pilotgebiet *Innovation City* sind im Zeitraum 2009 bis 2020 um 47 bis 49 Prozent gesunken, das ist gemessen am Bundesdurchschnitt ein außerordentlicher Erfolg und zeigt die Wirkung der Vielzahl an durchgeführten Maßnahmen.«

Und die Zukunft? Um die Region bis 2045 klimaneutral mit Wärme zu versorgen, könnte das Projekt, weitere Förderung durch das Land vorausgesetzt, fortgeführt werden. Es heißt schließlich *Innovation City Ruhr* – und das Ruhrgebiet ist groß. Ein Gebiet zudem mit guten Bedingungen für den integrativen Ansatz, mit viel industrieller Abwärme, mit einem funktionierenden Fernwärmesystem. Was liegt näher, als die großen Potenziale industrieller Abwärme einzubeziehen, um die Fernwärmeversorgung auch in den Quartieren des Reviers zu »begrünen«! Im Ruhrgebiet ist man ohnehin dabei: Weil das Kohlekraftwerk Scholven im benachbarten Gelsenkirchen schließen muss, wollen der Betreiber Uniper und die BP zukünftig die bislang ungenutzte Abwärme aus der direkt benachbarten BP-Raffinerie nutzen – bis zu 49 Megawatt immerhin.

Und wer koordiniert? Eine Aufgabe, maßgeschneidert für die Kommunen. Das betont auch die im Rahmen des Green Deals von den EU-Innenministern verabschiedete Neue Leipzig-Charta von 2020 zur zukünftigen Stadtentwicklung in der EU. Das kommunale Quartier sei die »geeignete Handlungsebene«, heißt es darin, um das Leitbild einer grünen Stadt mit CO_2-neutralem Gebäudebestand umzusetzen. Dafür müsse die kommunale Handlungsfähigkeit gestärkt und Investitionsfähigkeit, qualifiziertes Personal sowie gewisse Lenkungs- und Gestaltungshoheit der Kommunen müssen gewährleistet werden (BMI 2020, S 10). Was ist das anderes als eine moderne Definition der öffentlichen Daseinsvorsorge der Gemeinden, wenn es gilt, den Klimawandel ganz konkret vor Ort im Quartier zu bekämpfen.

Alles spricht dafür, systematisch Konzepte für Wohnquartiere zu entwickeln und umzusetzen. »Das Quartier bildet den geeigneten Handlungsraum zur Verortung zielgerichteter, verbrauchs- und versorgungsseitiger Maßnahmen und ermöglicht außerdem eine größere Bandbreite an Sanierungsvarianten durch aufeinander abgestimmte Kombinationen aus Endenergieeinsparung und Primärenergieeffizienz bei der Energieversorgung«, formuliert der Deutsche Verband für Wohnungswesen, Städtebau und Raumordnung (DV 2019, S. 10).

Im Quartier ist flächendeckender Klimaschutz weitaus besser möglich, als wenn jedes Gebäude einzeln und für sich in Angriff genommen wird. Denn nur so erhöht sich die Chance, diejenigen zu erreichen, die für den Sanierungserfolg notwendig sind. Das gilt für den gesamten selbstgenutzten Wohnraum, wo einzelne Eigentümer oftmals überfordert sind. Sie dürfen bei der Planung, Finanzierung und Durchführung energetischer Maßnahmen an ihren Häusern nicht länger alleingelassen werden. Und das gelingt am besten »am Stück«, wenn in einem Quartier einheitliche Beratungs- und Planungsstrukturen geschaffen werden, mit Verantwortlichen, die aktiv für die Beteiligung an abgestimmten Sanierungsplänen werben und diese Beteiligung koordinieren. Dann können auch große

Wohnbestände von Mietwohnungen einbezogen werden, mit besseren Ergebnissen, als es die Planungen der einzelnen Gesellschaften selbst mitunter erreichen.

Nur im Quartiersansatz eröffnet sich auch die ganze Bandbreite der Alternativen, um auch den nächsten Schritt, die Sanierung und Anpassung der Heizungssysteme, so kostengünstig und effizient wie möglich zu machen. Noch einmal der DV: »Quartierskonzepte können in Verbindung mit Speicherung die Potenziale zur Nutzung von KWK, Abwärme und regenerativen Energien in unterschiedlichen Kombinationen (Biogas und Biomasse, Photovoltaik, Solarthermie, Wärmepumpen, Geothermie etc.) erhöhen, was beim Einzelgebäude an Grenzen stößt. Zudem wird es ohne Quartierslösung keine Sektorenkopplung und keinen sinnvollen Einsatz der Digitalisierung geben. Weitere Potenziale ergeben sich durch die Einbeziehung öffentlicher und gewerblicher Immobilien in eine gemeinsame Energieversorgung.« (DV 2019, S. 10).

Anderes Beispiel – diesmal aus dem ländlichen Raum. »Zwei unserer Projekte laufen gut«, berichtet Uta Lynar von der Beratungs- und Servicegesellschaft Umwelt, die in der Region Aachen im »Projekt 3 %plus« mehrere energetische Sanierungsfahrpläne für kommunale Quartiere (SFQ) betreut. Das Projekt wird im Rahmen des speziellen KfW-Programms 423 gefördert. Wichtigstes Ziel wie in Bottrop ist, die Sanierungsrate auf mindestens drei Prozent hinaufzuschrauben. In den ausgewählten Quartieren dominieren kleine Ein- und Mehrfamilienhäuser, in der Regel selbst genutzt von den Eigentümern, gemischt mit Mehrfamilienblöcken mit Mietwohnungen – typische Randlagen der großen Städte. »Systematischer Aufbau von kommunalen Strukturen, verbunden mit der Einbindung aller relevanten Akteure und umfangreicher flächendeckender Beratungsangebote haben inzwischen dazu geführt, dass im ländlichen Roetgen die Sanierungsrate auf derzeit drei Prozent deutlich in die Höhe schnellte, im gut betuchten Vorort Brand immerhin noch auf 1,6 Prozent«, berichtete die Beraterin bei den Berliner Energietagen 2021 (Lynar 2021).

Ein Wermutstropfen bleibt. Im dritten einbezogenen Quartier dümpelt die Sanierungsrate weiter unterhalb der vorgegebenen Schwelle. Ein möglicher Grund: Zwar ist die Gebäudestruktur ähnlich, doch gilt das Quartier als sozialer Brennpunkt mit einer hohen Anzahl an Geringverdienern – selbst alte Kohleöfen sind noch im Einsatz.

Der Quartiersansatz ist ein demokratischer, auf der Beteiligung aller im Quartier basierender Ansatz. Niemand wird vor vollendete Tatsachen gestellt. Entscheidend ist der Wille der Kommunalpolitik, den Prozess anzutreiben und zu begleiten – auch um in Konfliktfällen zu entscheiden. Und es braucht den Willen von Energieunternehmen, Industrie und Wohnungsbauunternehmen zur Zusammenarbeit.

Die Arbeitsgemeinschaft für sparsamen und umweltfreundlichen Energieverbrauch (ASUE), der 45 große Energieversorger angehören, hebt vor allem auf Fernwärmeanschluss ab – oder eigenständig im Quartier auf dezentrale Nahwärme. Da ist Vielfalt gefragt. »Da sich jedes Quartier, jeder Stadtteil oder jede Region hinsichtlich der Struktur und Lage und hinsichtlich der sozialökonomischen Verhältnisse unterscheidet, gibt es keine technologischen Standardsysteme für die Errichtung von Wärmenetzen, sondern nur individuelle Lösungen, die auf die jeweilige Situation zugeschnitten sind. So liegt es nahe, die in ländlichen Regionen anfallende Biomasse für die Wärme- und/oder Stromerzeugung zu nutzen. In Bestandsbauten hängt die Nutzungsmöglichkeit von Sonnenenergie von der Konstruktion und Ausrichtung der Dachflächen ab. In Ballungsräumen ist das Verlegen von Erdsonden oft problematisch. Hier wäre die Einbindung von Abwärme aus dem Abwasserkanalnetz eine Option.« (www. asue.de/quartiersversorgung).

Auch die ASUE legt Wert auf soziale Belange: »Ein weiteres wichtiges Merkmal ist die soziale Struktur des Quartiers. Einfache Lösungen, die erneuerbare Energie mit effizienten Gastechnologien kombinieren, sparen Energie ein. Gleichzeitig sind sie wirtschaftlich und können aus Gründen der Sozialverträglichkeit besser geeignet sein, als ambitionierte Systeme, die ausschließlich auf erneuerbaren Energien basieren.« Der Quartiersansatz kann ohnehin Kosten sparen, wenn am Ende möglichst alle Gebäude an die aufzubauende Infrastruktur angebunden werden können. »Gemeinsam sind wir stark«, das gilt auch im Quartier (vgl. auch SRU 2020, S. 407ff).

Da trifft es sich gut, dass die Aachener Initiative mit den Stadtwerken, der STAWAG, kooperieren kann. Die wollen bereits bis 2030 die von ihnen in die örtlichen Netze eingespeiste Wärme klimaneutral gestalten, durch Umstieg von zentraler Erdgas-KWK auf dezentrale Einspeisungen. In den Vororten setzt die STAWAG vor allem auf Blockheizkraftwerke, die mit Biogas und später vielleicht auch mit einer Beimischung aus »grünem« Wasserstoff betrieben werden können. Da kommen Quartierskonzepte, die derartige Technologien integrieren, natürlich gelegen. Langfristig prüfen die Stadtwerke auch die Nutzung von Tiefengeothermie – das Potenzial unter dem Aachener Becken könnte theoretisch bis zu zwei Drittel des Wärmeabsatzes der gesamten Stadt abdecken – doch ob wirtschaftlich, muss sich erst noch zeigen (ZfK, April 2021, S. 18).

Sektorenkopplung im Quartier geht natürlich am allerbesten, wenn bereits saniert ist oder Neubaugebiete von vornherein energetisch optimal geplant werden können. Dann können Planungsfehler vermieden werden. Zwei Beispiele:

- Im auf dem Niveau des KfW-Standards 55 errichteten Freiburger Neubaugebiet Gutleutmatten mit mehr als 500 Wohneinheiten erprobt der örtliche Energieversorger badenova das Zusammenspiel von Fernwärme, Strom- und Wärmespeichern und den flächendeckenden Einsatz von solarthermischen Anlagen auf den Dächern; so kann sogar bis weit in den Herbst hinein der Wärmebedarf von Solarthermie gedeckt werden – und nur im Winter wird das KWK-basierte Fernwärmenetz zugeschaltet.
- Bei der Planung eines neuen Wohngebiets im Bamberger Zentrum auf einem alten Kasernengelände, dem Lagarde-Quartier, planen die Stadtwerke systematisch die Koordination aller Energienetze: das Fernwärmenetz, im Stadtinneren bereits vorhanden, wird ausgebaut und mit dem Strom- und Gasnetz gemeinsam geplant. Ziel ist, die Netze in Gesamtheit möglichst kostengünstig zu dimensionieren und überflüssige Lastspitzen zu vermeiden – bei Wärme, Gas und Strom. Dabei kommt Photovoltaik auf den Dächern ebenso zum Einsatz wie ein Elektrolyseur, der »grünen« Wasserstoff für den Spitzenbedarf in das Gasnetz einspeisen soll (ZfK-news, 16.6.2021).

Digitalisierung der Steuerungs- und Abstimmungsprozesse tut ein Übriges. Die EU-Kommission setzt in ihrer »Renovierungswelle« *(Renovation Wave)* genannten Initiative zur Beschleunigung der energetischen Gebäudesanierung in der EU gezielt auf die Bedeutung von vernetzten und digitalisierten Gebäuden, um technologische Innovationen auszuschöpfen (KOM 2020, S. 4, 6 und 17).

Förderung

Das bedeutendste Fördervehikel ist das Programm Energetische Stadtsanierung der KfW (Zuschuss 432). Es wurde erstmals 2011 aufgelegt und fördert zwei Komponenten, bislang mit einem Zuschuss in Höhe von 65 bzw. ab April 2021 75 Prozent der Kosten (www.kfw.de). Komponente A ist die Erstellung eines integrierten energetischen Quartierskonzepts, Komponente B das darauffolgende Sanierungsmanagement, das die Aufgaben hat, den Umsetzungsprozess zu planen, einzelne Prozessschritte für die übergreifende Zusammenarbeit und Vernetzung wichtiger Akteure zu initiieren, Sanierungsmaßnahmen zu koordinieren und zu kontrollieren und als Anlaufstelle für Fragen der Finanzierung und Förderung zur Verfügung zu stehen. Das Sanierungsmanagement wird dabei über eine Zeit von drei bis maximal fünf Jahren gefördert.

Im Rahmen der energetischen Stadtsanierung können Kommunen und kommunale Unternehmen zudem vergünstigte Förderkredite über die KfW-Programme 201 und 202 in Anspruch nehmen, um in der Quartiersversorgung Maßnahmen zur Reduktion des Energieverbrauchs zu finanzieren.

Die Prognos AG hat die Förderung nach KfW 423 in den Jahren 2011 bis 2017 evaluiert. Das Ergebnis: »Über den gesamten Evaluationszeitraum (Förderjahrgänge 2011 bis 2017) erhielten gut 1.000 Anträge von Kommunen eine Förderzusage«, heißt es. »Dabei stellt die Entwicklung von integrierten Konzepten den quantitativen Schwerpunkt dar (80 Prozent der Förderung).« So weit, so gut. Dennoch hakte es am entscheidenden Punkt: der Umsetzung. »Von diesen Konzepten wurden im Evaluationszeitraum rund 16 Prozent mit einem geförderten Sanierungsmanagement in die Umsetzung gebracht.« (Prognos 2019, S. 54).

Die Schwierigkeiten

Es bleibt so oder so ein komplexes Vorhaben. Nicht nur müssen die verschiedenen Nutzer, Eigentümer oder Mieter, im Quartier angesprochen und gewonnen werden, bis es soweit ist, muss auch darüber hinaus viel Vorarbeit geleistet werden. Denn je vielfältiger die Wohnlandschaft im Quartier sich darbietet und wenn sogar noch Büro- oder Geschäftsgebäude sowie die abwärmeliefernde Industrie einbezogen werden sollen, umso intensiver muss die aufs Quartier zugeschnittene individuelle Planung sein.

Demokratische Prozesse sind oft mühsam. Und oftmals stehen sich Interessen diametral gegenüber. Damit ist am Anfang hoher Planungs-, Koordinierungs- und Kommunikationsaufwand zu leisten. »Aus der hohen Komplexität der integrierten und quartiersorientierten Perspektive mit ihrer thematischen und Akteursvielfalt erwächst ein entscheidendes Hemmnis. So laufen die potenziellen Synergien und monetären Einsparpotenziale Gefahr, ob der hohen Initialkosten in den Hintergrund zu geraten. Dazu kann auch beitragen, dass mit der Einzelmaßnahmenförderung und der Gebäudeorientierung einerseits schneller Sanierungen und damit ›Zählbares‹ zu vermelden sind.« (SRU 2020, S. 411). Und dennoch lohnt der Aufwand. Denn »dabei ist der Hebel gerade bei initialen Planungs- und Koordinierungskosten von Quartiersansätzen groß, um unterm Strich die Gesamtinvestitionen in Förderung gering zu halten.« Angesichts des festgestellten Deltas zwischen Einsparungen und Investitionen, das staatliche Förderung in die energetische Gebäudesanierung schließen müsste, um die Klimaziele zu erreichen, kein geringer Ansporn für die Politik, mittels Initiierung von Sanierungsfahrplänen für Quartierslösungen am Ball zu bleiben und so die volkswirtschaftlichen Kosten des Klimaschutzes zu minimieren.

Woran die geringe Erfolgsquote liegen könnte: vielleicht an der unzureichenden Koordinierung der Bundesförderprogramme. So gibt es einerseits die Förderung der Quartierskonzepte – der Hauptteil der Fördermittel aber wird nach wie vor für Maßnahmen an Einzelgebäuden vergeben, sei es für die Gebäudesanierung oder für einzelne Heizungssysteme. Dabei kann es zum Konflikt kommen, dass zwar das Sanierungskonzept für ein Quartier gefördert wird, die darin vorgeschlagenen Maßnahmen aber nicht in allen Fällen.

Notwendig ist sicherlich, für jeden Quartiersansatz ein Klimaziel vorzugeben und den Sanierungsfahrplan darauf abzustimmen. So war es auch im Bottroper Beispiel. Doch bleibt die Frage: Ist es sinnvoller, die Zielsetzung auf eine möglichst optimale Sanierung gebäudescharf beispielsweise auf den KfW-40- oder 55-Standard zu beziehen, oder das Quartier als Ganzes zu betrachten – und dabei je nach Gegebenheit unterschiedlich tiefe Sanierungen zu »mischen«? Dann würden lediglich Mindestbedingungen festgelegt, die alle Gebäude erfüllen müssen (beispielsweise einen Anschluss an Wärmenetze plus KfW-115-Standard), doch weitergehende Anforderungen wären von der sozialen Situation der Bewohner ebenso abhängig zu machen wie vom Gebäudezustand. Nach den Förderbedingungen für Einzelgebäude aber werden umfassend nur noch Niedrigststandards optimal bezuschusst – oder eben Einzelmaßnahmen wie der Wärmepumpeneinbau. Hier ist unbedingt eine Vereinheitlichung der Förderung anzustreben – ohne das Ziel Klimaneutralität aufzugeben.

Viel spricht für den Ansatz, möglichst viele im Quartier mitzunehmen. So berichtete Britta Stein vom Darmstädter Institut für Wohnen und Umwelt bei der Abschlussveranstaltung des vom BMU unterstützten »Runden Tisches: Neue Impulse für nachhaltigen Klimaschutz im Gebäudebestand« von einem Sanierungskonzept in einem Hamburger Quartier, bei dem beide Ansätze systematisch verglichen wurden. Ergebnis: Bei dem Quartiersansatz waren am Ende die CO_2-Einsparungen höher als bei der Einzelbetrachtung – zu deutlich geringeren Kosten. Am Ende wäre auch eine »Begrünung« der Fernwärme im Quartier davon abhängig, dass alle angeschlossenen Gebäude eine Grundsanierung aufweisen, die es erlaubt, die Vorlauftemperaturen abzusenken, sodass Großwärmepumpen, industrielle Abwärme oder Geothermie angeschlossen werden können. Wenn stattdessen nur zehn oder 20 Prozent der Gebäude hochsaniert wären, der Rest aber weiterhin auf hohe Vorlauftemperaturen angewiesen ist, kommt auch die Umstellung der Fernwärme auf Klimaneutralität nicht weiter (Stein 2021).

Notwendig wäre, die Fördersystematik im Rahmen des GEG zu vereinheitlichen – vom Einzel- zum Quartiersansatz. Doch auch ausreichende

Förderung vorausgesetzt, ist nicht immer Erfolg beschieden. »Gleichwohl gibt es diverse Hemmnisse, die die Umsetzung innovativer Konzepte verhindern: Heterogene Eigentumsstrukturen im Quartier etwa, zu groß gefasste Quartiere aber auch der hohe Investitionsbedarf in den Aufbau einer Netzinfrastruktur«, stellt das Berliner Instituts für öffentliche Wirtschaft (IÖW) fest. »In der Vergangenheit wurden häufig Quartiere für die Erstellung von Quartierskonzepten nach KfW 432 ausgewählt, bei denen die Umsetzungschance als gering einzuschätzen ist, etwa, weil die Quartiere sehr groß waren, es viele Gebäudeeigentümerinnen und -eigentümer gab, die vor Ort wenig präsent sind, oder geeignete Akteure vor Ort fehlten, die die Umsetzung voranbringen. Zudem gehen die in den Quartierskonzepten verfolgten Ansätze aus Sicht des Klimaschutzes oft nicht weit genug (Dunkelberg u. a. 2020, S. 12).

Es ist deshalb nicht erstaunlich, dass aktuell vor allem Modellprojekte für den Quartiersansatz bekannt sind, die von wenigen oder nur einem Wohnungsunternehmen in Kooperation mit kommunalen Infrastrukturbetreibern, also Stadtwerken, umgesetzt wurden (Riechel 2020). Das ist nicht zufällig so – und bietet gleichzeitig einen Ansatzpunkt, um Schritt für Schritt ein Quartierskonzept aufbauen zu können. Er heißt Komplexitätsreduktion. Das heißt, das Quartier um homogene Gebäudestrukturen aufzubauen, die zudem, weil zur gleichen Zeit errichtet, einheitliche Sanierungszyklen aufweisen – und nicht zuletzt auch einem einzigen oder wenigen Eigentümern gehören. Der Keimzellenansatz.

Komplexitätsreduktion – der Keimzellenansatz im Quartier

»Als einen einfachen Ansatz zur Auswahl vielversprechender Quartiere eignet sich der Keimzellenansatz. Unter Keimzellen sind solche Gebäudekomplexe zu verstehen, die zum einen einen großen Teil der Wärme in einem Quartier verbrauchen und die zum zweiten durch einen Akteur verwaltet werden. Von diesen Keimzellen aus, die auch Standorte für größere Heizzentralen darstellen, können Wärmeversorgungskonzepte entstehen, bei denen umliegende Gebäude über Wärmenetze mitversorgt werden.« (Dunkelberg u. a. 2020, S. 12).

Dabei kommen Öffentliche Gebäude, Wohngebäude der städtischen Wohnungsbaugesellschaften und -genossenschaften sowie Neubauvorhaben als Keimzellen infrage – aber auch gewerbliche Gebäude. »Im Gewerbe sind Potenziale und die Bereitschaft zur Beteiligung vor allem dort zu sehen, wo hohe Wärmebedarfe vorliegen oder Abwärmepotenziale bestehen. Eine zielgerichtete Erhebung der Abwärmepotenziale und Kontaktaufnahme mit Unternehmen wäre ein erster wichtiger Schritt.« (Dunkelberg u. a. 2020, S. 12).

Was bislang oftmals fehlt, ist die besondere soziale Komponente – doch ist sie entscheidend für den Erfolg oder Misserfolg einer Quartierslösung in Quartieren mit besonders viel Geringverdienern. Geeignet erscheint ein Sonderprogramm aus Bundesmitteln im Rahmen der BEG-Förderung. Die Enquete-Kommission »Neue Energie für Berlin« des Berliner Abgeordnetenhauses kommt zu dem Ergebnis, dass ein derartiges Programm für Geringverdiener und Mieter im sozialen Wohnungsbau unverzichtbar ist – jedenfalls für eine Großstadt wie Berlin: »Um Klimafreundlichkeit und Sozialverträglichkeit im Gebäudesektor in Einklang zu bringen, sind gesamtgesellschaftliche Lösungen erforderlich. Das heißt: Mieterinnen bzw. Mieter und Vermieterinnen bzw. Vermieter dürfen mit dem Problem nicht alleingelassen werden.

Es erscheint angemessen, eine Regelung einzuführen, die die sanierungsbedingte Erhöhung der Kaltmiete auf ein verträgliches Maß beschränkt. In besonderem Maß ist Vorsorge zu treffen für Mieterhaushalte mit geringem Einkommen, denen bei Realisierung der erforderlichen Maßnahmen Warmmieterhöhungen drohen, die sie nicht verkraften können.« (Abgeordnetenhaus Berlin 2015, S. 76).

Die Kommission schlug ein spezielles Förderprogramm vor. Zwei mögliche Modelle wären:

+ Ein spezieller Energieeffizienzfonds zur zusätzlichen Förderung der Sanierung des Gebäudebestandes in Wohnungen, die von Mieterinnen und Mietern mit geringem Einkommen bewohnt werden.
+ Die Einführung von KfW-Vorrangquartieren als neues Programmgebiet der Stadtsanierung mit Schwerpunkt Energie.

Danach sollten Schwerpunktquartiere ausgesucht werden nach sozialen Brennpunkten mit besonders hohem Anteil an Geringverdienern. Der Vorschlag war freilich verbunden mit einem zusätzlichen Zuschuss aus Bundesmitteln, um hier wirklich Warmmietenneutralität zu sichern.

Vorschläge

- Der Quartiersansatz sollte im Städtebaurecht und im Energieeinsparrecht umfassend eingeführt werden. Er muss dabei wärmewirtschaftliche Aspekte und lokale Gegebenheiten miteinander verbinden.
- Sanierungsfahrpläne für Quartierskonzepte sind flächendeckend und umfassend zu fördern. Die bisherige Förderung nach KfW 432 ist entsprechend zu evaluieren und weiterzuentwickeln. Dabei ist auch die dauerhafte Begleitung durch ein Monitoring in die Förderung zu integrieren.
- Die Fördersystematik des GEG und BEG ist so zu gestalten, dass Einzelförderung von Gebäuden mit der Umsetzung von Quartierskonzepten im Rahmen von Sanierungsfahrplänen verzahnt und aufeinander abgestimmt wird.
- Industrie- und Gewerbebetriebe sollten verpflichtet werden, im Rahmen von Quartierskonzepten ihre Abwärme zur Nutzung in Nah- und Fernwärmenetzen zur Verfügung zu stellen – etwa als Voraussetzung für die Befreiung von Sonderlasten im Zuge von *Carbon Leakage* (siehe Seite 163).
- Es sollte ein bundesweites Sonderförderungsprogramm für unsanierte Quartiere in schwierigen Gebieten mit überproportional vielen Geringverdienern aufgelegt werden. Dabei sollten auch erste Sanierungsmaßnahmen für nicht sanierte Wohngebäude (Effizienzklassen G und H) mit Geringverdienern eine Zuschussförderung bekommen, die Warmmietenneutralität garantiert. Im Rahmen eines verbindlichen Sanierungsfahrplanes muss sichergestellt werden, dass weitergehende Maßnahmen bis hin zur Klimaneutralität erfolgen können. In diesen Fonds könnten auch Mittel aus dem Aufkommen der CO_2-Steuer fließen.

5.9 »Grüner« Wasserstoff – wärmetauglich auch jenseits der KWK?

»Am Schilfpark« in Hamburg-Bergedorf hat die enercity Nord Contracting im Juni 2019 ein Quartierskonzept realisiert – in Sektorenkopplung. Zwei KWK-Module und ein Gas-Brennwertkessel wärmen über ein Nahwärmenetz 273 Wohnungen und speisen Strom ins Netz. Der Clou: Im Testversuch wird Wasserstoff in das Erdgasnetz beigemischt.

Den Wasserstoff wiederum liefert eine *Power to Gas* (PtG)-Anlage, also ein mittels Windstrom betriebener Elektrolyt, immer dann, wenn an der Küste eine steife Brise weht. Das CO_2-frei hergestellte Gas wird dann in einer Mischanlage je nach Angebot flexibel dem Erdgas beigemischt, bis zu 30 Volumenprozent. Bislang galten zehn, allenfalls 20 Prozent als technisch möglich. Erprobt werden soll auch, wie sich schwankende Anteile im Gasgemisch auf die Versorgungsqualität auswirken (www.gasnetz.hamburg.de, 20.5.2020).

30 Prozent Beimischung klimaneutralen Wasserstoffs haben Energieversorger im gesamten Bundesgebiet im Visier. Schließlich sind flächendeckend Gasleitungen verlegt, Erdgas versorgt rund die Hälfte aller Wohnungen. Was liegt da näher, als zu erproben, wie Erdgas Schritt für Schritt durch klimaneutrale Gase ersetzt werden kann.

Dann könnte der Wasserstoff auch in einer weiteren, speziellen dezentralen KWK-Anlage zu Strom und Wärme rückverwandelt werden: den Brennstoffzellen, Aggregaten, die den Wasserstoff mit Luftsauerstoff ohne Verbrennung reagieren lassen. Hierzu ist reiner Wasserstoff erforderlich. Brennstoffzellen sind heute bereits in größeren Modellprojekten zum Antrieb von Bussen und LKW in Betrieb – wieder eine Form der Sektorenkopplung.

Auf Wasserstoff aus regenerativ erzeugtem Strom setzt die Gaswirtschaft ihre Hoffnungen für ihre CO_2-freie Zukunft – unabdingbar wie gesehen in KWK, aber auch in direkter Einspeisung in die Gasnetze. »Der Energieträger Gas ist hochgradig energiewendefähig«, heißt es dazu in einer Erklärung von 14 großen deutschen Gasversorgungsunternehmen. »Genau wie Strom kann Gas künftig schrittweise durch einen steigenden Anteil erneuerbarer und dekarbonisierter Gase zu einer tragenden Säule der Energiewende im Wärmemarkt werden.« (Bayernets u. a. 2019).

In einem Gasnetzgebiets-Transformationsplan (GTP) wollen die Versorger Vorhaben und Pläne bündeln und in den Netzentwicklungsplan der Fernleitungsnetzbetreiber einfließen lassen. Mittel- bis langfristig lautet das Etappenziel direkt 100 Prozent. Hierfür sind aber umfassendere Ertüchtigungsmaßnahmen an den Netzen und den Geräten der Endkunden notwendig (DVGW 2020).

Maximilian Viessmann ist einer der größten Hersteller der Endkunden-geräte. Er hat die Marschroute wasserstofffreundlich festgelegt: »Was-serstoff kann und wird einen immensen Beitrag zur CO_2-Reduktion leisten«, heißt es in einer gemeinsam mit Kerstin Andreae, der Chefin des Bundesverbandes der Energie- und Wasserwirtschaft (BDEW), for-mulierten Erklärung. »Erstaunlich ist allerdings, dass sein Potenzial im Wärmemarkt bisher maßlos unterschätzt wird. So ist kaum bekannt, dass Gas-Brennwertgeräte, die eine Beimischung bis zu 30 Prozent Wasserstoff im Erdgas problemlos und effizient in Wärme umwandeln können, seit einigen Jahren bereits installiert sind. Warum machen wir das nicht zum Standard?« (Handelsblatt Real Estate, 28.02.2021). Der nächste Entwick-lungsschritt in seinem Unternehmen sei ein Brennwertgerät, das mit 100 Prozent Wasserstoff betrieben werden kann. *H2-ready* eben. Konkurrent Jan Brockmann, Chef von Bosch, will da nicht zurückstehen: »Wir wer-den«, sagt auch er, »ab 2025 ausschließlich Brennwertthermen auf dem Markt haben, die 100 Prozent mit Wasserstoff betrieben werden können.« (www.welt.de 10.3.2021).

Am Ende könnten dann, so die Vision, die vorhandenen Gasleitungs-netze mit einigen Umstellungen klimaneutral weiter genutzt werden – ein gesamtwirtschaftlicher Kostenvorteil. Es wäre mithin ein »sanfter Weg« in die Dekarbonisierung. Und damit auch ein potenziell kostengünstiger.

Das betonen auch Andreae und Viessmann: »Je früher wir den Wärme-markt auf Wasserstoff vorbereiten, desto eher senken wir die Kosten für die Energiewende – auch weil der Ausbaubedarf von Stromnetzen und Reservekraftwerken deutlich optimiert werden kann, wenn wir die beste-hende Gasinfrastruktur für Wasserstoff ertüchtigen. Immerhin reden wir von einem Gasnetz, das rund 500.000 Kilometer umfasst, bereits existiert und weit verzweigt ist.«

»Grüner« Wasserstoff – Stütze des Energiesystems der Zukunft?

Themenwechsel zum Strom. »Die Lösung der Speicherfrage ist die Achil-lesferse der Energiewende«, bekräftigt der frühere NRW-Umweltminis-ter Johannes Remmel. Und das gelte vor allem für die Stromversorgung. Es gelte, für alle Aufgaben geeignete Lösungen zu finden – nicht nur, um über Minuten oder Stunden die schwankende Einspeisung mit der Nachfrage zu synchronisieren, sondern auch über mehrere Tage oder Wochen. Wir haben es bereits in Kapitel 3.6 gesehen: Langfristspeicher werden gebraucht, Systeme also, die mittels Umwandlung des sommerlichen Solarstroms in speicherbare Medien dann zur Stromerzeugung zur Verfügung stehen, wenn sie gebraucht werden. Gasnetze können genau das – große Mengen Gas speichern und aufbewahren, bis es benötigt wird. Sie fungieren mithin, wenn gefüllt mit speicherbarem Wasserstoff, gleichsam als Speicher und sorgen damit für Versorgungssicherheit auch bei Wind- und Solarflaute. Experten schätzen, dass sie spätestens dann zu Kosteneinsparungen im Gesamtsystem führen, wenn der Anteil der erneuerbaren Energien an der Bruttostromerzeugung die 60-Prozent-Marke überschreiten wird. Nicht mehr so lange hin. Und bei einer Vollversorgung mit erneuerbaren Energien, wie sie spätestens 2045 geplant ist, ist der Speicher-Zubau sogar die eindeutig preisgünstigere Variante: Gegenüber Alternativen wie extremem Zubau von Leitungsnetzen oder Spitzenlastkraftwerken werden jährliche Einsparungen von rund 1,5 Milliarden Euro erwartet.

Viel spricht dafür: Je höher der Anteil der Erneuerbaren im Stromsektor und der Dekarbonisierungsgrad, desto größer wird der PtG-Beitrag zum Energiesystem (BDEW 2019, S. 4). Doch welche Rolle soll PtG im Energiekonzert der Zukunft spielen? »Wie groß ein PtG-Beitrag zum Energiesystem der Zukunft ausfällt, wird in den Szenarien aktueller Studien unterschiedlich bewertet«, analysiert der BDEW. Technisch sei viel möglich. Und das Potenzial ist groß. So beziffert der DVGW das maximale Potenzial an heimischer PtG-Erzeugung an Strom auf 164 Terawattstunden (TWh) im Jahr 2050 – das wäre mehr als ein Drittel des heutigen Nettoverbrauchs.

Welche Kapazitäten an Elektrolyten brauchen wir also in Deutschland? Da zeigen die Szenarien erstaunliche Unterschiede. Die Zahlen schwanken zwischen 11 Gigawatt (GW) für 2050 (im 95-Prozent-CO_2-Reduktionsszenario für 2050 von BostonConsult/Prognos 2018) und 15 GW schon für 2030 (Dena 2018). Der aktuelle Netzentwicklungsplan 2035 der Bundesnetzagentur sieht für 2035 eine zu installierende Leistung von 3,5 bis 8,5 GW und für 2040 von 10,5 GW vor (BNetzA 2021, S. 5).

Die offenen Fragen

»Grüner Wasserstoff« könnte in einer dekarbonisierten Energiewirtschaft eine Doppelfunktion wahrnehmen: die Wärmeversorgung »begrünen« helfen und das Stromsystem stabilisieren. Doch noch sind Hürden zu überwinden, wenn der Wasserstoff jenseits des Reiches der Notwendigkeit (als Langzeitspeicher für Strom und zur Ergänzung »grüner« Fernwärme in KWK) auch im Reich der Möglichkeit, sprich in der Grundlast-Wärmeversorgung als Erdgasersatz eingesetzt werden will – wo er in direkte wirtschaftliche Konkurrenz zu anderen »grünen« Systemen tritt. »Grüner« Wasserstoff ist ein aufwendiges Produkt. Das Nadelöhr: Die Elektrolyten. Sie bewirken, dass der elektrische Strom destilliertes Wasser in seine Bestandteile Sauerstoff und den begehrten Wasserstoff aufspalten kann.

Doch hergestellt mittels Elektrolyseuren aus Wind- und Solarstrom, ist »grüner Wasserstoff« derzeit noch um den Faktor 2,5 teurer als fossile Brennstoffe. Mithin müssen die Kosten deutlich sinken, damit Wasserstoff nicht nur in KWK und als Langzeitspeicher für Strom Verwendung im gekoppelten Energiesystem finden kann. Gelingt dies nicht, drohen die möglichen Systemvorteile einer umfassenden klimaneutralen Gaswirtschaft schnell von den hohen Erzeugungskosten aufgefressen zu werden. Und das würde die Kosten der Wärmeversorgung in die Höhe treiben – wenig sozialverträglich, möchte man meinen.

Noch ist Zeit – bis 2030 können die Zielvorgaben für den Klimaschutz jedenfalls im Wärmesektor erreicht werden, ohne dass die fossile Erdgasversorgung wesentlich zurückgefahren werden muss. »Grünen« Wasserstoff im Wärmesektor großflächig einzusetzen, wäre eine Frage der Zeit nach 2030 – in der Zeit, wenn nach allen Klimaschutzszenarien endgültig die Abkehr auch vom Erdgas in der KWK und der Raumwärmeversorgung angegangen werden muss.

Auf die Industrie vertrauen

Abwarten und Tee trinken – oder besser mit Modellprojekten *H2-readyness* signalisieren – das scheint derzeit das Erfolg versprechende Herangehen in der Wärmebranche. Abwarten freilich heißt alles andere als warten auf den St. Nimmerleinstag.

Was kann helfen? Ausgerechnet die große Industrie. Dort wird viel Prozesswärme benötigt, die oft deutlich höhere Temperaturniveaus benötigt, bis zu 1.000 Grad Celsius. Erdgas ist dort bis heute unverzichtbar, und sogar Kohle wird in großen Mengen als Reduktionsmittel bei der Stahlherstellung benötigt. Keine Chance, damit die Klimaschutzziele im Industriebereich schon für 2030 zu erreichen.

Dort gilt »grüner« Wasserstoff anders als in der Niedertemperatur gleichsam als alternativlos, um schon kurzfristig, in den nächsten zehn Jahren die entsprechenden Sektor-Klimaschutzziele zu erreichen. Die große Industrie ist mithin bereits heute – das heißt in den zwanziger Jahren – in der Pflicht zu liefern. Die bei der Stahlerzeugung notwendige Reduktion der Erze kann statt mit Kohle klimaneutral allenfalls mit großen Mengen Wasserstoff gelingen. Entsprechende Projekte planen bereits alle großen Stahlerzeuger. Und auch im Verkehr könnte Wasserstoff insbesondere beim Betrieb von schweren Fahrzeugen eine Alternative sein – als *Power to Gas* oder als *Power to Liquid* nach der Weiterverarbeitung zu flüssigem Brennstoff.

Derzeit ist ein globaler Markt für Wasserstoff im Entstehen. Es ist wieder eine Frage sinnvoller Sektorenkopplung. Und von deren Entwicklung hängt auch der Einsatz im Wärmemarkt ab. Die Dena untersucht derzeit die möglichen Synergien, und auch sie findet: »Die Nutzung klimaneutraler, erneuerbarer Energieträger zur Dekarbonisierung der Wärmeversorgung befindet sich noch in einem frühen Stadium. Verfügbarkeit und Kosten synthetischer Brennstoffe[9] im Gebäudesektor sind abhängig von der Nutzung in anderen Sektoren (Industrie, Verkehr) sowie der internationalen Produktion und Nachfrage. Erforderlich ist daher eine gesamt-systemische Betrachtung im internationalen Kontext.« (Dena 2021a, S. 44).

Umso mehr spricht jedenfalls für den Bereich der Gebäudewärme dafür, mit dem »Markthochlauf« zuzuwarten und langsam voranzugehen.

---

9 Also im Wesentlichen von Wasserstoff oder aus ihm hergestellten Methan. Letzteres ist Erdgasbestandteil und würde keine Umrüstung der Infrastruktur erfordern, sein Einsatz würde allerdings den Wirkungsgrad verringern und damit die laufenden Kosten erhöhen.

Und auf den großen Bruder Industrie zu vertrauen. *H2-ready* ja, H2-Beimischung ins Erdgasnetz in Modellprojekten ja, H2-auf ganzer Linie aber noch nicht.

Warum sich das als eine gute Strategie erweisen könnte? Die Massenproduktion an Elektrolyseuren und angeschlossener Technik für Verkehr und Prozesswärme könnte bereits mittelfristig die spezifischen Kosten wesentlich drücken. Elektrolyse ist – im Unterschied zu Wärmepumpen – eine neue Technik, erprobt nur in kleinen Stückzahlen und auch deshalb so teuer. Und damit steht zu vermuten, dass Kostensenkungspotenziale zu heben sind, wenn Massenfertigung und Rationalisierung bei der Herstellung Platz greifen. Manches spricht dafür, dass für Elektrolyseure sogar eine ähnliche Kostendegression einsetzen könnte wie vordem bei der Photovoltaik – vom Teuersten zum Preiswertesten unter den gegebenen Alternativen.

Davon geht auch die Agora in ihrer Studie zur Wasserstoffentwicklung aus. »Synthetisches Methan und Öl (also aus Wasserstoff hergestellte Brennstoffe) kosten anfänglich in Europa etwa 20 bis 30 Cent pro Kilowattstunde. Die Kosten können bis 2050 auf etwa zehn Cent je Kilowattstunde sinken, wenn die global installierte *Power to Gas-/Power to Liquid*-Kapazität auf etwa 100 Gigawatt steigt. Die avisierten Kostensenkungen bedingen erhebliche frühzeitige und kontinuierliche Investitionen in Elektrolyseure und CO_2-Absorber.« (Agora 2018, S. 3).

Förderung

Die Kostendegression kommt natürlich nicht von allein, sie muss politisch gefördert werden. Das fordert auch Agora. Die Investitionen »sind ohne politische Intervention oder eine hohe CO_2-Bepreisung nicht zu erwarten.« (Agora 2018, S. 3). Die Forderung blieb nicht ungehört. Auch für die Förderung der Markteinführung der Elektrolyse hat die Bundesregierung im Juni 2020 die »Nationale Wasserstoffstrategie« (NWS) ausgerufen – eben genau zugeschnitten auf den schnellen Bedarf in der großen Industrie und im Verkehr. »Grüner« Wasserstoff freilich, wie gleich am Anfang dankenswerterweise klargestellt wird: »Aus Sicht der Bundesregierung ist nur Wasserstoff, der auf Basis erneuerbarer Energien hergestellt wurde

(›grüner‹ Wasserstoff), auf Dauer nachhaltig«, heißt es unmissverständlich (Bundesregierung 2020, S. 2). Denn auch bislang wird Wasserstoff bereits in der Chemieindustrie benutzt, nicht als Brennstoff, sondern als Rohstoff – doch hergestellt wird er bisher aus Erdgas.

Es blieb nicht bei den Ankündigungen. Im Mai 2021 hat die Bundesregierung insgesamt 62 Großprojekte ausgewählt, die gefördert werden sollen – eingebunden in ein europäisches Projekt (IPCEI-Wasserstoff) gemeinsam mit bis zu 22 europäischen Partnerländern (BMWI 2021c).

Big business also. Die Projekte bilden die gesamte Wertschöpfungskette der Wasserstofferzeugung ab, vom Transport bis hin zu Anwendungen, fast ausschließlich in der Industrie und im Bereich Mobilität. Und das lässt sich der Staat einiges kosten: Mehr als acht Milliarden Euro aus Bundes- und Landesmitteln stehen binnen Kurzem zur Verfügung. Insgesamt sollen damit Investitionen in Höhe von 33 Milliarden Euro ausgelöst werden, davon mehr als 20 Milliarden von privaten Investoren.

Ein Milliardenprojekt – mit definiertem Output. Insgesamt sollen im Rahmen der Nationalen Wasserstoffstrategie bis 2030 fünf Gigawatt Elektrolyseleistung gefördert werden. Ausreichend für die Markteinführung? Und für die zukünftige Nutzungsoption auch in der Raumwärme? Die Zukunft wird es zeigen.

Auch für den »grünen« Wasserstoff könnte in Zukunft indessen das Netz das Nadelöhr werden – wenn nämlich die Leitungsinfrastruktur an den Erdgasnetzen vorbei isoliert aufgebaut wird. Denn möglich ist der Aufbau eines eigenen Netzes, durch Erweiterung der bisherigen Leitungen von bislang aus Erdgas erzeugtem Wasserstoff für die große Industrie. Dann wäre »grüner« Wasserstoff von vornherein nur Privileg für die große Industrie. Die Integration des Wasserstoffs in die bisherige Erdgasleitungsstruktur aber wäre eine wichtige Voraussetzung für seine Nutzung in dezentralen Verkehrssystemen, vor allem aber für die potenzielle Nutzung im Wärmebereich. Im Projekt der Bundesregierung ist die Frage noch nicht entschieden. Es sollen dabei auch Wasserstoffleitungen mit einer Länge von rund 1.700 Kilometern gefördert werden, »teils durch Umwidmungen von Erdgasleitungen, teils durch Neubau«.

Gesamtkosten

Und wie ist es mit den Kosten? Die sind, wie eben dargestellt, ja das Hauptargument gegen einen Einsatz von grünem Wasserstoff in der Gebäudewärme. Will man die Kosten richtig einordnen, braucht es eine Gesamtbetrachtung. Und da sind die verschiedenen Szenarien hilfreich. Denn sie enthalten mitunter eine Kostenbetrachtung – im Vergleich mit und ohne »grünem« Wasserstoff im Gebäudesektor.

Die Dena hat im Rahmen ihrer großen Zukunftsstudie auch Annahmen über die Gesamtkosten der Transformation angestellt. Dort gibt es ein Plus für den Wasserstoff. Würden neben direktem Stromeinsatz auch synthetische Brennstoffe aus Ökostrom im Wärmesektor zum Einsatz kommen, kostete die Treibhausgasminderung um 95 Prozent bis 2050 insgesamt 2.215 Milliarden Euro. Eine riesige Summe, doch 536 Milliarden weniger, als wenn der Energiebedarf in allen Sektoren weitestgehend direkt über Strom gedeckt würde (Dena 2018; Teil B, S. 244). Wesentliche Ursache: Geringere Kapitalkosten für Gebäudedämmung und neue Heizungsanlagen. Im günstigen Szenario wären dann 150 TWh Wasserstoff im Wärmesektor im Einsatz – der heutige Gaseinsatz im Vergleich beläuft sich auf rund 400 TWh.

Doch steht die Dena allein? Die Gutachter von Frontier Economics haben einige weitere Szenarien daraufhin untersucht, welche Mengen Wasserstoff im Jahr 2050 in den jeweils kostenoptimalen Szenarien für plausibel erachtet werden – und stießen auch in frühen Studien von EWI (2017) und Enervis (2017) auf ähnliche Größenordnungen.

Schlussfolgerung: »Der Einsatz von Wasserstoff kann die Gesamtsystemkosten der Dekarbonisierung im Wärmemarkt senken und Haushalte entlasten. In der Folge kann der Einsatz von wasserstoffbasierten oder klimaneutralen Gasen im Wärmemarkt die Gesamtsystemkosten der Dekarbonisierung optimieren, also die Kosten unter Einbeziehung der Implikationen der Heizungssystemwahl auf Energiebereitstellung bzw. -umwandlung, Energietransport, -verteilung und -speicherung, Anschaffung und Wartung der Heizungssysteme selbst, sowie Dämmungsmaßnahmen.« (Frontier Economics 2021, S. 43).

Auch in diesen Studien resultieren die Einsparungen im Wesentlichen aus vermiedenen Stromnetzausbaukosten, Kosteneinsparungen durch eine geringere Dimensionierung des Kraftwerksparks und der Stromspeicher sowie geringeren Anschaffungskosten für Heizungssysteme und geringeren Sanierungskosten in Altbauten.

Umgekehrt jedoch beispielsweise bei der BostonConsult/Prognos-Studie im Auftrag des BDI (2018). Dort hat das Szenario Wärmepumpe und Effizienz die Nase vorn. Auch in den Szenarien herrscht mithin bei aller Annäherung gerade in diesem wichtigen Punkt noch Uneinigkeit. Je nach Rand- und Ausgangsbedingungen, je nach Annahmen und Eingangsdaten wäre der Einsatz von »grünem« Wasserstoff im Gebäudebereich mithin kostengünstig – oder auch nicht. Schlussfolgerung Frontier: »Entsprechend besteht hier weiterer Forschungsbedarf. Diese heterogene Studienausgangslage spricht – genau wie die Heterogenität des Gebäudebestands – dafür, durch heutige politische Entscheidungen eine Vielzahl technologischer Optionen offenzuhalten und keinesfalls bereits heute alles auf eine oder wenige Technologieoptionen zu setzen und andere Optionen wie den Einbau von Gasheizungen – welche zukünftig vermehrt mit erneuerbarem Gas z. B. auf Wasserstoffbasis bedient werden können – auszuschließen.« (Frontier 2021, S. 44).

Sozialverträglichkeit

Volkswirtschaftlich mag das letzte Wort noch nicht gesprochen sein – doch manches spricht dafür, dass der Wasserstoffeinsatz ein sozialverträglicher Weg der Dekarbonisierung werden könnte. Nochmals Frontier Economics: »Neben der Gesamtkostenperspektive zeigt sich im Rahmen der Betrachtung von individueller Betroffenheit zudem, dass die Kosten eines starken Fokus auf Sanierung und Elektrifizierung durch die vorab anfallenden hohen Investitionskosten gerade sozial schwache Bevölkerungsgruppen überproportional treffen (*Share of Wallet*), entsprechend kann die Erhaltung von Optionen wie Wasserstoff im Wärmemarkt potenziell helfen, die Dekarbonisierung des Wärmemarktes sozialverträglicher zu erreichen.« (Frontier 2021, S. 44).

Eine erste Modellstudie scheint dies zu bestätigen. In Essen, mit einem hohen Anteil an geringverdienenden Haushalten, haben E.ON und die Stadtwerke die Frage näher untersucht – anhand ganz konkreter Gebäudedaten der Stadt. Essen wird heute zu einem Gutteil mit Erdgasheizungen versorgt, es folgen Fernwärme und Erdöl-Einzelheizungen. Letztere gehen wie überall in den Szenarien schon bis 2030 auf null. Wird das Gasnetz beibehalten und allmählich immer mehr »grünes« Gas beigemischt, kann in Essen bis 2050 Klimaneutralität erreicht werden. Der Vorteil: Im Vergleich zu einem Szenario mit hohem Wärmepumpen- und Sanierungsanteil kann dort, wo kein Fernwärmenetz sich lohnt, der Umstieg dennoch »sanft« und allmählich erfolgen. Freilich: Um das System angesichts knapper Mengen von »grünem« Wasserstoff realistisch zu gestalten, müssen auch hier kontinuierlich Investitionen in Gebäudedämmung getätigt werden, mit Kosten für die Nutzer. Doch angenommen, die elektrolytische Umwandlung von erneuerbarem Strom in Wasserstoff kommt, wie erhofft, in den Bereich der Wirtschaftlichkeit, ist dies in Summe ohne hohe Mehrkosten für die Haushalte umsetzbar (E.ON/Stadtwerke Essen 2021).

Die Forscher haben das ganz konkret untersucht, wie sich die verschiedenen Szenarien auf die Belastung der Haushalte auswirken würden. Der relative Anteil der Heizkosten im Budget der Haushalte (*Share of Wallet*) würde sich danach in einem Szenario reiner »Elektrifizierung mit Wärmepumpen« gegenüber dem Status quo im Durchschnitt verdoppeln. Damit lägen die Heizkosten etwa 30 Prozent über dem Szenario unter Verwendung von »grünem« Wasserstoff im Gasnetz. Für einen signifikanten Teil der Haushalte würde der Heizkostenanteil am Haushaltsbudget auf mehr als sechs Prozent ansteigen – gegenüber heute weniger als drei Prozent. Das Ergebnis gibt zu denken: »Die Ergebnisse für Essen belegen das ›Bauchgefühl‹: Eine Lösung vollständig ohne CO$_2$-neutrales Gas ist nicht realistisch und führt zu starken Kostensteigerungen insbesondere in einkommensschwachen Stadtteilen.«

Abwärmenutzung der Wasserstoffproduktion – so oder so ein Muss

Zum Abschluss noch einmal nach Hamburg, wo auch zur Versorgung der Industrie ein Netz für »grünen« Wasserstoff auf der Basis von Windstrom aufgebaut werden soll. Dazu braucht es viele Elektrolyseure. Und immerhin 30 bis 35 Prozent des bei der Elektrolyse eingesetzten Stroms fallen als

Abwärme an. Hamburg Wärme plant, diese Abwärme in das Fernwärme-netz der Stadt einzuspeisen.

Was liegt denn auch näher, um so die Energiebilanz der Wasserstoff-produktion deutlich zu erhöhen? Dann gibt es die Wasserstoff-Wärme ganz umsonst – und gleichzeitig erhöht sich der Wirkungsgrad der Was-serstoffproduktion durch die Nutzung der dabei abfallenden Abwärme. Eine industrielle Abwärmenutzung, wie sie im Buche steht.

Eine Anmerkung zum Schluss, als Anregung für die politische Aus-richtung der Nationalen Wasserstoffstrategie: Abwärmenutzung der Elektrolyten bedingt natürlich eine dezentrale Ausrichtung der Was-serstoffproduktion in den Städten, nahe an den Fernwärmeverbrau-chern und den örtlichen Gasnetzen gleichermaßen. »Auf der grünen Wiese«, in Großaggregaten, lässt sich die Wärme nur in die Luft pusten. Verschwendung.

Vorschläge:

- Im Rahmen der Weiterentwicklung der Wasserstoffstrategie ist ein bundes-einheitliches Konzept für die zukünftige Nutzung von »grünem« Wasserstoff im Gebäudebereich zu erstellen. Die Förderung von Elektrolyseuren ist für alle Sektoren einschließlich der Raumwärmenutzung zu vereinheitlichen.
- Die Wasserstofffähigkeit der KWK im Rahmen einer klimaneutralen Fernwär-meversorgung ist zu fördern (siehe auch Kapitel 5.7).
- In Gebieten, in denen eine Fernwärmeversorgung nicht möglich ist, sind die lokalen Gas-Verteilernetze zu erhalten – ihre allmähliche Umstellung auf Wasserstofffähigkeit (H2-readyness) ist im Rahmen der Netzentgelt-Regu-lierung zu ermöglichen. Hierzu ist auf Basis der existierenden Gasnetzregu-lierung zeitnah ein regulatorischer Rahmen für die Nutzung von Wasser-stoffnetzen zu schaffen. Voraussetzung sollte sein, dass ausschließlich »grüner« Wasserstoff eingesetzt wird.
- Die Beimischung von »grünem« Wasserstoff in bestehende Gasnetze sollte mit einem zeitlich degressiv gestalteten Umstellbonus gefördert werden. Auch ist eine erhöhte Anrechenbarkeit klimaneutraler Gase auf CO_2-Minde-rungsvorgaben zu erwägen.
- Der Standort von Elektrolyseuren sollte im Rahmen einer integrierten Wärmeplanung so festgelegt werden, dass die Einspeisung der Abwärme in Wärmenetze möglich wird.

5.10 Kommunale Wärmeplanung

»Das hat uns doch überrascht: Als der Energieleitplan fertig war, zeigte sich, dass auch in Bruchsal Chancen für den Aufbau eines Wärmenetzes bestehen«, berichtet Hartmut Ayrle, Stadtbaudirektor der 50.000-Einwohner-Gemeinde im Rheintal. Bislang betrieben hier die Stadtwerke lediglich ein Gasnetz zur Wärmeversorgung. Doch rund um das zentral gelegene Amtsgericht, die städtische Schule und ein größeres Gewerbegebiet sei die Wärme-Abnahmedichte groß genug, »wenn es gelingt, die Betreiber als Ankerkunden zu gewinnen. In einem zweiten Schritt könnten später Wohngebäude hinzukommen, wenn das Netz sich finanziell trägt.« Auch neue Wärmequellen wie Abwärme aus der Industrie und der örtlichen Kläranlage könnten so genutzt werden.

»Energieleitplan« nennt der Stadtbaudirektor seinen Ansatz. Zunächst ging es nur um eine Auflistung von Möglichkeiten, wie sich der Klimagasausstoß durch Gebäudewärme verringern lässt. In Summe 180 Maßnahmen. »Anschließend stellten sich die Fragen: Welche Projekte stoßen in der Bevölkerung auf Akzeptanz? Und wie viel kostet eine Maßnahme?« Am Ende blieben 16 übrig, darunter das Wärmenetz. Es soll von vornherein vor allem mit »grüner« Wärme aus erneuerbaren Energien und Abwärme gespeist werden.

Bruchsal wird für die Umsetzung eine neue Stelle für einen »Klimamanager« zwischen Stadt und Stadtwerken schaffen. Sinnvoll sei es auch, die Wärmeplanung mit den jeweiligen Nachbarstädten abzustimmen, weil Flächen ein knappes Gut sind. Je nach Standort habe vielleicht eine Gemeinde Biomasse und damit Brennstoff für den Nachbarn übrig oder eine Fläche für eine Solarthermieanlage, die auch Straßenzüge der anderen Kommune mitversorgen kann (energate, 13.1.2021).

Kommunen als Treiber klimaneutraler Wärmekonzepte

In Baden-Württemberg sind alle 103 größten Kommunen gesetzlich verpflichtet worden, einen Wärmeplan aufzustellen. Das Umweltministerium hat dazu einen Leitfaden vorgelegt. Darin sind auch erste Praxiserfahrungen aus den Städten Baden-Baden, Freiburg und eben Bruchsal eingeflossen.

Wärmeplan in Deutsch-Südwest? Klingt es nicht ein bisschen antiquiert? Nach Planwirtschaft? Erinnern wir uns an die Zeit der siebziger und achtziger Jahre des vorigen Jahrhunderts, als viele Kommunen umfassende Energieversorgungskonzepte ausgearbeitet hatten, die sie gemeinsam mit den örtlichen Stadtwerken und anderen Akteuren umsetzen wollten (siehe Kapitel 2.4). Damit sollte eine Aufgabe mit Leben erfüllt werden, die zu Zeiten des »Rheinischen Kapitalismus« hoch im Kurs stand: die öffentliche Daseinsvorsoge, Vorsorge für grundlegende Lebensbedürfnisse aller Menschen ohne Rücksicht auf deren sozialen Status – wie Wohnen und Wärmeversorgung. Damals diente die Pflicht zur kommunalen Daseinsvorsorge als Keimzelle für viele Konzepte, zukünftig Wärme und Strom effizient und nicht zuletzt atomstromfrei zur Verfügung zu stellen. Die Pläne wurden erstellt – doch dann im Rahmen der Liberalisierung der Energieversorgung Ende des Jahrhunderts vielfach geschreddert oder auch einfach in den Aktenschränken vergessen. Kommunale Daseinsvorsorge geriet in den Geruch des Angestaubten, die Freiheit des Bürgers Einschränkenden – Schnee von gestern. Immerhin blieben wie gesehen in den größeren Städten die zahlreichen Fernwärmeleitungsnetze übrig – und dank später Resteinsicht der Politik in soziale Vorsorge auch die zugehörigen KWK-Anlagen.

Und heute – in Zeiten des Klimaschutzes? Ist nicht auch Klimaschutz ein Gegenstand öffentlicher Daseinsvorsorge, ganz modern und digital natürlich? Das fanden die Dänen schon immer – und folglich ist das Land als moderner und digitaler Vorreiter in Sachen kommunale Wärmeplanung bekannt geworden. Dort ist seit 1979 jede Kommune dazu gesetzlich verpflichtet – und das war auch in Zeiten neoliberaler Ideologien nie in Gefahr. Geschlossene Ortschaften sind dort schon fast alle an ein örtliches Wärmenetz angeschlossen – zunehmend mit klimaneutralen Energien bestückt. Bereits 2013 wurden Öl- und Gasheizungen im Neubau verboten. Seit 2016 gilt ein Verbot des Austauschs alter fossiler Heizkessel gegen neue fossile Heizungen auch im Bestand. Die Wärmenetze sind überwiegend in der Hand von kommunalen Genossenschaften und damit in der Hand der Bürgerinnen und Bürger.

Im ordoliberal getrimmten deutschen Energiesystem dagegen kam der Ausbau von Wärmenetzen nur langsam voran. Nun also ist wenigstens im grün-schwarzen Baden-Württemberg die Einsicht wiederbelebt worden, dass Wärmepläne keinen Ausfluss planwirtschaftlicher Gängelung darstellen, sondern unverzichtbare Wegmarken hin zu einer klimaneutralen kommunalen Wärmeversorgung. Ein Trend ist auszumachen: Andere Bundesländer werden folgen.

»Ein intelligenter und integrierter Ansatz mit effizienten Wärmenetzen ist oft effizienter und kostengünstiger als kleinteilige Lösungen«, wissen die Agentur für erneuerbare Energien und das Kasseler Fraunhofer Institut IWW auf ihrer Website »Wärmewende« zu vermelden (www.wärmewende.de). Sozialverträglich zumal, denn mit einer verbindlichen Planung können teure Fehlentwicklungen und Umwege vermieden werden. Jeder Heizungswechsel sei schließlich eine Investitionsentscheidung für die nächsten 20 bis 30 Jahre. Deshalb sollten Entscheidungen wohl überlegt sein und einem »strategischen Plan folgen, der nicht nur die für die Gegenwart günstigste Lösung, sondern auch die langfristigen Klimaschutzziele im Blick hat«. Wärmepläne sollen das richten.

Lassen wir das zuständige Ministerium in Stuttgart zu Wort kommen: »Die Wärmewende erfordert zunächst eine drastische Reduzierung des Wärmebedarfs unserer Gebäude. Doch es ist offensichtlich, dass auch künftig noch erhebliche Mengen Energie für Raumwärme, Warmwasser und Prozesswärme eingesetzt werden müssen. Diese müssen wir nach und nach möglichst vollständig aus unterschiedlichen Quellen erneuerbarer Energien und Abwärme decken, um den Gebäudebestand klimaneutral zu machen. Da Wärme nicht so leicht transportierbar ist wie Strom, muss dieser Transformationsprozess unter Berücksichtigung der Gegebenheiten vor Ort gestaltet werden. Dabei kommt den Kommunen eine zentrale Rolle zu, die sie mit dem Prozess der Wärmeplanung erfüllen.«

Und weiter zum Vorgehen: »Jede Kommune entwickelt im kommunalen Wärmeplan ihren Weg zu einer klimaneutralen Wärmeversorgung, die die jeweilige Situation vor Ort bestmöglich berücksichtigt. Ein solcher Plan ist immer in Prozesse eingebettet: Er dient als strategische Grundlage, um konkrete Entwicklungswege zu finden und die Kommune in puncto Wärmeversorgung zukunftsfähig zu machen. Dabei wird er auch zu einem wichtigen Werkzeug für eine nachhaltige Stadtentwicklung. Die großen Kreisstädte müssen bis zum 31. Dezember 2023 einen Wärmeplan vorlegen.« (MUKE Ba-Wü 2020b, S. 6).

Mit dem Quartier kommt fast zwangsläufig die gesamte Gemeinde ins Blickfeld – oder vielmehr: Quartierslösungen, gleichsam »bottom up« im Entscheidungsprozess vielfältiger Akteure, sind auf planerische Rahmenbedingungen angewiesen. Und die haben – »top down« eben die gesamten Ressourcen und Strukturen und deren Wechselwirkungen über die Quartiersgrenzen hinaus im Blickfeld. Jede Quartierslösung ist also, soll sie nicht im Nebel stochern, auf eine kommunale Wärmeplanung dringend angewiesen.

Eine Wärmeplanung, die wohlgemerkt über den Tellerrand der Wärme hinausdenkt und im Rahmen der Sektorenkopplung auch die Stromversorgung und den Verkehr ins Visier nimmt. Wir brauchen das. Aus dem Zweiklang von elementaren Erkenntnissen:

1. Klimaneutralität ist eine gesamtgesellschaftliche Aufgabe – und deshalb ist ein verbindliches kommunales Konzept, an dem sich die einzelnen Wärmenutzer orientieren müssen, nicht nur gerechtfertigt, sondern auch erforderlich.

2. Auch der soziale Ausgleich ist erforderlich – und das heißt, dass auch im Bereich des Wohnens und der Wärmenutzung keine zusätzliche soziale Schieflage entsteht. Auch das ist eine originär öffentliche Aufgabe, bei der der kommunalen Wärmeplanung eine wichtige Rolle zuwächst.

Wie vorgehen?

Ein Wärmeplan beginnt logischerweise damit, dass der Wärmebedarf der Gemeinde ermittelt wird. Relativ homogene Gebiete werden in Siedlungstypen eingeteilt, einzelne Gebäude nach Typen (Einfamilienhaus, Doppelhaushälfte, Reihen- und Mehrfamilienhaus bzw. Nichtwohngebäude) kategorisiert. Neben den Wohngebäuden werden auch Büros und kommunale Einrichtungen, dazu der Prozesswärmebedarf für Industrie und Gewerbe erfasst. Damit haben die Planer die Basisdaten. Aus dem häuserscharfermittelten Wärmebedarf wird die Wärmedichte errechnet. Und diese wiederum bildet einen wesentlichen Parameter für die Beurteilung, ob und wo in der Gemeinde ein oder mehrere Wärmenetze wirtschaftlich zu betreiben sind oder Einzelheizungen, wo möglich Wärmepumpen, eingebaut werden sollten.

Der nächste Schritt: ermitteln, welche Energien für bestimmte Wärmenetze lokal verfügbar sind und deshalb infrage kommen. Neben dem Bedarf sind hierfür auch die benötigten Temperaturniveaus zu beachten. Sie reichen von nur 35 Grad Celsius für Flächenheizungen bis zu mehr als 1.000 Grad Celsius bei industrieller Prozesswärme. Solar-, Umgebungswärme und Geothermie, aber auch grüne KWK liefern die Niedertemperaturwärme bis zu 100 Grad Celsius. Temperaturen von mehr als 1.000 Grad Celsius, wie sie von manchen Industrien benötigt werden, werden dagegen nur von Feuerungsanlagen erreicht – perspektivisch durch »grünen« Wasserstoff.

Danach – nächster Schritt – werden die vorhandene Infrastruktur und die Wärmeerzeugung inventarisiert, also die bestehenden Netze (Gas- und Wärmenetze) sowie zentrale und dezentrale Erzeugungsanlagen. Das Ergebnis wird mit einer Analyse der im Gemeindegebiet vorhandenen erneuerbaren Energiepotenziale abgeglichen, Reststoffe aus der Land- und Forstwirtschaft, Abwärme aus Müllverbrennung und Industriebetrieben, Solarwärme oder Geothermie.

Aus diesem Datenmaterial werden detaillierte Karten erstellt, die die Basis für die Konzeptentwicklung für die klimaneutrale Umstellung bilden. Szenarien für die Zukunft entstehen, in denen demografische Entwicklungen, Sanierungsmaßnahmen und Bebauungsentwicklungen abgeschätzt werden.

Damit stehen valide Daten für eine Entscheidung zugunsten einer auszuwählenden Wärmewendestrategie zur Verfügung, mit Maßnahmenvorschlägen, Umsetzungsprioritäten und Zeitplan für die nächsten Jahre und einer Beschreibung möglicher Maßnahmen für die Erreichung der erforderlichen Energieeinsparung und den Aufbau der zukünftigen Energieversorgungsstruktur (nach: MUKE 2020b).

Kürzlich hat Baden-Württembergs Umweltminister ein Förderprogramm angekündigt, um kleinere Kommunen bei ihrer Wärmeplanung finanziell zu unterstützen. Für die Stadtkreise und großen Kreisstädte, die gesetzlich zu einer Wärmeplanung bis Ende 2023 verpflichtet sind, gibt es einen Zuschuss. In allen zwölf Regionen sollen überdies »Beratungsstellen kommunale Wärmeplanung« entstehen.

Die neue – alte – Rolle der kommunalen Energieunternehmen – zurück zur Daseinsvorsorge

Dabei gilt: Auch ohne verpflichtendes Gesetz haben Kommunen und Städte bereits heute recht große Gestaltungsmöglichkeiten. Dies betrifft vor allem die Erhebung und Bereitstellung von Daten und Karten zu den lokalen Wärmequellen, aber auch zu Infrastrukturen und Wärmeverbräuchen. Als Partner haben sie vielfach eigene Stadtwerke.

Spezifisch freilich muss es sein. Strategien für die Wärmewende vor Ort müssen sehr unterschiedlich gestaltet werden, denn die Voraussetzungen unterscheiden sich stark. Zwei Beispiele aus Nordrhein-Westfalen, wo zwar kein Wärmeplan vorgeschrieben ist, er aber engagierten Kommunen auch nicht verboten wird. Die Stadtwerke Münster sehen die »grüne« Wärmeversorgung als ein Puzzle aus verschiedenen Erzeugungsarten, deren Eignung in den nächsten Jahren intensiv analysiert wird. Dazu gehört auch ein Projekt zur Untersuchung der Erdwärme. In der ostwestfälischen Mittelstadt Lemgo erschweren vor allem denkmalgeschützte Fachwerkhäuser die Wärmedämmung. Die Stadtwerke setzen deshalb ebenfalls auf einen Maßnahmenmix, zu dem ein innovatives Kraft-Wärme-Kopplungs-Projekt (iKWK) sowie ein Beraternetzwerk gehört, das Bürgern bei Fragen der Wärmeversorgung im historischen Stadtkern weiterhilft.

Überhaupt sind Stadtwerke oftmals wieder als Treiber der Entwicklung von Wärmeplänen in Erscheinung getreten – nach jahrelanger Schockstarre durch die Liberalisierung. Denn es ist schließlich ihr ureigenstes Geschäft. »Kommunale Unternehmen, insbesondere Stadtwerke und Regionalversorger, sind zentrale Akteure im Wärmemarkt«, heißt es denn auch selbstbewusst in einer Broschüre des Branchenverbandes VKU aus dem Jahr 2018. »Sie sind regional verankert und leisten bereits heute einen wesentlichen Beitrag zur klimafreundlichen Wärmeversorgung. Sie sind:

- der natürliche Kooperationspartner und Energiedienstleister, insbesondere für die mittelständische Wirtschaft, Kommunen und Haushaltskunden sowie für Anlagenbetreiber.

- Systemmanager als Experten für ganzheitliche Konzepte zur Energieversorgung und die Bereitstellung der Infrastruktur.
- Investoren in umweltverträgliche, effiziente Wärmeerzeugung und Netzinfrastrukturen.« (VkU 2018, S. 12).

Schon richtig. In der Regel werden die Wärmepläne bereits gemeinsam zwischen Stadtwerken und Kommunen abgestimmt. Und gewiss sind Stadtwerke »natürliche Partner« für eine homogene Wärmeplanung. Dennoch kann es zu Konflikten kommen. Stadtwerke haben in aller Regel bereits Gasnetze flächendeckend verlegt. Dann erweist sich mitunter der Vorteil der Stadtwerke, gleichsam die Sektorenkopplung in einem Unternehmen optimieren zu können, als Fluch. Selbst wenn ein Fernwärmesystem in der Innenstadt existiert, hat die Fernwärme mit den hohen Anfangsinvestitionen oftmals schlechte Karten. Fernwärmeausbau geht zulasten der Gasnetze, und die haben sich in Zeiten der fossilen Erdgasversorgung deutlich schneller amortisiert als die Fernwärme. Kurzfristige Gewinnoptimierung vor Daseinsvorsorge – diese Regel hatte die Liberalisierung auch in den Köpfen der Stadtwerkemanager zunehmend eingebrannt. In der Vergangenheit herrschte oftmals ein offener Konkurrenzkampf zwischen den Abteilungen. Und der ging oft, zu oft, zulasten der Fernwärme aus. Die Folge: Teure Doppelverlegungen von Gas- und Fernwärmenetz – vielleicht betriebswirtschaftliches Optimum, aber volkswirtschaftliche Fehlinvestition.

Der VKU spricht das Problem selbst an – und sieht in verbindlichen, mit der Kommune abgestimmten Wärmeplänen die angemessene Lösung: »Über Wärmepläne sollten parallele Infrastrukturen im Sinne der Kosteneffizienz langfristig vermieden oder zurückgeführt werden können.« Es ist einleuchtend: Wenn steigende Gebäudeeffizienz, ohnehin das A und O klimaneutraler Wärmewende, dazu führt, dass pro Wohneinheit immer weniger Wärme benötigt wird, würde nicht nur die Konkurrenz zu Einzelheizungen den Ausbau »grüner« Wärmenetze behindern, sondern die Konkurrenz zwischen den leitungsgebundenen Wärmeversorgungssystemen Gas und Fernwärme langfristig zu steigenden fixen Kostenanteilen führen. »Eine Partnerschaft von Kommune und Stadtwerken bietet sich daher für die Erstellung und Umsetzung von Wärmeplänen an. Während das Stadtwerk das energiewirtschaftliche Know-how bereitstellt, kann die Kommune in der Rolle eines übergeordneten Steuerungsorgans als Koordinator, Moderator und Organisator des Informationsaustausches fungieren.« (VKU 2018, S. 27).

Immer deutlicher werden in Zeiten des Klimaschutzes auch die Vorteile für die Unternehmen: In Zukunft wird weniger Wärme benötigt. Und nur noch klimaneutrale Wärme. Spätestens dann ist der volkswirtschaftliche Luxus von Parallelsystemen auch betriebswirtschaftlich zu beenden, nicht nur bezogen auf das eigene Unternehmen, sondern auch auf die Kommune und ihre Bürgerinnen und Bürger. Und die Sektorenkopplung kommt im Unternehmen an – Optimierung von Strom-, Gas- und Wärmenetzen in einer Hand. Klimaneutralität ist notwendig, und das heißt, dass alle Netze gleichermaßen ihre Wärmelieferungen auf gänzlich neue Füße stellen müssen. Strom liefert in Wärmepumpen, Fernwärme gibt es zukünftig nur noch »grün«, und auch Erdgas muss peu a peu, aber zügig durch klimaneutrales Gas ersetzt werden. So gesehen, sollte eine saubere Abgrenzung jedenfalls zwischen Gas- und Fernwärmeversorgung in den Städten jetzt nicht nur eher möglich sein als in Zeiten fossilen Überflusses, sondern zwingend notwendig, um die Versorgung als Ganzes in die Klimaneutralität zu führen. Sozialverträglich auch für die in erster Linie betroffenen Mieterinnen und Mieter in den großen Gebäudekomplexen.

Dennoch: Umso wichtiger ist dann der Einfluss der Kommune und eine mit allen Akteuren abgestimmte Wärmeplanung. Das ist auch vorgesehen. Der Wärmeplan wird in die bestehenden Planungsinstrumente integriert: Bauleitplanung, Flächennutzungsplan, Bebauungsplan, Anschluss- und Benutzungszwang, städtebauliche und privatrechtliche Verträge.

Vorranggebiete für »grüne« Wärmenetze – und die Anpassung der Förderbedingungen

Am Ende muss eine verbindliche Planung festgezurrt werden. Dazu gehört auch die Ausweisung von Vorranggebieten von »grüner« Fernwärme. Denn der Ausbau derartiger Systeme ist teuer und kann sich – so schon die Erfahrungen der Vergangenheit – nur langfristig amortisieren, und besser in dem Maße, wie der Anschlussgrad wächst. Das muss auch Konsequenzen haben für die Förderung von Quartierskonzepten – vor allem aber für Einzelförderungen.

Früher oft diskutiert, doch kaum jemals durchgesetzt: der kommunale Anschlusszwang an bestehende oder zu erweiternde Fernwärmenetze. Das ist nicht beliebt, schränkt es doch die Freiheit des Nutzers ein, sich für ein Heizungssystem zu entscheiden. Dennoch sollte im Rahmen von Wärmeplänen und ihrer Umsetzung in Quartieren von dieser Möglichkeit Gebrauch gemacht werden.

Alternativ könnte eine angemessene Regulierung weiterhelfen. Dann würde Fernwärme auch im Wettbewerb durchsetzbar. Das beinhaltet auch die Neuausrichtung der staatlichen Förderung. Viele der an und für sich modernen, klimafreundlichen Einzel-Heizungssysteme werden nach den Bestimmungen des Gebäudeenergiegesetzes (GEG) und der darauf aufbauenden Bundesförderung effiziente Gebäude (BEG) umfangreich gefördert, Wärmepumpen, aber auch Kombinationen von Gas- und Solarheizung. Das ist natürlich unverzichtbar – doch nur in Gebieten, in denen ein Fernwärmeanschluss, zunehmend mit klimaneutralen Energien gefüttert, nicht vorgesehen ist.

Und das gilt bereits dann, wenn die »Begrünung« der bestehenden Netze zwar verbindlich in einem Sanierungsfahrplan beschlossen ist, aber noch nicht vollendet – das heißt, dass ein Teil der Wärme noch aus fossilen Energien stammt. So sieht es jedenfalls die bereits erwähnte Studie zur Zukunft der Fernwärme: »Es erscheint inkonsequent und ineffizient, den Anschluss von Gebäuden an ein Wärmenetz nicht zu fördern, obwohl dieses Wärmenetz in absehbarer Zeit ›grün‹ wird. Im Sinne einer effizienten Wärmewende erscheint es sinnvoller, mit Förderung den Anschlussgrad an alle bestehenden Wärmenetze zu steigern und parallel dafür zu sorgen, dass diese Netze auf klimaneutrale Wärmequellen umgestellt werden – anstatt mit Förderung für dezentrale Heizungen in Wärmenetzgebieten die Wirtschaftlichkeit der Netz-Infrastruktur zu untergraben und damit die instrumentelle Beschleunigungs- und Hebelwirkung der Dekarbonisierung von Wärmenetzen zu missachten.« (FfE/Hamburg-Institut 2020 S. 43/4).

Wer letzteres vermeiden und damit kommunalen Wärmeplänen erst zum Durchbruch verhelfen will, kommt mithin um eine Änderung des Förderungsdesigns nach dem GEG nicht herum. Vor allem die BEG-Förderung von dezentralen Heizungen für Bestandsgebäude, die im Bereich eines Wärmenetzes liegen, ist ineffizient. Stattdessen sollte die Förderung hier umgestellt werden: Statt opulent weiter »grüne« Einzelheizungen zu fördern, sollte der Bund hier, in ausgewiesenen Fernwärmegebieten, ausschließlich den Anschluss von Gebäuden an das Wärmenetz bezuschussen. Voraussetzung allerdings: Es liegt ein Transformationsplan zur Umstellung auf klimaneutrale Wärme vor oder das angeschlossene Gebäude wird mit grüner Fernwärme auf Basis von Herkunftsnachweisen (HKN) versorgt. »Mittels grüner Fernwärmetarife und Nachweisführung durch HKN könnte der Verbraucher die Option Wärmenetzanschluss behalten und unter Umständen sogar zur Dekarbonisierung des eigenen Netzes beitragen. Dies wäre der Fall, wenn Fernwärmelieferungen mit HKN unterlegt werden, die aus dem eigenen lokalen Wärmenetz stammen. Dezentrale Heizungen in Gebäuden, die im Bereich eines Wärmenetzes liegen, sollten dagegen nicht mehr gefördert werden.«

Doch Förderung nach dem GEG und BEG ist Bundesangelegenheit. Bleibt nur eine Schlussfolgerung: Kommunale Wärmeplanung und ihre Förderung muss bundesweit verbindlich vorgeschrieben werden – nicht nur im südwestdeutschen Musterländle – und sie muss auch Konsequenzen haben für den Fördermechanismus des Bundes zur Erreichung einer klimaneutralen Wärmeversorgung. Großwärmepumpen andererseits sind natürlich in die »grünen« Fernwärmekonzepte einzubinden – und entsprechend zu fördern.

Erforderlich wäre dann auch eine bundesweit einheitliche Regelung und Förderung von kommunalen Wärmeplänen als notwendige Voraussetzung, die Förderung der energetischen Sanierung insgesamt zu vereinheitlichen. Denn bislang fehlt es an einem bundeseinheitlichen Fördermanagement, das individuelle Förderung der Gebäudesanierung und von »grünen« Heizungssystemen koordinieren könnte mit übergeordneter Wärmeplanung. So kann es zu grotesken Situationen kommen, wenn im Zuge der Förderung einer Gebäudesanierung Holzheizungen und

Wärmepumpen gefördert werden, aber zur gleichen Zeit in der Straße Fernwärmeleitungen verlegt oder dezentrale Quartierskonzepte mit innovativen Nahwärmelösungen umgesetzt werden. Selbst wenn bei KfW und BAFA die Informationen darüber bekannt wären – sie hätten nach den Förderrichtlinien gar keine Handhabe, die Antragsteller von der kostengünstigeren Alternative zu überzeugen. Eine bundeseinheitliche Regelung der Kommunen zur Erstellung von Wärmeplänen wäre so gesehen die Voraussetzung für eine Weiterentwicklung der BEG-Förderungsbedingungen weg von der Betrachtung individueller Wohngebäude hin zu einem kostensparenden und effizienten integrierten Ansatz.

Zu den Quellen zurück: Stadtwerke als Garanten kommunaler Daseinsvorsorge

Stadtwerke andererseits müssen sich umstrukturieren und die Wärmeplanung in einer Hand koordinieren – doch auch auf die Kommunen kommen neue Herausforderungen zu. Denn klar ist: Wer in einer Stadt oder Gemeinde Gas- und Fernwärmenetze auf- und ausbauen und »begrünen« will und damit klimaneutral gestalten, muss hohe Summen in die Hand nehmen. Öffentliche Unternehmen stehen gewiss in der Verantwortung, doch müssen sie auch in die Lage versetzt werden, diese Investitionen zu schultern. Und das heißt auch: Kommunen, die es ernst meinen mit der kommunalen Wärmeplanung, müssen ihren Stadt- und Gemeindewerken den notwendigen finanziellen Spielraum lassen – und trotz knapper Kassen auch einmal auf einen Teil der gewohnten jährlichen Ausschüttungen verzichten.

Eine weitere Konsequenz sei hier nur angedeutet: Auch der kommunale Querverbund mit dem ÖPNV muss neu gedacht werden. Elektroladestationen und die Einbeziehung des Verkehrs in die Netzstrukturen sind im Sinne der Sektorenkopplung natürlich ein Muss – doch die bislang in vielen Kommunen übliche Querfinanzierung der Verluste des ÖPNV durch die Gewinne der Energie-Stadtwerke wird in Zukunft nicht mehr möglich sein. Angesichts der knappen Kassen der Kommunen kann das aber nur heißen: Der klimaneutrale Aus- und Umbau des ÖPNV in den Städten muss über Bundes- und Landesmittel finanziert werden.

In Mannheim – wiederum in Baden-Württemberg und nicht weit von Bruchsal entfernt – hat der örtliche Versorger, die MVV, die kommunale Wärmeplanung jedenfalls von sich aus in die Hand genommen. Das Ergebnis überrascht den aufmerksamen Leser, die aufmerksame Leserin eigentlich nicht mehr: Es ist machbar, die Fernwärmenachfrage in Mannheim bis 2050 vollständig mit »grüner« Fernwärme zu decken. Das ergab die »Energierahmenstudie Mannheim – Wege zur Klimaneutralität«, die das Energieunternehmen in Abstimmung mit der Stadt beim Wuppertal Institut in Auftrag gegeben hat (MVV 2021).

Andererseits muss man in der badischen Metropole nicht von vorn anfangen. Dort werden bereits heute mehr als 60 Prozent der Wärmeversorgung der Gebäude mit Fernwärme bereitgestellt – allerdings bis heute vorwiegend aus dem kohlebetriebenen Großkraftwerk Mannheim, das die Silhouette der Industriestadt beherrscht, aber 2033 spätestens der Vergangenheit angehören soll. Wie den Aderlass verkraften, ohne dass es in den Mannheimer Stuben kalt wird? Dessen Wärme kann vollständig durch Wärme aus einer Kombination aus Müllverbrennung, Biomasse, Flusswärmepumpen, Tiefengeothermie und industrieller Abwärme ersetzt werden. Die Gutachter empfehlen, den Fokus auf die Erschließung der beträchtlichen geothermischen Potenziale in der Region zu legen, da diese einen wesentlichen Standortfaktor gegenüber anderen Kommunen darstellen.

»Die Ergebnisse der Energierahmenstudie bekräftigen den von MVV eingeschlagenen Weg zur Klimaneutralität und geben uns Rückenwind für die nächsten Schritte zu einer CO_2-freien Fernwärme«, sagt der MVV-Vorstandsvorsitzende Georg Müller. MVV hat sich Klimaneutralität zum Ziel gesetzt und orientiert sich an einem 1,5-Grad-Pfad. »Die Energierahmenstudie skizziert langfristige Entwicklungspfade und trägt so dazu bei, dass wir unsere weiteren Investitionen in unsere Infrastrukturen vor Ort und in das Energiesystem noch gezielter planen können«, so Müller. Wärmeplanung at its best.

Vorschläge:

- Kommunale Wärmeplanung muss in allen Bundesländern verbindlich vorgeschrieben werden. Sie sollte nach bundeseinheitlichem Standard durch Bundesgesetz vorgegeben werden. Auf der Ebene des Bundes ist eine langfristige und kohärente Strategie für den klimaneutralen Gebäudebestand zu entwickeln, um Fehlplanungen auf nachgelagerten Planungsebenen, etwa durch eine »Überbuchung« knapper Ressourcen wie Biomasse und synthetischer Brennstoffe, zu verhindern.

- Alle größeren Kommunen sollten verpflichtet werden, auf dieser Grundlage bis 2025 eine verbindliche Wärmeplanung vorzulegen. Darin sind Fernwärmevorranggebiete verbindlich auszuweisen. Öl- und Gasheizungen dürfen in diesen Gebieten nicht mehr verwendet werden.

- Die Betreiber der Wärmenetze sind zu verpflichten, einen verbindlichen Transformationsplan für die Umstellung bestehender Netze von fossilen auf klimaneutrale Wärmeträger vorzunehmen – entsprechend abgestimmt auf Förderungszusagen nach BEW (siehe dazu Kapitel 5.7).

- Zudem sollte neben einer kommunalen auch eine gemeinsame regionale Wärmeplanung mehrerer Kommunen anerkannt werden. Insbesondere in dicht besiedelten urbanen Räumen wie Rhein-Ruhr ist dies sinnvoll.

- Die Kommunen müssen durch Mittelzuweisung von Bund und Ländern finanziell entsprechend ausgestattet werden, um die Aufgabe Klimaschutz im Gebäudebereich übernehmen zu können. Die auskömmliche Förderung von kommunalen Wärmeplänen könnte beispielsweise im Rahmen des Gebäudeenergiegesetzes (GEG) einheitlich und umfassend geregelt werden.

- Die Förderung von Einzelheizsystemen nach dem GEG muss in den definierten Fernwärmevorranggebieten eingestellt werden. Das gilt insbesondere für Holz- und Biomasseheizungen, aber auch für Einzelhaus-Wärmepumpen. Großwärmepumpen mit Einspeisung der Wärme in die Netze andererseits sind zu fördern und in die Fernwärmekonzepte einzubinden.

- Im Rahmen der Sektorenkopplung ist es wichtig, dass einheitliche Mindeststandards für die PV-Erzeugung auf und an Gebäuden, unter anderem eine Solarpflicht, festgelegt werden. Die öffentliche Hand muss dabei eine Vorbildfunktion einnehmen und einen PV-Standard sowohl für ihre Bestands- als auch Neubauten etablieren, der eine vollständige Nutzung der zur Verfügung stehenden Dachflächen gewährleistet. Auch private Bauherren sollten bei neuen Wohngebäuden entsprechende, von den Ländern im Baurecht verankerte Vorgaben einhalten. Um diese »PV-ready« zu machen, soll bei der Planung die Installation einer PV-Anlage berücksichtigt und ausreichend Platz für die dazugehörigen technischen Komponenten eingeplant werden müssen. Gewerbegebäude mit einer Dachfläche größer 75 Quadratmeter sollten wenigstens die Hälfte mit Solarpaneelen ausstatten.

- Im Rahmen der öffentlichen Daseinsvorsorge müssen kommunale Querverbunds-Unternehmen umfassend mit Bundes- und Landesmitteln gefördert werden, um innovative Konzepte der Sektorenkopplung zwischen Energie, Verkehr und Abfallwirtschaft zu verwirklichen. Die Abdeckung anfallender Defizite beim Erhalt und Ausbau des kommunalen ÖPNV ist zunehmend durch Bundes- und Landesmittel zu gewährleisten.

Resümee: Politische Weichen stellen – Klimaneutralität braucht sozialverträgliche Lösungen – als Grundlage für Akzeptanz und Engagement aller Menschen

Wie wir in Zukunft unsere Gebäude isolieren, wie wir im Winter heizen, hat eine entscheidende Bedeutung für das rechtzeitige Erreichen der Klimaneutralität. Technisch kein großes Problem. Die Techniken der Gebäudesanierung, der Effizienzsteigerung und des treibhausgasfreien Heizens sind zum Großteil seit Langem bekannt und haben sich in den letzten 40 Jahren stetig vervollkommnet. Es ist allerdings eine mühselige Arbeit – und sie ist erst zu einem geringen Teil getan. In mehr als 70 Prozent aller Wohnungen wird nach wie vor aus dem Fenster hinaus geheizt, mehr als 70 Prozent heizen noch mit fossilen Brennstoffen, ein Viertel sogar mit dem besonders klimaschädigenden Erdöl.

Seit mehr als 40 Jahren wissen wir über die Gefahren des Klimawandels Bescheid, seit mehr als 40 Jahren wissen wir, dass riesige ungenutzte Effizienzpotenziale bestehen – in der Strom- wie in der Wärmeversorgung, die oftmals auch miteinander gekoppelt sind. Wir haben die unzähligen politischen Irrungen und Wirrungen, die die Transformation Jahrzehnte verzögert haben, stichwortartig aufgezeigt, und dennoch hat zwischenzeitlich in der Stromversorgung insbesondere nach der Fukushima-Katastrophe eine technologische Revolution Schwung aufgenommen: Die erneuerbaren Energien übernehmen, haben Kernkraft, Kohle und Gas als Leitenergien abgelöst.

Warum ein vergleichbarer Schwung in der Wärmeversorgung bislang ausgeblieben ist, die Transformation sich hier eher als langsamer, zäher Kriechgang darstellt? Anders als in der Stromversorgung, wo die Auseinandersetzung wesentlich im politischen Raum stattfand und Unternehmensentscheidungen notwendig waren, betrifft die Transformation alle – und das direkt im intimen Bereich des Wohnens und Lebens. Ist es in der Stromversorgung freigestellt, Ökostrom zu beziehen oder auch selbst zu erzeugen, so bleibt dies doch eher eine Frage der persönlichen Überzeugung – Strom bleibt Strom und kommt jetzt auch ohne eigenes Engagement zunehmend aus erneuerbaren Energien. Anders bei der Wärme: Hier können Gebäudesanierung und Heizungstausch die individuellen Lebensverhältnisse direkt beeinflussen. Ist meine Wohnung nach der Sanierung noch bezahlbar? Kann ich die Investitionen stemmen? Jeder und jede ist herausgefordert. Eigentümerinnen und Eigentümer haben wenigstens noch die Freiheit der Entscheidung, Mieterinnen und Mieter, rund die Hälfte der Menschen, sind Entscheidungen Dritter ausgeliefert. Kostenträchtigen Entscheidungen. Erfolgskritisch ist mithin, allen eine überzeugende Perspektive zu bieten, wie sie notwendige Zusatzausgaben mit Komfortgewinn kombinieren können. Ganz gleich, ob jemand gutbetucht ist oder mit geringem Einkommen, ganz gleich ob Mieterin oder Eigentümer. Und das ist eine gesellschaftliche Aufgabe, eine Aufgabe der sozial gerechten politischen Gestaltung.

Klar ist: Wir haben nicht mehr die Zeit, die wir uns für die Stromwende genommen haben. Das Klima wartet nicht. Doch gibt es keine einfache Lösung. Je nach Geldbeutel und persönlichen Vorlieben, je nach Gebäudestruktur und Standort können unterschiedliche klimaneutrale Sanierungsfahrpläne und darauf abgestimmte Wärmesysteme sinnvoll und kostengünstig sein. Basis ist eine ausreichende Sanierung, die etwa Wärmepumpenheizungen, den Anschluss an »grüne« Fernwärme und KWK oder in Zukunft vielleicht auch Wasserstoff-Gasheizungen erst möglich macht. Das kostet Geld, ist machbar, wenn das Haushaltseinkommen groß genug ist. Entscheidend aber ist, ob es gelingt, »niemanden zurückzulassen«, wie es die Gewerkschaften formulieren. Das heißt in diesem Fall, dass insbesondere den Menschen mit geringem Einkommen ein überzeugender und bezahlbarer Weg eröffnet werden muss, mit dem sie beitragen können zur großen Wende zum klimaneutralen Wohnzimmer. Eine ausreichend beheizte Wohnung, die Versorgung mit Warmwasser sind nicht verhandelbar, gehören zu den Grundbedürfnissen eines jeden Menschen. Und wir wissen, dass jeder zusätzliche Euro, den Gering-verdiener in die Transformation ihrer Wärmeversorgung stecken müssen, im Haushaltsbudget buchstäblich doppelt fehlt.

Politik ist mithin gefragt, um den Umstieg einerseits zu beschleunigen, ihn andererseits sozial gerecht zu gestalten. Die Versäumnisse sind lang, sozial ungerechte Verteilung der Lasten bei der Umgestaltung der Strom-erzeugung war die Regel. Das darf sich bei der Wärmeversorgung nicht wiederholen. Doch bislang herrscht wenig politisches Engagement. Dabei ist Klimaschutz, auch im Gebäudebereich, eine gesellschaftliche Aufgabe. Die Voraussetzung: Ausreichend Mittel werden zur Verfügung gestellt – statt derzeit immerhin schon mehr als vier wären nach soliden Schät-zungen bis zu 14 Milliarden Euro Förderung jährlich erforderlich. Hinzu kommen noch einmal 1,8 Milliarden jährlich für die Dekarbonisierung der Fernwärme. Dem Finanzminister, der Finanzministerin sei es ins Stammbuch geschrieben: So viel ließe sich in der Summe ohne Schwierig-keiten aus dem Bundeshaushalt quetschen, wenn zumindest ein Teil der klimaschädlichen Subventionen an anderer Stelle eingespart würde. Das hat nicht zuletzt der Exkurs im Kapitel 4 deutlich gemacht.

Doch ist es nicht die Quadratur des Kreises, den politischen Rahmen so zu setzen, dass Klimaneutralität gleichzeitig sozial gerecht und effizient erreicht werden kann? Es ist hohe politische Kunst. Viel ist im Gespräch, nur wenig aber bislang umgesetzt. Wir haben den Fächer aufgespannt: eine sozial ausgleichende Rückvergütung der CO_2-Steuer, etwa in Form eines Bürger- oder Klimageldes, die Übernahme der Mehrkosten der CO_2-Steuer durch die Vermieter, Warmmietenneutralität bei der Gebäu-desanierung, Ersatz der Kalt- durch eine Warmmiete, Einrichtung eines Fonds zur ausreichend umfassenden Gebäudesanierung bei Geringver-dienern auch im Rahmen von Quartierskonzepten, das alles könnte zur sozial gerechten Ausgestaltung beitragen und damit Akzeptanz, aber auch den Willen zum Mitmachen erhöhen. Hinzu kommt eine Neuorientie-rung der Förderprioritäten: Statt sich weiterhin vorwiegend auf das iso-lierte Gebäude zu fokussieren, sollte sich die Förderung zunehmend auf gesellschaftliche Erfordernisse ausrichten. Drei Themen sind vordring-lich: die Förderungen der Sanierung einzelner Gebäude und von kostensparenden und effizienten Quartierslösungen vor allem in sozialen Brennpunkten koordinieren, die Dekarbonisierung der Fernwärmesysteme auskömmlich unterstützen und eine verbindliche Wärmeplanung in den Städten und Gemeinden vorschreiben, verbunden mit der Ausweisung von Nah- und Fernwärmegebieten – in denen dann Einzellösungen konsequenterweise nicht mehr gefördert werden.

Stichwort Wärmeplanung. Spätestens hier kommen die Kommunen, die Städte und Gemeinden ins Spiel. Es ist ihre ureigenste Aufgabe, im Sinne einer kommunalen Daseinsvorsorge. Dabei gilt es, die Besonderheiten der Siedlungsstruktur zu erfassen, gleichzeitig alle geeigneten klimaverträglichen Wärmequellen aufzuspüren, um daraus ein Gesamtkonzept zu entwickeln. Die fortgeschrittene Digitalisierung erlaubt, derartige Konzepte sehr viel passgenauer und zielgerichteter zu erarbeiten, als dies bei den früheren kommunalen Versorgungskonzepten in der Zeit der beginnenden Energiewende der achtziger Jahre möglich war. Wo ist der Aufbau eines »grünen« Fern- oder Nahwärmenetzes sinnvoll, wo sein Ausbau? Wo muss andererseits die Stromversorgung verstärkt werden, damit ausreichend Strom für Wärmepumpen (und Schnellladestationen für den Verkehr) verfügbar ist? Es ist gelebte Sektorenkopplung, Strom-, Gas- und Fernwärmenetze und Verkehrsplanung müssen zusammenwirken. Eine Aufgabe wie geschaffen für Stadt- und Gemeindewerke. Kommunale Wärmepläne müssen mithin in enger Zusammenarbeit mit den örtlichen Stadt- und Gemeindewerken erarbeitet werden. Dort ist auch das Know-how vorhanden, um die Umsetzung zu organisieren. Das erfordert Investitionen. Und bedeutet umgekehrt, diese – oft in kommunalem Besitz befindlichen – Unternehmen von anderen Aufgaben zu entlasten, namentlich vom vielfach einfach vorausgesetzten Ausgleich der Verluste des ÖPNV durch die Einnahmen aus dem Energieverkauf im »kommunalen Querverbund«. Ein Thema der gerechten Aufteilung der Steuern auf Bund, Länder und Gemeinden – einer Gemeindefinanzreform, die die Kommunen entsprechend besser ausstattet. Doch das sei hier nur angedeutet.

Wärmeplanung ist andererseits auch erforderlich, sollen Quartierslösungen nicht im Dunkeln tappen. Denn auch das ist eine kommunale

Aufgabe: Verantwortung zu übernehmen für die Entwicklung von Konzepten, die in demokratischer Beteiligung möglichst vieler entwickelt und umgesetzt werden. Das kostet Mühe, Man- und Woman-Power – und Geld. Deshalb bleibt nur der Appell an die Bundes- und Landespolitik, die Städte und Gemeinden ausreichend mit Mitteln für Wärmeplanung und Organisation von Quartierslösungen auszustatten.

Die Wärmeversorgung klimaneutral zu gestalten, ist eine durch und durch gesellschaftspolitische Aufgabe, eng verwoben mit dem Kampf um soziale Gerechtigkeit. Politischer Wille hierzu ist entscheidend. Nur wenn die Wärmewende für die sozial Benachteiligten gerecht gestaltet wird, wird sie erfolgreich zur Klimaneutralität führen.

Literatur

Abgeordnetenhaus Berlin 2016; Enquete Kommission »Neue Energie für Berlin« des Berliner Abgeordnetenhauses, Abschlussbericht 2016

8KU 2021; Matthias Dümpelmann 8KU, Wärmewende in der Stadt, Berlin 2021

AGFW 2015; Die 70/70-Strategie, Studie im Auftrag des AGFW, Frankfurt/M. 2015

Agora Energiewende 2016; Elf Eckpunkte für einen Kohlekonsens, Berlin 2016

Agora Energiewende 2018; Die zukünftigen Kosten strombasierter synthetischer Brennstoffe, Berlin 2018

Agora Energiewende und Uni Kassel 2020; Wie passen Mieterschutz und Klimaschutz unter einen Hut? Berlin 2020

Auer u. a.; Falk Auer, Werner Eicke-Henning, Werner Neumann, Gabriele Purper, Wärmepumpen-Manifest, Frankfurt/M. 2019

BAFA/BfEE 2019; Gutachten Energieeffizienzgesetz, BfEE 15/2016, Stand August 2019

BAFA 2020; Hintergrundinformationen zur Besonderen Ausgleichsregelung

Bayernets u. a. 2019; Gas im Wärmemarkt – sozialverträglich und umweltschonend, München 2019

Bechberger 2000; Mischa Bechberger, Das Erneuerbare-Energien Gesetz (EEG): Eine Analyse des Politikformulierungsprozesses, FFU-Report 00-06, Berlin 2000

Becker 2010; Peter Becker, Aufstieg und Krise der deutschen Stromkonzerne, Bochum 2010

BEHG 2020; Brennstoffemissionshandelsgesetz, in: BGBl. I 2020, S. 2291 ff.

Beuth/ifeu, 2012; Berliner Technische Universität/IFEU-Institut, Technische Restriktionen bei der energetischen Modernisierung von Bestandsgebäuden, Berlin/Heidelberg 2012

BDEW 2019; Positionspapier Power-to-Gas – Eine Schlüsseltechnologie der Sektorkopplung. Berlin, 2019

BDEW 2021; Entwicklung der Beheizungsstruktur des Wohnungsbestandes in Deutschland seit 1995, Stand 2020, www.bdew.de

BHKW-Informationszentrum 2021; Negative Strompreise – Fakten und Statistiken Negative Strompreise – Fakten und Statistiken, www.bhkw.de, Stand 23.6.2021

BMBauRS 1980; Schriftenreihe des Bundesministers für Raumordnung, Bauwesen und Städtebau, 03.083, Rationelle Energieverwendung im Rahmen der kommunalen Entwicklungsplanung, Bonn 1980

BMI 2020; Neue Leipzig-Charta, Berlin 2020

BMU 2009; Langfristszenarien und Strategien für den Ausbau erneuerbarer Energien in Deutschland, Leitszenario 2009

BMU 2015; Klimaschutzbericht 2015

BMU 2016; BMU Info Nr. 323/16 vom 14.12.2016

BMU 2019; Klimaschutz in Zahlen, CO_2-Bepreisung, www.bmu.de

BMU 2021; Referentenentwurf einer BEHG-Carbon-Leakage-Verordnung – BECV

BMWi 1999; Stand der Vorarbeiten zur Novellierung des Stromeinspeisungsgesetzes, Vermerk, BMWi IIB1-10 51 57/2 vom 6.10.1999

BMWi 2014a; Sanierungsbedarf im Gebäudebestand

BMWi 2014b; Nationaler Aktionsplan Energieeffizienz NAPE

BMWi 2015; Energieeffizienzstrategie Gebäude

BMWi 2016; Sektorenkopplung, www.bmwi.de

BMWi 2017; Strom 2030, Ergebnispapier Langfristige Trends – Aufgaben für die kommenden Jahre

BMWi 2020a; Mieterstrombericht nach § 99 EEG von 2017

BMWi 2020b; Integrierter Nationaler Energie- und Klimaplan

BMWi 2021a; Energiedaten 2020

BMWI 2021b; BMWI-Energiewende direkt 7/2021, 15.6.2021, Deutschland wird Wasserstoff-Land

BMWi 2021c; »Wir wollen bei Wasserstofftechnologien Nummer 1 in der Welt werden«, gemeinsame Pressemitteilung von BMWi und BMVI vom 28.5.2021

BNetzA 2021; Bundesnetzagentur, Netzentwicklungsplan Strom 2035, Version 2021, zweiter Entwurf

Bontrup/Marquardt 2010; Heinz-J. Bontrup, Ralf-M. Marquardt, Kritisches Handbuch der deutschen Elektrizitätswirtschaft, Berlin 2010

Bontrup/Marquardt 2015; Heinz-J. Bontrup, Ralf-M. Marquardt, Die Zukunft der großen Energieversorger, Konstanz und München 2015

BostonConsult/Prognos (2018); Klimapfade für Deutschland, Studie im Auftrag des BDI, Berlin 2018

Bruckner/Kondziella 2019; WISO Diskurs 2/2019, Sektorenkopplung, Die nächste Stufe der Energiewende

Brüggemeier 2017; Franz-Josef Brüggemeier, Sonne, Wasser, Wind: Die Entwicklung der Energiewende in Deutschland, FES, Berlin 2017

BUND 1992; Bund für Umwelt und Naturschutz, Klimaschutz in Städten und Gemeinden. Freiburg i. B. 1992

Bundesregierung 2007; Meseberger Beschlüsse zum Klimaschutz: Eckpunkte des integrierten Energie- und Klimaprogramms (IEKP) vom 23.8.2007

Bundesregierung 2010a; Förderfondsvertrag: Term sheet aus Besprechung Bund-EVU

Bundesregierung 2010b; Energiekonzept

Bundesregierung 2019; Klimaschutzgesetz

Bundesregierung 2020; Bundesregierung, Nationale Wasserstoffstrategie

Bundesregierung 2021; Klimaschutzgesetz

Bundestag 1980; BT-Drucksache 8/4435 vom 6.8.1980: Nutzung der Fernwärme in der Bundesrepublik Deutschland

Bundestag 2009; BT-Drucksache 16/13326 vom 10.6.2009: Biomasse-Nachhaltigkeitsverordnung

Bundestag 2021a; BT-Drucksache 19/26011 vom 21.1.2021, Wirksamkeit der Fördermittel im Gebäudebereich für den Klimaschutz

Bundestag 2021b; BT-Drucksache 19/28163 vom 31.3.2021; BECV, BEHG-Carbon-Leakage-Verordnung

Bundestag 2021c; BT-Drucksache 19/26182 vom 26.01.2021, Aktionsplan Faire Wärme – Aufbruch für klimaneutrale, bezahlbare und warme Wohnungen und ein starkes Handwerk

Burgi/Selmer 2007; Martin Burgi, Peter Selmer, Verfassungswidrigkeit einer entgeltlichen Zuteilung von Emissionszertifikaten

Dena 2005; Dena-Netzstudie I. Energiewirtschaftliche Planung für die Netzintegration von Windenergie in Deutschland an Land und Offshore bis zum Jahr 2020

Dena 2008; Kurzanalyse der Kraftwerks- und Netzplanung in Deutschland

Dena 2010; Dena-Netzstudie II. Integration erneuerbarer Energien in die deutsche Stromversorgung im Zeitraum 2015–2020 mit Ausblick auf 2025.

Dena 2018; Dena-Leitstudie Integrierte Energiewende, Impulse für die Gestaltung des Energiesystems bis 2050 Ergebnisbericht und Handlungsempfehlungen

Dena 2019; Dena Gebäudereport 2019

Dena 2020; Dena-Zwischenbericht: Der Systementwicklungsplan – Umsetzungsvorschlag für eine integrierte Infrastrukturplanung in Deutschland

Dena 2021a; Zwischenbericht: Dena-Leitstudie Aufbruch Klimaneutralität

Dena 2021b; Dena-Gebäudereport 2021

DENEFF 2020; Recoverton Hackbook 2020

DENEFF 2021; CO_2-Abgabe soll in den Klimaschutz, in: Gebäude-Energieberater, 29.05.2021, www.geb-info.de

DENEFF/Öko/ISI 2021; Kurzstudie: Weißbuch Green Recovery –Wirtschaft hoch, CO_2 runter.

Destatis 2020; Statistisches Bundesamt FS 15 Reihe 1 Wirtschaftsrechnungen, Laufende Wirtschaftsrechnungen Einkommen, Einnahmen und Ausgaben privater Haushalt 2019, Wiesbaden 2020

Destatis 2021; Daten zur Energiepreisentwicklung, Lange Reihen bis Juni 2021, Wiesbaden 2021, aktualisiert monatlich in www.destatis.de

Deutsche Bank 2007; Deutsche Bank Research, EU-Emissionshandel Verteilungskämpfe werden härter, Frankfurt/M. Januar 2007

Dinges u. a. 2014; Katja Dinges, Carsten Petersdorff und Sil Boeve, Ecofys Germany GmbH, Umsetzungsmodell für Artikel 7 der EU-Energieeffizienzrichtlinie. Gutachten im Auftrag des VKU

DIW 2011; Ökonomische Chancen und Struktureffekte einer nachhaltigen Energieversorgung. In: DIW Wochenbericht 20/2011

DIW 2020a; Nachbesserungen beim Klimapaket richtig, aber immer noch unzureichend – CO_2-Preise stärker erhöhen und Klimaprämie einführen. DIW aktuell.

DIW 2020b; Mögliche Auswirkungen des nationalen Brennstoffemissionshandels auf Carbon Leakage und Wettbewerbsfähigkeit,

DMB o. J., Klimaschutz und energetische Gebäudesanierung – Positionspapier Deutscher Mieterbund, www.dmb.de

DMB/DV/GdW 2019; Deutscher Mieterbund (DMB), Deutscher Verband für Wohnungswesen, Städtebau und Raumordnung e. V. (DV), Spitzenverband der Wohnungswirtschaft GdW, Wohngebäude: Klimaziele sozialverträglich erreichen, Berlin, 10.09.2019

Donner/Stratmann 2006; Susanne Donner, Anne Stratmann, Erfahrungen nach dem ersten Jahr des europäischen Emissionshandels – Infobrief, Wissenschaftlicher Dienst des Deutschen Bundestages, WD 8 – 169/06

Dunkelberg u. a. 2020; Elisa Dunkelberg, Julika Weiß, Bernd Hirschl, Wärmewende in Städten gestalten, Empfehlungen für eine sozial-ökologische Transformation der Wärmeversorgung am Beispiel von Berlin

DV 2019; Deutscher Verband für Wohnungswesen, Städtebau und Raumordnung e.V. (DV), Kursbuch Klimaschutz im Gebäudebereich

DV 2021; Deutscher Verband für Wohnungswesen, Städtebau und Raumordnung e.V. (DV), 3 %plus, Die Quartiersebene in der Förderlandschaft energetischer Sanierung in Deutschland

DVGW 2020; Deutscher Verein des Gas- und Wasserfaches e.V., H2 vor Ort

Ecke u. a. 2016: Julius Ecke, Reinhard Klopfleisch, Tim Steinert, Kohleverstromung in Deutschland – Transformationspfade und beschäftigungspolitischer Handlungsbedarf, in: ew 11/2016, S. 18–21

Edeling 2002; Thomas Edeling, Stadtwerke zwischen Markt und Politik, in: Zeitschrift für öffentliche und gemeinwirtschaftliche Unternehmen, Band 25, Heft 2, 2002, S. 127–139

Enervis 2017; Erneuerbare, Gas – Klimaschutz durch Sektorenkopplung: Optionen, Szenarien, Kosten

Enervis 2018; META-Studie Sektorenkopplung: Analyse einer komplexen Diskussion

Enquete 1980; BT-Drucksache 8/4341 vom 27.6.1980, Bericht der Enquete-Kommission Zukünftige Kernenergiepolitik des 8. Deutschen Bundestages

Enquete 1988; Zwischenbericht der Enquete-Kommission des 11. Deutschen Bundestages, Vorsorge zum Schutz der Erdatmosphäre, Bonn 1988

Enquete 1990, BT-DS 11/8030 vom 1.10.1990, Dritter Bericht der Enquete-Kommission Schutz der Erdatmosphäre des 11. Deutschen Bundestages

Enquete 1994; BT-DS 12/8600 vom 31.10.1994, Schlussbericht der Enquete-Kommission Schutz der Erdatmosphäre des 12. Deutschen Bundestages

Enquete 2002; BT-Drucksache 14/9400 vom 7.7.2002, Endbericht der Enquete-Kommission Nachhaltige Energieversorgung unter den Bedingungen der Globalisierung und Liberalisierung des 14. Deutschen Bundestages

E.ON/Stadtwerke Essen 2021; E.ON, Stadtwerke Essen, Energiewende im Wärmesektor, Methodik und Ergebnisse, Essen 2021, www.eon.com/digitaltwin

Eppler 1979; Erhard Eppler, Die Bundesrepublik gleicht einem schlecht isolierten Haus, in: FR vom 27.6.79

ETUC 2018; European Trade Union Confederation, Involving trade unions in climate action to build a just transition, Brüssel 2018

EU 2005, Aktionsplan für Biomasse vom 7.12.2005

EU 2008; Europäische Union, Klimapaket 2020

EWI 2017; Energiemarkt 2030 und 2050 – Der Beitrag von Gas- und Wärmeinfrastruktur zu einer effizienten CO_2-Minderung

FfE/Hamburg Institut 2020; Forschungsgesellschaft für Energiewirtschaft, Hamburg Institut, Grüne Fernwärme für Deutschland – Potenziale, Kosten, Umsetzung, München, Hamburg 2021

FÖS 2020; Forum für Ökologisch-Soziale Marktwirtschaft, Zehn klimaschädliche Subventionen im Fokus. Wie ein Subventionsabbau den Klimaschutz voranbringt und den Bundeshaushalt entlastet. Eine Studie im Auftrag von Greenpeace

FÖS 2021a; Schriftliche Stellungnahme zur BEHG-Carbon-Leakage-Verordnung am 3. Mai 2021 von Carolin Schenuit, zur BT-Anhörung des Ausschusses für Umwelt, Naturschutz und Nukleare Sicherheit

FÖS 2021b; Soziale und ökologische Auswirkungen einer Senkung der EEG-Umlage, Studie im Auftrag von Germanwatch, BUND und Klimaallianz Deutschland

FÖS 2021c; Zehn klimaschädliche Subventionen sozial gerecht abbauen – ein Zeitplan, Studie im Auftrag von Greenpeace

Fraunhofer ISE 2018; Fraunhofer-Institut für Solare Energiesysteme (ISE), Stromgestehungskosten erneuerbarer Energien, Freiburg i.B. 2018

Fraunhofer IEE 2021; Fraunhofer Institut für Energiewirtschaft und Energiesystemtechnik, Transformationspfade der Fernwärme in Rückkopplung mit dem Energiesystem und notwendige Rahmenbedingungen, 2. Teilbericht Juni 2021

Frontier Economics 2021; Frontier Economics, Die Rolle von Wasserstoff im Wärmemarkt, Kurzstudie für Viessmann Climate Solutions April 2021

Geiger u.a. 1996; Geiger, Kleeberger, Wagner, Sektor Haushalte – Erreichtes, Hemmnisse und Perspektiven, in et 1996, Heft 8, S. 484 ff.

Geißler/Riegert 1988; Alfred Geißler, Botho Riegert, Energiepolitik für eine lebenswerte Zukunft, Kohle contra Super-GAU, Bonn 1988

Graßl/Klingholz 1990, Wir Klimamacher, Frankfurt am Main 1990

Greenpeace 2008a; Das Märchen von der Stromlücke

Greenpeace 2008b; Sicherheit der Stromversorgung in Deutschland, Kurzstudie von EUtech im Auftrag von Greenpeace

Gruber 2021; Karl Gruber, Wien Energie GmbH, Wärmewende in Wien, Vortrag auf den Berliner Energietagen 2021, 21.4.2021

Göllinger/Knauf 2019; Thomas Göllinger, Jakob Knauf, Übersicht und Systematik zu Skaleneffekten von Energietechnologien – Empirie und Anwendungen III: Wärmeerzeugung und Speichern, IÖB-Arbeitspapier 69, Siegen 2019

Haack 1982; Dieter Haack, Einführung: Grundsätzliche Anmerkungen zu Energieversorgungskonzepten, in: Bundesforschungsanstalt für Landeskunde und Raumordnung Heft 4/5 1982, Örtliche und regionale Energieversorgungskonzepte, S. I–VII.

Hamburg Institut 2018; Hamburg Institut, Christian Maaß, Matthias Sandrock, Gerrit Fuß, Strategische Optionen zur Dekarbonisierung und effizienteren Nutzung der Prozesswärme und -kälte, Hamburg 2018

Hamburg Institut/Prognos AG 2020; Hamburg Institut und Prognos AG, Perspektive der Fernwärme – Maßnahmenprogramm 2030, Hamburg, Basel 2020

Heindl u. a. 2017; Peter Heindl, Philipp Kanschick, Rudolf Schüssler, Anforderungen an Energiearmutsmaße, in: Katrin Großmann, Andre Schaffrin, Christian Smigiel (Hrsg.), Energie und soziale Ungleichheit, Wiesbaden 2017, S. 241–262

Held 2012; Christian Held, Wie die Energiewende von der politischen Wende profitieren kann, Der Energieblock BBH, 21.12.2012

Hennicke u. a. 1985; Peter Hennicke, Jeffrey P. Johnson, Stephan Kohler, Dieter Seifried, Die Energiewende ist möglich, Frankfurt am Main 1985

Hennicke (Hrsg.) 1991; Peter Hennicke (Hrsg.), Den Wettbewerb im Energiesektor planen, Least-Cost-Planning, Berlin/Heidelberg 1991

Hennicke 1993; Peter Hennicke, Das Einspar-Kraftwerk steht in der Küche, FR vom 19.10.1993

Hennicke/Seifried 1996; Peter Hennicke, Dieter Seifried, Das Einsparkraftwerk, Berlin 1996

Hennicke 1997; Peter Hennicke, Stand und Entwicklungsperspektiven von IRP-Aktivitäten in Deutschland, in: ASEW (Hrsg.), Integrierte Ressourcen-Planung, Eine Strategie für Europa, Bochum 1997, S. 36–76

Hennicke 2005; Peter Hennicke, Michael Müller, Weltmacht Energie, Stuttgart 2005

Hennicke u. a. 2019; Peter Hennicke, Jana Rasch, Judith Schröder, Daniel Lorberg, Die Energiewende in Europa, München 2019

Hennicke u. a. 2021; Peter Hennicke, Thorsten Koska, Jana Rasch, Oscar Reutter, Dieter Seifried, Nachhaltige Mobilität für alle, München 2021

Hohlefelder 2008; Walter Hohlefelder, Rede zur Eröffnung der Jahrestagung Kernenergie, 27. bis 29. Mai 2008, Hamburg

IASS 2021; Institut für transformative Nachhaltigkeitsforschung e. V. (IASS), Soziales Nachhaltigkeitsbarometer der Energie- und Verkehrswende 2021, Potsdam 2021

IER 2010; Institut für Energiewirtschaft und Rationelle Energieanwendung IER der Uni Stuttgart, Auswirkungen einer Laufzeitverlängerung deutscher Kernkraftwerke, Stuttgart 2010

ILO 2015; International Labour Organisation, Guidelines for a just transition towards environmentally sustainable economies and societies for all, COP21 – Paris 2015

IG Metall/Wirtschaftsvereinigung Stahl 2002; Gemeinsame Erklärung IG Metall und Wirtschaftsvereinigung Stahl vom 8.11.2002

IÖW 2009; Bernd Hirschl, Anna Neumann, Thomas Vogelpohl, Investitionen der vier großen Energiekonzerne in erneuerbare Energien Stand 2009, Schriftenreihe des IÖW 199/11

Karl-Bräuer-Institut 1992; Karl-Bräuer-Institut des Bundes der Steuerzahler, Vorrang für Private in der öffentlichen Energieversorgung, Heft 73 der Schriftenreihe, Wiesbaden 1992

Katz 2020; Joshua Katz, Energiewende – aber sozial gerecht, www.energiewende.eu 25.11.2020

Klimaschutzprogramm 2000; Nationales Klimaschutzprogramm der Bundesregierung vom 18.10.2000

Klopfleisch 2014; Reinhard Klopfleisch, Gelingt die Umwandlung der Arbeitsplätze der Energiewirtschaft in »Green Jobs«? in: energiewirtschaftliche Tagesfragen 6/2014, S. 76–79

Klopfleisch 2017; Reinhard Klopfleisch, Kohleausstieg – nur sozialverträglich, in: Forum Umwelt und Entwicklung/VENRO (Hrsg.), Großbaustelle Nachhaltigkeit 2017, www.2030report.de, S. 111–116

Klopfleisch 2018; Reinhard Klopfleisch, Umbau der Energiewirtschaft, in: Lothar Schröder, Hans-Jürgen Urban (Hrsg.), Gute Arbeit, Ausgabe 2018, Ökologie der Arbeit, Frankfurt/M. 2018, S. 139–151

Koalitionsvertrag 1998; Koalitionsvertrag zwischen SPD und Bündnis 90/Die Grünen

Koalitionsvertrag 2009; Koalitionsvertrag zwischen CDU/CSU und FDP

Kohlekommission 2019; Abschlussbericht der Kommission »Wachstum, Strukturwandel und Beschäftigung«

KOM 2020; Eine Renovierungswelle für Europa – umweltfreundlichere Gebäude, mehr Arbeitsplätze und bessere Lebensbedingungen, Mitteilung vom 14.10.2020, COM (2020) 662 final

Konstantin 2009; Panos Konstantin in: Praxishandbuch Energiewirtschaft. Energieumwandlung, -transport und -beschaffung im liberalisierten Markt. Berlin/Heidelberg 2009, S. 300–302

Kopatz u. a. 2013; Michael Kopatz u. a., Energiewende, aber fair! Wie sich die Energiezukunft sozial tragfähig gestalten lässt, München 2013

KWKG 2015; Gesetz für die Erhaltung, die Modernisierung und den Ausbau der Kraft-Wärme-Kopplung (Kraft-Wärme-Kopplungsgesetz – KWKG) vom 21. Dezember 2015 (BGBl. I S. 2498)

Leprich 1994; Uwe Leprich, Least-Cost Planning als Regulierungsinstrument, Freiburg i. B., 1994

Leprich 2007; Uwe Leprich, Energieeffizienz braucht Mut, in: E&M, 15. März 2007

Leonhardt u. a. (Hrsg.) 1989: Willy Leonhardt, Gerhard Jochum, Reinhard Klopfleisch (Hrsg.), Das Saarbrücker Energie-Handbuch, Karlsruhe 1989

Lynar 2021; Uta Lynar, Vortrag auf den Berliner Energietagen am 28.4.2021

Martini/Gebauer 2007; Mario Martini, Jochen Gebauer, »Alles umsonst?« Zur Zuteilung von CO_2-Emissionszertifikaten: Ökonomische Idee und rechtliche Rahmenbedingung, in: Zeitschrift für Umweltrecht 5/2007, S. 225–280

Matthes 2005; Felix Matthes, The Environmental Effectiveness and Economic Efficiency of the European Union Emissions Trading Scheme: Structural Aspects of Allocation. Berlin 2005

Matthes/Ziesing 2008; Die Entwicklung des deutschen Kraftwerksparks und die aktuelle Debatte um die künftige Strombedarfsdeckung, Ein Diskussionsbeitrag

MCC, PIK 2019; Optionen für eine CO_2-Preisreform: MCC-PIK-Expertise für den Sachverständigenrat zur Begutachtung der gesamtwirtschaftlichen Entwicklung

MCC 2021; CO_2-Bepreisung: Mehr Klimaschutz mit mehr Gerechtigkeit, MCC-Arbeitspapier, Potsdam 2021

Mellwig/Pehnt 2019; Peter Mellwig und Martin Pehnt, Sozialer Klimaschutz in Mietwohnungen, Heidelberg 2019

Mellwig 2021; Peter Mellwig, Gebäude mit der schlechtesten Leistung (Worst performing Buildings) – Klimaschutzpotenzial der unsanierten Gebäude in Deutschland, Kurzstudie im Auftrage der Bundestagsfraktion Bündnis 90/Die Grünen, Berlin, Heidelberg, 2021

Meyer-Abich/Schönfeld 1981; Klaus Michael Meyer-Abich, Bertram Schönfeld, Wie möchten wir in Zukunft leben, Der »harte« und der »sanfte« Weg, München 1981

MUKE Ba-Wü 2020a; Ministerium für Umwelt, Klima und Energiewirtschaft Baden-Württemberg, Wasserstoff-Roadmap Baden-Württemberg, Stuttgart 2020

MUKE Ba-Wü 2020b; Handlungsleitfaden kommunale Wärmeplanung, Stuttgart 2020

MVV 2021; MVV präsentiert Energierahmenstudie: 100 Prozent grüne Fernwärme in Mannheim bis 2050, in: Euro Heat and Power 02.03.2021

NABU 2012; Deutscher Naturschutzbund, Strategie für eine wirkungsvolle Sanierung des deutschen Gebäudebestandes

Öko-Institut 2015; Die Entwicklung der EEG-Kosten bis 2035. Studie im Auftrag von Agora Energiewende, Freiburg 2015

ÖTV 1999; Wild-Wild-West im Energiemarkt, in: ÖTV3plus, Report für den Bereich Ver- und Entsorgung, Stuttgart, November 1999

Pehnt 2019; Martin Pehnt, CO_2-Steuer kann Schub für Wärmewende bringen in: www.enbausa.de, aktualisiert am 22.05.2019

Pehnt 2021; Martin Pehnt, Politikinstrumente für eine sozialverträgliche Wärmewende, 8 Thesen in 10 Minuten, Vortrag auf den Berliner Energietagen am 22.4.2021

Perlhofer 2021; Rolf Perlhofer, Wie muss ein sozialverträglicher und investitionssichernder Sanierungspfad zur Erreichung der Klimaziele im Gebäudesektor gestaltet werden?" Vortrag auf den Berliner Energietagen 2021, 29.4.2021

Prognos 2019; Prognos AG, Evaluierung des Förderprogramms »Energetische Stadtsanierung – Zuschuss«, Basel 2019

Prognos u. a. 2021; Prognos, Öko-Institut, Wuppertal Institut 2021, Klimaneutrales Deutschland 2045. Wie Deutschland seine Klimaziele schon vor 2050 erreichen kann. Langfassung. Im Auftrag von Stiftung Klimaneutralität, Agora Energiewende und Agora Verkehrswende

Putzhammer 2000; Heinz Putzhammer, Umwelt ins Bündnis für Arbeit, in: FES/HBS/DGB/DNR, Bündnis für Arbeit und Umwelt, Bonn 2000, S. 13–19

Quaschning 2016; Volker Quaschning, Sektorkopplung durch die Energiewende, Berlin 2016

Radkau/Hahn 2013; Joachim Radkau, Lothar Hahn, Aufstieg und Fall der deutschen Atomwirtschaft, Munchen 2013

Rawls 1971; John Rawls, A Theory of Justice, Cambridge/Mass. 1971, dt: Eine Theorie der Gerechtigkeit, Frankfurt am Main 1979

Riechel 2020; Robert Riechel: Quartiersebene als Infrastrukturverbund – Klimaschutzpotenziale und Synergien mit dem Umweltschutz, Sachverstandigenrat fur Umweltfragen, Deutsches Institut fur Urbanistik, Berlin 2020

Rosenkranz u. a., 1993; Gerd Rosenkranz, Irene Meichsner, Manfred Kriener, Die neue Offensive der Atomwirtschaft, München 1993

Saarbrücker Stadtwerke 1980; »Örtliches Versorgungskonzept Saarbrücken 1980–1995 (ÖVK)«, Saarbrücken 1980

Schafhausen 2018; Franz-Josef Schafhausen, Vom Vorreiter zum Nachzügler – zum Niedergang der deutschen Klimapolitik in: Taqesspiegel Background vom 31.1.2018

Schnauß 2019; Andreas Schnauß, Transformation der Vattenfall-Fernwärme entlang des klimaneutralen Pfades, Vortrag auf den Berliner Energietagen 2019

Schneller u. a. 2018; Andreas Schneller, Walter Kahlenborn, Reimund Schmidt-DeCaluwe, Klimaschutz – eine Frage des Geldbeutels? adelphi policy paper 9/2018

Schönwiese/Dieckmann 1989; Christian-Dietrich Schönwiese, Bernd Dieckmann, Der Treibhauseffekt, Hamburg 1989

Singhal, Puja und Jan Stede (2019): Wärmemonitor 2018: Steigender Heizenergiebedarf, Sanierungsrate sollte höher sein. DIW Wochenbericht Nr. 36

Soros 2001; Die offene Gesellschaft, Berlin 2001

SRU 2006; Sachverständigenrat für Umweltfragen (Hrsg.): Die nationale Umsetzung des europäischen Emissionshandels: (Stellungnahme Nr. 11) April 2006

SRU 2010; Sachverständigenrat für Umweltfragen (Hrsg.): 100 % erneuerbare Stromversorgung bis 2050: klimaverträglich, sicher, bezahlbar (Stellungnahme. Nr. 15). Mai 2010

SRU 2016; Sachverständigenrat für Umweltfragen (Hrsg.): Umweltgutachten 2016

SRU 2020; Sachverständigenrat für Umweltfragen (Hrsg.): Für eine entschlossene Umweltpolitik in Deutschland und Europa: Umweltgutachten 2020

Stadtwerke Hannover 1995; Integrierte Ressourcenplanung, Die LCP-Fallstudie der Stadtwerke Hannover AG, Hannover 1995

Stein 2021; Britta Stein, Institut Wohnen und Umwelt, »Präsentation fachwissenschaftlicher Erkenntnisse und Ergebnisse« bei der Abschlussveranstaltung zum Runden Tisch »Neue Impulse für nachhaltigen Klimaschutz im Gebäudebestand«, am 29. Juni 2021, www.deutscher-verein.de

Südhofer 1999; Klaus Südhofer, IGBCE, Rede bei der Demonstration für den Energiestandort Deutschland am 9. März 1999

TeamConsult 2021; TeamConsult, H2 MarktRadar, Key Facts, 26.7.2021, www.teamconsult.net

Thomas (Hrsg.) 2002; Stefan Thomas (Hrsg.), Die vergessene Säule der Energiepolitik, Wuppertal 2002

Traube/Schulz 2000; Klaus Traube, Wolfgang Schulz, Ökologische und ökonomische Wirkung eines mittelfristigen Ausbaus der Kraft-Wärme-Kopplung zur Nah-/Fernwärmeversorgung in Deutschland, Oberursel 2000

Turmes 2017; Claude Turmes, Die Energiewende, eine Chance für Europa, München 2017

UBA 2021; Umweltbundesamt, FG V 1.6; Datenbank Zentrales System der Emissionen (ZSE) Stand 02/2021

UBA (Hrsg.) 2021; Arbeitsgemeinschaft Erneuerbare Energien/Umweltbundesamt 2021, Erneuerbare Energien in Deutschland, Berlin 2021

Uken 2012, Marlies Uken, Altmaiers Wohlfühl-Programm, in: Die Zeit vom 17. August 2012

Vereinbarung 2001; Vereinbarung zwischen der Regierung der Bundesrepublik Deutschland und der deutschen Wirtschaft zur Minderung der CO_2-Emissionen und der Förderung der Kraft-Wärme-Kopplung in Ergänzung zur Klimavereinbarung vom 9.11.2000, vom 25.6.2001.

Vielhaber 2005, Christoph Vielhaber, Wertorientierte Unternehmenssteuerung in der Energiewirtschaft, Dissertation Universität Dortmund 2005

VkU 2018; Verband kommunaler Unternehmen, Kommunale Wärmewende, Berlin 2018

Vogl 2010; Joseph Vogl, Das Gespenst des Kapitals, Zürich 2010

Vorholz 1992; Fritz Vorholz, Etappensieg für den Osten, in: Die Zeit 46/1992

Vorholz 2006; Fritz Vorholz, Der Schmutz, das Geld, der Plan. Der Irrsinn des Emissionsrechtehandels oder: Wie Berlin den Klimaschutz unnötig verteuert, in: Die Zeit 24/2006

Wiegmann 2008; Harm-Berend Wiegmann, Feed-in Tariffs versus Quota Obligations, Evaluating the performance of support schemes for Renewable Energy Sources, The experience in Germany and the United Kingdom, Berlin 2008

World Energy Council 2017; Energie für Deutschland, Fakten, Perspektiven und Positionen im globalen Kontext, Berlin 2017

Ziesing u. a.2001; Hans-Joachim Ziesing, Cornelia Enßlin, Ole Langniß, Stand der Liberalisierung der Energiewirtschaft in Deutschland, in FVS Themen 2001, S. 144–150

Ziesing 2009; Hans-Joachim Ziesing, Von der Versorgungssicherheit zum Klimaschutz – die Entwicklung der Energieversorgung seit 1959, Langfassung des Beitrags für die Festschrift zum 50-jährigen Bestehens der Prognos AG, in: Christian Böllhofff, Hans J. Barth (Hrsg.), Der Zukunft auf der Spur, Stuttgart 2009

Abbildungsverzeichnis
und Tabellenverzeichnis

ABBILDUNGSVERZEICHNIS

In Kap. 3.1

Abbildung 1: Entwicklung des Zertifikatspreises für CO_2 2017 bis 2021
Quelle: www.smartbroker.de, Stand 26.8.2021

In Kap. 3.2

Abbildung 2: Klimaschutzgesetz 2021: Jahresemissionsmengen nach Bereichen bis 2030
Quelle: BMU

In Kap. 3.3

Abbildung 3: Entwicklung des Netto-Zubaus an installierter Leistung zur Stromerzeugung aus erneuerbaren Energien in Deutschland
Quelle: BMWi

Abbildung 4: Entwicklung der EEG-Umlage
Quelle: BMWi

Abbildung 5: Anzahl der Beschäftigten in den Erneuerbaren Energien – sozialverträglich geht anders
Quelle: BMWi

In Kap 3.4

Abbildung 6: Bruttostromerzeugung in Deutschland nach Energieträgern
Quelle: UBA auf Basis der Arbeitsgemeinschaft Energiebilanzen

In Kap 3.6

Abbildung 7: Anzahl der Beschaftigten in der Energie- und Wasserversorgung in Deutschland in den Jahren 1995 bis 2020
Quelle: Statistisches Bundesamt

In Kap 3.7

Abbildung 8: Sektorenkopplung – ein filigranes Gebilde
Quelle: Dena

In Kap 3.8

Abbildung 9: Primärenergieproduktivität
Primärenergieverbrauch im Verhältnis zum Bruttoinlandsprodukt (BIP)

Quelle: Umweltbundesamt auf Basis Statistisches Bundesamt und Arbeitsgemeinschaft Energiebilanzen

Abbildung 10: Endenergieverbrauch nach Sektoren
Quelle: UBA

In Kap 5.1

Abbildung 11: Endenergieverbrauch und -intensität für Raumwärme – Private Haushalte (witterungsbereinigt)
Quelle: Umweltbundesamt auf Basis Arbeitsgemeinschaft Energiebilanzen

In Kap 5.2

Abbildung 12: Gebäudesektor: Endenergieverbrauch für Wärme nach Energieträgern
Quelle: Prognos u. a. 2021

In Kap 5.4

Abbildung 13: Aufteilung der Gebäude auf Effizienzklassen
Quelle: BMWi, ifeu

In Kap 5.7

Abbildung 14: Die Dekarbonisierung der Fernwärme 2018 bis 2050
Quelle: Prognos u. a. 2021

In Kap 5.7

Abbildung 15: Dekarbonisierung der Berliner Fernwärme und KWK
Quelle: Schnauß

TABELLENVERZEICHNIS:

In Kap. 1

Tabelle 1: Anteil der Konsumausgaben in Haushalten mit unterschiedlichem Nettoeinkommen
Angaben in Prozent der durchschnittlichen privaten Konsumausgaben der jeweiligen Einkommensgruppe
Eigene Berechnungen auf Basis Destatis 2020, S. 46/7

In Kap 3.2

Tabelle 2: Ziele des Energiekonzepts der Bundesregierung 2010
Quelle: Bundesregierung 2010

In Kap. 3.5

Tabelle 3: KWK-Nettostromerzeugung nach Energieträgern
Quelle: Statistisches Bundesamt, Öko-Institut, UBA/AGEE Stand 11/2020

In Kap 5.3

Tabelle 4: Förderungsbedingungen bei der Sanierung von Altbauten
Quelle: www.kfw.de, Stand Mitte 2021

In Kap 5.7

Tabelle 5: Wärmegestehungskosten erneuerbarer Energien
Quelle: Hamburg Institut/Prognos 2020

 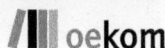

Gesundheit in Städten

Immer mehr Menschen leben in Städten. Städtische Wohnquartiere werden für die menschliche Gesundheit also immer wichtiger. Das Buch untersucht beispielhaft die gesundheitliche Lage in ausgewählten Stadtquartieren Hamburgs aus einer interdisziplinären Perspektive und stellt Ansätze zur Gesundheitsförderung vor.

J. Westenhöfer, S. Busch, J. Pohlan, O. von dem Knesebeck, E. Swart (Hrsg.)

Gesunde Quartiere
Gesundheitsförderung und Prävention im städtischen Kontext
310 Seiten, Broschur, 34 Euro
ISBN 978-3-96238-306-0
Auch als E-Book erhältlich

Wirtschaftsförderung in der Region

Etablierte Wirtschaftsförderung beschränkt sich meist auf klassische gewerbliche Unternehmen und strebt nach Wettbewerbsfähigkeit und Wachstum. Wirtschaftsförderung 4.0 ist mehr! Sie zielt darauf ab, lokale und regionale Wirtschaftsstrukturen zu stärken, und betrachtet die gesamte Wirtschaft einer Region oder Stadt. Außerdem macht sie Regionen widerstandsfähiger gegen globale Krisen. Michael Kopatz stellt diese innovative Wirtschaftsförderung vor.

M. Kopatz

Wirtschaft ist mehr!
Wachstumsstrategien für nachhaltige Geschäftsmodelle in der Region.
Das Buch zur »Wirtschaftsförderung 4.0«
330 Seiten, Klappenbroschur, 22 Euro
ISBN 978-3-96238-317-6
Auch als E-Book erhältlich